普通高等教育"十二五"规划教材
全国高等院校规划教材

法医学

（第2版）

◎主编 乔世明

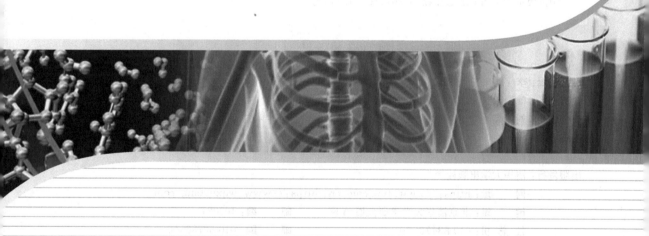

清华大学出版社
北京

内 容 简 介

本教材介绍了死亡与尸体现象、机械性窒息、机械性损伤、高低温及电流损伤、猝死、中毒以及司法精神医学、法医人类学、法医物证检验、法医学尸体检验、法医学活体检验等主要内容；阐述了目前法医鉴定中经常遇到的一些新问题，如医疗过错的司法鉴定、法医亲子鉴定、堕胎与虐婴以及激光损伤、高空病、减压病、氧中毒等新的法医学知识，使得本教材具有鲜明的时代特色和较强的实际应用价值。

本教材可供全国医学、公安、法律院校相关专业使用。

版权所有，侵权必究。举报：010-62782989，beiqinquan@tup.tsinghua.edu.cn。

图书在版编目（CIP）数据

法医学/乔世明主编. —2版. —北京：清华大学出版社，2014(2024.8重印)
普通高等教育"十二五"规划教材　全国高等院校规划教材
ISBN 978-7-302-36623-2

Ⅰ. ①法… Ⅱ. ①乔… Ⅲ. ①法医学—高等学校—教材 Ⅳ. ①D919

中国版本图书馆CIP数据核字(2014)第113440号

责任编辑：李　君　王　华
封面设计：戴国印
责任校对：刘玉霞
责任印制：杨　艳

出版发行：清华大学出版社
网　　址：https://www.tup.com.cn，https://www.wqxuetang.com
地　　址：北京清华大学学研大厦A座　　邮　编：100084
社 总 机：010-83470000　　邮　购：010-62786544
投稿与读者服务：010-62776969，c-service@tup.tsinghua.edu.cn
质量反馈：010-62772015，zhiliang@tup.tsinghua.edu.cn
印 装 者：北京建宏印刷有限公司
经　　销：全国新华书店
开　　本：185mm×260mm　　印　张：18.75　　字　数：502千字
版　　次：2005年9月第1版　2014年7月第2版　　印　次：2024年8月第7次印刷
定　　价：60.00元

产品编号：051409-03

编者名单

主　编　乔世明
副主编　王　岩　李海军
编　者　（按照姓氏拼音排序）
　　　　　陈　茉　陈牡枝　陈　璇　何光明　鞠婷婷
　　　　　李海军　李　梅　李　潇　李星雨　刘吉庆
　　　　　吕　颖　苗春雨　牟　桃　乔世明　王　岩
　　　　　王福磊　张　路　张一平　邹　蕴
顾　问　张惠芹　张小宁　姚　澜

前言

PREFACE

随着社会的不断发展和新生事物的不断涌现，对法医学教学提出了更高要求，需要不断扩充新的知识。为配合全国医学、公安、法律院校的教学工作，向相关专业学生传授最新、最实用的法医学知识，我们编写了这本教材。

本教材具有以下特点：

第一，内容全面，涉及面广。本教材不仅涵盖了机械性损伤、机械性窒息、死亡与尸体现象、中毒、法医学物证、法医学尸体和活体检验等传统法医学知识，而且还增加了激光损伤、高空病、减压病、氧中毒等新的法医学知识。另外，针对目前我国精神损害案例日益增多等社会现状，还将司法精神疾病纳入了本教材的内容。

第二，内容新颖，紧扣时代脉搏。本教材针对目前社会上的一些热点问题，增设了相关的章节，力图跟上时代发展的步伐。如针对我国目前未婚先孕者日益增多，由此引发的非法堕胎致人死亡案件以及虐待、遗弃婴儿案件频频发生的社会现状，增设了堕胎与虐婴一章；针对目前利用放射线伤害和杀人案件的出现，增设了辐射损伤的内容等。并增加了最高人民法院、最高人民检察院、公安部、国家安全部、司法部联合发布的，于2014年1月1日起正式执行的《人体损伤程度鉴定标准》，使得本教材更加紧扣时代的脉搏。

第三，理论联系实际，为社会实践提供帮助。本教材不仅讲述法医学传统理论知识，而且根据社会发展的需要，详细阐述了目前法医鉴定中经常遇到的一些实际问题。如根据目前我国医疗事故屡见不鲜、申请进行医疗过错鉴定的案件与日俱增的社会现实，对医疗过错的构成、医疗过错的司法鉴定等问题都进行了较为详尽的论述。又如，当前为排除非婚生子女而申请亲子鉴定的案件有增长的趋势，本教材对DNA技术这一高科技手段也进行了论述，以满足法医亲子鉴定工作的实际需要。

由于编者日常工作繁忙，编写时间较为仓促，本教材不足之处在所难免，还望各位同行批评指正。

本教材系北京市哲学社会科学规划2013年度项目（北京市医疗纠纷诉讼外解决机制研究）、北京市支持中央在京高校共建项目（教改子项目）研究成果。

乔世明
2014年5月

目 录
CONTENTS

第1章 概述 Chapter 1 Introduction ································· 1
  第1节 法医学一般知识 Section 1 General Knowledge of Forensic Medicine ········· 1
    一、法医学的任务 Tasks of Forensic Medicine ································· 1
    二、法医学检验的内容 Examination Content of Forensic Medicine ················ 1
    三、法医学的分科 Branches of Forensic Medicine ······························ 2
  第2节 法医学史 Section 2 History of Forensic Medicine ·························· 3
    一、古代法医学检验的萌芽 Emergence of Ancient Forensic Medicine Examination ····· 3
    二、古代法医学的成就及主要著作 Achievement and Books of Ancient Forensic Medicine ····· 5
  第3节 法医学鉴定 Section 3 Medicolegal Expertise ······························ 6
    一、法医学鉴定简介 Introduction of Medicolegal Expertise ······················· 6
    二、法医学鉴定的历史演变 Historical Development of Medicolegal Expertise ········ 11
    三、法医学鉴定的基本理论和方法 Fundamental Theory and Method of Medicolegal Expertise ······ 13

第2章 死亡与尸体现象 Chapter 2 Death and Postmortem phenomena ············ 17
  第1节 死亡 Section 1 Death ··· 17
    一、死亡的概念 Concept of Death ·· 17
    二、死亡的过程 Processes of Death ·· 18
    三、死亡的原因 Causes of Death ··· 19
    四、假死 Apparent Death ··· 21
    五、死亡研究的新进展 Recent Research Advance about Death ··············· 21
  第2节 尸体现象 Section 2 Postmortem Phenomena ····························· 24
    一、早期尸体现象 Early Postmortem Phenomena ···························· 24
    二、晚期尸体现象 Late Postmortem Phenomena ····························· 27
  第3节 动物对尸体的毁坏 Section 3 Destruction of Corpse by Animal ············· 30

第3章 机械性窒息 Chapter 3 Mechanical Asphyxia ······························ 31
  第1节 机械性窒息概述 Section 1 Overview of Mechanical Asphyxia ··············· 31
    一、窒息 Asphyxia ·· 31
    二、机械性窒息的概念和分类 Concept and Classification of Mechanical Asphyxia ··· 32
    三、机械性窒息的过程 Processes of Mechanical Asphyxia ···················· 32
    四、机械性窒息死的一般尸体征象 Postmortem Phenomena of Mechanical Asphyxia ····· 33
    五、机械性窒息的法医学鉴定 Medicolegal Expertise of Mechanical Asphyxia ······· 34

第2节 缢死 Section 2 Death from Hanging ………………………………………… 35
  一、缢死的概念 Definition of Death from Hanging ……………………………… 35
  二、缢死的机制 Mechanism of Death from Hanging ……………………………… 35
  三、缢死的绳索、绳套和绳结 Ligatures, Loop and Knot in Death from Hanging …… 36
  四、缢死的类型和姿势 Pattern and Position in Hanging ………………………… 37
  五、缢死的尸体征象 Corpse Signs of Death from Hanging …………………… 37
  六、缢死的法医学检验与鉴定 Medicolegal Examination and Expertise of Death from Hanging …… 40

第3节 勒死 Section 3 Ligature Strangulation ………………………………………… 42
  一、勒死的概念 Definition of Ligature Strangulation ………………………… 42
  二、勒死的种类 Types of Ligature Strangulation …………………………… 42
  三、勒死的机制 Mechanism of Ligature Strangulation ……………………… 42
  四、勒死的尸体征象 Corpse Signs of Ligature Strangulation ………………… 43
  五、勒死的法医学检验与鉴定 Medicolegal Examination and Expertise of Ligature Strangulation …… 44

第4节 扼死 Section 4 Manual Strangulation ………………………………………… 46
  一、扼死的概念 Definition of Manual Strangulation ………………………… 46
  二、扼死的方法 Methods of Manual Strangulation …………………………… 46
  三、扼死的机制 Mechanism of Manual Strangulation ……………………… 47
  四、扼死的尸体征象 Corpse Signs of Manual Strangulation ………………… 47
  五、扼死的法医学检验与鉴定 Medicolegal Examination and Expertise of Manual Strangulation …… 48

第5节 溺死 Section 5 Death from Drowning ………………………………………… 49
  一、溺死的概念 Definition of Death from Drowning ………………………… 49
  二、溺死的机制 Mechanism of Death from Drowning ……………………… 49
  三、溺死的过程和症状 Processes and Symptom of Death from Drowning …… 50
  四、溺死的尸体征象 Corpse Signs of Death from Drowning ………………… 50
  五、硅藻检验在确定生前溺水死亡中的意义 Diagnostic Value of the Diatom Test for Drowning ………………………………………… 53
  六、溺死的法医学检验与鉴定 Medicolegal Examination and Expertise of Death from Drowning …… 53

第6节 堵塞呼吸孔道所致窒息死 Section 6 Death from Choking as a Result of Clogged Respiratory Tract ………………………………………………… 56
  一、闭塞口、鼻所致窒息死(闷死) Death from Smothering …………………… 56
  二、堵塞呼吸道所致窒息死(哽死) Choke to Death …………………………… 57

第7节 压迫胸腹部所致的窒息死 Section 7 Asphyxia due to Overlay …………… 58
  一、概述 Overview ………………………………………………………………… 58
  二、压迫胸腹部所致窒息死的机制 Mechanism of Asphyxia due to Overlay …… 58
  三、压迫胸腹部所致窒息死的尸体征象 Corpse Signs of Asphyxia due to Overlay …… 58
  四、压迫胸腹部所致窒息死的法医学鉴定 Medicolegal Expertise of Asphyxia due to Overlay …… 58

第8节 性窒息死 Section 8 Sexual Asphyxia ………………………………………… 59
  一、性窒息死的概念 Definition of Sexual Asphyxia ………………………… 59
  二、性窒息死的现场和窒息方式 Scene and Manners of Sexual Asphyxia …… 59
  三、性窒息死的死亡机制 Mechanism of Death from Sexual Asphyxia ……… 59

四、性窒息死的法医学鉴定　Medicolegal Expertise of Sexual Asphyxia ………… 60

第4章　机械性损伤　Chapter 4　Mechanical Injury …………… 61

第1节　机械性损伤概述　Section 1　Overview of Mechanical Injury …………… 61
一、机械性损伤的概念与分类　Definition and Classification of Mechanical Injury ……… 61
二、致伤物概述　Overview of Instrument Causing the Trauma ……………………………… 61

第2节　锐器伤　Section 2　Sharp Instrument Injury ……………………………………… 62
一、概述　Overview ……………………………………………………………………………… 62
二、锐器伤的常见类型　Common Types of Sharp Instrument Injury ……………………… 62

第3节　钝器伤　Section 3　Blunt Instrument Injury …………………………………………… 65
一、擦伤　Abrasion ……………………………………………………………………………… 66
二、皮下出血　Subcutaneous Hemorrhage …………………………………………………… 66
三、挫伤　Contusion …………………………………………………………………………… 67
四、骨折　Fracture ……………………………………………………………………………… 68
五、内部器官损伤　Internal Organ Injury …………………………………………………… 68
六、常见钝器损伤　Common Blunt Instrument Injury ……………………………………… 73

第4节　火器伤　Section 4　Firearm Injury ………………………………………………… 75
一、枪弹创　Bullet Wound …………………………………………………………………… 75
二、爆炸伤　Explosion Injury ………………………………………………………………… 78

第5节　机械性损伤的鉴定　Section 5　Medicolegal Expertise of Mechanical Injury ……… 79
一、概述　Overview ……………………………………………………………………………… 79
二、损伤着力点和作用力的判断　Injury Focal Point and Determination of Force ………… 80
三、打击次数和损伤先后顺序的判断　Number of Strikes and Determination of Damage Sequence ……… 81
四、生前伤与死后伤的鉴别　Differentiation of Antemortem Injury and Postmortem Injury ……… 81
五、人体损伤经过时间的推断　Dating of Wound …………………………………………… 82

第5章　高温、低温及电流损伤　Chapter 5　Thermal, Frostbite and Electric Injury ……… 84

第1节　烧伤及烧死　Section 1　Burn and Death from Burning ………………………… 84
一、烧(伤)死的征象　Signs of Death from Burning ………………………………………… 84
二、烧死的死亡机制　Mechanism of Death from Burning ………………………………… 85
三、烧死的法医学鉴定　Medicolegal Expertise of Death from Burning …………………… 85

第2节　中暑死亡　Section 2　Heat Stroke Death ………………………………………… 86
一、中暑发生的条件　Conditions of Heat Stroke …………………………………………… 86
二、中暑的机制　Mechanism of Heat Stroke ………………………………………………… 87
三、中暑的临床表现　Clinical Signs of Heat Stroke ………………………………………… 87
四、中暑的法医学鉴定　Medicolegal Expertise of Heat Stroke …………………………… 87

第3节　冻死　Section 3　Death from Exposure to Cold ………………………………… 87
一、影响冻死的因素　The Factors Affecting Death from Exposure to Cold ……………… 87
二、冻死的死亡过程及机制　Processes and Mechanism of Death from Exposure to Cold ……… 88
三、冻死的征象　Signs of Death from Exposure to Cold …………………………………… 88
四、冻死的法医学鉴定　Medicolegal Expertise of Death from Exposure to Cold ………… 89

五、冷冻头颅的合法性问题　The Legitimacy Problem of Head Frozen ············ 89

第 4 节　电流损伤与电击死　Section 4　Current Injury and Death from Electricity ············ 90

一、影响电流损伤的因素　The Factors Affecting Death from Current Injury ············ 90
二、电流损伤的机制　Mechanism of Current Injury ············ 91
三、电流损伤的征象　Signs of Current Injury ············ 92
四、电击死的死亡机制　Mechanism of Death from Electricity ············ 93
五、电击死的法医学鉴定　Medicolegal Expertise of Death from Electricity ············ 93

第 5 节　雷击死　Section 5　Death from Lightning ············ 93

一、雷击对人体的损害　Bodily Damage due to Lightning ············ 94
二、雷击损伤的征象　Signs of Lightning Injury ············ 94
三、雷击死的法医学鉴定　Medicolegal Expertise of Lightning Death ············ 94

第 6 节　其他物理性损伤　Section 6　Other Physical Injuries ············ 95

一、电离辐射所致的损伤　Injury Caused by Nuclear Radiation ············ 95
二、气压异常所致损伤及死亡　Injury Caused by Abnormal Pressure ············ 97
三、激光损伤　Laser-induced Injury or Laser Damage ············ 99
四、微波损伤　Microwave Injury ············ 99
五、超声波损伤　Ultrasound-induced Injury or Ultrasonic Injury ············ 100

第 6 章　猝死　Chapter 6　Sudden Death ············ 101

第 1 节　猝死概述　Section 1　Overview of Sudden Death ············ 101

一、猝死的概念与特征　Definition and Characteristics of Sudden Death ············ 101
二、猝死的发生原因　Causes of Sudden Death ············ 102
三、猝死的法医学鉴定　Medicolegal Expertise of Sudden Death ············ 104

第 2 节　心血管系统疾病的猝死　Section 2　Sudden Death of Cardiovascular System ············ 105

一、冠心病所致猝死　Sudden Death of Coronary Heart Disease ············ 105
二、高血压病所致猝死　Sudden Death of Hypertension ············ 106
三、心肌炎所致猝死　Sudden Death of Myocarditis ············ 106
四、原发性心肌病所致猝死　Sudden Death of Primary Myocarditis ············ 107
五、肺动脉栓塞所致猝死　Sudden Death of Pulmonary Artery Embolism ············ 107
六、主动脉瘤破裂所致猝死　Sudden Death of Aortic Aneurysm ············ 108

第 3 节　中枢神经系统疾病的猝死　Section 3　Sudden Death of Disease in the Central Nervous System ············ 108

一、脑出血所致猝死　Sudden Death of Cerebral Hemorrhage ············ 108
二、蛛网膜下隙出血所致猝死　Sudden Death of Subarachnoid Hemorrhage ············ 109

第 4 节　呼吸系统疾病的猝死　Section 4　Sudden Death of Respiratory System Diseases ············ 109

一、肺炎所致猝死　Sudden Death of Pneumonia ············ 109
二、肺结核病所致猝死　Sudden Death of Pulmonary Tuberculosis ············ 110
三、支气管哮喘所致猝死　Sudden Death of Bronchial Asthma ············ 110

第 5 节　消化系统疾病的猝死　Section 5　Sudden Death of Alimentary System Diseases ············ 111

一、消化道出血所致猝死　Sudden Death of Alimentary Canal Hemorrhage ············ 111

二、急性胃扩张所致猝死　Sudden Death of Acute Dilatation of Stomach ·················· 111
三、腹腔内出血所致猝死　Sudden Death of Intraperitoneal Hemorrhage ··················· 112
四、急性出血坏死性胰腺炎所致猝死　Sudden Death of Acute Hemorrhagic Necrotic Pancreatitis ····· 112
五、急性大块肝坏死所致猝死　Sudden Death of Acute Massive Hepatic Necrosis ············ 112
六、中毒型细菌性痢疾所致猝死　Sudden Death of Toxic Bacillary Dysentery ··············· 113

第6节　泌尿生殖系统疾病的猝死　Section 6　Sudden Death of Urogenital System Diseases ··· 113
一、尿毒症所致猝死　Sudden Death of Uremia ··· 113
二、羊水栓塞所致猝死　Sudden Death of Amniotic Fluid Embolism ····························· 114

第7节　其他自然疾病的猝死　Section 7　Sudden Death of Other Natural Diseases ············ 114
一、新生儿猝死　Sudden Infant Death Syndrome ··· 114
二、免疫异常性疾病所致猝死　Sudden Death of Dysimmunity ·································· 115
三、青壮年猝死综合征　Sudden Manhood Death Syndrome, SMDS ···························· 116
四、抑制死　Death from Inhibition ··· 116

第7章　中毒　Chapter 7　Poisoning ·· 117

第1节　概述　Section 1　Overview ·· 117
一、毒物与中毒的概念　Definition of Toxicant and Poisoning ····································· 117
二、毒物检验的意义　Rationale of Toxicology Examination ······································· 118
三、毒物的分类　Classifications of Toxicant ··· 118
四、毒物作用的条件　Conditions of the Toxicant Effect ·· 119
五、毒物在体内的代谢　Internal Metabolic Toxicant Effect ······································ 121

第2节　中毒的鉴定　Section 2　Testimony of Poisoning ·· 122
中毒案件调查与尸检　Investigation and Postmortem Examination of Poisoning ··············· 122

第3节　一些重要毒物的中毒　Section 3　Poisoning from Certain Important Toxicants ······· 125
一、氰化物中毒　Cyanide Poisoning ·· 125
二、一氧化碳中毒　Carbon Monoxide Poisoning ··· 125
三、巴比妥类中毒　Barbiturates Poisoning ··· 126
四、有机磷农药中毒　Organophosphorus Pesticide Poisoning ··································· 127
五、砷化物中毒　Arsenide Poisoning ··· 128
六、亚硝酸盐中毒　Nitrite Poisoning ·· 129
七、甲醇中毒　Methanol Poisoning ·· 129
八、乙醇中毒　Ethanol Poisoning ··· 130
九、磷化锌中毒　Zinc Phosphide Poisoning ··· 131
十、毒鼠强中毒　Tetramine Poisoning ·· 132
十一、蛇毒中毒　Snake Venom Poisoning ·· 133
十二、斑蝥中毒　Blister Beetle Poisoning ·· 133
十三、强酸中毒　Acid Poisoning ·· 134
十四、强碱中毒　Alkali Poisoning ··· 135
十五、苯酚和甲酚中毒　Phenol and Cresol Poisoning ·· 135
十六、汞及升汞中毒　Mercury and Mercuric Chloride Poisoning ································ 136

十七、吗啡类中毒　Morphine Poisoning ········· 137
十八、大麻中毒　Marijuana Poisoning ········· 138
十九、毒蕈中毒　Mushroom Poisoning ········· 138

第8章 司法精神医学　Chapter 8　Forensic Psychiatry ········· 140

第1节　概述　Section 1　Overview ········· 140
一、司法精神医学的概念和任务　Definition and Tasks of Forensic Psychiatry ········· 140
二、司法精神医学鉴定　Forensic Psychiatric Expertise ········· 140
三、法律能力评定　Legal Capacity Assessment ········· 142
四、暴力事件与性别和季节的关系　Gender, Season and Violence Incident ········· 145

第2节　精神疾病的症状　Section 2　Symptoms of Mental Illness ········· 145
一、感觉及知觉障碍　Sensation Abnormal and Disturbance of Perception ········· 145
二、思维障碍　The Thinking Obstacles ········· 146
三、情感障碍　Affective Disorders ········· 147
四、意志和行为障碍　Mental and Behavioral Disorders ········· 148
五、记忆障碍　Memory Disorders ········· 148
六、智能障碍　Intelligence Obstacles ········· 149
七、意识障碍　Disturbance of Consciousness ········· 149

第3节　精神分裂症　Section 3　Schizophrenia ········· 149
一、精神分裂症的临床特征　Clinical Characteristics of Schizophrenia ········· 150
二、精神分裂症的诊断　Diagnosis of Schizophrenia ········· 150
三、精神分裂症的司法鉴定与有关问题　Forensic Expertise of Schizophrenia and Relative Problems ········· 151

第4节　偏执性精神病　Section 4　Paranoiac Psychosis ········· 151
一、偏执性精神病的临床特征　Clinical Characteristics of Paranoid Psychosis ········· 151
二、偏执性精神病的类型　Types of Paranoid Psychosis ········· 152
三、偏执性精神病的诊断与鉴别诊断　Diagnosis and Differential Diagnosis of Paranoid Psychosis ········· 152

第5节　情感性精神障碍　Section 5　Affective Mental Disorders ········· 152
一、情感性精神障碍的临床表现　Clinical Manifestations of Affective Mental Disorders ········· 152
二、情感性精神障碍的法律问题　Legal Problems of Affective Mental Disorders ········· 153

第6节　器质性精神障碍　Section 6　Organic Mental Disorders ········· 154
一、癫痫性精神障碍　Epileptic Mental Disorders ········· 154
二、老年性痴呆　Senile Dementia ········· 155

第7节　反应性精神病　Section 7　Reactive Psychosis ········· 156
一、反应性精神病的临床表现及诊断　Clinical Manifestations and Diagnosis of Reactive Psychosis ········· 156
二、反应性精神病的司法鉴定　Reactive Psychosis of Forensic Expertise ········· 157

第8节　精神发育迟滞　Section 8　Mental Retardation ········· 157
一、精神发育迟滞的临床表现与分类　Clinical Manifestation and Classifications of Mental Retardation ········· 157
二、精神发育迟滞的司法鉴定　Mental Retardation of Forensic Expertise ········· 158

第 9 节　神经症　Section 9　Neurosis ·········· 159
　　一、癔症　Hysteria ·········· 159
　　二、抑郁性神经症　Depressive Neurosis ·········· 161
　　三、其他神经症　Other Neurosis ·········· 161
第 10 节　人格障碍　Section 10　Personality Disorder ·········· 162
　　一、人格障碍的形成原因　Causes of the Formation of Personality Disorder ·········· 162
　　二、人格障碍的临床类型与表现　Clinical Types and Manifestations of Personality Disorder ·········· 162
　　三、人格障碍的诊断和司法精神鉴定　Diagnosis of Personality Disorder and
　　　　Forensic Psychiatric Expertise ·········· 163
第 11 节　性变态　Section 11　Sexual Deviation ·········· 164
　　一、性变态的临床表现　Clinical Manifestations of Sexual Deviation ·········· 165
　　二、性变态的司法鉴定　Forensic Expertise of Sexual Deviation ·········· 166

第 9 章　堕胎与虐婴　Chapter 9　Abortion and Mishandled Newborns ·········· 167

第 1 节　妊娠　Section 1　Pregnancy ·········· 167
　　一、概述　Overview ·········· 167
　　二、妊娠的检查　The Examination of Pregnancy ·········· 167
　　三、妊娠的法医学鉴定　Medicolegal Expertise of Pregnancy ·········· 168
第 2 节　堕胎　Section 2　Abortion ·········· 169
　　一、合法堕胎　Legal Abortion ·········· 169
　　二、非法堕胎（非法流产）　Illegal Abortion ·········· 170
第 3 节　虐待婴幼儿　Section 3　Infant Abuse ·········· 171
　　一、杀婴　Infanticide ·········· 171
　　二、虐待儿童综合征　Child Abuse Syndrome ·········· 172
　　三、性虐待儿童　Childhood Sexual Abuse ·········· 174

第 10 章　法医物证检验　Chapter 10　Forensic Physical Evidence Examination ·········· 175

第 1 节　法医物证概述　Section 1　Forensic Physical Evidence Overview ·········· 175
　　一、法医物证的发现　Discovery of Forensic Physical Evidence ·········· 175
　　二、法医物证检材的提取　Extract of Forensic Physical Evidence ·········· 176
　　三、法医物证检材的包装　Preservation of Forensic Physical Evidence ·········· 176
　　四、法医物证检材的送检　Sent of Forensic Physical Evidence ·········· 176
　　五、法医物证检验的程序和要求　Procedure and Matters need Attention in Forensic Physical
　　　　Evidence Examination ·········· 176
第 2 节　血痕　Section 2　Blood Stain ·········· 177
　　一、血痕的肉眼检查　Macrography of Blood Stain ·········· 177
　　二、血痕的预试验　Preliminary Test of Blood Stain ·········· 179
　　三、血痕的确证试验　Conclusive Test of Blood Stain ·········· 179
　　四、血痕的种属试验　Species Test of Blood Stain ·········· 180
　　五、血痕的血型检验　Grouping of Blood Stain ·········· 181
　　六、血痕的其他检验　Other Tests of Blood Stain ·········· 184

第 3 节　精斑　Section 3　Seminal Stain ……………………………………………………… 184
　一、精液的组成及理化性质　Component and Physicochemical Properties of Semen ……… 184
　二、精斑的肉眼检验　Macrography of Seminal Stain ………………………………………… 185
　三、精斑的预试验　Preliminary Test of Seminal Stain ………………………………………… 185
　四、精斑的确证试验　Conclusive Test of Seminal Stain ……………………………………… 186
　五、精斑的血型检测　Blood Typing Test of Seminal Stain …………………………………… 187
　六、精液与阴道分泌液混合斑的检验　Examination of Mixed Stain of Semen and
　　　Vaginal Secretion …………………………………………………………………………… 187
第 4 节　唾液斑　Section 4　Saliva Stain …………………………………………………………… 188
　一、唾液的组成　Component of Saliva ………………………………………………………… 188
　二、唾液斑的定性试验　Qualitative Test of Saliva Stain ……………………………………… 188
　三、唾液斑的血型检验　Blood Typing Test of Saliva Stain …………………………………… 188
　四、唾液斑的性别检验　Gender Examination According to Saliva Stain …………………… 189
　五、利用唾液分析鉴定死者的年龄　Age Examination According to Saliva Stain ………… 189
第 5 节　毛发　Section 5　Hair ……………………………………………………………………… 189
　一、毛发的结构及理化性质　Structure and Physicochemical Properties of Hair ………… 189
　二、毛发的一般检验　General Examination of Hair …………………………………………… 190
　三、毛发的鉴定　Identification of Hair ………………………………………………………… 190
　四、毛发的血型检验　Blood Typing Test of Hair ……………………………………………… 191
　五、毛发的 DNA 多态性分析　DNA Polymorphic Analysis of Hair ………………………… 191
　六、毛发的其他检验　Other Examinations of Hair …………………………………………… 191
第 6 节　骨骼　Section 6　Bones …………………………………………………………………… 191
　一、骨的确定　Determination of Bones ………………………………………………………… 192
　二、骨的种属检验　Species Examination of Bones …………………………………………… 192
　三、人骨的血型及 DNA 分析　Blood Typing and DNA Analysis of Human Bones ………… 192
　四、根据骨髓细胞性染色体判定骨的性别　Determining the Gender of Bones According
　　　to the Myeloblastic Chromatin …………………………………………………………… 192

第 11 章　DNA 检验技术　Chapter 11　DNA Examination Technique ……………………… 193

第 1 节　DNA 检验　Section 1　DNA Examination ……………………………………………… 193
　一、DNA 基础知识　Basic Knowledge of DNA ………………………………………………… 193
　二、DNA 检验的法医学意义　Significance of DNA Examination in Forensic Medicine …… 193
第 2 节　DNA 检验的基本方法　Section 2　Basic Methods of DNA Examination …………… 194
　一、DNA 指纹图技术　DNA Fingerprint Map Technique ……………………………………… 194
　二、聚合酶链反应技术　PCR Technique ……………………………………………………… 194
第 3 节　DNA 检验技术的现状　Section 3　Current Conditions of DNA Examination Technique ……… 195
第 4 节　DNA 检验技术的发展趋势　Section 4　Developing Tendency of
　　　DNA Examination Technique ……………………………………………………………… 196

第12章 医疗纠纷与医疗过错鉴定　Chapter 12　Identification of Medical Tangle and Medical Fault ······ 198

第1节　概述　Section 1　Overview ······ 198
一、医疗纠纷的概念与分类　Definition and Classification of Medical Tangle ······ 198
二、医疗过错的概念与分类　Definition and Classification of Medical Fault ······ 200

第2节　医疗过错的构成　Section 2　Component of Medical Fault ······ 203
一、医疗过错的主体　Subject of Medical Fault ······ 203
二、医疗过错的主观方面　Subject Aspect of Medical Fault ······ 203
三、医疗过错的客观方面　Object Aspect of Medical Fault ······ 203

第3节　医疗过错的鉴定　Section 3　Identification of Medical Fault ······ 205
一、医疗事故鉴定　Identification of Medical Accident ······ 205
二、医疗事故的司法鉴定　Judicial Identification of Medical Accident ······ 208

第13章　法医学尸体检验　Chapter 13　Postmortem Examination in Forensic Medicine ······ 210

第1节　法医学尸体检验的对象和类型　Section 1　Objects and Types of Postmortem Examination in Forensic Medicine ······ 210
一、法医学尸体检验的对象　Objects of Postmortem Examination in Forensic Medicine ······ 210
二、法医学尸体检验的类型　Types of Postmortem Examination in Forensic Medicine ······ 210
三、法医学尸体检验时的注意事项　Considerations of Postmortem Examination in Forensic Medicine ······ 211

第2节　尸体的外表检验和解剖检验　Section 2　Appearance Inspection and Anatomy Examination ······ 211
一、尸体的外表检验　Appearance Inspection ······ 211
二、尸体的解剖检验　Anatomy Examination ······ 212

第3节　特殊类型的尸体检验　Section 3　Postmortem Examination of Special Types ······ 213
一、无名尸体的检验　Examination of Unknown Dead Body(Examination of Jane Doe) ······ 213
二、碎尸的检验　Examination of Dismembered Body ······ 213
三、挖掘尸体的检验　Examination of Excavated Corpse ······ 214

第14章　法医学活体检验　Chapter 14　Biopsy in Forensic Medicine ······ 215

第1节　损伤程度鉴定　Section 1　Assessment of Injury Severities ······ 215
一、损伤程度的分类　Classification of Injury Severities ······ 215
二、损伤程度鉴定的意义及注意事项　Significance and Considerations of Assessment of Injury Severities ······ 216

第2节　劳动能力鉴定　Section 2　Identification of Labor Capacity ······ 216
一、劳动能力和劳动能力丧失　Labor Capacity and Labor Incapacity ······ 216
二、劳动能力鉴定的标准　Standard of Identification of Labor Capacity ······ 217

第3节　诈病及造作病(伤)的鉴定　Section 3　Identification of Fictitious Diseases and Artificial Diseases ······ 217
一、诈病(伤)　Malingering or Fictitious Injuries (Disease) ······ 218
二、造作病(伤)　Artificial Injuries or Diseases ······ 219

三、匿病（伤） Dissimulation ········· 220

第4节 性功能状态的鉴定 Section 4　Identification of Sexual Function State ········· 221

一、性交不能的鉴定　Identification of Apareunia ········· 221

二、生育不能的鉴定　Identification of Infertility ········· 222

三、两性畸形的鉴定　Identification of Hermaphroditism ········· 222

四、强奸案的鉴定　Identification of Rape Case ········· 223

第15章　法医人类学简介　Chapter 15　Forensic Anthropology ········· 225

第1节 概述 Section 1　Introduction ········· 225

一、法医人类学的概念、相关学科及意义　Concepts of Forensic Anthropology and Related Disciplines ········· 225

二、法医人类学研究方法　Research Methods of Forensic Anthropology ········· 225

第2节 骨骼测量学简介 Section 2　Introduction on Skeletal Measurements ········· 226

一、常用测量工具及颅骨观测平面　Tools for Measurements and the Planes of Skull ········· 226

二、头骨主要测点　Measurement Points of Skull ········· 227

三、头骨主要测量项目　Measurements of Skull ········· 231

四、部分体骨测量项目　Measurements of Long Bones ········· 233

第3节 骨骼性别、年龄推断 Section 3　Sex and Age Estimation ········· 235

一、性别判定　Sex Estimation ········· 235

二、年龄鉴定　Age Estimation ········· 239

第4节 骨骼种族推断 Section 4　Estimation of Race ········· 241

一、头骨的种族间比较　Estimation of Race by Skulls ········· 241

二、其他骨骼的种族间差异　Estimation of Race by Other Bones ········· 247

第5节 骨骼身高推断 Section 5　Estimation of Stature ········· 248

一、下肢长骨推断身高　Estimation of Stature by Long Bones ········· 248

二、骨骼身高推断其他方法　Estimation of Stature by Other Bones ········· 250

第6节 人骨体质特征简介 Section 6　Physical Characteristics of the Human Skeleton ········· 251

参考文献 ········· 254

附　人体损伤程度鉴定标准 ········· 255

概 述
Introduction

第 1 节 法医学一般知识
Section 1 General Knowledge of Forensic Medicine

法医学是应用医学和其他相关自然科学的理论和技术，研究并解决法律实施过程中有关医学问题的一门科学。

一、法医学的任务
Tasks of Forensic Medicine

1. 为刑事诉讼提供科学依据 法医工作者可以通过现场勘查、活体检查、尸体剖验和物证检验等方式，分析被害人死伤的原因和时间，分析犯罪嫌疑人作案的手段和过程，并做出科学的鉴定，从而为侦查提供线索，为审判提供证据，协助司法机关及时、准确地揭露犯罪或排除嫌疑，以维护社会秩序和人民的生命安全。

2. 为民事诉讼提供科学依据 法医学鉴定也常用于民事纠纷案件的解决。如意外事故引起的死亡或身体健康受损、性功能障碍的认定、离婚、亲子关系、急死等，都可以通过法医学鉴定查明原因、分清责任，从而为做出公正、合理的判决奠定基础。

3. 促进医疗机构提高工作质量 法医学在提高医疗质量方面也有重要意义。例如，对医疗纠纷（dispute over medical management）案件进行法医学鉴定时，应用医学和有关自然科学的知识和技术，判明是否存在医疗过错，以及有关人员应负的责任，提出改进意见，从而对医疗机构工作质量的提高起到积极的促进作用。

此外，在法医实践中，若发现与职业有关的伤病、集体中毒等情况时，应查明原因，提出防治措施，供有关部门研究处理，以防止或减少工伤事故或中毒的发生。另外，如在检案中遇到法定传染病，也应立即报告有关卫生部门紧急处理等。

二、法医学检验的内容
Examination Content of Forensic Medicine

1. 现场勘验（crime scene investigation） 现场勘验是正确判明案件的性质，证实、揭露犯罪行为，查明、侦缉犯罪嫌疑人的一项重要侦查措施。罪犯在作案过程中，很可能会在现场遗留一些犯罪痕迹，因此，仔细观察、记录和分析现场情况，很可能会发现与案件相关联的证据，从而为判明案件性质、揭露和证实犯罪起到重要的作用。

勘验一般分两个步骤进行。第一个步骤：保持现场的原状，只做观察、记录、绘图、拍照和摄像；第二个步骤：运用各种技术手段对有关物体逐一仔细检验，发现和采取物证。一边勘验，一边记录、绘图、拍照和摄像。勘验的顺序应根据案情和现场的特点、范围、大小和杂物的位置及排列等情况，或从外围向中心，或从中心向外围，沿罪犯行走路线进行勘验。勘验时应注意现场周围有无可疑痕迹或物件，门窗是否关闭，有无破损、撬痕，家具杂物是否整齐或混乱，墙壁、橱柜有无血痕、擦痕或破损，垃圾筐、痰盂内有无可疑物品、血布、瓜果、果核，钟表停摆时间，尸体的位置和姿势，衣服整齐或零乱，尸体上或尸体旁有何物品，有无凶器、瘢痕、呕吐物、毛发及其他可疑痕迹及物品，血痕的位置、形状、大小、范围、分布和颜色。如果现场在室外，还应注意观察地形及周围情况，如泥土覆盖情况、是否塌方、尸体底下草木生长情况等。勘验现场时遇有生命垂危状态者，应立即抢救或送医院救治。另外，为了扰乱侦查视线，有的罪犯在作案后还故意变动凶器、现场物品和尸体位置，制造假现场，或转移尸体而造成第二现场或第三现场，对此应提高警惕。

现场勘验完毕后，应立即书写勘验笔录（inspection record），并由参加勘验的人员和见证人签名或盖章。

2. 活体检验（examination of the living） 活体检验主要是检验被害人和被告人的生理、病理状态或个人特征，包括损伤性质、损伤程度、受伤时间、劳动能力丧失程度、年龄、生长发育、生殖功能、妊娠、分娩、亲子关系、疾病、精神状态或诈病等。

3. 尸体检验（examination of cadaver） 尸体检验分为尸体外表检验和尸体剖验。

尸体外表检验一般在发现或发掘尸体的场所进行，尸体剖验可移至尸体解剖室、验尸房等处所进行。检验无名尸体或碎尸时，要注意辨别尸体的年龄、性别，特别要注意个人特征。对于女性尸体，应注意是否与奸杀有关。对于婴尸，应注意活产、死产、成熟程度等。

尸体检验主要是为了判明死亡原因和推断死亡时间，确定损伤的部位、形状和程度，推断凶器的种类和使用方法，判断生前伤或死后伤。如系生前伤，应查明伤后生存时间，其间行动能力如何，系自杀、他杀或意外灾害，有无中毒或疾病，它们与死亡有无关系等。

4. 物证检验（material evidence examination） 物证指对案件的真实情况有证明作用的物品和痕迹。法医学检验常见的物证为凶器、毒物、人体组织、体液和排泄物等，如血液（斑）、精液（斑）、唾液（斑）、乳汁（斑）、粪、尿斑、毛发、牙齿、骨骼、指甲、皮肤碎片及脏器碎块等。凡与案件有关的物证，都要正确收集，妥善包装，及时送检，应避免污染、损坏。物证检验一般在法医机构的物证检验室及毒物化验室里由专人负责检验。

三、法医学的分科
Branches of Forensic Medicine

1. 法医临床学（forensic clinical medicine） 法医临床学是运用临床医学及法医学的理论与技术，研究并解决法律上有关活体医学问题的一门学科。法医临床学的对象是活体，故法医临床学也称为法医活体检验，包括因殴斗、交通事故、工伤事故等造成的各种损伤的法医学鉴定；性犯罪、性功能、妊娠、分娩、非法堕胎的法医学鉴定；亲子鉴定以及医疗纠纷的鉴定等。主要判断损伤的性质、致伤物、致伤时间、致伤方式、有无并发症、可能发生的后遗症、损伤程度及其后果（包括有无残疾、残疾等级、劳动能力丧失程度），判断是否被强奸、有无性功能不全、生育不能、是否亲生子等。法医临床学内容与临床医学各科有广泛的联系，特别是外科学、眼科学、耳鼻喉科学、神经学、精神医学、妇产科学等。

2. 法医病理学（forensic pathology） 法医病理学是研究与法律有关的人体死亡的发生发展规律的一门医学科学。主要研究死亡和死亡学说、死后变化、生活反应、各种物理因素（如机械、高低温、雷电）及化学因素（如化学物、药物、有毒动植物）引起的死亡，以及因病引起的突然意外死亡——猝死、医师诊疗中死亡引起的医疗纠纷等。法医病理学的中心任务是鉴定包括死亡原因、死亡方式（manner of death，mode of death）、死亡时间、损伤时间、致伤物、个人识别、损伤、疾病或中毒与死亡的关系等。自2014年1月1日起，正式执行《人体损伤程度鉴定标准》。

3. 法医毒理学（forensic toxicology） 法医毒理学又称法医中毒学，是研究因自杀（suicide）或他杀（homicide）以及意外（accident）灾害引起中毒的一门学科，也涉及药物瘾癖、公害及食物中毒，主要研究毒物的性状、来源、进入机体的途径、作用机制、中毒症状、在体内的代谢和排泄、中毒量、致死量、中毒的病理变化以及中毒的法医学鉴定。法医毒理学的任务包括肯定或否定中毒、确定何种毒物中毒、确定体内毒物量是否足以引起中毒或死亡、研究毒物以何种途径进入体内等。其中法医毒物分析（forensic toxicological analysis）是法医毒理学的一个分支，从事毒物的分离和鉴定，为确定是否中毒或中毒死亡提供重要证据。法医毒物分析的主要内容包括从体内外检材中分离毒物及其代谢物、分离提取物的净化、毒物及其代谢物的定性及定量鉴定等。

4. 法医物证学（science of medicolegal physical evidence） 法医物证学是研究和解决法律上有关生物学检材的法医学鉴定以及亲权关系的确定等问题的一门学科，主要研究人体及其他生物体的血液、体液、分泌物和组织器官的认定、种属来源鉴定、个体识别以及亲权鉴定。鉴定所用方法包括形态学（如骨骼、毛发、精子、花粉等的检查）、化学及生物化学（如血痕的确证试验、酶型和血清型的电泳分离和测定）、免疫学（如种属来源鉴定、血型测定）、分子生物学（DNA指纹图、聚合酶链反应即PCR技术）、遗传学（利用遗传规律进行亲子鉴定）。

随着科学技术的发展及其在法医物证检验上的应用，法医物证学又分为下列分支学科。

（1）法医血清学（forensic serology）：包括各种红细胞血型（red cell blood group）（如ABO、MN、Rh等）、白细胞血型（HLA）、红细胞酶型、血清蛋白型、唾液蛋白型以及种属鉴定。

（2）法医分子生物学（forensic molecular biology）：DNA指纹技术、PCR技术分析各种基因和DNA多态性。

（3）法医人类学（forensic anthropology）：检测骨骼和毛发以做种族、性别、年龄、身长、损伤及个人特征鉴定。

（4）法医牙科学（forensic odontology）：检测牙齿，以做年龄、性别及个人特征鉴定。

5. 法医精神病学（forensic psychiatry） 法医精神病学是研究与法律有关的精神疾病和精神卫生问题的一门学科，又称司法精神医学。具体任务是确定违法或犯罪行为是在何种精神状态下所为，被告应否负法律责任，当事人有无行为能力，有无指定监护人的必要。对原告人、证人、被害人、检举人和自首人有时也要进行关于精神状态的鉴定，以确定其所作陈述的真实性。

第2节 法医学史
Section 2 History of Forensic Medicine

一、古代法医学检验的萌芽
Emergence of Ancient Forensic Medicine Examination

20世纪70年代《睡虎地秦墓竹简》的发现，尤其是其中的《封诊式》为古代法医学检验最早产生于中国的战国时期（公元前475～前221年）提供了毋庸置疑的证据。《封诊式》是秦简原有的标题，由书中的内容可知，"封"指查封；"诊"指诊察、勘验或检验；"式"是格式或程式。《封诊式》就是一部以文书格式出现的以刑事技术和医学检验为主要内容的法科学书籍。这种书籍在16世纪以前的欧洲是未曾有过的，因而是世界第一部法科学书籍。勘验是本书的中心内容，所介绍的勘验内容相当广泛，包括活体诊察、尸体检验、现场勘查（investigation at the scene）、法兽医学检验（验牛齿，估计牛龄）等。摘录其中两例如下。

（一）因伤堕胎（traumatic abortions）

检验报告书"某里居民之妻甲来官府控告说：'甲怀孕已经6个月，昨日和同里的妇女丙斗殴，甲和丙相互揪住头发，丙把甲摔倒。同里的居民丁来解救，将甲和丙分开。甲到家就患腹痛，昨夜发生流产。现甲将胎儿包起，带到官府并控告丙。'当即命令令史某前往逮捕丙，并检验胎儿性别、头发的生长和胞衣的情况；又命令有多次生育经验的隶妾检验甲阴部出血和损伤情况；并询问甲的家属有关甲回家后的表现和腹痛流产情况。"在此基础上，由县丞乙编写的报告书记载："命令令史某、隶臣某检验甲送来的胎儿，已经预先用布巾包裹，其形状如凝血块，大小和手一样，看不出是胎儿。随即放到一盆水中摇晃，见此凝血块即是胎儿。其头、身、臂、手指、大腿以下到脚、脚趾都已像人，但看不清眼睛、耳、鼻和性别。从水中取出，又如凝血块状。命经产的隶妾某检验甲，说在甲阴部附近有干血，现在仍然流血，但其量少，并非月经血。因为过去曾有人怀孕流产，其阴部及出血情况与甲相同。"

堕胎原文称为"出子"，亦即外伤性流产。本例是典型的活体检验兼对未成熟胎儿的检验案例，即从两方面检验取得客观证据，以便断定案件的性质。一是检查堕胎妇人受伤和出血情况，另一是检验可疑凝血块是否是胎儿。为确定妇人受伤，即依靠损伤的检验，也依靠对案情的了解。本例更有价值的是详细介绍了可疑凝血块的检验方法和对胎儿的认定方法。

（二）自缢死的检验报告书

"某里的里典甲说：'本里的居民丙在家中缢死，不知道是什么原因，前来报告。'当即命令令史某前往检验。令史某检验报告书：本人和牢隶臣某随甲，并与丙的妻和女儿一起对丙进行检验。丙的尸体悬吊在其家东侧卧室北墙的房椽上，面向南。用拇指粗的麻绳做成绳套，套在颈部。绳套的系束处在项部。绳索向上系在房椽上，绕椽两周后打结，留下的绳头长2尺。尸体头上离房椽2尺，脚离地2寸。头和背贴墙。舌出，齐唇吻。二便失禁并污两脚。解索，其尸口鼻有气出，如叹息状。颈部的索迹呈椒郁色，不周项处长2寸。其他部位未见兵刃、木棒和绳索等损伤痕迹。房椽粗一围（两手拇指与示指合拢的圆周长），长3尺。西距地上土台2尺，在土台上面可以系挂绳索。地面坚硬，不能查知人的足迹。绳索长1丈。死者身穿薄绸单上衣、裙各一件，赤足。命甲和死者之女将丙尸运到庭院。"在这一案例之末尚指出："检验时必须首先仔细观察痕迹，应当亲到停尸现场，检查绳索悬吊处，该处应有绳索通过的痕迹。检查舌出或不出；头、足离悬吊处和地面各多少，有无大小便失禁。然后解下绳索，看口鼻是否作喟然叹息状，索迹是否呈椒郁色。通过系绳处试脱头，能脱，再解其衣，详细检查全身、头发内和会阴部。若'舌不出、口鼻不喟然、索迹不郁，索终急不能脱（索套紧小，头不得脱）'，难定缢死。但若死后经过时间较久，口鼻可无喟然叹息状。自杀者必有缘故，应讯其同居人，弄清原因。"

这是一个典型的缢死现场尸体检验案例，其中明确记载了缢尸悬吊的位置、绳索的性质和走行特点及悬吊情况。提出了舌出、二便失禁、气出喟然等缢死的所见。尤其宝贵的是关于索沟性状的描述，以"不周项"三字概括了缢沟的重要特征，以与勒沟的"周项"相区别；以"椒郁"二字形象地描述了索沟部周围皮肤呈暗紫红色淤血、出血状，并作为生前缢沟的一个特征。"周项"和

"椒郁"这两个记述缢沟性状的术语，是中国战国时期检验缢死的重要发现。值得注意的是本例的最后一段记载，并不是案例本身的内容，而是具体讲述缢死的现场尸体检验方法。先介绍缢死的案例，接着讲述缢死的检验方法，有力地说明《封诊式》一书是具有法科学书籍的性质，并不是单纯的案例记录。其中有两个涉及缢死的鉴别诊断的内容是很有意义的。其中提到，检查索沟以后，还要解衣检查全身，特别指出要检查头发内和会阴部，这是在古代尸体检验时受到相当重视的两个部位。

验尸官制度起源于英国，在18世纪以前，验尸官验尸仅是外表检验，只依靠自己和陪审团，医师不参与验尸。验尸官要亲自检视尸体，发现暴力的指征，确定创伤的类型和数目，这和其他欧洲国家完全不同，倒和我国古代的验尸官职责一致。验尸官制度在世界上的流传源于英国，但其创始则在中国，秦代的"令史"就是最早的验尸官，比英国还早一千余年。

二、古代法医学的成就及主要著作
Achievement and Books of Ancient Forensic Medicine

（一）最早的系统法医学著作

中外法医学者公认的、现存最早的系统法医学著作是《洗冤集录》，该书出版于南宋淳祐七年（1247年），为古代法医学家宋慈所编著。据其序言，该书是宋慈参考《内恕录》以下数家之书结合自己的经验编著而成的。显然《内恕录》也是一部法医学书，但是该书已经失传，无从查考。根据著者研究，早在南宋的淳熙年间（1174～1189年）已有《检验法》一书问世，这无疑是一部法医学书，可惜也已失传。宋刻本《洗冤集录》至今未发现，现存最古的著作是元代刻本《宋提刑洗冤集录》，共5卷53节。主要内容：宋代关于验尸的法令、验尸的方法与注意事项、尸体现象、各种机械性窒息死、各种钝器损伤和锐器损伤、古代的交通事故、高温致死、中毒（poisoning）、病死与猝死、尸体发掘等。可以说该书涉及法医病理学中心内容的大部分并且系统化，这种情况即使是在18世纪的欧洲法医学著作也是难得一见的，因为那时的欧洲著作主要出自临床医师之手，重点放在法医学的临床方面。该书还系统地阐述了法医学的外表尸体检验方法与各种死亡的外表检验所见，说明《洗冤集录》乃是集宋代及其以前尸体外表检验经验之大成的法医学著作，是指导尸体外表检验的法医学著作。

（二）宋慈及其卓越贡献

1. 宋慈的生平 宋慈，字惠父，南宋淳熙十三年（1186年）生于福建省。1217年登进士第，曾任长汀县令；端平二年（1235年）参加枢密使（军政大臣）魏了翁的幕府做参谋，抵抗蒙古族入侵；嘉熙元年（1237年）回到福建，通判邵武军（军与府州同）兼摄郡事；次年，又任南剑州（今南平市）通判（府、州副任官）；嘉熙三年（1239年）升充提点广东刑狱。提点刑狱是宋代的各路（省）司法官员，掌司所辖地区司法、刑狱、监察地方官吏等职。宋慈到任后，注意调查研究，了解到官吏多不奉法，积案甚多，乃立下规约，限期清除积案，经过8个月，解决二百多待决之囚。在任期间，宋慈经常深入下层，详细调查，敢于"雪冤禁暴"。1240年移任江西提点刑狱，兼知赣州；淳祐元年（1241年）知常州军州事；淳祐七年（1247年）任湖南提点刑狱兼大使行府参议官，协助湖南安抚大使处理大使行府军政要务，就在这一期间完成了《洗冤集录》的编写工作。在长期担任提点刑狱的重任中，宋慈认识到尸体检验的正确与否对刑事案件的处理极为重要。

2. 古代法医学著作的译本

（1）《洗冤集录》(*Record of Redressing Mishandled Cases*) 译本：有美译本《洗清冤枉——13世纪的中国法医学》(*The Washing Away of Wrongs：Forensic Medicine in Thirteenth Century China*)，Brian E. McKnight译（1981年），Michigan大学中国研究中心出版。美译本是《洗冤集

录》的第一个外文译本，能正确反映13世纪中国的法医学发展水平。另有日译本《洗冤集录·洗冤录详义》（1990年）。

（2）《无冤录》的朝鲜注释本或译本：1392年，《无冤录》由朝鲜学者崔致云注释为《新注无冤录》，于1438年完成，刊于1440年。《新注无冤录》在朝鲜应用了三百余年，至18世纪又被进一步修订为《增修无冤录》，刊于1796年。另有徐有邻以朝鲜文译注的《增修无冤录谚解》，刊于1792年。朝鲜所用的检验报告书就是元代的"检验法式"。《无冤录》在中国只是验尸官验尸时的参考书籍，但在朝鲜还是任用司法官吏的考试科目，如在1471年颁布的《经国大典》和1865年颁布的《大典会通》中都将《无冤录》列为司法官吏的考试科目。

（3）《无冤录》的日译本：最早的日译本是由河合尚久依《新注无冤录》译述的，取名为《无冤录述》。译成于1736年，刊行于1768年，成为日本德川幕府时代（1603～1867年）检验用专书，并多次再版。

（4）《洗冤录》的其他译本：中国古代法医学著作传入朝鲜和日本的主要是《无冤录》，但传入欧洲的却是《洗冤录》。最早的译本是法文节译本（1780年）。

第3节 法医学鉴定
Section 3　Medicolegal Expertise

一、法医学鉴定简介
Introduction of Medicolegal Expertise

（一）法医学鉴定相关基本概念

所谓鉴定，泛指聘请专家学者对其所擅长的专门性问题作出的科学判断。常见的鉴定有商品质量及真伪鉴定，人体损伤、病情及死亡原因鉴定，科研成果鉴定，古文学、古玩及古生物化石鉴定等，不胜枚举。鉴定具有普遍适用性、科学客观性和程序规范性等特征。司法鉴定（forensic authentication）指在诉讼过程中，司法机关为了查明案情，依法指派或聘请具有专门知识技能的人员，就案件中的某些专门性问题所做的鉴别和判断。司法鉴定是司法过程中各种鉴定的总称，是鉴定中一个重要的分支领域。作为一项具有较强科学性、公正性和权威性的科学判断，它是司法活动中必不可少的重要手段。

司法鉴定学是为司法机关客观、准确地判断案情，利用现代科学知识和检验技术，研究鉴定原理和鉴定方法的法学边缘学科，是自然科学和社会科学相结合而产生、发展的一门综合性学科。随着司法鉴定学的发展，司法鉴定可相应分为物证技术学鉴定、法医学鉴定、司法精神病学鉴定和司法会计学鉴定，司法鉴定学亦可分为物证技术学、法医学、司法精神病学、司法会计学四大学科，其中法医学鉴定最为常见。西方国家的法庭科学也是由这些学科组成的，只是在任务方面的侧重点有所不同。

法医学是以医学、生物学、物理、化学等自然科学的原理与方法为基础，研究与解决司法实践中有关人身伤亡和生理病理状况的科学，是法学和医学交叉的综合性学科。法医学鉴定主要包括法医病理学鉴定、法医损伤学鉴定、法医临床学鉴定、法医毒物学鉴定、法医物证学鉴定等。在具体的案件中，以上不同的法医鉴定种类往往同时进行，以确保得出全面、客观、准确的鉴定结论。通过法医的鉴定，可以确定人体的伤亡状况与伤亡时间，判定伤害程度、过程，认定亲子关系，判定人体物质的种属范围，认定人体同一等。法医学鉴定结论在各类诉讼中及非诉讼活动中都是一种非常重要的证据材料。

有学者将国外的法医鉴定体制分为英美的、法国的和日本的三种，三者都由警察系统设置而非法院设置的多元化的法医鉴定体制，且详细规定了鉴定机构和鉴定人的资格审查问题。英美的法医鉴定体制由死因裁判官、法医病理学家和警察外科医师三部分构成，服务既面向警方也面向公众；同时，三者必须具有一定的学历和从业经验，庭审中诉讼双方的鉴定人和律师也可以就专业问题互相盘诘，以保障鉴定人的专业化。在法国，现场勘查由检察官或司法警察指定具有专业资格的人进行，不过被指定的机构或自然人既可以是注册名单上的，也可以是注册名单之外的；诉讼中，案件是否进行鉴定则由刑事预审法官决定，鉴定人的资格又由行政规章确定。日本鉴定体制包括监察医制度、警察医制度、大学教授解剖制度以及科学警察鉴定制度，也是多元化的，但其实行鉴定人资格审查制，鉴定人的资历要求要高于英国。

（二）法医学鉴定人（medicolegal expert witness）

凡具有法医学知识和经验、从事法医工作并具有鉴定资格的专门人员统称为法医。当法医或法医学教授受到司法机关指派或聘请，就案件中有关医学问题进行检验、鉴定，并作出鉴定结论时，即为法医学鉴定人。

若将鉴定人员的范围限于法医则会有一定的局限性。首先，受过法医学专门训练并具有丰富鉴定实践经验的法医工作人员，对查明案件真相、发现犯罪和揭露罪犯起很大作用，但是专职法医工作人员不可能对医学各专科都具有丰富的知识和技能，涉及诸如眼科、神经科等问题时，仍需聘请有关专家进一步鉴定。其次，我国幅员辽阔、人口众多，边远基层公安司法单位尚无专职法医，涉及人体伤亡案件时，亦需聘请当地有关医学专家进行检验鉴定。

法医鉴定人如有下列情形之一的，应当回避（evade）：

(1) 本案的当事人或者是当事人的近亲属（指夫妻父母、子女、同胞兄弟姊妹）；
(2) 本人或者他的近亲属和本案有利害关系的；
(3) 担任过本案的证人、辩护人、诉讼代理人的；
(4) 与本案当事人有其他关系、可能影响公正处理案件的。

（三）法医学鉴定的对象

1. 人体外貌类 人体外貌类鉴定以人体头面部的外貌特征作为依据。人体头面部外貌的静态反映形象通常是人像照片，所以人体外貌鉴定的主要对象是人像照片，例如颅像重合方法，就是利用死者生前照片，将腐败只剩的颅骨用X线拍成负片，再将生前照片放大至同等大后与颅骨的负片重叠，比对外形轮廓与眼耳口鼻的吻合情况。有时还根据颅骨形态特征通过颅骨复像制作人体外貌照片，也可作为认定人身的依据，例如颅骨复容方法，在极度腐败仅剩颅骨时，可根据颅面部软组织厚度的数据和变化的规律，使用黏土或塑料黏附于颅骨上，从而构成颅面模型以供辨认。

2. 肤纹类 肤纹类包括人体皮肤乳突线花纹和人体其他皮肤花纹两部分。人体皮肤乳突线花纹有指纹和脚纹两个方面。广义的指纹又包括指纹（手指最末一个指节的皮肤花纹）、指节纹、掌纹、汗孔四个方面。作为鉴定的对象，通常是它们所形成的相应痕迹，即指印、指节印、掌印、汗印孔。指纹在诉讼中有"证据之王"的美称，通过指纹鉴定可以直接认定遗留指纹的个人。近些年来，虽然一些作案人反侦查意识增强，但随着计算机、激光等高科技仪器的发展和运用，指纹发现、显现、提取和比对技术也有了飞跃的发展，大大提高了指纹在司法活动中的证据作用。在刑事诉讼中，通过对指纹的分析和识别，可以为分析案情、串并联案件以及认定犯罪嫌疑人提供方向和证据。人体皮肤其他花纹，如唇纹、额纹、鼻纹、耳轮纹、膝盖纹等的印痕也可以作为鉴定对象。

3. 尸体、活体类 诉讼中涉及的人的尸体、活体是司法鉴定的主要对象之一，属法医学鉴定范围。法医尸体鉴定包括死亡时间、死亡原因、死亡经过、死亡性质、致死工具以及尸块、尸骨的整体同一认定等内容；法医活体鉴定是对涉及诉讼的人身进行鉴定，主要有损伤鉴定、性问题鉴定、血型及亲子遗传关系鉴定、劳动能力鉴定、残疾等级鉴定。尸体、活体鉴定都涉及人体物质鉴定，如血液、体液、分泌物、毛发、骨质等。

(四) 法医学鉴定的分类

1. 按鉴定客体划分 按照鉴定客体划分鉴定种类，是按照客体与案件相联系的性质将鉴定划分为对人的鉴定和对物的鉴定。这种分类对于研究鉴定方法、鉴定原理、鉴定结论的评断与运用、鉴定结论的证据作用有一定的意义。

(1) 人的鉴定：人的鉴定，指鉴定结论所认定的是具体的人或同种同类范围的人。它是依据人的某一方面的特性、某些技能习惯或人体某一部分的物质特征去认定案件中需要确定的人。凡与案件有关的人体组织及体内物质，经过专门性检查，查明其本质特异性，提供个体认定依据，明确其在证明案件真实情况、揭露犯罪、澄清是非等方面的作用，称为人体物质鉴定。现代司法鉴定科学中，可能作为认定人的客体主要有人体皮肤乳突线花纹、书写运动习惯、语言习惯、人体外貌、牙齿、血液、毛发、人体分泌物、人体气味、人体其他皮肤花纹。

人的鉴定形式，有直接鉴定和间接鉴定两种。直接鉴定是依据被鉴定客体的直观特征直接进行的，如依据尸体残肢认定整尸等。间接鉴定是依据被鉴定客体所遗留的痕迹、声音、字迹、气味和分离物质确定其自身的关系。间接鉴定是人身鉴定的主要形式，如手印鉴定、笔迹鉴定、人体物质鉴定等。

(2) 物的鉴定：鉴定结论所确立的是具体的物或同种同类的物，即通过鉴定确定受审查客体是否是要寻找的那个物。物的鉴定客体主要有犯罪工具、交通运输工具、鞋底、袜底、枪弹、印章、纺织物、编织物等。

2. 按鉴定客体的特征划分 绝大多数鉴定都是以客体的特征为依据的，因此，依据鉴定对象划分鉴定类型是有实际意义的。由于鉴定客体的广泛性，客体特征的表现形式也相应具有多样性。综合司法鉴定客体的特征表现形式，主要有外表形态特征、物质成分结构特征、运动习惯特征、物质现象特征、物品气味特征5类。据此，也可将法医学鉴定划分为5种类型。这种分类，对于研究鉴定原理、审查鉴定结论的科学依据有一定意义。

(1) 客体形态的鉴定：客体形态的鉴定，以客体外表形态特征作为鉴定依据，是一种传统的鉴定方式，在科学技术高度发展的现代，它在鉴定中仍居于主要地位。这种鉴定大多数是通过比较客体的反映形象特征实现的，如指印鉴定、牙印鉴定、人像照片鉴定等。鉴定的结论是肯定检材系人体自身外表形态哪一部分的反映。

(2) 物质成分鉴定：物质成分鉴定，是依据客体物质成分特征进行鉴定，主要是依据物质的形貌、结构、排列组合及含量比例等方面的特征。人体的任何一种具体物质，实际上都是混合物质，不仅不同种类的物质其成分的种类不同，在同类同种的物质中其成分含量、组成结构、形貌也有一定差异，因而通过物质成分鉴定能够显示出其物理特性、化学特性、生物学特性的不同，可以作为区分物质种属和个体异同的依据。如血痕鉴定、毛发鉴定、人体分泌物鉴定等。

物质成分鉴定属于司法鉴定中面广、量大的一种常规鉴定。鉴定方法主要是物理学方法、化学方法、生物学方法，其中仪器分析是重要的检测手段。鉴定所能解决的问题主要是确定物质的种类（属）及其异同，少数物质鉴定可能确定物质的自身同一。

(3) 物质现象鉴定：物质现象是客体物质特征的一种外部表现形式或物质转化的表现形态，

是反映客体特性的一个重要方面。根据客体的物质现象可以认识客体的特性，确定客体的种属范围，查明事件形成的原因，判断事实的真伪，如根据生理现象、病理现象、精神现象（状态）、尸体现象、物理化学现象等。其中死因、死亡时间鉴定，司法精神病学鉴定，重大责任事故鉴定等，主要是以物质现象作为鉴定依据的。这类鉴定的目的，主要是确定事件或现象产生的原因，判明事实真伪，认定事实的程度。鉴定方法既有观察、比较、诊断等常规方法，也要运用化学分析、仪器检测等现代方法。

（4）物品气味鉴定：气味鉴定，是依据气体的气味特征所进行的一种鉴定。气味鉴定的对象，仅限于能够刺激感官并产生味觉，或者能使电子仪器对气味产生反应的某些客体的气味。嗅源主要指犯罪分子在作案过程中遗留在现场的气味载体。人体的代谢物中包含400多种物质，大多有一定的气味。由于每个人的生理特性、生活习惯、食物爱好、生活环境等条件不同，代谢物中形成了各人特有的综合性气味特征，这些特异的气味散发在其他物品或空气中，可采用科学方法加以提取和保存。气味鉴定是借助于警犬和电子仪器对气味的分辨能力和鉴定人判断能力进行的。气味鉴定结论，对人的气味鉴定可以认定气味属于何人，确定气味与人的关系。

在现代鉴定方法体系中，以鉴定依据作为分类基础的上述4类鉴定往往不是单独进行的，在鉴定同一个客体时可能同时采用几种不同的鉴定途径，以不同的依据、从不同的角度确定其种属，认定其自身同一，从而使鉴定结论互相印证，确保鉴定结论的科学可靠性。如指印鉴定，既要依据皮肤乳突线花纹特征进行客体外表形态的鉴定，又可依据指印、汗液进行物质成分鉴定；鞋印鉴定既要依据鞋底外表形态特征进行痕迹学鉴定，又可依据鞋印上黏附的气味或黏附的微粒物质进行气味鉴别或物质成分鉴定。

3. 按鉴定阶段划分

（1）鉴定（identification）：法医学鉴定人运用法医学知识，对司法机关交验的民事、刑事或行政诉讼案件中的尸体、人身、物证（physical evidence）及文证资料进行详细检验鉴别和判断后，对委托的问题作出科学结论，称为鉴定。

（2）补充鉴定（supplementary verification）：司法工作人员对鉴定结论（expert conclusion）进行分析，并结合案件的其他证据加以审查后，认为该鉴定结论的科学根据不足或不够完善，或发现了与案件有关的新资料，将已经鉴定或新发现的检材，仍交给原鉴定人进行复验，称为补充鉴定。

（3）重新鉴定（re-certification）：司法机关或当事人、辩护人对原鉴定或补充鉴定的结论有疑义，或几个鉴定人的意见不一致，可将材料再委派或聘请别的具有专门知识的人进行鉴定，称为重新鉴定。

（4）复核鉴定：复核鉴定是再鉴定的一种形式，常由高一级的专家对原鉴定材料进行审查复核。再鉴定和复核鉴定对提高鉴定质量、防止和纠正错案可起到一定的作用。

（五）法医学鉴定书

法医学鉴定人将司法机关交验的案件材料（人或物）进行检验、鉴定后，将检验所见事实和分析判断所得结论，写成的书面报告，称为法医学鉴定书。

法医学鉴定书一般包括以下几个部分：

1. 序言（introduction） 包括委托机关的名称，委托负责人，委托日期，委托鉴定事项，检材的名称和数量（如为活体或尸体，应注明姓名、性别、年龄、籍贯、职业、住址等），发案时间，检验时间与地点，在场人姓名、单位等。

2. 案情摘要（brief of a case） 根据委托单位的介绍，或根据侦查材料、病历记载，客观地摘录发案经过及发现情况。

3. 检验记录（inspection record） 详细记录检验的全过程和所发现的全部事实。这部分只如实记录客观事实，不要带有诊断意见和结论。对于众所周知的检验方法，可以只列举该方法的名称。对能起证据作用的所见，应附照片和说明。对物证应记录其包装情况、形状、数量、检验方法及结果，除记载阳性所见之外，对重要的阴性所见也应记录。

4. 说明 根据检验的结果，结合案情材料和现场勘验，对案件性质、死亡原因、死亡时间、损伤特征及成分原因等详加讨论，阐述理由及因果关系，以解答所委托的鉴定事项。

5. 结论 根据检验所见和说明的理由，对所要求的鉴定事项，作出严格的有科学根据的结论。结论只能以所见全部事实为依据，不能偏离事实、断章取义或任意发挥。

最后由鉴定人签名盖章，鉴定机构盖章，注明鉴定人工作单位、技术职称、鉴定时间（年、月、日）。

（六）法医学鉴定程序

法医学鉴定是一项科学性很强的工作，必须严格按照下面的程序进行：

1. 受理（acceptance） 法医学鉴定人在接到司法机关的指派或聘请之后，应立即了解案情，明确检验目的和要求、有无应当回避的情由、本人的学识与经验能否胜任，如无正当理由，不应拒绝，应即时受理。

2. 检验（examination） 检验是取得科学证据的基本环节。法医应在侦查人员的统一指挥下进行现场勘查，注意可疑痕迹，仔细搜集物证，并将勘查情况及时写成笔录；对于与犯罪有关的尸体或死因不明的尸体，应按《解剖尸体规则》的规定进行尸体解剖，注意提取必要的检材以备做进一步检验；为了确定被害人、犯罪嫌疑人的某些特征、伤害情况或者生理、病理状态，法医有时还需要对人身进行检查；对具有法律证据性质的各种物品，如人体标本、组织切片、有关物证等必须编号归档，并妥善保存，以便进行有关物证检验或文证审查。

3. 鉴定（expertise） 根据现场勘查、活体或尸体检查所见、各种物证检验结果，综合分析，得出结论，写出法医学鉴定书交给委托机关，以便作为侦查线索或审判的证据。

4. 出庭作证（testify in court） 接到人民法院对该案审理要求出庭时，应准时出庭，对所作的鉴定作证。

（七）法医学鉴定的作用

法医学鉴定的主要任务是出具鉴定意见、提供诉讼证据，而不是为哪一个诉讼主体服务。任何国家的法律都规定法医学鉴定是出具鉴定意见、提供证据材料的，其实质是为诉讼活动服务的。法医学鉴定意见对侦查、起诉、审判、判决执行有着至关重要的作用，为揭露犯罪、确认犯罪事实、认定犯罪嫌疑人、准确打击犯罪、维护社会秩序、保障人民合法权益不受侵害提供了科学的依据。具体包括以下几方面的作用：

1. 为社会治安管理和执法活动提供科学依据 如办案涉及人身伤害、妨碍公务、寻衅滋事等，往往需要对涉案的专门性问题进行鉴定，为依法准确认定案情、确认处罚方式和力度等提供依据。

2. 为侦查机关开展侦查活动提供线索 对涉嫌构成犯罪的案件，往往需要通过法医学鉴定确定案件是否达到刑事案件的立案标准、锁定或排查犯罪嫌疑人等。

3. 为检察机关审查起诉提供科学依据 检察机关必要时可以通过法医学鉴定意见审查、核实案情和有关证据，确定批捕和公诉的依据，甚至在一些自侦案件中，检察机关也可以启动法医学鉴定，帮助查明事实真相。

4. 为审判机关依法审理和判决提供科学证据 法医学鉴定意见是审判机关认定法律事实的重要依据，同时也是其审查、核实案内其他证据的重要手段，是审判人员科学、公正判决的重要依据。

**5. 法医学鉴定意见还可以为监狱部门以及其他判决执行部门正确、有效执行司法判决提

供依据 在执行中经常需要对服刑人员的服刑能力以及是否符合保外就医条件等专门性问题进行鉴定。

二、法医学鉴定的历史演变
Historical Development of Medicolegal Expertise

法医学鉴定最早曾出现在证人证言和勘验、检查中，后来逐渐发展为相对独立的一项司法制度。大陆法系国家在职权主义诉讼制度下形成了具有中立性的法医学鉴定制度；英美法系国家在当事人主义诉讼模式下生成了专家证人制度；中国在职权主义诉讼制度下形成了不完全同于大陆法系国家的法医学鉴定制度。两大法系国家的法医学鉴定在发展过程中出现了相互吸收和相互融合的趋势，中国法医学鉴定制度在改革中也不断借鉴国外成熟经验，并初步建立了统一法医学鉴定管理体制。

（一）大陆法系国家法医学鉴定的历史演变

在大陆法系国家，鉴定制度与刑事审判制度同时并存，肇起于尸伤检验。据考证，鉴定大致可追溯至古希腊时代，在古希腊的文献中能够捕捉或寻找到因争议案件事实而使用医学知识或其他自然科学知识的踪影。公元前400年古罗马的《十二铜表法》存在着亲子鉴定的问题。公元前44年，古罗马凯撒大帝遇刺身亡，由医师安提斯底（Antistius）验尸，并提出身体23处被刺，其中胸部为致命伤的意见。可以说，在诉讼史上这是最早使用法医学鉴定的实例。公元6世纪，东罗马帝国的《查士丁尼法典》也存在关于鉴定的规定，这是最早有关鉴定的立法例。罗马法开创了欧陆法系国家鉴定制度的端倪。

鉴定制度，在罗马法中已发其端绪，德国普通法的理论发达，而德国古代法中无此制度。15世纪后，伴随着欧洲资产阶级革命的发生，生物学、物理学、化学、数学得到空前发展，这对法医学的发展起到了推进作用，也对维护社会制度中的诉讼制度提出了新的要求，特别是通过科学技术手段等专门知识来证明案件事实产生了深刻的影响。1562年法国医生巴雷第一次进行了汞中毒的法医学鉴定，并于1575年撰写了《外科手术学》，对损伤、杀婴、机械性窒息、电击死等非正常死亡尸体以及活体损伤等提出一些鉴定方法。1598年，意大利的菲特里斯教授撰写了第一部系统性的医学专著《医师报告》，这一医学著作为以后的法医学发展奠定了基础，也为法医学鉴定的发展提供了条件。1813年、1815年西班牙的医学博士马蒂厄·约瑟夫·博纳旺蒂尔·奥菲拉先后出版了《毒物与普通毒物学》（上、下），特别是其中关于砷的研究，对毒物检验鉴定产生了重大影响。1883年，法国的贝蒂隆创建了"人体测量法"，将其应用于刑事犯罪档案的建立，并创建了世界上第一个鉴定机构——刑事鉴定局。鉴定机构的建立，对大陆法系国家的司法制度产生了深刻的影响，致使其他大陆法系国家纷纷效仿，在享有侦查权的职能部门内设立鉴定机构，形成了警察机关和行使侦查职能的检察机关内设鉴定机构的传统。

随着诉讼模式演进、证据制度的变化、科学技术的发展以及对鉴定问题认识的深化，欧陆法系国家将鉴定作为一项独立的活动，其鉴定结果也作为证据的一种，并在实体法和程序法中对其作出相关的规定。如《法国民法典》以"鉴定"作为证据方法来明确其证据种类；《法国刑事诉讼法典》设立"鉴定"专节共用14个条款规定鉴定的程序规则；《法国民事诉讼法典》规定了鉴定程序规则。

欧陆法系国家由于受职权主义诉讼模式的影响，鉴定人的鉴定资格一般由有关法律或有权机关明确规定或者将鉴定权授予特定的人或机构。鉴定机构和鉴定人具有中立性，并适用鉴定人回避制度。法院将鉴定人视为法官的"助手"，成为帮助法官发现事实的辅助人，在审判实践中借助于鉴定人专门知识和鉴定意见的外在形式"弥补其知识的不足"或"掩饰其常识的缺陷"，并由法官启动鉴定程序。警察机关和检察机关一般不拥有法医学鉴定的直接决定权，在侦查活动中发现案件确有专门性问题需要鉴定时，一般请求法官决定。

大陆法系国家的法医学鉴定强调法官对鉴定启动的控制、鉴定人的中立，鉴定制度的职权主义色彩相当浓厚，使得鉴定更多的是追求实质公正和诉讼效率，但这种制度易于忽视诉讼当事人在法医学鉴定程序方面的权利保障，在实践中，存在着法官过分依赖鉴定结论的危险。这些缺陷已经成为近年来大陆法系国家法医学鉴定制度改革的主要内容。

(二) 英美法系国家法医学鉴定的历史演变

英美法系国家由于历史传统、地理环境以及民族特点等原因在鉴定制度中形成了颇具特色的专家证人制度，并随着诉讼对抗制度的发展形成了有关专家证人的判例和立法。

英国的鉴定肇起于盎格鲁撒克逊时期的"验尸官"，英格兰、威尔士被誉为"验尸官"制度的诞生地。"验尸官"的主要作用是查明死因，医师属于验尸官的协助人。这种制度影响了不少英联邦国家，如美国的部分州、北爱尔兰、新加坡等的相验制度就是在"验尸官"制度的基础上发展起来的。

英美法系国家专家证人是在审判实践中逐渐形成的，早期作为某一项领域具有经验的人组成陪审团参与案件的审判。到了14世纪，英国出现了利用专门知识帮助法庭解决疑难问题的"法律顾问"。18世纪以前，英国的专家证人的程序启动权并非由当事人双方享有，而是由法院垄断，与大陆法系国家基本相同，其具有专门知识的人被称为技术证人。18世纪后期，因英国的这种职权式的专家证人启动程序与主流的当事人诉讼文化不相融，特别是普通法的不断规范，使得专家逐渐固定在证人席上。在司法实践中，法庭一般不再指定专家证人，专家证人由当事人双方委托，出现了当事人双方聘请专家证人的情况，专家证人成为当事人的协助人。19世纪初期，现代诉讼制度中的专家证人制度基本形成，并日益发达。

英美法系国家专家证人制度具有充分保障当事人诉讼权利的制度功能，这种与当事人主义相联系的专家证人在诉讼中扮演着"具有专门知识的辩护人"的角色，法庭也演变成"专家争斗"的战场。在某些时候，那些不是最优秀的科学家和专家反而成了最优秀的"专家证人"，其结果降低了诉讼效率，影响了事实真相的发现。

(三) 我国法医学鉴定的历史演变

我国鉴定的历史可以追溯到周朝，与刑事诉讼密切相关，其鉴定事项主要集中在伤情鉴定上。《礼记·月令·孟秋之月》记载："命理瞻伤，察创，视折，审断，决狱讼，必端平。"《吕氏春秋》的《十二纪》中有同样的记载。以上是迄今为止公认的最早的关于法医检验实践的文字记载。先秦时期已有成文法，给法医学的形成提供了基础条件。秦朝的《法律问答》、《封诊式》是我国古代法医学极为珍贵的文字记载，秦朝基本上建立了相对完备的检验制度，如形成了检验的程序制度、检验人员有明确的分工、检验报告具有固定的格式规范。汉代法医学检验又有新的发展，对损伤的分类和检验方法都有提高，且已开展动物实验的方法进行鉴定。

唐宋时期，存在有关鉴定人员身份、职责以及检验内容、检验结果等较为完整的记录。《唐律》有对鉴定人员身份、职责以及检验内容、检验结果等较为完整的记录，对损伤程度、诈病、自残、堕胎、年龄、废疾等法医活体检验方面的内容也有较为明确的规定。南宋提刑宋慈的《洗冤集录》是一部较多论述检验制度的法医学著作，是世界上最早的法医学专著，比欧洲早350余年。在元代，法医学鉴定方面的成就得到了进一步发展，其中，王与根据《洗冤录》、《平冤录》、《结案式》以及元代相验制度、个人经验编撰了《无冤录》，该书对古代的朝鲜、日本影响较大，曾被作为检验的专用参考书。元大德年间颁布了由国家统一制定的《检尸式》。

明清时期的法医学鉴定继承了宋元以来的成果，相继出现了大量的法医学著作，如《洗冤录及洗冤录补》、《洗冤集说》、《律例馆校正洗冤录》、《洗冤录详义》等。在《大明律例》和《大清律例》中，对有关检验的问题作了规定，但有关鉴定的规定尤其是鉴定制度仍不完备。

1907年，清政府颁布了《各级审判厅试办章程》，对鉴定实施的条件、鉴定人的选用、鉴定书的制作以及鉴定人的待遇等作了规定。该章程是我国古代检验制度与现代鉴定制度的分水岭。辛亥革命以后，1912年颁布刑事诉讼法，对挖墓检验、解剖尸体有了相关规定；1913年颁发了《解剖规则》，这是我国现代法医学鉴定崛起的象征。但是，总的来说，20世纪前半叶，因政治不稳定、战事纷纷、司法工作混乱，法医学鉴定处于被遗忘、可有可无的状态，发展很缓慢。

新中国成立后，中央政法、卫生领导机关采取了恢复、发展法医学鉴定与研究的一些措施，法医学检验与刑事技术发展迅速。改革开放以来，我国法医学鉴定事业重新复苏，随着诉讼法的实施，法医学鉴定作为一门科学又恢复了在法制建设中的重要地位。

三、法医学鉴定的基本理论和方法
Fundamental Theory and Method of Medicolegal Expertise

（一）法医学鉴定的科学基础

法医学鉴定的科学基础，指法医学鉴定的科学依据和客观条件。法医学鉴定之所以能够解决与案件事实相关的各种专门性问题，是因为法医学鉴定客体自身具有的本质属性，而这种属性能够被鉴定人运用专门手段和方法予以认识。

1. 客体的特定性 客体的特定性，指一个客体区别于其他任何客体的特殊性。事物的特殊性包含两方面的含义：任何事物都不同于其他事物，任何事物都只能与其自身同一。人类社会和自然界绝对没有两个完全一样、互为同一的事物，即便是孪生兄弟或姊妹，皮肤乳突线花纹、人体外貌、书写习惯、语音习惯都各有其特殊性。客体特定性是法医学鉴定的科学依据，正是由于法医学鉴定客体具备了只能与自身相同的基本属性，鉴定才成为可能，鉴定结论才能成为诉讼证据。

2. 客体的相对稳定性 客体的相对稳定性是同一认定的基础。辩证唯物主义认为，世界上没有不运动的物质，同时也肯定了存在相对的静止。稳定性是事物处于质变以前的相对静止状态。法医学鉴定客体的相对稳定性，指客体的重要特性在一定条件下、一定时间内保持不变的属性。客体物在其发展的一定阶段和一定时期内具有质的稳定性，在这个阶段和时期内其性质保持基本不变。事物的稳定性是其基本属性之一，也是认识事物的必要条件。客体的相对稳定性，是法医学鉴定的必要条件。只有被鉴定客体的特性处于相对稳定状态，侦查调查人员才能根据先前留下的反映形象发现供鉴定的客体，鉴定人员才能根据检材与供鉴定客体的反映形象（样本）进行比较，从而确定供鉴定客体是否就是被鉴定的客体。如果客体不具备相对稳定的特性，就不能把握其具体形态，不能区别具体客体。

3. 客体特征的反映性 反映性是事物的另一基本属性，根据这一属性，客体的特征可以借助一定的条件，以不同的形式表现出来，并且能被人们感知。法医学鉴定客体的特征有多种反映形式，如通过位移、接触、分离、剥落、黏附、化合、分解等形式，将自身特性的全部或一部分反映到其他相关客体上，显示其与案件事实的某种关系。客体的反映性既是遗留痕迹、微量物质的必要条件，又是法医学鉴定依据这种痕迹、物质去发现与确定被鉴定客体自身的必要条件。

4. 客体基本属性与鉴定的关系 客体的特定性、稳定性、反映性是法医学鉴定客体的三大基本属性，是法医学鉴定的科学基础，其中客体的稳定性是法医学鉴定的科学依据，同时也指明了法医学鉴定的范围；客体的稳定性和反映性是法医学鉴定的客观条件。这三个属性在鉴定中是相互联系、相互制约的，只有三个条件同时较好的客体，才是符合科学要求与法律要求的鉴定客体。当然，法医学鉴定除必须具备上述客观条件外，同时还要求具备相应的主观条件，即法医学鉴定主体必须具备对鉴定客体的认识能力，其中包括对客体特性的认识、鉴定人员的业务水平、鉴定部门的仪器设备等条件。

研究法医学鉴定的科学基础，可以使司法工作者了解法医学鉴定的科学依据和条件，明确鉴定的范围、鉴定结论的科学可靠程度，从而积极、主动地运用鉴定手段和鉴定结论。对鉴定主体来说，掌握了法医学鉴定的科学基础，目的在于正确把握客体特性，提高鉴定水平。

（二）同一认定理论

1. 基本内容 法医学鉴定中同一认定理论中的"同一"，指客体的自身同一，即被鉴定客体物与其自身为同一物。"客体自身同一"，是自然辩证法中一个基本观点。在自然界和人类社会，没有两个完全相同的人或物，只有"同一"的自身。

所谓同一认定（individualization），指在诉讼活动中，鉴定人对客体物是否同一问题作出的科学判断，是对客体物作出"是"与"不是"、"同一"与"不同一"的认定意见。同一认定是要求确认个体而非种属。

同一认定理论，指同一认定判断活动的科学基础、同一认定的依据和方法的理论体系。其理论体系主要包括5个方面：①关于同一认定基本概念的理论；②关于同一认定科学基础的理论；③关于同一认定种类及其基本形式的原理；④关于同一认定依据、方法、步骤的理论；⑤关于同一认定结论评断与运用的原理。

2. 同一认定的依据与方法

(1) 同一认定的依据：同一认定是认识客体的自身同一，即以不同的形式去寻找客体自身。任何客体的特性都是独一无二的，因此，要区别不同客体，只能以客体的特性为依据。而客体特性是通过客体的各方面特征表现的。鉴定中区分不同客体，必须首先分析与确定客体特征，进而判断客体的特性。

客体特征是客体各个方面的个别特点，是客体本质属性的外部表现，是反映客体特性的具体内容。客体的特征，按其表现形式可分为外表形态特征、行为习惯特征和物质成分特征3个方面，按其对构成特性的作用可分为种属特征和特殊特征两个方面。在鉴定中，是从发现和确定客体特征入手，通过对相同特征与不同特征总体的比较分析，进而确定客体特征是否相同。

(2) 同一认定的方法：同一认定的方法视检材和样本的属性不同而不同。法医学鉴定中，认定客体是否同一，要根据具体客体及其反映形象的特点选用不同的方法。认定客体是否同一的基本方法是比较法。比较的形式有3种：

1) 被寻找客体与受审查客体反映形象比较：鉴定的比较资料，既有被寻找客体的反映形象——检材，又有受审查客体反映形象——样本，通过检材与样本的特征比较，最后确定受审查的客体是否就是被寻找的客体。多数同一认定都是采用反映形象比较的形式。

2) 被寻找客体自身直接比较：将被寻找客体自身的一部分或几个部分作为检材，受审查部分客体自身的一部分作为"样本"。经过比较，如它们之间的特征体系互相吻合，能够形成一个自然完整的整体，即属部分与整体的同一关系。这种同一认定形式仅适用于对断离物或分离物的鉴定。

3) 被寻找客体的反映形象单独比较：整个认定过程仅有被寻找客体的数个反映形象——检材，而无受审查客体及其反映形象（样本）供比较，同一认定的特征比较都只是在几个检材之间进行。比较的结果只能确定数个检材是否为同一个被寻找客体所形成，而不能确定受审查客体与被寻找客体间的关系。

同一认定的具体方法有：数学、物理学、化学、物理化学、生物化学、生物学、电子学等方法。现代鉴定技术方法已由对客体特征的定性识别上升到定量识别，逐步运用概率论原理制订技术标准。

(三) 种属认定理论

1. 种属认定概念　在法医学鉴定中，同一认定与种属认定（species identification）是同一科学理论体系和鉴定方法中的问题，两者间既有联系又有区别。种属认定是根据同一认定原理和方法，以确定客体种属范围，或者确定客体间是否为同类、同种的一种鉴定类型，其实质是对客体间的相似或相同问题作出科学判断。

种属认定与同一认定的联系主要表现在：在鉴定过程中，许多鉴定事项的种属认定是同一认定的第一步，鉴定有种属划分的客体，必须首先比较客体的种类特征是否相同，只有种属相同，才有可能同一；鉴定有的客体，由种属相同可能进一步认定是否自身同一。由于科学的进步，人们认识能力的提高，有的原先只能进行种属认定的客体，可以发展为同一认定的客体。如血物质增长时期只能进行血型鉴定，但DNA遗传密码被揭示后，现已成为最具代表性的同一认定客体。

2. 种属认定的分类　根据种属认定的概念和鉴定实践，可以把种属认定分为两大类。

（1）第一类是确定种类所属的种属认定，即单一型种属认定，这是种属认定在法医学鉴定实践中最为常见的一种类型，它主要解决的问题是通过检验，确定某一被鉴定客体属于物质的哪一种类型。简而言之，通过种属鉴定技术对物质类型的认定，确定种属所属。这类种属鉴定有助于确定鉴定以及侦查工作的方向和范围，有助于判明案件的性质。

（2）第二类是判断种属异同的种属认定，即比较型种属认定，其主要任务是检验先后出现的客体是否相同，或者判断该客体的来源是否相同。这类种属认定和第一类种属认定之间的主要区别在于后者是对两个以上的客体的种类是否相同所作出的判断。

3. 种属认定的方法　种属认定的一般方法所采用的也是一种特征比较的方法，即通过比较客体的特征来判断客体是否同一的方法。按照物质检验方法不同，可以把种属认定的方法分为3类。

（1）物理学检验的方法：这类检验方法主要是根据物质的物理学特性所作出的，它是利用仪器检验物质的物理学属性的方法。虽然物理学属性是物质的一个重要的属性，但是，我们在比较检验两个或两个以上的物质是否同属一个类别时，应当看到物质的物理学属性也可能在一定的情况下出现不同类物质物理学属性部分相同的现象。所以，采用这种办法检验时要对被检验物质采取多方面的物理学属性检验，以避免错误的发生。

（2）化学检验的方法：化学检验的方法就是利用化学反应的原理和器材对物质化学属性进行检验的方法。化学检验方法分定性和定量两种。定性的方法指只确定物质的组成部分，不确定含量的化学方法。定量的方法指既确定物质的组成成分，又确定其含量的化学检验方法。常见的定性方法有：沉淀反应、显色反应、气体反应、显微结晶反应、燃烧反应等。

（3）生物学检验的方法：生物学检验的方法就是利用生物学的原理和器材检测物质生成属性的方法。这种方法主要分为3大类：生物化学方法、免疫学方法、遗传学方法。

（四）物质转移理论

1. 物质转移概念　物质转移原理又称物质交换原理，也称罗卡定律（Locard exchange principle）。物质是自然科学和社会科学领域一个常用概念，指独立于人的意识之外的客观存在。一切客观存在的事物都属于物质的范畴，包括有形物质和无形物质。法医学鉴定原理中所说的物质，包括实物型物质、痕迹型物质、信息型物质。所谓物质转移，指客体的物质或信息，被其他客体物承载、交换、吸收、转化，而在其他客体上留存一定的物质、信息的物质运动过程。物质之所以能转移，是由于物质自身蕴含信息，而信息可以在不同客体之间，以不同方式进行交换、传递，并能在其承载体上留存相应的信息，供人们获取与应用。

2. 物质转移的依据、条件、方式　一般认为，物质转移的科学依据是物质不灭（conservation of matter)、能量守恒（conservation of energy）和人的行为的物质性3个方面，其中前两方面是物质转移的基础，后一方面是转移的条件。尽管不同类型的物质转移的方式有差别，但都要以物质不灭、能量守恒或能量转化为先决条件。物质的任何转移形式，首先要有物质体存在，电子信息转移也不例外。

物质转移是物质运动的客观规律，仅就法医学鉴定中常见的物质转移过程而言，一般需要两个条件：①转移客体的条件，多数要在两个客体之间进行。②外力作用条件，包括行为人的作用，自然界相关因素的作用，参与转移物之间的理化作用、机械作用等。外力作用的方式，可以是接触、吸收、传递、化合、分解等多种。物质转移的结果，必然导致参与转移的一方、双方或者各方引起一定的变化。

物质转移的方式主要有3种：①物质量与质的转移，即传统物质转移理论中的物质交换方式。由于行为主体或造型主体之间发生接触或交换关系，导致接触体或交换体之间产生一定的形态变化，或者被黏附、脱落某种物质，或者被吸收、带走某种物质，使相关方发生量与质的变化。②物的外表形态结构被承受体"复印"而转移成痕迹型物质。这种转移方式并不完全遵守能量守恒法则，而是以"接触复制"的方式，或者是以感觉、记忆方式实现转移的。如形象痕迹、记忆痕迹的形成，即超出了物质交换的范围。③物质中蕴含信息的转移。由于电子技术的发展和证据范围的扩大，对于电子数据证据、意识信息证据的形成需要作出科学解释。尤其是电子数据证据是自动转移或自动交换，不为人们直接感知，也不需要传统转移理论中所说的转移条件，于是在物质转移理论体系中便出现了信息转移原理。信息转移是物质转移的一种特殊方式。

物质转移概念、物质转移科学基础、物质转移的条件与方式、物质转移理论在法医学鉴定中的运用等理论体系，统称为物质转移理论。

3. 物质转移理论在法医学鉴定中的意义 物质转移理论是法医学鉴定中的基础理论，对法医学鉴定有5方面的指导意义。

(1) 物质转移理论是获取鉴定材料的科学依据：鉴定材料是鉴定的物质基础。鉴定材料虽有分散性、多变性、隐蔽性等特点，但它是一种客观存在，不会完全被自然或人为因素掩盖、隐藏、破坏，也不会完全消失。侦查人员、司法人员、鉴定人可以根据物质转移理论及相关规律，应用科学技术方法进行勘验、检查，从而发现、提取鉴定资料。

(2) 物质转移理论是鉴定人选用鉴定方法的基本依据：法医学鉴定领域，研究物质转移理论的核心是寻找鉴定材料形成的规律性。物质转移的3种方式实质上就是鉴定材料的形成方式。鉴定方法是依据鉴定材料的性质和特点选定的。

(3) 物质转移原理对于评断鉴定意见的证明作用也有一定的指导意义，尤其是物证类和声像资料类鉴定意见的证明作用，首先要用物质转移的规律、特点去分析其与案件事实的联系。

(4) 物质转移原理对法医学鉴定活动实行分类管理有重要作用：法医学鉴定执业分类，是鉴定机构和鉴定人执业许可的依据，也是诉讼当事人和司法机关申请与决定鉴定范围和要求的依据，还是确定鉴定意见证据效力的一个要素。而法医学鉴定执业分类的一个重要标准，就是鉴定对象形成的方式与性质。仅就鉴定领域而言，物质转移原理的核心问题就是鉴定材料形成的方式问题。物质的3种转移形式实质就是鉴定材料的不同形成方式。

(5) 物质转移原理有利于选择科学的鉴定方法：鉴定要求一般是根据其鉴定对象所属学科的科学原理和鉴定材料的形成方式决定的，而鉴定方法又是由鉴定要求产生的。所以，司法机关和诉讼当事人，只有了解物质转移的一般规律，才能科学地确定鉴定要求，鉴定人才能够准确地选用鉴定方法。

死亡与尸体现象
Death and Postmortem Phenomena

第1节 死 亡
Section 1 Death

人体的生命活动以新陈代谢为基础，健康状态时，人体各系统器官的活动互相协调，与外界环境之间也保持着相对平衡，然而，在各种内外因素的作用下，往往可造成系统或器官的功能紊乱，发生疾病、损伤，甚至新陈代谢终止而死亡（death）。

一、死亡的概念
Concept of Death

（一）心脏死亡（heart death）

原发于心脏功能不可逆中止所引起的死亡，此时心跳停止先于呼吸和脑功能的完全停止。心脏死亡最主要的原因是心脏本身的严重损伤或疾病，其他原因如各种原因的休克、电流通过心脏的电击、具心脏毒性的毒物中毒、神经反射性的心脏节律紊乱（如心室颤动）和心搏骤停等，也能引起心脏功能不可逆中止而死亡。心跳停止的检查相对较容易，用手触摸脉搏和左胸心前区，以及用听诊器听心音都是常用的简单方法，但心电图检查是最可靠的方法。

（二）肺死亡（lung death）

肺死亡又称呼吸死亡（respiratory death），指原发于肺或呼吸功能不可逆中止所引起的死亡，此时呼吸停止先于心跳和脑功能的完全停止。肺死亡最主要的原因是肺或呼吸系统的严重损伤或疾病、机械性窒息、影响呼吸功能的毒物中毒及所有能引起呼吸中枢、呼吸肌麻痹的因素。呼吸停止的检查相对来说较困难，尤其是深度昏迷仅有微弱呼吸时，置纤细的纤维于鼻前，或放盛水的杯子于胸前观察纤维或杯中的水是否有移动，都是被推荐的方法。

（三）脑死亡（brain death）

全脑（包括大脑、小脑、脑干、间脑）功能不可逆中止所引起的死亡。任何严重的脑外伤、脑疾病和影响中枢神经系统功能的毒物都可以导致脑死亡。

脑死亡的概念最早于1968年由美国哈佛医学院一个由医师、神学家和律师组成的关于死亡定义的特别委员会提出。医学科学技术的飞速发展，使得许多原来临床上心跳、呼吸停止，已被看作死亡了的人又得以复活。有病例报告心跳停止一个多小时的人，在使用起搏器、人工呼吸机等现代复苏技术后又使其得以复活。同时，人工呼吸机的使用，可以使传统认为已经不能复活的严重脑损伤患者，长时间地保持心跳、血压和呼吸。据称，在美国每年大约要花费15亿美元，昼夜不停地用药物、人工饲养及人工呼吸机，维持约1万个这样的人的生命，浪费着大量的金钱、时间和精力。同时，器官移植技术的成熟，也督促人们重新考虑死亡的概念。为了提高移植器官的存活率而挽救一个人的生命，要求被移植的器官从供体内摘取的时间愈早愈好，而按照传统的死亡概念确定死亡时间，则使得这种要求很难实现。而且就器官移植供体的最大来源——交通事故中不可恢复性严重脑损伤的人来说，制订新的死亡概念显得尤为重要。

此外，脑死亡的提出也与司法实践中遭遇的新问题密切相关。如一位瑞典商人原本是非常遵纪守法的纳税人，但在其接受了心脏移植手术并康复出院之后，却不再向国家缴纳任何税费，理由是按照"呼吸、心跳停止即为死亡"的标准，自己的心脏已经被移植出体外而死亡，而自己也应该属于死亡之人。人死之后是无法纳税的，所以坚持拒绝支付任何税费。该案例的当事人虽然属于强词夺理，但是同时也揭示出了传统死亡标准的漏洞。于是，世界上一些国家开始从法律上承认了脑死亡，并制订出了一些用于判断脑死亡的诊断标准。

目前脑死亡成为医学界和法医学界讨论的热门话题，有的人甚至提出用脑死亡代替传统的死亡概念。但事实上，循环和呼吸不可逆的中止这种传统的死亡概念至今仍然适用于大多数死亡，并在所有国家（包括那些已在法律上承认了脑死亡的国家）内应用于死亡的确定。

一般情况下，呼吸停止先于心跳停止。但有时心脏和（或）肺的功能仍然可以以某种形式维持着，这时脑死亡的诊断应十分严格。一般情况下，脑死亡的诊断应依据以下几点：

（1）自主呼吸完全停止。

（2）大脑反射消失，对外界声、光、温、机械性刺激无反应。

（3）脑干（brain-stem）反射完全消失，包括：①无瞳孔对光反射；②无角膜反射；③在躯体的任何区域接受足量强度刺激后在脑神经分布范围内没有运动反射；④没有对气管刺激的窒息反射。

（4）脑电图检查呈大脑电沉默，等电位线持续30分钟。

（5）脑循环（cerebral circulation）停止。

二、死亡的过程
Processes of Death

一般情况下，生命并不是突然终止的，死亡来临时，人体内部各器官组织的生理功能有一个逐渐停止的过程。这个过程可以分为以下3个阶段。

（一）濒死期（agonal stage）

濒死期又称挣扎期，是死亡过程的开始阶段，此时中枢神经系统（central nervous system）脑干以上部位处于深度抑制状态，相应的功能活动发生一系列的障碍，出现意识丧失、各种反射迟钝、心跳减弱、血压下降、呼吸微弱或周期性呼吸等重要生命功能减弱和紊乱的种种表现。

由于死亡原因以及原来的机体状态等因素的不同，濒死期的表现是各种各样的。有的躁动、肢体抽搐或强烈痉挛，继而逐渐减弱而变得松软；有的死亡进行缓慢而平静，生命功能逐渐陷入极度衰弱状态。还有可能出现谵妄、大小便失禁等一些局部的兴奋表现。

濒死期持续时间长短不一，可为数秒钟，亦可长达数小时。病死者，特别是慢性病致死者，濒死期一般较长。暴力致重要器官严重损伤以及某些中毒，如伤及脑干的颅脑损伤、颈部切断、心脏或主动脉严重破裂、氰化物中毒等，濒死期多短暂甚至缺如。

濒死期的生命功能是可逆的，对于濒死阶段的人采取适当的复苏措施，可以挽回生命。

(二) 临床死亡期 (clinical death)

临床死亡期是濒死期进一步发展的死亡阶段，此期中枢神经系统的抑制已由大脑扩展到脑干，尤其延髓处于深度抑制状态，因此，心跳和呼吸均停止，各种反射活动消失。但是，实际上组织内仍进行着微弱的代谢活动，早期依然有复苏的可能，特别是电击及急死者，于心脏刚刚停跳不久时，坚持心脏按摩、人工呼吸（artificial respiration）、动脉内加压输血、吸氧等措施，部分心跳可望恢复，继而呼吸也可能恢复。即此期的生命功能仍然存在可逆性。

临床死亡期的持续时间与大脑皮层耐受缺氧的极限时间相同，通常为 5~6 分钟，但也有例外，如在低温等耗氧量少的情况下，临床死亡期就可能大大延长，可达 1 小时或更久。与此相反，濒死期较长者，则临床死亡期可能很短。

(三) 生物学死亡期 (biological death)

生物学死亡期是死亡过程的最后阶段。临床死亡过久，大脑遭受缺氧损害严重，致脑功能发展为不可逆性破坏，即发生"脑死亡"后，则进入生物学死亡期。此期由于高级神经系统功能完全丧失，作为高度统一的人体已经死亡，所以复苏的可能性已不复存在。

进入生物学死亡期最初的一段时间内，人体作为整个机体已经死亡，但体内的细胞、组织及某些器官在一定时间内仍保持一定的生活功能，对某些外界刺激仍然能发生一定的反应，这种反应称为超生反应（supravital reaction）。常见的超生反应：

(1) 断头死亡后 10 余分钟内可见眼球运动、肢体抽搐、心脏跳动、血液从颈动脉端涌出等；
(2) 死后数小时内仍可见肠蠕动；
(3) 死后 2 小时内骨骼肌在机械性刺激下可收缩形成肌隆起；
(4) 气管黏膜上皮在死后 10 小时内仍有纤毛运动；
(5) 死后 30 小时甚至 127 小时，精子仍有活动能力；
(6) 肱二头肌在人死后 12 小时还可以呈阳性反应。

由于各类细胞的代谢和对缺氧的耐受性不同，因此，它们死亡的先后顺序也有一定的规律，在法医学检验时可用此推测死亡时间。另外，了解各器官、组织的超生反应，对器官移植也有意义，因为只有保持生活能力的组织和器官才可用于移植。

三、死亡的原因
Causes of Death

(一) 法医学的死亡分类

法医学根据死因性质的不同，将死亡归纳为非暴力性死亡和暴力性死亡两大类。

1. 非暴力性死亡（non-violent death） 又称自然死亡（natural death），指在通常的自然条件下，由于机体的自然衰竭或疾病所引起的死亡，包括生理性死亡和病理性死亡。

(1) 生理性死亡（physiological death）：又称衰老死，指人到了衰老期，由于全部生命过程逐渐消失所引起的死亡。人的生命遵循着本身的自然规律，从生长发育到衰老死亡，这是生命不可抗拒的必然过程。按照哺乳动物生长期与生命期的比例为 1：7 或 1：8 来推算，人类的正常寿命应该为 140~160 岁，所以，单纯衰老死极其罕见。人们习惯所说的老死，实际上多属于症状和体征不明显的病死。

(2) 病理性死亡（pathological death）：俗称病死，指在一般生活情况下，由于体内某种疾病所引起的死亡。这种由疾病引起的死亡，任何年龄均可发生。

发生在医院内的疾病死，除了涉及医疗纠纷和猝死而怀疑暴力死以外，一般很少引起诉讼，也不需进行法医学尸体检查。但是，绝不是说发生在医院内的死亡都是疾病死，借患者住院治疗之机进行谋杀的案件也时有发生。

2. 暴力性死亡（violent death） 又称非自然性死亡（unnatural death）或外因性死亡，指外界因素作用于人体所引起的死亡。引起暴力性死亡的外界因素很多，概括起来不外乎3大类，即物理因素、化学因素、生物学因素。法医工作中常见的是物理学和化学因素所致的死亡，如各种机械性窒息和机械性损伤所致死亡、烧死、冻死、电击死，以及各种化学毒物、药品中毒致死等。生物学因素所致死亡，在法医工作中虽较少见，但也不应忽视。

暴力因素所致死亡，又有自杀、他杀和灾害事故之分。在法医工作实践中必须认真分析、判断，才能对案件性质作出正确的结论。

（二）直接死因与间接死因

引起机体死亡的原因很多，致某个人死亡的原因也可能不止一个。法医分析暴力作用与死亡的关系时，有直接死因（direct cause of death）与间接死因之分。

1. 直接死因 指直接引起机体死亡的暴力作用

(1) 损伤（injury）导致的死亡：如脑、心、肺、肝、肾等脏器遭受严重破坏等；

(2) 窒息（asphyxia）导致的死亡：如缢死、扼死、溺死等；

(3) 失血（hemorrhage）导致的死亡：如大动脉破裂，肝、脾破裂等；

(4) 原发性休克（primary shock）：如创伤性休克（traumatic shock）、过敏性休克等；

(5) 中毒死（poisoning death）：包括各种毒物导致的死亡。

2. 间接死因 由暴力损伤引起继发性疾病或并发症而导致死亡者，暴力为间接死因。

(1) 创伤感染引起脓毒败血症致死；

(2) 创伤引起空气或脂肪等栓塞致死；

(3) 创伤出血流入气管或创伤并发气胸，引起窒息死；

(4) 中毒引起肝、肾等器官病变，发展到衰竭而死。

（三）死亡过程中的伴随现象及死因联合

在死因的分析中，必须注意往往遇到与死亡过程相伴随的一些现象，应与死因相区别。同时要注意，有的死亡并非单一因素，而是多种因素造成的，也必须作具体分析。

1. 死亡过程中的伴随现象 有的死亡，在过程中会产生由于死亡机制（mechanism of death）本身引起的伴随现象。如在死亡过程中可有胃内容物逆流到气管的现象，这是由于死亡过程引起的咽部防卫反射以及咳嗽反射等障碍，不能防止胃内容物流入，这种现象尽管与构成死因的吸入性窒息有相似之处，但它不构成死因，而是死亡过程中的一种伴随现象。如果中枢神经系统的抑制仅限于大脑，呼吸、心跳仍然存在，而且咽部反射活动的障碍是可逆的，此时如防止舌根后退或误吸，则死亡未必会发生。但是，如果此时不能保证呼吸道的畅通，并且发生了胃内容物的误吸，便可由于吸入性窒息而构成直接死因。另外，在实行抢救、复苏的过程中，有时可能造成某种损伤，如人工呼吸、体外心脏按摩时造成的肋骨骨折，胸内心脏按摩引起的心外膜、心肌出血等，这些均为抢救中的伴随现象，不能误认为是死因。

2. 死因联合 有的死亡，致死因素不是单一的而是两个以上的暴力或疾病联合作用的结果，也有两个以上暴力或疾病，按各自造成的损害程度又都能构成死因，只是有先后之分。一般两种或多种疾病引起的死亡诊断，法医诊断与临床诊断原则是一致的。而暴力与疾病或两种及两种以上暴力因素存在时，如外伤与冠状动脉粥样硬化、中毒与扼颈、电流损伤与溺水等，在诊断死因时需根据各种损伤或疾病发生的先后、严重程度、经过表现等，综合分析其对生命活动危害的大小,判明死因的主次以及直接死因和间接死因或联合死因,区别与死因无关的伴随现象。

四、假死
Apparent Death

(一) 假死的概念

假死 (apparent death) 指人的循环、呼吸和脑的功能活动高度抑制,生命活动处于极度微弱的一种状态。从某种意义上说,它类似于以往所说的濒死状态,其重要生命器官的功能虽然处于一种很低的水平,但仍然存在,所以它不同于前面所说的整体死亡。处于假死状态的人经过适当的抢救,有的甚至不经过任何处理也能自然地复苏。

假死的原因多种多样,常见的如电击、某些毒物(如巴比妥类、麻醉药)中毒、新生儿窒息、缢死、扼死及溺死的早期、低温冰冻等。

(二) 假死的检查方法

1. 确定呼吸停止的检查方法 在看不到胸部有呼吸 (breath) 运动时,可用手轻按剑突下部,细心察觉膈肌、胸壁有无极微弱的运动;用听诊器听喉头部有无呼吸音;将纤细的绒毛放在口、鼻孔处,观察绒毛有否被吹动;亦可以将冷却的玻片(或镜面)置于口、鼻孔前,如玻片变得模糊不清,表明仍有微弱的呼吸。

2. 确定心搏停止的检查方法 一般触摸脉搏 (pulse) 或心尖部,如察觉不到心脏搏动时,可用听诊器听诊有无心音。个别心跳极微弱不易确定者,还可以用一些其他方法检查血液循环是否停止,如挤压眼球使瞳孔变形,当除去压迫后,瞳孔立即恢复圆形,则可证明血液循环未停止,因为血液循环停止后眼压便下降,变形的瞳孔不易复原。用力捏挤手指末节,如果指端出现青紫,证明血液循环未停止。如有条件,还可以做 X 线、心电图检查及注射色素观察巩膜的荧光着色等方法判断血液循环是否停止。

3. 确定脑功能丧失的检查方法 对脑功能 (brain function) 的检查,在现场上常用的是观察瞳孔对光反射、角膜反射、腱反射等是否存在。如果条件允许,脑电图的检查对诊断脑功能是可靠的,脑功能完全丧失时则出现等电位脑电图。其他如脑温测定、脑超声图检查、颅内压测定、核素诊断等检查方法,有条件时均可实施,可帮助观察判断脑功能状况。

利用通常的方法如摸脉搏或心跳,甚至听诊等来鉴别假死和死亡常常是不可靠的,因此而误将假死者埋葬、火化或解剖的案例都有报道。

五、死亡研究的新进展
Recent Research Advance about Death

美国纽约州立大学危重病急救医学助理教授萨姆·帕尼亚 (Sam Parnia) 认为,生与死的界限可能没有我们曾经想象得那么分明。现在,医学专家称,生命复苏领域的科学发展已经可以使人在心脏停止跳动数小时之后"复活"过来——即使他们已经被宣布死亡。

在揭示细胞层次上的死亡机制谜题时,科学家已经知道死亡并不是发生在某一时刻,而是一个过程。事实上,细胞是在一个人死亡——依照我们目前对死亡的定义——之后才开始其死亡过程的。帕尼亚说,这一过程"能持续数小时,而我们具有扭转它的潜在能力"。

1. 死亡的过程 科学家曾经认为,在心脏停止向身体供血数分钟之后,由于脑细胞无法得到氧气和其他营养物质的供应,会出现永久的脑损伤。现在,新的研究表明这一观点已经过时。

来自美国哥伦比亚大学的神经学教授斯蒂芬·梅耶（Stephan Mayer）说，当心脏停止跳动的时候，死亡过程才刚刚开始。

由于缺氧造成的脑损伤具有阶段性，在数秒钟之内，大脑活动会受到影响，但几分钟之后，缺乏糖类供应的细胞就会开始程序性细胞死亡的步骤。美国宾夕法尼亚大学急诊医学教授兰斯·贝克尔（Lance Becker）博士说："当一个人缺氧的时候，一套完整的信号就会开始告诉细胞：是时候进入死亡了。因此，我们有机会对这一套程序做些许修正，也就是'给它上个刹车'。"

一些有关如何暂停死亡过程的研究来自"复活"的病例报道。这些患者在大脑和心脏停止活动数小时之后又活了过来，而且完全没有或只有很微小的脑损伤。专家称，这些病例成功的关键，除了良好的重症监护之外，还有降低体温（hypothermia）。体温降低的过程中，人体的核心体温会比正常体温（约为37℃）下降几度。

2. 人能保持多长时间没有脉搏 已有研究发现，降低体温可以减少人体对氧气的需求，终止已经被激发的细胞死亡程序，从而保护大脑。不过，这也是有限制的。医学专家称，尽管体温冷却技术已经使许多心脏骤停患者获得了更好的治疗效果，但有时候损伤太过严重，就没有机会再"复活"了。而且，科学家已经了解到，成功的康复要依赖于患者在心脏重新跳动之后得到的治疗，以及身体如何在体温降低之后重新升温。

兰斯·贝克尔教授说："我们正在研究的问题有悖常理，因为我们以前所了解的是，如果一个人的氧含量过低，我们就应该给他们氧气；如果他们的血压降低，我们就应该想办法使其血压上升。"然而在现实中，如果患者在一开始的治疗中有了反应，而且他的心脏重新开始跳动，那么突然的血流冲击和过多的氧气流入大脑，就可能使神经损伤变得更加糟糕，与之相反，调节流向大脑的氧含量可能才是"复活"的关键。

3. 最先进的复苏技术 在心脏骤停之后采取降低体温的治疗方法已经存在了数十年，但科学家依然不能确定这种方法是否真的对患者有益。近年来，研究证据显示降低体温可以提高患者的存活率和康复率，而专业学术团体如美国心脏协会建议，在患者的血液循环恢复之后可以考虑采取降低体温的治疗，毕竟，不是所有的医院都会将降低体温作为重症监护程序的一部分。

萨姆·帕尼亚说："让人悲伤的一点是，有这方面的知识，系统也是可用的，但并没有得到执行。"他接着说，"在美国所有可能因为冷却疗法受益的人当中，只有不到10%的人获得了治疗。"

帕尼亚认为，在理想的条件下，为了保证适当的氧气和血液供应大脑，人体复苏过程将使用机器而非人力进行胸部按压。在心脏重新跳动之后，冷却和降低氧含量可以防止脑损伤的出现，增加患者复苏的成功率。

4. 新死亡概念下的新伦理问题 在医学实践中传统的明智做法：不要对遭受严重脑损伤的患者进行复苏，否则患者会一直处于无休止的昏迷状态中。在患者心脏骤停几小时后试图使其苏醒过来，也可能会导致较高的脑损伤风险，这也向那些支持更加全面复苏程序的人提出了新的伦理问题。

不过，斯蒂芬·梅耶指出，我们对脑损伤及死亡的认识是不完整的，而且，对于损伤的程度以及损伤是否能扭转，我们都知之不详。"我们现在所知道的是，这些关于脑损伤不可逆的观点是错误的，"梅耶说："如果你过早地作出这些结论，而没有经过充分验证，那你很可能就会使一些人的生存机会'报销'了。"

兰斯·贝克尔说，尽管人工延长寿命并不一定适合每一个病例，但医师们如果想要使患者苏醒过来，应当采用所有可用的方法。他说："如果我们可以做任何事情，我不知道为什么我们在拯救患者的时候还要有所保留。所以问题是，为什么要救人救一半呢？"

美国著名心理学家雷蒙德·穆迪博士在研究过 150 个濒死体验者（经历过"临床死亡"后复生的人）的案例之后，试图为人们揭开死亡真相。尽管濒死体验发生的情境以及亲历该种体验的个人性格都有着巨大的差别，但需要肯定的是，在这些人"濒死体验"的陈述中，存在着不可忽视的相似性——我把它们大体归纳为 14 条，它们是按照感受出现的先后次序排列的：

（1）听到自己的死讯：他们亲耳听到医师或是在场的其他人明确宣告自己的死亡，会感觉到生理的衰竭到达极限。

（2）从未体验过的舒服："濒死体验"的初期有一种平和、安详、令人愉悦的感受。首先会感到疼痛，但是这种疼痛感一闪而过，随后会发觉自己悬浮在一个黑暗的维度中，一种从未体验过的最舒服的感觉将他包围。

（3）听到奇怪的声音：在"濒死"或者"死亡"的时候，有奇怪的声音飘然而至。一位年轻女子说，她听到一种类似乐曲的调子，那是一种美妙的曲调。

（4）被拉入黑暗的空间：有人反映他们感到被突然拉入一个黑暗的空间。你会开始有所知觉，那就像一个没有空气的圆柱体，感觉上是一个过渡地带，一边是现世，一边是异域。

（5）自己看着自己的躯壳：发现自己站在了体外的某一处观察自己的躯壳。一个落水的男人回忆说，他自己脱离了身体，独自处在一个空间中，仿佛自己是一片羽毛。

（6）你的话别人听不到：他们竭力想告诉他人自身所处的困境，但没有人听到他们的话。有一名女子说，我试着跟他们说话，但是没人能听到。

（7）不停出入自己的肉体：脱体状态下，对时间的感受消失了。有人回忆说，那段时间里，他曾不停地出入自己的肉体。

（8）感官从未如此灵敏：视觉、听觉比之前更加灵敏。一个男子说，他从未看得如此清楚过，视力水平得到了不可思议的增强。

（9）孤独无助、无法交流：在这之后，会出现强烈的孤立感和孤独感。一位男子说，他无论怎样努力都无法和别人交流，所以，"我感到非常孤单"。

（10）周围有他"人"陪伴：这时，周围出现了别的"人"。这个"人"，要么是来协助他们安然过渡到亡者之国，要么是来告诉他们丧钟尚未敲响，得先回去再待一段时间。

（11）最后的时刻出现亮光：在"濒死体验"最后的时刻，会出现亮光。这道光具有某种"人性"，非常明确的"人性"。

（12）回望人生、全程回顾：这个时候，当事人会对一生做一次全景式的回顾。当亲历者用时间短语来描述它时，都是"一幕接着一幕，按事情发生的时间顺序移动的，甚至伴随着画面，当时的一些感觉和情感都得以重新体验"。

（13）被"界限"阻隔：在这时，人会遇到一道可以被称作是"边缘"或者"界限"之类的东西，阻隔你到某个地方去，关于它的形态有多种表述：一摊水、一团烟雾、一扇门、一道旷野中的篱笆，或者是一条线。

（14）生命归来：如果有幸被救活了，在"濒死体验"进行到某种程度后，人们必须"回来"。在最开始的时候，许多人都想赶快回到身体中去，但是，随着濒死体验的深入，他开始排斥回到原来的身体，如果遇上了光的存在，这种情绪就更为强烈。

濒临死亡时人的脑神经细胞接近于死亡临界点，此时，心脏也处于暂时的停顿期，但在对此种情况下的人体实施抢救过程后可使其脑神经系统很快恢复于正常的生命征兆，我们把这种状态称为人的濒临死亡现象。凡是濒临死亡的人或者是一种暂时的失去了大脑正常功能的人只是一种假死状态，绝对不是真正意义上的人体死亡。在这种情况下，人的脑神经细胞并没有完全失去记忆，大脑的部分神经元细胞也仍然具备常态下对记忆信息的思维联想作用。虽然我们通过一般的仪器测定了濒临死亡之人的生命征兆已经接近尾声，但其脑部的神经细胞不会很快地失去全部功能，它还会形成一种在特殊条件下的反射和潜意识思维的运作，同时大脑也就出现了对光子信息世界的留恋映射（梦幻）。濒临死亡的人一旦苏醒过来，它就会回忆起她（他）在濒临死亡期时大脑部分的活动意识状态。人类的躯体是由碳水化合物组成的，在人死亡后，人的自我潜意识就会消失，灵魂也是不存在的，灵魂离体实验更是不科学的。

另外，依据科学理论分析，人在濒死状态时，其脑部的磁暴脉冲也会形成类似于天文望远镜的射电成像系统。它可将在濒死期所在地的周围所有物体进行射电扫描成像并将这一信息回馈到脑部的记忆细胞中。当人脱离濒死状态时，他可回忆起在濒死过程中由脑部射电系统构建的图像和声音信息。同时，人在濒死状态时，脑部的部分神经还是比较活跃的，它可实施部分潜意识状态下的思维，用来发出磁波信息指令来影响他人的脑神经系统进行潜意识下的控制。这就是人们常说的人在濒死期时人体会出现灵魂离体的迷信说法。但是这只是一种猜测，到现今为止，未获得科学验证。

当人体处于濒死状态时，人的大脑将陷入混乱，生理和药理学机制都将完全被扰乱甚至完全崩溃。在此之前有一些研究工作已经给出了一部分濒死体验的解释，如脱离身体的感觉可能是大脑颞顶叶功能丧失的表现。而在这项研究中，科学家们指出这一机制也可以导致患者"创造出"一种知觉，也因此其信号给患者的感觉就像是来自身体之外，来自超现实之中。这是大脑的错误知觉，就像人产生的幻觉。从情绪和个人角度而言，这些现象显得尤为重要，记忆对于这些事件的感触将变得尤其敏锐、精确而持久。

第 2 节　尸 体 现 象
Section 2　Postmortem Phenomena

一、早期尸体现象
Early Postmortem Phenomena

（一）尸冷（algor mortis）

死后体内产热停止，而体表散热继续进行，结果尸体温度逐渐下降，直至与周围环境温度相同，这种现象称为尸冷。

尸体温度下降有一定的规律性。通常成人尸体在春秋季节或室温（16～18℃）环境中，死后10小时内平均每小时下降1℃左右；10小时以后则每小时下降0.5℃左右。一般在死后约24小时尸体温度降至与周围环境温度相同。

1. 影响尸冷的因素

（1）周围环境：环境温度越低，尸冷越快，反之越慢。如冰雪中的尸体约经1小时即可完全冷却，时间稍久可发生冰冻；而在40℃以上的环境温度中不仅不发生尸冷，尸体温度反而升高。水中或土中的尸体比空气中的尸体冷却快；室外的尸体较室内的尸体易冷却。

（2）衣着：死者有衣着或覆盖物多则散热慢，尸冷也慢，裸体则尸冷快；衣服潮湿时，由于水分蒸发散热，尸冷也快。

（3）个体差异：尸体肥瘦、性别及年龄的不同，尸冷速度也不同。脂肪组织有保温作用而妨碍散热，因此肥胖尸体较瘦弱尸体尸冷慢；一般女性较男性尸冷慢。相对体表面积越大，尸温下降越快，故而儿童较成人尸冷快。

（4）死因（cause of death）：死亡前有高热或痉挛者（如日射病、热射病、肺炎、脑膜炎、败血症、破伤风、癫痫和士的宁中毒）以及颅脑损伤或机械性窒息等尸冷常较慢，有的甚至在死后尸温可短暂上升，然后再缓慢下降。与此相反，慢性消耗性疾病、大出血、溺死、冻死、大面积烧伤尸体，尸冷较快。

2. 尸冷的法医学意义　根据尸温可判断死后经过时间，但必须考虑上述影响尸冷的各种因素。因体表温度易受环境温度的影响，故测量尸温常以直肠温度为准（将温度计插入肛门 6～8cm），并同时测定环境温度。

（二）尸斑（lividity）

死后血液循环停止，心血管内的血液基于本身的重力下沉，坠积于尸体的低下部位，并透过皮肤显示出有色斑痕，这种现象就称为尸斑。

1. 尸斑的发展过程

（1）坠积期（sedimentation stage）：尸斑一般在死后 2～4 小时开始出现，但也有在死后半小时即出现或迟至 6～8 小时才显现的。自尸斑开始形成至死后 12 小时一般称为尸斑的坠积期，本期尸斑的特点是由于下坠的血液尚局限于血管腔内，未扩散到血管外，如用手指按压尸斑，则此处毛细血管内血液即流向周围，尸斑暂时消失，解除压力后，血液流回原处，尸斑重新出现。在死后 6 小时左右，如改变尸体的位置，则原来的尸斑可逐渐消失，而在新的低下部位重新出现尸斑，这种现象称为尸斑的转移。在死后 6 小时以后再改变尸体位置时，则原有的尸斑不再完全消失，而在新体位的低下部位又可出现新尸斑，这种情况称为两侧性尸斑。

（2）扩散期（diffusion stage）：一般于死后 12 小时左右尸斑由坠积期发展到扩散期，快则 8～10 小时就发展到此期。其特点是尸斑已连成大片，范围扩大，颜色加深、增浓。血管内坠积的血液被渗入的组织液稀释，并发生溶血，继之向血管外渗透，扩散到血管周围的组织间隙，切开尸斑部位组织，可见血管断端及组织间隙有血水样液体缓缓滴出。

（3）浸润期（imbibition stage）：一般死后 24 小时尸斑便发展到浸润期。此期，坠积的血液已溶血，血红蛋白液不仅渗到组织间隙，而且浸润到组织细胞中使之着色，故此期尸斑已固定，压迫不褪色，变更尸体体位，尸斑完全不转移。切开尸斑部位组织，可见组织呈紫红色，已无血液滴出。

2. 影响尸斑发展的因素　尸斑出现的早晚、发展的快慢受尸体血量多少、是否呈流动状态以及体位是否固定等因素影响。急死、机械性窒息死等死后血液呈流动状，因此尸斑出现得早且浓。相反，慢性消耗性疾病死者，死后心脏及大血管内血液多发生凝固，以及贫血、大失血死者，由于血量较少，故尸斑出现迟且弱。水中漂流的尸体，由于体位不固定甚至不出现尸斑。死后迅速冻结的尸体，外表也可无尸斑，但可形成内脏坠积性淤血。尸斑是否出现也与有无外力压迫有关，并非尸体的低下部位都能见到尸斑，如仰卧位尸体，在肩胛部、背部、骶骨部、臀中部等与硬面接触处，皮肤常苍白而不见尸斑；又如腰带结扎、衣服折叠或紧扣衣服等部位也无尸斑形成。

3. 尸斑的颜色　皮肤色素对尸斑颜色有一定影响，如白人尸体尸斑明显，黑人尸斑不显。中国人多为黄皮肤，但个体间深浅有很大差异。正常尸斑为暗紫红色，某些死因，由于血液颜色变化，故可出现特殊颜色的尸斑。如一氧化碳中毒死，由于碳氧血红蛋白形成，使尸斑呈鲜红色；氰化物中毒，由于组织呼吸障碍，冻死，由于组织代谢率低，均可使血液中氧合血红蛋白量维持高水平，故死后尸斑鲜红；水中及冷环境中的尸体，尸斑亦呈鲜红色；亚硝酸盐、氯酸钾、硝基苯等中毒死者，尸斑呈深褐色；腐败尸体，尸斑可变为污绿色。

4. 尸斑与皮下出血（subcutaneous hemorrhagic）**的鉴别**　尸斑与外力造成的皮下出血外观

上均为暗紫红色斑痕，加之在浓重的尸斑区有时可见到散在的点状或斑块状出血，这是由于坠积血液使血管过度充盈乃至破裂所致，但却易与外伤出血混淆，故法医检验时，应注意鉴别尸斑与皮下出血，特别是大面积的皮下出血不要误认为尸斑。

5. 内脏坠积性淤血（hypostatic congestion）　各内脏的坠积性淤血发生在脏器的低下部位，呈暗紫红色肿胀状态，需与某些疾病相鉴别。如仰卧尸体，大脑枕叶及局部脑膜血管充盈，易误认为脑出血或外伤；胃后壁、肠曲的低下处、两肾的后方均可发生坠积性淤血，颜色呈暗红色，且有饱满实变感，易误认为肺淤血或胃肠出血坏死、怀疑中毒等。检验时，注意淤血部位与体位的关系，以及坠积性淤血的特点，必要时可做组织切片检查，根据各种疾病的病变特点加以鉴别。

6. 尸斑的法医学意义

(1) 尸斑是较早出现的死亡确证，与尸僵一样，一旦出现即证明死亡已经发生；

(2) 根据尸斑的发展，可以估计死亡时间（time of death），但应充分考虑影响因素；

(3) 根据尸斑的颜色和程度可作为分析死因的参考；

(4) 根据尸斑的位置可以推测死亡时的体位及尸体在死后有无变动（移尸）等。

(三) 尸僵（rigor mortis, cadaveric rigidity）

死后肌肉先行松弛，但短时间后即变得僵硬、强直，使各关节固定，这种现象称为尸僵。

1. 尸僵的形成机制　对于尸僵形成的机制有过数种学说，如乳酸说、干燥说、ATP 说等。目前认为，死后 ATP 的不断分解以及组织脱水等是尸僵的主要原因。人死后，由于新陈代谢的终止，ATP 一切合成均逐渐终止。而 ATP 的分解却由于组织超生现象的存在仍在进行，于是 ATP 有不断减少的趋势。实验证明，当 ATP 浓度下降至正常 1/4 时，尸僵便会形成。

2. 尸僵发生的时间及顺序　尸僵一般在死后 2~4 小时出现，6~7 小时波及全身，10~12 小时最强，48 小时开始缓解，72~96 小时完全缓解。尸僵形成多从下颌关节开始，依次为颈部、项部、上肢、躯干、下肢，呈所谓下行型发生；少数也有从下肢开始向上扩展的所谓上行型（逆行型）发生；个别亦有由其他某肌群首先发生者，称为异行型。这与肌肉生前运动程度有密切关系，研究证明，生前运动多的肌肉，ATP 代谢快，因而死后尸僵出现亦早。尸僵缓解的顺序与发生的顺序一致。尸僵未达最强前，若被破坏，还可再恢复；若已发展到最强时被破坏，便不再恢复。

3. 影响尸僵形成的因素　尸僵出现的早晚、强弱以及持续时间的长短受很多因素的影响，各个尸体是不同的。

(1) 尸体本身的因素：① 年龄与体质：因尸僵的形成与肌肉的强健程度有关。肌肉强健者，死后尸僵出现较晚、且强，持续时间较长。相反，老年人由于肌肉萎缩，小儿由于肌肉发育不成熟，则尸僵形成得早而弱，持续时间短，缓解早。死前有肌营养不良、肌萎缩者，死后尸僵极弱，甚至不出现尸僵。② 死因：因为肌肉内 ATP 量的多少是尸僵形成的关键，因此根据死亡过程有无剧烈的肌肉运动以及影响 ATP 耗量不同的死因，尸僵出现的早晚和强度也不相同。如猝死、枪杀、灾害等所造成的突然死亡，由于死前及死亡过程中 ATP 未过多消耗，故尸僵出现较迟而强。相反，慢性消耗疾病死者，尸僵形成得早而弱。死前或死亡过程中肌肉剧烈活动或痉挛者，如破伤风、士的宁中毒等，由于死前肌肉的痉挛而使 ATP 大量消耗，于是尸僵出现得早而明显。有机磷中毒死者，尸僵出现得晚。

(2) 环境因素：① 温度：较高的温度有利于尸体的死后变化（postmortem change），能促进尸僵的形成和缓解。尸体温度在 20℃ 以上者，尸僵发生得较明显；低温，尸僵发生较慢，但过低的温度，如 0℃ 以下，尸体的僵硬主要与冰冻作用有关。② 湿度：一般情况下，潮湿的环境中，尸僵发生得缓慢。

4. 特殊尸僵 某些尸体或尸体的某一部分肌肉，死后由生前紧张状态直接过渡到较强的僵硬，称强硬性尸僵或尸体痉挛（cadaveric spasm, instantaneous rigor）。这种强硬性尸僵的形成与人体死前剧烈的肌肉运动或精神高度紧张而使 ATP 迅速耗竭有关，如痛苦痉挛的躯体或面容；自杀者紧握手枪或刀柄的手，溺死者手紧握拳或紧抓水草、泥沙等。

5. 心肌（cardiac muscle）和平滑肌（smooth muscle）的僵硬

（1）心肌的僵硬：一般于死后 30～60 分钟开始。从心尖部逐渐向左心室扩展，7～8 小时达最高峰，可持续 20 小时以上。由于心肌僵硬，将血液压出心腔，因此，一般左心常呈空虚的收缩状态。在心肌炎、心肌硬化、瘢痕形成以及脂肪变性等心肌病变的情况下，心肌的僵硬微弱，甚至不僵硬而出现心室扩张、松软、充有血液。

（2）平滑肌的僵硬：胃、肠壁的平滑肌僵硬，一般于死后 1 小时开始，5 小时左右达高峰，9 小时后缓解；肠管的僵硬依十二指肠-空肠-结肠的顺序发生；其他脏器如膀胱、精囊、前列腺的平滑肌死后也发生僵硬；死后瞳孔散大，虹膜僵硬出现后，瞳孔便稍缩小。

6. 尸僵的法医学意义 被检尸体有尸僵存在，一般可确定为死亡后的早期，并可根据尸僵进展情况和程度，推断死亡经过时间。根据尸僵固定下来的尸体姿势和状态，帮助分析死亡的有关情况等。

（四）自溶（autolysis）

人死后，经一定时间，体内各脏器组织由于自身酶的作用而出现与细菌作用无关的逐渐软化、液化的现象，称为组织自溶。

1. 自溶的发生 组织细胞死亡后，组织本身便失去了生理状态下对本身固有的各种酶类的屏障作用，从而，这些酶类便对构成组织细胞自身的蛋白质、脂类、糖类进行分解。特别是蛋白分解酶的作用，使构成组织主要成分的蛋白质分解，因而，组织细胞逐渐失去了原来的形态结构而变得模糊、松软，甚至液化。

2. 影响自溶的因素 尸体组织器官的自溶，一般以含酶丰富的脑、胰腺、肾上腺、肝、脾、肾、胃肠等脏器自溶较快。另外，环境条件、死前的机体状态和死因等对自溶的发生都有一定的影响。如温度的影响，温度高（35～37℃）为一般酶活性的适宜温度，所以自溶较快。相反，如低温（冰箱）一般组织自溶将停止，因一般酶的活性均受到抑制。

3. 自溶的法医学意义 虽然根据自溶组织的变化情况，可以帮助判断死亡经过时间，但是由于在这方面的研究较少，特别是自溶的发展受很多因素的影响，所以目前尚难以脏器组织的自溶程度来推断死亡经过时间。

器官的自溶变化往往易与某些生前疾病的病理变化相混淆，有时甚至很难区别，因此在剖验中，又必须对自溶的组织改变有足够的认识，避免在死因判断上发生错误。脏器的自溶变化是弥漫的、一致的，而疾病的病理变化往往是局限于病变部位，其周围组织与之明显不同，并且要注意自溶组织的染色变化以及疾病的病理改变特点。

二、晚期尸体现象

Late Postmortem Phenomena

（一）尸体腐败（decomposition）

尸体组织中的复杂有机物，受腐败细菌的作用，不断分解为简单的有机物和无机物，并伴有大量腐败气体产生，使尸体软组织逐渐液化崩解，最后软组织毁灭，仅有骨骼及毛发等可长期留存下来，这个过程称为尸体腐败。

1. 尸体腐败的原因 人体死亡后，新陈代谢停止，一切生命活动均终止，生活状态下人体的屏障、免疫、杀菌等防御功能也随之丧失，于是，尸体便成为具有丰富的有机物质和水分、适于细菌生长、繁殖的有利场所。细菌广泛分布于自然界以及人的消化道内和口鼻腔，人死后，由于其大肠的屏障功能破坏，肠道内的部分细菌首先通过血液进入其他组织和器官。外界环境中的细菌，则从尸体的口鼻腔、肛门等孔道以及开放的伤口等处入侵，并大量繁殖。于是，在内、外细菌的共同作用下，尸体组织的蛋白质、脂肪、糖类等被分解、破坏，致尸体逐渐腐败。

2. 影响尸体腐败的因素 腐败的发生、发展受内、外界很多因素影响，而细菌在尸体腐败中起着主要作用，因此，一切有利于细菌生长繁殖的因素，都能加速尸体的腐败。

（1）尸体本身的因素：死者的年龄及营养状况不同，尸体腐败进展得快慢亦不同，一般肥胖的尸体较瘦弱的尸体容易腐败分解，小儿组织柔嫩比成年人及老年人易腐败。死因不同，对腐败也有一定影响。如大面积的烫伤（scalding）、烧伤或大面积的挫伤等，由于皮肤的破裂或缺损，外界细菌易于入侵尸体，因此腐败较快。败血症（septicemia）死者、脓毒血症死者（septicopyemia）或生前患有某种重症感染性疾病者，因生前已有大量细菌在体内，其尸体腐败亦较快。窒息死、日射病死、电击死的尸体，因死后血液呈流动状，细菌易于繁殖和分布，所以相对腐败亦快。患水肿病死者，其尸体内储积大量水分有利于细菌繁殖，故也较易腐败。相反，大失血死者或死前大吐大泻等，由于血液和水分的丧失，使尸体内水分减少，以及肠道内细菌大部分被排出，死后其腐败进展缓慢。某些具有杀菌、防腐作用的毒物中毒死者，其尸体腐败发生、发展也缓慢。如浓乙醇、氯仿、福尔马林中毒死者，腐败迟缓发生，甚至不发生。但大量饮酒后死亡者，因乙醇浓度低，在体内吸收后又被体液稀释，使其浓度更低，不但起不到杀菌作用，相反有利于细菌繁殖，因此并不延缓尸体的腐败。服强酸、强碱性毒物致死者，能影响尸体腐败的进展。

（2）环境因素：尸体所处环境的温度、湿度、空气是否充足等因素，对腐败的发展影响较大。①温度和湿度：细菌的生长繁殖需要一定的温度、湿度，一般腐败细菌多属于中温菌，最适温度在20～35℃，因此，在这种温度环境中的尸体，由于腐败细菌易于生长、繁殖，腐败发展很快。高温或低温使腐败发展迟缓，如低温0～1℃以下一般细菌的生长发育受到抑制，55～60℃以上的高温环境中，一般细菌被杀死，因此，在这种环境中的尸体腐败停止。适宜的湿度是细菌生长繁殖的必要条件，一般尸体内保持65%的水分即足够维持细菌的生长繁殖，有利于腐败的发展，而通风、干燥环境中的尸体，由于丧失水分而干燥，腐败往往减慢或停止。②空气：腐败菌大部分是需氧菌，需氧菌引起的腐败较快，厌氧菌则较慢。缺乏空气则细菌繁殖受到抑制，使腐败缓慢或停止，暴露在空气中的尸体腐败快。水中氧气较少，腐败进行较慢；而土内或深埋地下的尸体，由于空气更缺乏，腐败则更慢。有人试验，水中尸体腐败速度比空气中慢一半，埋在土内的尸体腐败速度是在空气中的1/8～1/6。埋在地下的尸体，除上述条件对腐败有影响外，土壤的酸碱度对腐败亦有一定的影响。一般细菌生长的最适宜pH值为7.2～7.6，因此过酸或过碱的土质都可使腐败缓慢或停止。

3. 尸体腐败的发展和尸体征象

（1）腐败气体的产生：①尸臭（odor of putrefaction）：一般人死后数小时，便有腐败气体从尸体的口腔、鼻腔、肛门等处排出体外。腐败气体主要有蛋白质等有机物分解产生的氨、硫化氢、甲烷、氮、二氧化碳等，有恶臭，故称"尸臭"。一般人死后24小时左右可闻到尸臭。②腐败水气泡：随着腐败的进展，尸体各软组织逐渐开始腐败，于是产生的腐败气体越来越多，使尸体的内脏和皮肤表面形成腐败气泡（putrefaction blister）；同时组织间液及毛细血管内的液体被腐败气体挤压，在皮肤表面形成腐败水泡，并可与腐败气泡融合成水气泡。当水气泡胀破后，尸体的表皮剥脱，露出污秽的暗红色或污绿色的真皮。③巨人观（bloated cadaver）：当大量的腐败气体产生后，不仅肠管胀满、胸腹腔膨隆，而且整个尸体软组织内也将充满腐败气体，此时的尸体膨大呈巨人观状，故称"腐败巨人观"。出现巨人观的尸体舌突出于唇间、口唇增厚外翻、眼球突出、头面部胀大，失去原来容貌；胸部隆起，腹部显著膨胀，阴囊（scrotum）常膨大数倍，四肢增粗。由于腹腔大量腐败气体的存在使内压增高，可将胃内容物挤出，逆流入食管和咽；也可使直肠和子宫脱垂，将粪便和尿压出；孕妇尸体可因气体压迫，将胎儿压出体外等。沉没水中的尸体，由于大量腐败气体的产生，致尸体比重减轻而浮出水面。

（2）尸绿（greenish discoloration on cadaver）与腐败静脉网（putrefactive networks）：①尸绿：腐败产生的硫化氢作用于血液，形成绿色的硫化血红蛋白或硫化铁，因此腐败尸体的体表可见到污绿色斑，称为"尸绿"。尸绿首先出现于尸体的右下腹部，呈淡污绿色边界不明显的斑块，以后随着腐败的发展，绿斑逐渐扩大到全腹以至全身，并且颜色逐渐加深增浓，呈污绿色。尸绿通常于死后24小时左右开始出现。②腐败静脉网：血管内的血液，由于腐败而溶血，同时被腐败气体挤压至皮下静脉和毛细血管内，并透过管壁，浸入血管周围，因此，在皮肤上呈现出暗红色或污绿色的网状结构，称为腐败静脉网。

（3）白骨化（skeletonized remains）：尸体腐败继续发展和变化，软组织逐渐液化、崩解呈半流动的腐败液体，流向尸体的低下部位，被衣着、棺木、泥土等吸收，而尸体本身毛发、指（趾）甲脱落，只残存白骨，称为白骨化。

白骨化所需的时间随尸体所处环境不同而不同，泥土中的尸体需3~4年，有的需7~10年。暴露于空气中的成人尸体白骨化，在夏季需10天至1个月以上，春秋季在5~6周以上，冬季在数月以上，但是也有3~4天，甚至更短时间就白骨化的情况，这是由于大量蝇蛆的破坏，大大加速了白骨化的速度。

白骨的进一步变化是骨的风化，5~10年骨中脂肪组织消失；10~15年骨的有机成分消失，只剩下无机成分；完全风化一般要50年以上。

3. 检验腐败尸体的法医学意义 由尸体内、外因素决定，尸体腐败往往是不可避免的，法医检验工作可以根据尸体腐败的发生及进展程度估计死亡经过时间。腐败给尸体损伤或病变的辨认带来难度，特别是高度腐败的尸体难度更大，因此，法医检验一方面要争取时机。同时，对已高度腐败的尸体亦不应放弃检验，因为还可根据残留的毛发、骨骼的损伤进行死因和凶器的推断；根据骨髓腔内硅藻的检验，帮助推断生前溺死；根据脏器组织相应位置的腐败物化验，帮助判断金属性毒物中毒。白骨化骨骼的检验，对推断性别、年龄、身长等更有重要意义。

（二）干尸（mummy）

尸体在干热或通风良好的环境中，体内水分易于蒸发而迅速减少，使尸体干燥而不适于腐败细菌的繁殖，尸体停止腐败而长期保存下来，整个尸体干燥、缩小、皮肤皮革样化（parchment-like transformation）而呈黑褐色，这种保存型尸体称为干尸，又叫木乃伊。

通常形成一具木乃伊，成年人至少需3个月以上，婴儿则需时较短，3周以上即可形成木乃伊。有的尸体大部分腐败，而只一部分肢体或头面部形成干尸。干尸若在适宜的环境中，不被昆虫破坏可长期保存。尸体干燥后可保留生前个人某些特征和生前创伤、索沟、扼痕，甚至某些器官的病变，有一定的法医学和人类学意义。

（三）尸蜡（adipocere）

尸体长期埋葬于空气不足的潮湿泥土中或处于水中，腐败缓慢或停止，尸体的脂肪、蛋白质等成分分解变化，形成固态的高级脂肪酸及其化合物，使尸体组织似蜡状，称为尸蜡。

一般尸蜡化的尸体皮肤，由于早期的腐败而崩毁，皮下的脂肪组织暴露。正在形成过程中的尸蜡，为油腻的固态物质，类似冷凝的猪油，具有恶臭。已完成的尸蜡，则为硬而脆的石膏样，比重轻，漂浮于水面。尸蜡的饱和脂肪酸成分加热能融化，不溶于水而能溶于酒精、乙醚等有机溶剂。尸蜡可以是全身性的，也可以是尸体局部性的，尤其是脂肪含量较多的局部。

形成尸蜡不仅需要有水、缺乏空气以及腐败缓慢或停止等条件，而且还需要一定的温度及较长的时间。环境温度较高的条件下，尸蜡形成较快，有报道，夏季2～3周时间，尸体的一部分便形成了尸蜡。一般皮下组织形成尸蜡最少要2～3个月，深层组织则需4～5个月，整个尸体形成尸蜡最少要1年时间。组织学检查，死后1周左右，可见到脂肪酸的结晶。因此，根据尸蜡完成的情况，可以帮助推断死后经过时间。

尸体形成尸蜡后可保存生前的伤痕、颈部的索沟、扼痕等，对揭露犯罪有一定意义。

（四）泥炭鞣尸（cadaver tanned in peat bog）

尸体埋于酸性土壤或泥炭沼泽中，由于鞣酸与腐殖酸的脱钙和防腐作用，腐败停止，皮肤鞣化，称为泥炭鞣尸。泥炭鞣尸的特点为皮肤呈暗褐色，致密如鞣皮，肌肉和脏器脱水，体积高度缩小，骨骼和牙齿脱钙而变软，尸体易折曲和切开。由于泥炭鞣尸极为少见，因此其法医学意义并不突出，在发掘古墓或开发泥沼地时可能遇到，对科学研究有一定价值。

第3节 动物对尸体的毁坏
Section 3 Destruction of Corpse by Animal

无论在陆地上或水中的尸体，都有被昆虫或其他动物毁坏的可能。任何动物毁坏尸体，都必然留下一定的痕迹和造成组织缺损。根据损伤的形态和遗留痕迹的特点，在一定条件下，可推断死后经过时间，或认定为何种动物毁坏的尸体，从而排除可能引起的某些怀疑。

昆虫毁坏尸体以蝇、蛆最为常见，尤其是夏季，死后几十分钟，苍蝇便能飞集到尸体的周围，1小时左右就可见到眼角、鼻孔、口角、暴露的创口和阴部等有蝇卵。在21～27℃的温度下，经12～24小时蝇卵便孵化成蛆虫。蛆能分泌含有蛋白酶类的液体，溶解和毁坏尸体的软组织。婴儿尸体1～8天可被蛆蚀至仅剩尸骨，成年人尸体3～4周软组织可被蝇蛆破坏殆尽。

蝇、蛆破坏尸体能毁坏尸体上的损伤，但是根据蝇卵、蛆虫、蛹等在尸体上的发育情况，可以推断尸体的死后经过时间。盛夏之际，气温在30℃以上，一般蛆每日可生长0.24～0.3cm，4～5日即达1.2cm。此时蛆即成熟，可在尸体周围或潜入土中变成蝇蛹，蛹在夏季约1周左右可成蝇。如夏季在尸体周围发现蛹壳，可估计死者大约为2周前死亡。

由于蝇类有季节消长的特性，可以用来推断死亡的时间。

其他昆虫如蟑螂、蚂蚁，鸟类如乌鸦、老鹰，以及老鼠、狗、狼、狐等均可咬食尸体，水中的尸体则可受鱼、蟹的噬食。它们对尸体的毁坏，尤其对尸体上原有创伤形态的破坏，常给鉴定工作造成一定困难，偶有动物对尸体所造成的损伤被一般群众误认为"凶杀"而报案。上述昆虫、动物咬食尸体，可在尸体上形成各种具有一定特征的咬痕（bite mark），这些损伤缺乏生前损伤的生活反应，例如老鼠所致咬伤一般创面不大，创缘不整齐，并可见锯齿状的齿痕，深度仅达皮下筋膜。另外，现场一般遗留动物或昆虫的足迹、粪便、毛发或羽毛等痕迹。

机械性窒息
Mechanical Asphyxia

第1节 机械性窒息概述
Section 1 Overview of Mechanical Asphyxia

一、窒息
Asphyxia

（一）窒息的概念

机体从外界吸取氧气并排出体内二氧化碳的过程称为呼吸。呼吸过程中肺泡壁毛细血管内的血液与外界空气之间进行的气体交换过程称为外呼吸；血液与组织细胞之间的气体交换过程称为内呼吸。机体呼吸功能障碍时，体内缺氧，二氧化碳蓄积，从而引起生理功能紊乱，甚至死亡的过程称为窒息。

（二）窒息的分类

在法医学中，窒息分为暴力性窒息和非暴力性窒息。非暴力性窒息指由各种各样的疾病所引起的窒息，比如哮喘，白喉；暴力性窒息根据其发生原因、机制和病理过程，可分为以下5类：

1. 电性窒息（electrical asphyxia） 指电流作用于人体，使呼吸肌或呼吸中枢功能麻痹而引起的窒息。

2. 中毒性窒息（toxic asphyxia） 因毒物作用使血红蛋白变性或功能障碍，或细胞内氧化酶功能降低、消失，或改变细胞膜的通透性，引起红细胞对氧的运输能力降低及组织细胞对氧的摄取和利用障碍，使呼吸肌、呼吸中枢功能发生障碍而产生的窒息，如一氧化碳中毒、亚硝酸盐中毒。

3. 空气中缺氧性窒息（asphyxia due to ambient hypoxia） 指空气中氧气不足而引起的窒息，如置身于高原地区、被关进密闭的箱柜或被困于塌陷的矿井坑道内等。

4. 病理性窒息（pathological asphyxia） 指由疾病引起的窒息，如过敏所致的喉头水肿及呼吸道疾病、血液病等疾病所致的窒息，颈部或颌面外科手术引起颈部血肿压迫呼吸道。在分娩过程中因脐带受压、胎盘早剥等导致的新生儿窒息以及新生儿颅内出血、羊水吸入性肺炎等所致的窒息也应归属于病理性窒息范畴。

5. 机械性窒息（mechanical asphyxia） 具体内容详见下文。

另外，按照呼吸过程不同环节的功能障碍分为：

（1）内窒息：血液中气体运输或内呼吸障碍，常见于中毒、严重贫血、组织内血液淤滞等；

(2) 外窒息：由外呼吸障碍引起，多见于呼吸道受压迫和堵塞。

二、机械性窒息的概念和分类
Concept and Classification of Mechanical Asphyxia

（一）机械性窒息的概念
机械性窒息属于外窒息的范畴，指因机械暴力的作用致使口鼻堵塞、呼吸道堵塞或压闭、胸腹部受压等阻碍了外界空气和体内气体的交换，引起呼吸功能障碍，导致体内缺氧和二氧化碳蓄积的过程。

（二）机械性窒息的分类
根据暴力作用的不同方式，机械性窒息可分为以下两大类：

1. 压迫性窒息 指压迫颈项部或胸腹部所致的窒息。
(1) 压迫颈项部所致的窒息：包括缢死、勒死、扼死等；
(2) 压迫胸腹部所致的窒息：包括压死、挤死、活埋等。

2. 堵塞性窒息 根据堵塞部位及堵塞物的性质不同又分为：
(1) 闭塞呼吸道口所致的窒息：包括用柔软物体压闭口、鼻孔所引起的捂死或闷死等；
(2) 异物堵塞呼吸道所引起的窒息：包括各种固体异物堵塞咽喉或气管、支气管引起的噎死等；
(3) 液体吸入呼吸道内所致的窒息：包括溺死等。

三、机械性窒息的过程
Processes of Mechanical Asphyxia

窒息的产生和发展是一个连续的过程，根据临床表现的不同，一般将窒息分为以下 6 期。

1. 窒息前期 呼吸障碍发生的初期，氧气吸入受阻，因体内尚有余氧可以利用，故此期不出现任何症状。此期一般持续半分钟左右，可因个体对缺氧的耐受力不同而有一定的差异，如经常进行游泳锻炼者肺活量大，此期可持续 1~15 分钟。

2. 吸气性呼吸困难期 由于体内缺氧和二氧化碳蓄积，刺激延髓呼吸中枢，使呼吸加深加快，吸气深而长，吸气强于呼气，呈喘息样呼吸；同时心跳加快，血压上升，由于呼吸运动剧烈，呼吸肌强烈收缩，胸腔内负压增加，使回心血量增多，右心和静脉系统淤血，表现为颜面、手指发绀，颈静脉怒张，眼球突出呈苦闷状。此期持续 1~15 分钟。

3. 呼气性呼吸困难期 体内二氧化碳持续性增多，刺激迷走神经（nervi vagus），反射性地引起呼气加剧，呼气强于吸气。由于中枢神经系统（central nervous system）尤其是高级中枢耐缺氧能力最差，故迅速导致意识丧失，此时出现心跳减慢、瞳孔缩小以及全身骨骼肌痉挛，先为阵发性痉挛，而后发展到强直性痉挛，甚至出现角弓反张（opisthotonus）。由于自主神经的兴奋，可伴有排便、排精及流涎（salivation）等现象，故此期又称为惊厥期或痉挛期。此期持续时间较短，不超过 1 分钟。

4. 呼吸暂停期 呼吸中枢由于严重缺氧而深度抑制，呼吸变浅变慢而后暂时停止。同时心脏功能低弱，心跳微弱，血压下降，全身肌肉松弛（muscular flaccidity）、痉挛消失，状如假死，故此期又称假死期，持续 1~2 分钟。

5. 终末呼吸期 经短暂的呼吸停止后，再次出现间歇性张口深呼吸，鼻翼扇动。一般可有数次间歇性呼吸，呼吸的间隔时间逐渐延长，呼吸减弱，同时瞳孔散大，血压继续下降，肌肉松弛。此期持续时间长短不一，大约 1 至数分钟。

6. 呼吸停止期 窒息发展到最后，呼吸完全停止，但仍有微弱的心脏搏动，其持续的时间因人而异，可由数分钟至十几分钟不等，最后心跳也停止。

上述各期的时间长短及表现明显与否，因个体的年龄、健康状况以及窒息原因的不同而有差异。一般窒息全过程在 5~6 分钟，年老体弱者持续时间较短，深度麻醉者多不发生惊厥。若在窒息期 3 分钟内解除呼吸障碍，进行人工呼吸，尚可完全复苏，经 4~5 分钟仍有救活的可能，若超过 8~9 分钟后进行抢救，一般难以复苏。有幸存者常留有逆行性健忘、眼球及睑结膜充血、出血及水肿；压迫颈部窒息者还可留有颈部索沟、扼痕及咽喉剧痛、声门水肿、声音嘶哑等症状；有些人当意识恢复后，症状可再度恶化，多在数日后死亡。溺水窒息者在 20 分钟内尚有复苏的可能。

四、机械性窒息死的一般尸体征象
Postmortem Phenomena of Mechanical Asphyxia

机械性窒息死的尸体征象各不相同，其表现的程度常因个体的状况和窒息的性质、过程不同而有差异。如果窒息过程长，各期的表现明显，则窒息死的尸体征象就显著，反之，则不显著。机械性窒息死的一般征象可分为尸体外表征象和内部征象两部分。

（一）尸体外表征象

机械性窒息死的尸体外表征象，除有一般的缺氧改变外，还可伴有机械暴力遗留的痕迹。常见外表征象包括以下内容：

1. 颜面青紫（发绀） 肿胀窒息死亡者，由于体内缺氧，血液中的氧合血红蛋白转化为还原血红蛋白，当血液中还原血红蛋白超过 50g/L 时，皮肤黏膜即可出现发绀，尤以面部、口唇、耳、指（趾）甲床等处较为明显。至于颜面肿胀与否，视窒息的原因而异，扼颈、勒颈、非典型缢颈和压迫胸腹部窒息致死者，因头面部静脉回流受阻，局部毛细血管淤血扩张，颜面部肿胀多明显，呈暗紫红色。

2. 尸斑显著 尸斑出现早。窒息死亡者体内的血液多不凝固，呈流动状，易于坠积，因此死后不久便可出现广泛而显著的尸斑。尸斑呈暗紫红色，但其色泽的深浅和明显程度，受种族肤色的影响，白色人种最为明显，黄种人次之，黑人则不易观察。

3. 点状出血（punctate hemorrhage） 一般认为，这一征象与窒息缺氧引起血管通透性增高、小静脉淤血、毛细血管破裂有关，多见于双眼球、睑结膜穹隆部及颜面皮肤。出血点呈圆形，针尖至针帽头大小，孤立或聚集而融合，呈淡红色或暗红色。细小的出血点须仔细观察，有时需借助放大镜才能找到。点状出血多发生在颈部受压处以上的皮肤，应与颜面部低下部位的死后出血点相鉴别，后者的出血点大，在尸体颜面低下部位，分布广泛。

4. 尸冷（algor mortis）**缓慢** 窒息死亡者在呼吸困难期往往发生惊厥，使体内产热增多，体温升高，故死后尸体冷却相对较缓慢。

5. 其他征象 窒息死亡的尸体还可见口涎和鼻涕流出，并可染有血色；由于在呼吸困难期可出现内脏平滑肌的收缩或痉挛，故可出现排便、排精现象；另外，还可见到眼球突出、牙齿出血（玫瑰齿）等征象。

（二）尸体内部征象

1. 血液呈暗红色流动状 窒息死亡者的血液中氧合血红蛋白含量少，还原血红蛋白的含量高，因此，尸血呈暗红色。血液中的纤维蛋白是血液凝固的重要成分之一，窒息死亡的尸体，血中含有较高的纤维蛋白溶解酶，使纤维蛋白溶解，血液凝固被阻止，故尸体内血液呈流动状态。通常窒息死后 0.5~1 小时内，血液尚有凝固倾向，可出现不完全性血凝块，而后又逐渐溶解，2~3 小时后完全呈流动状。

2. 内部器官淤血　在吸气性呼吸困难期，胸腔内负压剧增，使肺、右心和静脉系统高度淤血，以胸腔内器官最为明显，其他器官如肝、肾等也均有不同程度的淤血。窒息过程越长，内部器官淤血越明显，尸体解剖时，可见右心腔扩张，充满暗红色流动血液，左心房、室内常空虚，肝、肾等器官因淤血而体积增大。

3. 浆膜及黏膜下点状出血　主要见于肺膜下及心外膜下，有时也可见于主动脉起始部、脑蛛网膜、甲状腺、颌下腺、胸腺、肝、肾、睾丸的包膜下以及胃肠、口腔、咽喉、气管、肾盂、膀胱、子宫外口等的黏膜上。其形成的机制与血管痉挛、缺氧致血管通透性增高以及小血管、毛细血管内压升高而发生破裂有关。这一征象由法国学者 Tardieu 于 1866 年首先描述，故称为 Tardieu（塔雕）斑（Tardieus's spots）。当时认为此斑为窒息死亡所特有，但通过大量的解剖实践证明，在猝死、败血症、磷及砷中毒、急性酒精中毒死亡的尸体上也可见到，并非窒息死所特有。此种点状出血的大小、形态、颜色以及数目等均与眼结膜下所见的点状出血相类似。

4. 肺气肿或肺水肿　在吸气性呼吸困难期，由于胸腔内负压增高，肺扩张导致肺泡过度膨胀，甚至破裂而导致肺气肿（pulmonary emphysema）。肺脏高度淤血可导致肺水肿（pulmonary edema）。窒息过程越长，肺水肿也越明显。水肿液可与吸入的空气及呼吸道内的黏液相混合形成泡沫，而涌出口鼻，有时泡沫可呈血性。

5. 脾贫血　窒息死亡者大多脏器为淤血状态，但脾脏常见贫血征象，体积缩小，包膜皱缩，色淡质韧。这是一种代偿机制，由于体内缺氧，脾脏收缩可使大量红细胞进入血液循环以增加输氧能力。

上述机械性窒息的一般尸体征象均为非特异性的，仅能提示死者有窒息死亡的可能性，因此，认定机械性窒息死必须结合各种机械性窒息死的特征性改变，并结合现场勘查情况和案情调查等资料进行综合分析得出结论，绝不能把其中的某些征象作为认定窒息死亡的确诊依据，更不能以一般窒息死的尸体征象为依据来认定机械性窒息死。

五、机械性窒息的法医学鉴定
Medicolegal Expertise of Mechanical Asphyxia

机械性窒息的法医学鉴定主要是解决两大方面的问题，首先应确定是否机械性窒息死亡，其中应包括确定机械性窒息的种类；尔后确定案件的性质，即机械性窒息死的方式是自杀、他杀还是意外灾害事故。

（一）机械性窒息的确定

必须根据全身表现出的窒息征象和局部机械暴力作用的征象，并同时排除其他死因后，方可确定为机械性窒息死。当确定为机械性窒息死后，应进一步根据尸体局部暴力作用的特征性改变（包括暴力作用的性质、种类及方式），例如缢死的缢沟（furrow groove）、勒死的勒沟、颈部的扼痕、呼吸道内的异物等来确定是何种机械性窒息死亡。

在检验鉴定过程中应注意，全身窒息征象并非机械性窒息所特有，某些猝死、电击死、中毒死也可出现。因此，除有全身窒息征象外，还必须与局部机械性暴力的征象相结合，综合进行分析，才能得出正确的结论。此外，有些机械性窒息死亡者，全身窒息征象并不明显甚或缺如，例如窒息过程很短暂或以反射性心脏抑制为机制的死亡，此时需依据现场情况，局部机械性暴力的征象、种类、方式、程度以及有无其他死因等各方面情况综合分析判断是否为机械性窒息死。

(二) 案件性质的确定

案件性质的确定，即死亡方式（manner of death）的确定，是自杀（suicide）、他杀（homicide）还是意外（unexpected death）灾害事故。应在准确认定机械性窒息死亡种类的基础上，结合现场勘查、案情调查等情况进行综合分析。机械性窒息死亡的案件性质往往较为复杂，仅凭尸体检验很难得出正确的结论，必须将所获各方面的材料进行全面、细致的分析、研究后，才能得出科学、准确的结论。为案件的侦破和处理提供可靠的科学依据。

第2节 缢死
Section 2 Death from Hanging

一、缢死的概念
Definition of Death from Hanging

缢死（death from hanging）俗称吊死，指利用自身全部或部分体重的下坠作用，使套绕在颈项部的绳套或其他条索状物收紧，压迫颈项部所引起的窒息死亡。缢死一般多是以绳索做成圈套悬吊身体，但也有用其他索状物或自然界的某些特殊结构的物体（如树杈、梯子横档等）悬吊身体而缢死的。无论何种方式的缢死，其机械暴力都是来源于自身的体重。缢死是常见的一种机械性窒息死，多见于自杀，纯粹的他杀缢死和意外缢死均较少见。但常有用其他手段杀人后悬吊尸体伪装自缢死亡的情况，应予以注意。

二、缢死的机制
Mechanism of Death from Hanging

（一）呼吸道闭塞

前位缢型，绳索着力位置多在舌骨（hyoid bone）与甲状软骨（thyroid cartilage）之间，着力后舌根被挤压推向后上方，紧贴于咽后壁和软腭后部，闭塞了咽腔，同时舌骨大角和甲状软骨上角被压向颈椎椎体，使会厌盖住喉头，从而导致呼吸道完全闭塞，造成呼吸障碍；侧位缢型，绳套一般直接压迫于喉部和气管，使之闭塞造成通气障碍，发生窒息；后位缢型，项部受压使颈椎向前移位突出，间接压迫气道，引起呼吸障碍。实验结果证明，闭塞呼吸道一般需要15kg的压力，但实践中亦可见到压力小于15kg而造成窒息死亡的案例。

（二）颈部血管闭塞

当颈项部受绳索压迫时，颈静脉、颈动脉以及椎动脉等均可因绳索的压迫而闭塞，导致脑部血液循环障碍，迅速发生脑贫血或脑淤血，组织缺氧使大脑皮层及脑干相继出现抑制，意识丧失。典型悬空缢死者，绳索压迫颈部的力量较重，颈部的动、静脉同时被压闭，引起脑部的血供中断，立时出现昏迷。非典型缢死者，绳索压迫颈部的力量较前者轻，可使颈部的静脉闭塞，导致脑部血液回流受阻，由于颈动脉在深部压闭不完全，部分血液仍可进入颅内，结果出现脑组织淤血水肿，脑神经细胞营养障碍，意识很快丧失。实验证明，颈静脉受2kg压力、颈动脉受3.5kg压力、椎动脉受16.6kg压力时即可发生闭塞。如果非典型缢死者的体重为63.5kg，足尖着地时绳套的牵引力就有49kg，卧位或跪位时绳套的牵引力也在10～20kg，因此，立位、坐位、跪位及卧位等缢死者虽然肢体、臀部等部位着地，但悬空部分的体重施于绳套上的压力仍足以压闭颈部的血管，导致脑血液供应障碍的发生，故均可导致死亡。

总之,当颈部的压力较轻,以颈静脉受压为主时,脑淤血与颜面部发绀的改变较明显;若颈部压力较重,颈部的动、静脉同时受压闭塞时,脑淤血与颜面发绀的改变就不明显,甚至缺如,颈部血管闭塞是缢死机制中很重要的因素之一。

(三) 颈部神经的压迫

颈部受绳套的牵拉和压迫,可刺激颈动脉窦和迷走神经及其分支(喉上神经),引起反射性心脏抑制,甚至出现心搏骤停而死亡。压迫刺激喉上神经,还可引起反射性呼吸停止。此外,压迫颈部的感觉神经可引起大脑皮层的抑制。由于神经反射性心脏抑制而引起的死亡,多十分迅速,过程短暂,窒息的征象不明显或缺如,应予以注意。曾经有这样一案例:一名小学生将钥匙挂在脖子上,由于个头较小且钥匙链较短,踮脚开门时突然晕倒并死亡,经法医检验为耳后迷走神经被压迫所导致的反射性心跳停止死亡。

(四) 颈椎脱位和颈髓损伤

缢吊造成颈椎脱位和颈髓损伤者常见于处绞刑死亡时,被绞者的颈部套上绳套,站于高架上,行刑时将高架突然抽去,其身体骤然坠落,可引起第2~3或第3~4颈椎脱位或骨折,颈髓被牵拉或撕断,延髓生命中枢受压迫,意识立刻消失,心跳、呼吸迅速停止而死亡。

一般认为,缢死的过程较短暂,往往绳套一经紧压颈部,意识很快丧失,所以缢吊者不可能产生自救行为,有的缢死者一只手还卡在缢套中,有的一只脚尚未离开垫脚物;有的意外缢死(如性窒息缢死)者手中还持有自救的工具(如刀子、剪子等)。这些均说明缢吊后,意识丧失较为迅速,使缢吊者失去了控制肢体和自救的能力。虽然缢吊者意识丧失较迅速,但并非即刻死亡,一般死亡多发生在缢吊后5~20分钟内。因此,发现缢吊及早抢救仍有复苏的可能,缢吊后不久被发现解救成功的例子并非罕见。一般获救后其意识不清可延续1~2天或更久,意识恢复后可遗留逆行性健忘、颈部剧痛、吞咽困难、烦渴等症状,持续数天至十数天可自行消失。也有因脑缺氧时间较长,造成脑神经出现不可逆的损害而呈痴呆状态者。还有缢颈者经解救后生存1~2周后,因严重的迟发性后果,如迟发性支气管肺炎,或因迷走神经损害导致肺循环障碍,肺充血、水肿和出血而死亡的。

三、缢死的绳索、绳套和绳结
Ligatures, Loop and Knot in Death from Hanging

研究缢死的绳索、绳套和绳结,对确定是否为缢死、缢死的方式以及案件的性质与侦破均有一定的参考价值,尤其是一些特殊绳索、绳套和绳结对案件的定性意义更大。

(一) 绳索

缢死所用绳索多为日常生活中常见而容易获得的,按其质地可分为软质、硬质和半硬质3类。软绳索常见的有围巾、毛巾、布带、发辫、尼龙丝袜、软胶皮管等柔软的索状物;半硬质绳索常见的有麻绳、皮带、棕绳、尼龙绳、草绳等介于软、硬质之间的条索状物;硬绳索常见的有铅丝、钢丝、铁丝、电线等坚硬的条索状物。

绳索若质地坚硬而粗糙,易擦伤颈(项)部皮肤;质地柔软而宽、表面光滑的绳索则不易造成颈(项)皮肤的擦伤。另外绳索质地不同在案件的定性时应予以注意。

(二) 绳套

缢死时必须将绳索做成套,并将绳索的另一端固定在高处才能达到缢死的目的。虽然绳套的式样较多,但可按绳套上绳结的固定与否将绳套分为固定绳套(即死套)和滑动绳套(即活套)两大类。

1. 滑动型绳套 又称活套(loop with a slip knot),是将绳索的一端固定不动,另一端系成可沿绳索滑动的结扣,绳套周径的大小可随结扣的滑动而改变。当缢吊时,绳结受人体重力的作用而下滑,使绳套周径缩小,并压迫颈项部。滑动型绳套很容易形成闭锁式缢沟。活套又可分为单活套和双活套两种。

2. 固定型绳套 又称死套(loop with a fixed knot),是将绳套的绳结固定,缢吊时绳套的周径大小基本固定不变。死套又可分为开放式和闭锁式两种。

(1) 开放式死套:即绳索系成一大的环形,上部套过或系在固定点上,仅绳套下部(着力点)紧压颈部,呈"U"字形。这种方式的缢死较多见。

(2) 闭锁式死套:即将绳索的一端缠绕在颈项部,系成闭锁的固定绳结,另一端系在高处,或者绳索从颈项部缠绕后交叉打死结,两端再分别固定于高处。

除活套和死套外有时还可见到一些复杂的或特殊类型的绳套,如在野外可就地取材,用野藤、植物茎枝做成缢索自缢,或将颈部卡在树杈上、木档上缢死。绳套在颈项部缠绕的圈数可有单圈、双圈、3圈或更多,但以单圈和双圈较常见。

(三) 绳结

在绳套上所打的结扣。绳结的式样种类很多,有活结、死结、瓶结、帆结、牛桩结、领带结、外科结等。绳结的形态和打结的方法,常可反映系结人的职业特征或习惯的打结方法,对侦破案件有一定的作用,故应注意保留绳结的原始状态,以便分析研究。在现场勘验和尸体检验时,切不可直接将绳结解开,应在远离绳结处剪断绳套,取下后用线将剪断处连接起来,保持绳套和绳结的原始形态,以供物证检验和分析案情之用。

四、缢死的类型和姿势
Pattern and Position in Hanging

(一) 缢死的类型

缢死的分类方法各家不尽相同,多数学者根据缢套(loop formed by ligatures in hanging)压迫颈部的部位(着力点)不同,将缢死分为前位缢死、后位缢死和侧位缢死。着力点在颈前,缢套绕过左、右下颌角,斜向上经过耳后项部提空,头向前俯垂缢死者,称为前位缢死;着力点在颈后项部,缢套绕过耳前,经左、右下颌角,斜向上于颈前提空,头后仰缢死者,称为后位缢死;绳套着力点在颈部的一侧(左侧或右侧),于对侧提空,头偏向一侧缢死者称为侧位缢死。也有学者主张,以绳索结扣在颈部所处的位置(即缢套提空位置)为准,来划分缢型(patterns in hanging),同样可分为前位、后位和侧位缢死3种缢型,只是与前述之分类结果前后相反、左右相反罢了。

此外,还有的学者将缢型分为典型缢死与非典型缢死两类,典型缢死就是绳索着力点在颈前,双足悬空的完全性缢死;而除典型缢死以外的各种姿势和类型的缢死,均称为非典型缢死。

(二) 缢死的姿势

根据缢死者的躯体是否悬空,可分为完全性与不完全性缢死。完全性缢死者的躯体完全悬空,全身体重经缢绳压迫在颈项部;不完全性缢死,指缢死者部分肢体与地面或其他物体相接触,仅有部分体重经绳索压迫在颈项部。如立位(足尖着地)、跪位、坐位、卧位缢死等。

五、缢死的尸体征象
Corpse Signs of Death from Hanging

(一) 尸体外表征象

主要有颈项部的缢沟、窒息死的一般尸表征象以及缢死过程中形成的体表磕碰伤等几方面。

1. 颈部缢沟（hanging groove） 缢沟是缢绳压迫颈项部皮肤所形成的损伤和印痕，它能反映出绳索的性质、绳套和绳结的形态、着力负重的部位和缢型等问题。绳套主要的着力部位的缢沟最深、最明显，称为兜住弧，其两侧向颈的上方斜行逐渐变浅，最后消失，使缢沟中断。中断现象称为提空，我国古典法医学书籍中曾用"八字不交"、"不周项"、"项痕不匝"等术语来描述提空现象，现代有些法医学书籍仍沿用"八字不相交"这一术语。研究缢沟应从以下几方面予以仔细观察。

（1）缢沟的位置和方向：因缢型的不同而有差异，前位缢型的缢沟常位于舌骨和甲状软骨之间，侧位缢型的缢沟常位于甲状软骨水平线的颈左或右侧，前位和侧位缢型的缢沟位于舌骨上方或甲状软骨下方的较少见。后位缢型的缢沟常位于项中部，缢沟的方向在着力的部位呈水平走向，两侧呈斜行向上外方走行，最后在着力部位的对侧相互接近并提空。开放式绳套在提空处缢沟中断；闭锁式活套在绳套紧收后可见颈项部全周均有缢沟，在绳绳上提处变浅，无中断提空现象，还可见绳结的压痕；闭锁式死套，缢沟总有些提空现象，也可见提空处缢沟不明显或留有绳结的印痕。

（2）缢沟的宽度和深度：缢绳的性状、压力的大小以及悬吊时受压着力时间的长短与缢沟的宽度和深度有着密切的关系。深而窄的缢沟，常由细而硬的绳索（如电线、麻绳等）所形成，常伴有表皮剥脱，称为硬缢沟。宽而浅的缢沟，常由宽而软的绳索（如围巾、床单等）所形成，不一定伴有表皮剥脱，又称软缢沟。整个缢沟的深度不一，颈项部着力负重处最深，两侧逐渐变浅，提空处消失。此外，缢沟的深浅与缢吊的时间呈正相关关系，即缢吊时间越长，缢沟越深，反之则缢沟越浅。

（3）缢沟的颜色与皮损：缢沟皮肤损伤的程度和颜色与缢吊的时间以及绳索的质地有着密切关系。使用粗糙质硬的绳索，由于压迫和摩擦颈项部皮肤可出现表皮剥脱和出血，该处皮肤逐渐干燥形成皮革样化改变，使局部皮肤呈浅褐色或暗褐色，尤以颈项部着力的部位最为显著；在缢沟的上缘尚可见暗红色细绒样的充血，而其下缘则不明显。双绳套压迫颈部时可出现双缢沟，缢沟间隆起的皮肤处有时可因受绳索的压榨而出现点状出血和小水疱。水疱状如粟米大小，含有淡黄色或血性液体，绳套解除后可自行消退。死后被立即悬吊的尸体亦可出现此种水疱。

（4）缢沟的数目：缢沟常为一条或两条，三条以上者较少见。缢沟的数目并不完全反映绳索绕颈的圈数，只能反映出绳索绕颈着力后直接压迫皮肤的圈数。一条缢沟常由单一绳套形成，双绳套如全部平行着力压迫颈项部，可形成两条缢沟，若有相互重叠，则重叠处不出现两条缢沟。若双绳套着力不均匀时，可形成一轻一重的两条缢沟。有时单绳套由于缢吊时绳套滑动，可形成上下两条程度不同的缢沟，上部的缢沟深而明显，下部的缢沟则浅而淡。

（5）缢沟的印痕及附着物：缢沟印痕指在缢沟表面所显示出的缢绳上的花纹样印迹，是由缢索表面的花纹印压于缢沟表面皮肤上而形成的。不同的缢绳印痕也不同，借此可以推测绳索的性状，亦可验证缢绳是否和缢沟相符。如麻绳、铁链、皮带等可形成有特征性的印痕，对确定缢吊工具有一定的意义。缢吊时间越长，印痕越清晰，解除绳套后难以消失；反之，则印痕不明显，可因皮肤的弹性而消失。绳索的缝隙中可杂有灰尘、泥沙等异物，缢绳本身的纤维可遗留贴附于缢沟中，发现这些异物成分对认定缢绳也有重要的意义。勘检时可利用侧光的方法或使用放大镜仔细观察。

在缢沟的研究方面，还应注意隔物勒杀问题。因为隔物勒杀时勒沟不完整，易被误认为是缢沟。当年宋慈就曾遇到过这样一个隔枕勒杀的案例，如果不是死者妻子坚决不相信其夫为自缢身亡，如果不是宋慈反复检查终于发现了死者项部被古代方枕摩擦的痕迹，可能凶手就逍遥法外了。

2. 颜面部征象

（1）面部颜色：缢死者面部颜色的改变，取决于颈部动、静脉是否受压以及压闭的程度。典型缢死的尸体，缢吊时常因颈总动脉、椎动脉以及颈静脉同时受压闭塞，造成头面部血流完全被阻断，颜面部血流量明显下降而呈现面色苍白，又称为白缢死。非典型缢死的尸体，因颈部受力不匀，着力较轻，往往使颈部的动脉压闭不全，而颈静脉完全被压闭，出现头面部血液回流完全阻断，面部血量增多，造成面部充血肿胀，呈青紫色改变，又称为青缢死。此外还可见眼结膜和面部皮肤有散在性点状出血。

(2) 口鼻腔涎涕流注现象：由于缢吊时绳索压迫刺激颌下腺，使唾液分泌增多，同时鼻黏膜分泌也增加。因此，当前位缢死时，死者头面部前倾，口涎和鼻涕便向下流注到胸前衣襟上。这一现象有时也可见于死后不久悬尸伪装自缢者。少数缢死尸体还可见鼻腔流血，这是因鼻中隔前下部黏膜下层血管丰富，当头面部高度淤血时，该处血管破裂所致。

(3) 舌尖微露出齿外：缢死的尸体舌尖是否外露与缢绳压迫颈部的位置有关。若绳套位于甲状软骨和舌骨之间，舌根被压向咽后壁，舌尖随之后移，一般只见舌尖抵齿或微露于齿列之间；若绳套位于喉结下方，使舌根向前上方推移，舌尖随之前挺可露出齿列外1~2cm，舌尖上可见齿压痕。尸僵形成后舌尖不再缩回。

3. 尸斑及尸僵的情况 缢吊着的尸体，由于流动性血液的下沉，在四肢的下垂部位，即手、足、前臂和小腿等处可出现暗紫红色尸斑，并常伴有散在性淤点性出血。在裤腰带压迫处以上的部位也可见环绕腰部的带状尸斑，腰带压迫处皮肤呈苍白色。缢吊状态下尸僵形成后，可固定缢吊的姿势。例如缢吊时两足离地，足尖下垂，当尸僵形成后，足尖仍保持原本下垂的姿态。

4. 体表及手足的损伤 自缢死亡的尸体表面和手足部很少见到损伤，但有时缢吊者在呼吸困难期发生痉挛时或绳索的扭转、摆动，肢体随之与附近的硬物体（如墙壁、家具等）相碰撞，可形成表皮剥脱、皮下出血等损伤，严重者可出现浅表的挫裂创（laceration），应注意与他伤和抵抗防卫伤相鉴别。

5. 其他的体表征象 缢死的尸体尚可见大小便排出现象，男性尸体还可见精液排出等窒息死的一般尸表征象。

(二) 尸体内部征象

1. 颈部解剖征象

(1) 缢沟深部软组织改变：胸锁乳突肌、甲状舌骨肌及肩胛舌骨肌等颈部肌肉，因受缢绳的压迫，可出现组织压陷的痕迹和小灶性出血，但很少出现组织断裂，出血亦多不明显。有时可在胸锁乳突肌的起始部见到轻微的点状出血，缢沟附近的血管及神经周围亦可有出血灶。缢沟深部的脂肪组织，因挫伤可呈乳化状并可见脂肪微粒。

(2) 颈总动脉内膜损伤：在颈内动脉和颈外动脉分支处下方，颈总动脉内膜可因缢绳牵拉而发生1~2条横断裂纹，若牵拉力量较大而猛烈时，可伴有内膜下出血，以老年人较多见。死后悬尸伪装缢死的尸体也可见横行裂纹，但无内膜下出血。

(3) 舌骨大角及喉头软骨骨折：缢吊时，由于绳套的压迫，舌骨大角外1/3和内2/3交界处常可发生骨折；若绳索强烈压迫舌骨和甲状软骨的韧带，可将舌骨大角和甲状软骨上角顶压至颈椎体上，使两处均发生骨折；若绳索压在甲状软骨的下方，可造成环状软骨骨折，但多见于老年人。

(4) 颈部骨折：发生率随着年龄增加而增加，发生率与性别或缢死种类之间都没有关联。[1]

2. 缢沟的组织学改变 缢沟处皮肤因受绳索擦伤可见表皮剥脱，表皮角质层缺损，其他表

---

[1] AYSE KURTULUS, GOKSIN NILUFER YOUNGUC, BORA BOZ, et al. 2013. Anatomopathological findings in hangings: a retrospective autopsy study [J]. Medicine, Science and the Law, April, 53 (2): 80-84.

皮各层被挤压变薄，并与表面平行排列；真皮层乳头变平，真皮组织致密、贫血。

双股以上绳套压迫时，缢沟间的表皮及真皮呈小嵴状突起，伴有点状出血，并可出现水疱，水疱中可有少量红细胞和中性粒细胞渗出。缢沟边缘区的表皮和真皮也可见出血灶。采用弹力纤维染色法可鉴别生前与死后形成的缢沟，生前缢沟皮肤弹力纤维排列紊乱，因收缩而变得粗短，断端呈钝圆或团块状；死后缢沟的皮肤弹力纤维排列规则，呈直线状或网状，断端无上述改变。有条件时，还可对缢沟皮肤组织进行扫描电镜观察，对诊断生前缢沟具有重要意义。

3. 全身窒息征象　缢死者尸体解剖还可见内部器官淤血，浆膜及黏膜下淤点性出血，血液呈暗红色流动状等一般窒息死的内部器官改变；脑组织可因缢型不同而呈贫血或淤血的病理改变。

六、缢死的法医学检验与鉴定
Medicolegal Examination and Expertise of Death from Hanging

检验缢死尸体，首先要了解事件发生和发现的经过，以及死者生前表现，有无自杀或他杀的因素，然后进行现场勘查。如果是室内现场，应观察现场门窗是否关闭，室内陈设物品有无变动，对缢颈的位置、姿势、系绳点的高度、有无垫脚物及垫脚物的位置、缢绳的种类和来源、绳结的位置和打结方式等，均应拍照、记录。绳套有必要提取保存时，可在远离绳结部位将绳索剪断，然后用线或胶纸连接以保持原始状态。如果尸体已解下，亦应对上述问题详细了解，查明悬吊的原始状况，并对缢绳和索沟进行对比，加以印证。如果是室外现场，还要特别注意现场环境、道路情况、悬吊的位置和高度以及现场有无搏斗、踩踏痕迹等。

检验尸体时，应仔细检查索沟的位置、数目、宽度、深度、方向以及性状等，并对颈前部、颈右侧、颈左侧和项部4个方向拍摄一套完整的索沟照片，同时，应注意检查有无勒死索沟、手指扼压伤或其他暴力征象，以及有无采用其他方式杀害之后伪装自缢的可能性。解剖检查应观察颈部软组织和舌骨、喉软骨的损伤情况，各内脏的窒息征象，进一步判明死因。检验时要注意解决：

（一）生前缢死与死后悬尸的鉴别

法医检验工作中，有时会遇到罪犯采用其他暴力手段，将被害人杀死之后，再把尸体悬挂起来伪装自缢，企图逃避罪责的案件。遇此情况，首先要运用缢死的征象判明是否缢死，全面检查尸体上有无其他暴力致死征象，确定其死因。然后，根据尸体、现场上发现的矛盾，结合案情进行综合分析，确定缢死的性质。确定生前缢死的主要征象：①缢死索沟上下缘及两道索沟之间的皮肤隆起部位充血发红和点状、条状出血，如果充血、出血现象不明显，可以切取索沟及其附近的皮肤组织，做法医组织学、组织化学检查，或者进行炎症介质组胺、5-羟色胺的含量测定，以确定是生前索沟还是死后索沟；②皮下及肌肉组织出血；③尸体上、下肢可能有在缢颈过程中因肌肉痉挛而碰撞周围物体所形成的生前碰撞伤；④舌骨、喉软骨骨折处及附近组织出血；⑤颈总动脉内膜破裂处组织出血和咽后血斑等生活反应现象。此外，还可以结合窒息死的一般征象进行判断。

死后悬尸的情况比较复杂。如果罪犯采用损伤、中毒等手段将被害人致死之后，再把尸体悬吊起来伪装自缢，则尸体上无上述生前缢死的征象，而有相应的伤痕和毒物可查。如果罪犯采用勒死或扼死手段杀人之后悬尸，则颈部软组织可以出现明显的出血，但悬尸时形成的索沟没有上述生活反应。扼死之后悬尸者，颈部可见生前扼痕；勒死之后悬尸者，在悬尸时形成的马蹄形索沟下方，可见勒死形成的圆环状索沟；前者无生活反应，而后者常有明显的表皮剥脱和皮下出血。

（二）缢颈尸体上损伤性质的判断

缢死尸体上很少出现损伤，如果发现损伤应分析形成的原因。缢颈尸体上的损伤，可能是缢颈之前、缢颈过程中或缢死之后形成的。缢颈之前形成的损伤既可能是他伤，也可能是自伤。在法医实践中，有时会遇到采用切颈、触电等自杀手段未死，最后自缢致死的情况。此时，应分析损伤的种类、轻重程度、分布状况等，判断死者本人能否形成此伤，受伤之后有无能力完成缢颈动作。如果损伤严重，可以立即导致昏迷或死亡，死者自己无法完成损伤和自缢的动作，或者发现抵抗伤痕，就应考虑他杀的可能性。缢颈过程中形成的损伤一般比较轻微，常常表现为擦伤或擦挫伤，如在窒息发展过程中四肢碰撞周围物体形成的碰伤、缢绳折断而形成的跌伤，等等。缢死之后形成的损伤，多系动物（如鼠）咬伤。但有时死者的家属为了掩盖家庭纠纷，将死者尸体推于楼下，伪称不慎跌死，也可形成死后跌伤。此时，应通过检验和访问，弄清情况，消除疑点。

（三）自缢、他缢和意外缢死的判断

缢死最多见于自杀，偶可见于他杀和意外灾害。

1. 自杀缢死（自缢）　自杀手段中最常见的一种，一般具有以下特点：

（1）自杀因素和表现：自缢者绝大多数有明显的自杀原因，如久病不愈、精神失常、恋爱婚姻受阻、奸情败露、被虐待迫害或者其他死者难以解脱的问题。自缢之前，常流露自杀念头和厌世情绪，甚至写有遗书。但是，也有个别自缢者，自杀因素不明显或者难以查出，应根据现场、尸体勘验情况，判明系自缢或他缢。

（2）现场平静：自缢现场无搏斗挣扎迹象，比较平静自然，室内现场常常门窗紧闭，陈设整齐，室外现场没有他人进入现场的痕迹等。

（3）姿势奇特：自缢者常常悬吊姿势特殊，与他杀缢死时罪犯的心理状态不符。如果发现只有死者自己才能完成的缢吊动作，经全面检查，又排除了其他死因，则可判断为自缢。例如，某高个青年自缢于校园一棵桉树上，悬吊点离地面12m，根据死者体重、桉树可供攀登的条件和现场环境等情况，他人是无法完成的。

（4）衣着整齐：自缢者常穿新衣、新鞋，甚至梳妆打扮之后才自缢而死；其衣着整齐，纽扣完整，无泥土黏附；有时男扮女装，衣着奇特。

（5）缢绳的种类和来源：自缢者多用较柔软的绳索，而且多系死者自身或家中之物；若使用硬质粗糙的绳索，常在绳套内垫上毛巾、手巾或衣服；如果缢绳系死者的裤带，衣着又整齐，在排除因昏迷失去抵抗能力的情况下，可作为判断自缢的依据之一。

（6）系绳处的痕迹：自缢者在屋梁、木桩等处系挂缢绳时，因死者手指触动，可以遗留灰尘、指纹，并在手指上粘有灰尘，提取和鉴定指纹对确定死亡性质有重要价值。

（7）垫脚物上的足迹：悬空或站位缢吊者，常以桌、凳等物作垫脚物，待完成缢颈准备后，再将垫脚物蹬翻，或者离开垫脚物，完成悬吊过程，因此，在垫脚物上常留下死者的足印或鞋印。

2. 他杀缢死　主要见于儿童。对健康的成年人单纯使用缢颈的手段致死，是难以办到的，通常要在被害人丧失抵抗能力之后才有可能。在实践中遇到的，往往是罪犯猛击被害人头部，或者采用扼、勒、闷等方式使被害人昏迷之后，再把被害人悬吊起来，伪装自缢，此时，尸体上必然遗留相应的暴力征象。如果怀疑被害人因中毒昏迷而失去抵抗能力，可以进行尸体解剖和毒物化验，加以证实。但是，亦有自缢者事先口服某种毒物的案例，此种情况应结合调查判明服毒的性质。此外，还有一种他杀缢死，罪犯用绳索套住被害人颈部，然后反过身躯，背靠背地将被害人背在肩上，用力拉紧绳索，利用被害人自身的重力而缢死，我国称此种缢死为"套白狼"、"背死狗"，在死者颈部有马蹄形索沟，有时在罪犯肩部可以发现绳索伤痕。

3. 意外缢死　极罕见，主要见于小孩。例如，一男孩躺在两条芭蕉皮上荡秋千，其中衬托臀部的一条断裂，另一条绕住小孩颈部而缢死。此外，在罕见的性行为倒错的案例中，也可见到

意外的性缢死（sexual hanging）。意外缢死者无自杀或他杀的因素，必须仔细勘验现场、检验尸体，分析其发生的条件，判明死亡的性质。如果粗枝大叶，有时可能造成假案（表3-1）。

表 3-1 自缢与伪装自缢的鉴别要点

	自缢	伪装自缢
现场	平静，可有遗书	可有搏斗迹象
绳索	来源、长短、悬挂高度、绳结等特征均符合自缢行为	来源、长短、悬挂高度、绳结等特征均不符合自缢行为
缢沟	有生活反应	无生活反应
体表损伤	可有碰撞伤	可有严重损伤和防卫、抵抗伤
体位	符合自缢体位	不符合自缢体位
死因	缢死	其他暴力致死

第 3 节 勒 死
Section 3　Ligature Strangulation

一、勒死的概念
Definition of Ligature Strangulation

勒死（ligature strangulation）指以绳索环绕颈项部后，用手的力量或其他非自身体重的机械外力使绳索收紧，压迫颈项部而导致的窒息死亡。绞勒时所用条索状物称作勒索（ligatures used in strangulation）或绞索，多数为软质和半硬质绳索，如手帕、长丝袜、围巾、领带、麻绳、电线、皮带、软胶管等，硬质绳索较少见。勒死在法医学鉴定中较缢死少见，多属于他杀，但也可见于自杀，偶见于意外灾害事故。

二、勒死的种类
Types of Ligature Strangulation

勒死一般是将绳索环绕颈项部，两端相互交叉后，再以两手各执绳索的一端向两侧拉紧，或者打结保持绳索的张力，压迫颈项部达到窒息死亡的目的。根据绳索交叉的部位或打结的位置，可将勒死分为正勒型、侧（左、右）勒型和后勒型3种。正勒型指勒绳交叉或打结的部位在颈前方；侧勒型的绳索交叉或打结位置在颈的左侧或右侧；后勒型的勒绳交叉或打结的部位在项部。勒绳环绕颈项部的圈数，可为一匝，也可为两匝或多匝。所打绳结可为单结，也可为结上打结。勒绳在颈项部的圈数，绳结的位置、数目以及松紧度等情况，有助推测勒死发生过程、打结人的职业或习惯及案件的性质等，应注意观察，仔细记录和研究，为科学、准确地鉴定提供依据。

此外，有些勒死是借助于其他的机械力将绳套拉紧，如将勒绳做成死套，在绳套与颈项之间插入棒状物进行扭转，将绳套收紧；或者将勒绳环绕颈项后，一端固定，另一端系以重物悬空拉紧绳索，或者将此端套于脚上后，把腿伸直而拉紧绳套；或者将两端均系以重物。这些特殊方式的勒死操作较为复杂，多见于自杀者。

三、勒死的机制
Mechanism of Ligature Strangulation

勒死的机制与缢死相似，但因绞索在颈项部的位置、施力的强度和持续的时间与缢死不同，故两者之间存有一定的差异。

1. 压迫呼吸道 由于勒绳的位置多在甲状软骨的前方或其下方，对颈项部的压力分散于勒绳的全周上，再者，被害人往往有挣扎抵抗，使绞攀颈部的力时大时小，因而呼吸道不呈持续性完全闭塞，因此，窒息死亡的过程较长，窒息的征象可充分表现出来。

2. 压迫颈部血管 因勒绳在颈项部的压力分散，被害人有挣扎抵抗，绳套时紧时松，颈部受力不均匀。颈静脉位置浅表容易被压闭，但颈动脉位置较深，常不能被完全压闭或时开时闭，椎动脉位于椎孔内更不易被压闭。因此，当勒颈时，静脉回流受阻，动脉仍有一定量血液供给头面部及脑组织，延缓了脑缺氧的进程，使颜面部及颅内出现明显的淤血状态。

3. 压迫颈部神经 勒绳在颈项部可刺激颈动脉窦和迷走神经分支——喉上神经，引起反射性心脏抑制，出现血压下降，脑组织供血不足，而导致休克死亡；亦可引起反射性心搏骤停而迅速死亡。这种机制导致的死亡，尸体可无明显的窒息征象。

四、勒死的尸体征象
Corpse Signs of Ligature Strangulation

勒死的尸体征象主要表现为颈项部的勒沟和全身一般窒息征象，有时还可见到其他机械性损伤及中毒等外界暴力征象。

（一）颈部勒沟

勒沟（furrow formed by strangulation）即勒绳压迫颈项部所形成的沟状皮肤损伤和印痕。勒沟是确定勒死的主要依据，其表现出的性状与勒死的类型、勒绳的种类、施力的大小以及作用时间的长短等有密切关系。勒沟的主要特征可从皮肤外表征象和深部组织改变两方面表现出来。

1. 勒沟的外表性状 可从其在颈部的位置、方向、数目、深度、宽度、颜色和出血点等几方面进行观察。

（1）勒沟的位置和方向：勒沟可位于颈项部的任何位置，但以甲状软骨水平位和在其下方者较为多见。勒沟一般呈水平方向完全环绕颈项部，形成闭锁而不间断的环形皮肤勒压印痕，状如O字形。如果勒绳与颈项之间插入手指、木棍或其他衬垫物时，勒沟可发生间断。

（2）勒沟的数目：勒沟多为1~2圈，多圈者较为少见。勒沟的圈数可与缠绕颈项的勒绳匝数相一致，但当勒绳在颈项部缠绕两匝以上时，就可出现相互重叠缠绕的现象，此时勒沟的数目就不能准确地反映出勒索绕颈的匝数。多套勒绳，常可形成螺旋状勒沟，但其数目较少。

（3）勒沟的宽度和深度：取决于勒绳的宽度、软硬度以及施力的大小和有无衬垫物。软而宽的勒索形成的勒沟宽而浅，且不甚明显；硬而细的勒索形成的勒沟窄而深，明显易见。另外，施力大者勒沟深，施力小者则浅。因勒沟的皮肤受力均匀，一般整个勒沟的宽度和深度较为均匀一致，无逐渐变浅及提空现象。打结处可形成结扣的印痕。勒索下若有异物衬垫时，则可形成垫物的印痕，或出现勒沟突然中断的现象。如果整个颈项部均有衬垫物，则勒沟不明显甚至缺如。

（4）勒沟的颜色和出血点：勒颈时，由于勒索与颈项部皮肤摩擦，勒沟处易形成表皮剥脱和皮下出血，死后勒沟处皮肤的水分蒸发出现皮肤干燥，即形成黄褐色或褐色的皮革样化的改变。一般硬质的勒绳形成的勒沟颜色改变较明显，软质的勒绳则不明显。由于勒颈时施力大小不均，并可时松时紧，所以容易形成皮下出血现象，并且在勒沟的上下缘处可有散在性点状出血，有时还可形成水疱。

2. 勒沟深部组织改变 勒沟处皮下组织和肌肉组织常有出血现象，肌肉可有压痕和损伤，但发生断裂者少见。甲状腺、咽喉黏膜、扁桃体、会厌部均可见明显的淤血和出血灶，相应的食管黏膜可出现水平的苍白带状区域。当勒颈的力量较大时，甲状软骨板和上角以及环状软骨可发生骨折和出血，如果勒绳压迫在喉结以上，可以形成舌骨大角骨折，压迫在喉结下方可形成气管软骨的骨折。若以强大猛烈的暴力绞勒颈项部时，可形成颈椎棘突的骨折，但颈动脉内膜常无损伤。

（二）勒死的其他改变

主要有尸体外表和内部的窒息征象，以及体表及手足的其他损伤等。

1. 颜面部征象　勒死者颜面部呈青紫色，肿胀明显，眼睑、眼结膜及勒沟以上的颈、面部皮肤可有散在性点状出血，口鼻部可有血性泡沫状涎、涕流溢，眼球突出，舌尖常露出齿列之外，表面可留有齿痕或咬破伤。

2. 尸斑和尸僵　尸斑出现早而明显，呈暗紫红色，分布则根据死者的体位和姿势而有所差异；尸僵出现较早且较为强硬。

3. 体表及手足的损伤　由于被害人的反抗防卫，在其头面、颈项、手足、肩胛、肘后、前臂等部位，常可形成不同程度的损伤，如表皮剥脱、皮下出血、挫裂伤等。此外，被害人的手中可留有凶手的毛发、衣片、纽扣等物，指甲缝内可嵌留凶手的血迹或皮肉组织等。

4. 内部器官的改变　死者内部器官的窒息征象显著，脑组织、肝、肾、心、肺等器官的淤血和脑膜、胸膜、心外膜的淤点性出血均较缢死者明显；呼吸道内常有血性泡沫，可从口鼻涌出；肺泡扩张，甚至破裂，肺泡腔内常出现血性水肿液；全身血液呈暗红色流动状。

五、勒死的法医学检验与鉴定
Medicolegal Examination and Expertise of Ligature Strangulation

在检验尸体之前，应先向有关的各方详细了解案情，然后仔细地勘验现场的情况，是平静还是紊乱，有无遗留的可疑物品或遗书等。其次是对尸体的检验，首先应对尸体的姿态、颈部的绳索、绳结的情况进行详细的记录和照相固定，然后进行尸体的外表检验和解剖检验。综合所获各方面的材料进行分析，首先应确定是否为勒死，而后推断勒死的性质。

（一）勒死的确定

根据颈项部的生前勒沟及全身的窒息征象，并排除其他死因后即可确定为勒死。在确定是否为勒死的过程中，认定颈项部的勒沟十分重要。如果现场能保持原状态，勒绳未被取下，鉴定的难度不大，但现场被破坏或伪装，死者颈项部绳索已不见或被伪装成缢死时，应对颈项部的索沟进行鉴别，是勒沟还是缢沟。鉴别时，应从索沟的位置、方向、形状、深度以及深部组织改变，结合窒息和其他征象进行综合分析，鉴别要点见表3-2。

表 3-2　勒死与缢死的鉴别要点

鉴别点		勒死	缢死
索沟的性状	位置	多在甲状软骨或其下方	多在舌骨与甲状软骨之间
	方向	水平环绕颈项部	着力处水平，两侧斜行向上
	形状	呈环形，一般无中断现象	多呈 U 形，有提空中断现象
	深度	深浅一致，结扣处有压痕	着力处最深，两侧渐浅以至消失
索沟深部组织	肌肉	常有出血	少见出血
	颈动脉	内膜一般无横向裂伤	内膜常有横向裂伤
	骨折	可有甲状软骨板上角和环状软骨骨折	可有舌骨大角和甲状软骨上角骨折
窒息征象		明显	不明显
其他		舌尖多露出	舌尖多不露出

（二）确定勒死的案件性质

勒死多见于他杀，但也可见于自杀，意外事故较罕见。确定勒死的性质应根据现场勘验和尸体检验的情况，结合案情综合分析。

1. 自勒 自勒案件在法医鉴定中并不少见，自勒者采用的方法多种多样，在鉴定时应注意分析自杀案情，并结合现场勘验的情况进行鉴别。室内现场一般是门窗紧闭或反锁，无搏斗动乱迹象，无他人的足印，死者多取仰卧位，颈部勒索的结扣较少，若是重复打结则第二结扣较松，打结的位置多位于颈前，少见于颈侧方，项部打结者更为罕见。有时可用短棒、螺丝刀或烟斗柄等棒状物插入勒索中扭紧固定；也有用重物系于绳端拉紧勒绳致死者；有的先自伤或服毒未死，而后自勒身亡，此时可检见自伤的征象或毒物，但毒物量不足以使其活动能力丧失；有时还可见到某些精神或心理障碍的患者，采用一些非常奇特的方式自勒而死。

一般自勒尸体出现的窒息征象较轻，勒沟浅而不明显，边缘较整齐，颈部软组织出血现象也较轻，而且多限于颈浅肌群，舌骨和喉部软骨很少发生骨折。若在检验时见到下列情况者，有助于对自勒的认定：

（1）发现勒死尸体呈仰卧位，两上肢肘关节自然屈曲上举，两手尚保持手握绳端的姿势，或勒绳两端仍握在手中；

（2）绳索为软质，颈项部绳套勒得不紧，扣打得不紧或先紧后松，绳结位置在颈前部或颈侧偏前的位置上；

（3）颈部绳套下较整齐地垫有布片、毛巾、厚层软纸等柔软物品；

（4）尸体上无抵抗防卫伤者。

自勒多数是单纯勒死，若发现尸体上有多种手段造成的暴力损伤痕迹时，应仔细分析研究损伤的部位、排列、方向和程度等，确定是自伤还是他伤，并结合案情调查和现场的情况综合分析，有无他勒的可能，应警惕先用其他方法自杀未死，而后又自勒死亡者。

2. 他勒 他勒致死案件可见于仇杀、谋财害命和奸情杀人等。罪犯在行勒颈前，常采取某些手段使被害人失去反抗能力，如袭击被害人的要害部位或给被害人服用安眠类药物，也可趁被害人熟睡或无防备状态下突然将绳索套在颈项部而将其勒死。

他勒致死的尸体一般窒息征象较显著，勒沟深而边缘不整齐，皮革样化改变明显，呈黄褐色或暗褐色；颈项部软组织出血及喉部软骨骨折较自勒多见；但当机体衰弱或勒颈前已处于昏迷状态，失去反抗能力者，则窒息征象可不明显。若尸体上发现以下情况之一者，有助于对他勒的判定：

（1）勒沟显著，深而硬，伴有明显的皮下出血；

（2）颈项部肌层严重出血，伴有喉部软骨骨折；

（3）被害人头面部、颈项部、胸腹部伴有严重的损伤或其他外界暴力损伤的征象，手足有防卫抵抗伤者；

（4）被害人颈项部无绳索，或者绳索非被害人所有，勒绳打成死结或重复打结越打越紧者；

（5）现场有明显的搏斗和动乱迹象，并发现罪犯行凶的痕迹；

（6）两手被捆绑，捆绑方式自己难以完成者；

（7）口腔内紧塞布团、袜子、围巾、纸团等物，并有黏膜损伤者；

（8）下颌、耳垂、口唇或手指等被勒于绳套内，或者绳套内勒有杂草、发辫、衣领、帽子等物；

（9）勒沟的花纹形态特征与绳索花纹不相吻合；

（10）尸斑出现的部位与尸体姿势、位置不相吻合。

在判定他勒案件时，同样要把案情调查的情况、现场勘验的情况以及尸体检验的情况结合起来，综合分析才能得出科学、准确的结论。有一次宋慈断定一个案子为自杀，死者妻子却不同意，说她丈夫没有自杀动机，而宋慈检查再三也没有看出他杀的痕迹，但是死者妻子坚持说是他杀。宋慈想着想着睡着了，梦中感觉有个人向他走来，他就把枕头顺了过来，枕头很硬，那人隔着枕头用绳子勒他，由于枕头的原因只有一半的勒痕，宋慈就被吓醒了。于是他又去研究尸体，果然后背有摩擦的痕迹，由此判定这个人确实为他杀，属于隔物勒杀。

3. 意外勒死　此类案件极为少见，偶有受害人头颈部的围巾、头巾、长发辫等不慎被转动的机器、皮带轮绞住卷拉，而绞压颈项部导致窒息死亡者。新生儿的颈部被脐带缠绕所引起的窒息死也应属于意外勒死。

第 4 节　扼　　死
Section 4　Manual Strangulation

一、扼死的概念
Definition of Manual Strangulation

用手（单手或双手）扼压颈部所造成的窒息死亡，称为扼死（manual strangulation）或掐死；亦有用单臂或肘弯压迫颈部而窒息死亡的，俗称锁喉。扼死的方法简便，不需任何凶器就可迅速致他人于死地，故是法医检案中常见的一种机械性窒息。扼死仅见于他杀，自我扼颈死亡是不可能发生的，因为自己用手扼压颈部致呼吸困难、意识丧失时，四肢肌肉很快松弛，扼压颈部的手随之松开，呼吸障碍解除，呼吸又自然恢复。所以扼死只见于他杀，尤其多见于强奸杀人、杀死儿童或婴儿等案件。一般情况下，罪犯和被害人之间力量悬殊较大，或者先用其他方法致使被害人失去反抗能力后，再行扼颈，否则不易达到扼死对方的目的。

二、扼死的方法
Methods of Manual Strangulation

扼颈的方法各种各样，常见的是以单手或双手扼压颈项部，亦有用前臂或肘弯部扼压颈部者。① 单手扼颈：罪犯多位于被害人的前方，以右手或左手用力扼压颈前及两侧，拇指压迫在颈部一侧，其余 4 指共同或部分压在颈的另一侧，虎口和手掌将颈部器官压向后方。② 双手扼颈：罪犯可位于被害人的任何方位，手指扼压颈项部的位置，随凶手所处位置不同而有差异。常见的为罪犯位于被害人前方，两拇指压在被害人的喉部，同时两手其余各指分别抓住颈部两侧或项部，使呼吸道压向后上方。③ 前臂锁喉：凶犯一般位于被害人的身后，也可见凶犯扑在被害人身上以弯屈前臂尺侧压迫其喉部。也有个别案例，用足踩在被害人的颈部而造成窒息死亡。

罪犯在扼颈过程中，为防止被害人的呼救和反抗，往往是乘其不备，突然用手扼住对方的颈部。若用单手，则另一只手往往会去紧捂被害人的口鼻或上推其下颌或用其他物品堵住被害人的口腔，使之不能出声；亦有罪犯先用其他凶器将被害人击昏或诱骗先服用安眠、麻醉类药物，使其失去防卫能力，再行扼颈；或者先将被害人手足捆绑后再行扼颈。如果被害人在站立状态下被扼颈，罪犯常是将其推压于墙、柜或桌子等依靠物上，以限制其反抗。若是卧位被扼颈，罪犯常是骑在被害人身体上。由于扼颈的窒息过程较长，死亡缓慢，罪犯怕松手后被害人苏醒，有时可见扼颈致被害人意识丧失后，又用绳索勒颈或用其他手段致被害人死亡的情况，所以扼死的尸体上除有遗留的扼痕外，还可见到其他暴力损伤的痕迹。

三、扼死的机制
Mechanism of Manual Strangulation

扼颈死亡的机制与缢死、勒死相似，主要是通过压迫呼吸道、颈部血管以及压迫、刺激颈动脉窦、迷走神经分支——喉上神经，引起呼吸、大脑血液循环障碍或反射性心脏抑制和呼吸抑制而致死亡。扼颈时，由于被害人的挣扎反抗，施于颈项部的作用力不易持续维持，而是时断时续，加之手扼颈的力量有一定的限度，因此，呼吸道及颈部的动、静脉血管不能持续性完全被压闭，相对窒息过程较长，窒息的征象能充分地表现出来。若突然急剧地扼压喉头及两侧时，可因刺激喉上神经和颈动脉窦，引起反射性心搏骤停，此时因窒息过程不明显，窒息的征象也不显著甚至缺如。

四、扼死的尸体征象
Corpse Signs of Manual Strangulation

扼死的尸体征象主要包括颈项部特征性损伤、全身明显的窒息征象以及被害人在挣扎反抗时形成的附加损伤等几方面。扼死的颈项部特征性损伤即扼痕，是确定扼死的主要依据。

(一) 颈部扼痕（throttling marks）

颈部扼痕即颈部的特征性损伤，包括颈项部外表损伤和深部组织的损伤两部分。

1. 颈项部扼痕 外表征象扼压颈项部时，由手指、指甲、虎口和手掌等部位所形成的颈项部局部皮肤的损伤，称为扼痕。手指、掌面在颈项部压擦，可形成圆形或椭圆形的表皮擦伤及挫伤，指甲前缘压划颈项部皮肤可形成新月形或短线形皮肤擦伤或挫伤。这些擦伤在死后，因局部皮肤水分逐渐蒸发，经12～24小时可形成明显的皮革样化改变，呈红褐色。由于扼颈时凶犯所处的位置和施力手的不同，在被害人颈项部所形成的扼痕位置和分布也不一致，常见的有以下几种情况。

(1) 凶犯位于被害人前方单手扼压颈部时，扼痕在死者的颈部两侧，弧突斜向上。若用右手时，死者颈部右侧可见一个拇指扼痕，左侧可见2～4个由其余4指所形成的扼痕；若用左手扼颈，则扼痕的分布与之相反，左侧1个，右侧2～4个。

(2) 凶犯位于被害人前方或骑压于胸腹部，用双手同时扼压颈部时，则扼痕集中在颈前部及颈部的两侧。颈前部可形成圆形或片状表皮剥脱或皮下出血，颈两侧或项部可有散在的条状指甲痕。

(3) 凶犯若用虎口和手掌扼压被害人颈前部时，死者的颈前部可见横向不规则或条状的皮下出血。

但在实际检案中，上述这些典型的扼痕很少见到。由于被害人的反抗挣扎，颈项的粗细不同，凶犯手掌的大小和施力方向、强度也不同，往往颈项部的扼痕分布零乱，呈不规则形或条形等，有的扼痕还可分布在颜面部。如果凶犯的指甲短，或者扼颈时带有手套，或者被害人颈部衬垫着衣领等物，则指甲痕不明显或缺如，仅见程度不同的圆形或不规则形的出血斑，或留有手套衬垫物花纹印痕。若颈部皮损不明显而又怀疑是扼死时，须等待一些时间再复检，可发现较为清晰的扼痕。

2. 扼痕深部组织的改变 切开颈部皮肤，可见多处皮下出血；胸锁乳突肌、胸骨舌骨肌、肩胛舌骨肌也常有挫伤；在甲状腺及其周围、颌下腺、舌根、扁桃体及颈部淋巴结内均可见出血灶；因喉及声带黏膜均有明显充血和点状出血，有时喉头尚有明显的水肿。甲状软骨上角常发生骨折，甲状软骨板、环状软骨和舌骨大角也可见骨折，尤以老年人多见；有时还可见舌骨体和舌骨大角的关节脱位。凶犯手指猛向喉上方推压和被害人竭力地反抗挣扎所产生的扼压和牵拉的力量,可使被害人的颈动脉内膜发生横向裂伤,多见于老年人。

(二) 颜面征象

颜面部淤血肿胀,呈青紫色,但在死后可逐渐消退;眼结膜及口腔黏膜可见淤点性出血;舌尖有时微露于齿列之外,可有齿咬伤和齿压痕;当颈部严重损伤时,口鼻孔可有出血,甚至耳鼓膜也可破裂出血。

(三) 手足及其他体表损伤

有些凶犯在扼颈前先用其他暴力手段打击被害人的头面部或胸腹部等处,使之失去反抗能力,而后扼掐颈部致死;也有的用毛巾或随手可得的物品堵塞被害人的口腔以防止呼救。被害人在被扼掐颈部的过程中,往往会奋力反抗挣扎,因此,在死者的面部、头枕部、口唇、口腔黏膜、两肩、胸腹部、背部以及手足和四肢等体表处均可发生擦伤、皮下出血、挫伤,甚至挫裂创等不同程度的损伤。若被害人在无反抗能力的情况下,则体表的损伤可很轻微或不明显。此外,被害人的手中可抓有凶犯的毛发、衣片、纽扣等物,指甲缝内可嵌留凶犯的皮肉组织和血痕等。

(四) 内脏器官的改变

主要表现为窒息性死亡的一般内脏形态学的改变,但以脑膜和脑组织的淤血水肿最为明显,可见淤点性出血。肺脏可有急性肺气肿、肺水肿的改变,并伴有灶性出血,浆膜面有淤点性出血,口鼻孔可有血性泡沫涌出。

五、扼死的法医学检验与鉴定
Medicolegal Examination and Expertise of Manual Strangulation

扼死都是他杀。根据颈部的扼痕和全身明显的窒息征象,排除其他死因,一般不难认定。但有些情况下,颈部外表的扼痕不明显而容易被疏漏,如戴手套或衬垫柔软织物扼颈时,或经水浸泡后的扼痕以及腐败的尸体等,有些凶犯作案后将尸体和现场进行了伪装或破坏,均会给检验鉴定工作造成一定的困难。因此,必须对尸体的原始状态、全身和颈部的损伤情况进行仔细的检查,并结合现场和调查的情况进行综合的分析判断。在检验鉴定的过程中应重点注意以下几方面:

(1) 及早进行尸体检验:早期颈部的皮肤损伤尚未干燥,能反映出皮损的大小和方向,当皮肤损伤出现皮革样化改变时,某些细微结构和特征就不易观察,此时应借助放大镜对颈部的皮损进行仔细观察。如果出现腐败就会将颈部的皮损完全破坏,影响鉴定。

(2) 注意观察颈部损伤:仔细检验颈部损伤的部位、大小、性状、排列及方向等情况,以分析、判断是否扼颈所致。因为颈部的皮肤损伤并非全是扼痕,有些死者在濒死状态下,自己搔抓颈部或在进行人工呼吸抢救时受到损伤及生前的磕碰等均可形成。如果从外表征象不易区别时,可对其皮损的深部组织进行检验。此外,还应注意死者颜面、口鼻等处有无血迹、黏液或泡沫状液体流出以及流注的方向,这些有助于分析、推断凶手作案过程中与被害人的位置关系以及被害人临死时的姿势和体位、有无移尸、是否为原始现场。根据典型的扼痕还可推断罪犯是左利手还是右利手。

(3) 注意尸体颈深部组织的损伤:当死者颈部外表皮肤损伤不明显,但又有疑点时,解剖颈部仔细观察深部组织的改变就十分重要了。如颈部皮下组织有灶性损伤、出血、骨折等情况时,可证实颈部暴力的存在,必要时还可进行组织化学的检验予以证实。

(4) 注意死者手中有无异物:因被扼死者多有反抗挣扎的行为,在反抗挣扎过程中,被害人的手可撕抓罪犯或周围的物品,使手中留有罪犯身上的物品,如衣扣、衣服的碎片及毛发等,亦可抓有现场尸体周围的异物,被害人的指甲缝内可嵌有罪犯的皮肉组织及血痕等。被害人的手足可呈抵抗搏斗姿态。

(5) 注意死者有无抵抗伤：一般情况下尸体的四肢，尤其是前臂、手足、头面部及胸腹部，常可见暴力形成的损伤痕迹以及抵抗防卫时所形成的损伤。这些损伤对认定扼死有重要意义。如果被害人为老幼病残无反抗能力者或在醉酒、沉睡、昏迷等失去反抗能力的情况下，尸体上可无抵抗防卫伤。

(6) 详细勘查现场：因扼死均为他杀，现场常有搏斗动乱的迹象，所以要仔细勘验现场遗留的足印、指纹、血痕以及其他非被害人所有的物品等，为侦破案件提供线索和依据。

(7) 注意有无伪装自杀的情况：被害人被扼死后，罪犯为逃避法律的制裁，常伪装成自缢、自勒、病死等，或移尸于铁轨上伪装成被火车轧死的意外事故，或将尸体投入水中伪装自溺，或从高处抛下伪装成意外高坠死亡等，此时应注意尸体检验找出真正的死因。

上述是对死者及现场检验时应注意的一些问题，若在侦查过程中发现重大嫌疑人时，应及早对其进行全身检查，注意其头面部、四肢、手背等处有无被抓伤、咬伤的痕迹，这对认定罪犯有着重要的意义。

第5节 溺 死
Section 5　Death from Drowning

一、溺死的概念
Definition of Death from Drowning

大量的液体被吸入呼吸道和肺泡内所引起的窒息死亡，称溺死（drowning），俗称淹死。被吸入的液体多为江、河、湖、海、井、塘中的水，少数为油、酒、尿、羊水、汽油、血液等液体。溺死并非以全身浸入水中为必要条件，实际上只要头面部，甚至仅口鼻浸没在液体内，即可溺死。例如，罪犯将被害人的头或面部按入有水的容器中即可将人溺死，有个别酒醉后或癫痫发作跌倒者，口鼻或面部浸入路边水凹或水沟中而不能转动身体或头颈者，也可被溺死。

二、溺死的机制
Mechanism of Death from Drowning

（一）窒息

溺液被吸入呼吸道和肺泡内，影响气体交换，引起体内氧气缺乏和二氧化碳蓄积，从而导致窒息死亡，这是溺死的主要机制。过去曾认为淡水溺死者，因水的渗透压低，通过肺泡进入血液循环，使血容量剧增，加重了心脏负担，致心力衰竭而死亡；海水中溺死者，因海水渗透压高，大量体液从血液循环渗入肺组中，产生严重的肺水肿，最后以心力衰竭和呼吸衰竭而死亡。近年来，通过动物实验证明，不论在淡水、海水中溺死，其死亡机制都是由于缺氧和高碳酸血症，并非其他因素。

（二）其他因素

(1) 落水后，由于冷水刺激上呼吸道黏膜，可导致急性反射性心跳停止（reflective asystole）而死亡。中国民间"马蹄坑里的水虽少，但是也能淹死人"的说法，主要就是缘于反射性心跳停止。

(2) 在溺水过程中，因冷水刺激，呼吸运动增强，而出现异常呼吸运动，致使心脏负担加重，同时体内又需大量热能，且有大量溺液进入肺循环，更加重了心脏的负担，都将导致心肌损害，最终引起心力衰竭（循环衰竭）而死亡。

（3）由于溺水者在水中剧烈挣扎，机体组织消耗能量过多，还可引起低血糖而诱发休克死亡。

由于上述溺死机制的不同，有人以溺死者呼吸道内有无溺液为依据，将溺死分为典型和非典型两类。典型溺死指溺液侵入并阻塞呼吸道和肺泡，影响气体交换，引起的典型外窒息死亡；非典型溺死，指确系落水后发生死亡，但呼吸道内并无溺液，所以又称干性溺死（dry drowning），约占落水死亡的 15%，其机制可能由以下情况所致：① 落水后因冷水刺激声门而发生声门痉挛引起窒息，尸体解剖时仅有一般窒息征象；② 落水后冷水刺激咽喉部，引起反射性迷走神经抑制，导致原发性休克死亡，尸体解剖不仅呼吸道内见不到溺液，也无一般窒息征象。这类溺水死亡实属水中猝死，并非真正的溺死。

三、溺死的过程和症状
Processes and Symptom of Death from Drowning

全身淹没于水中而溺死时，其经过和症状一般可分为 6 期。

1. 前驱期 落水后，全身被水淹没，因冷水刺激皮肤的感觉神经末梢，引起反射性吸气，水即进入口腔内，并常被咽下，然后本能地产生呼吸暂停（屏气）。此期持续 0.5~1.5 分钟，由于体内的氧仍可被利用，躯体无明显的症状和体征。

2. 呼吸困难期 前驱期后，由于体内缺氧和二氧化碳蓄积，刺激呼吸中枢，使溺水者又开始吸气，溺液同时被吸入呼吸道刺激咽喉部产生剧烈的呛咳。初始为吸气性呼吸急促，吸入大量的溺液，经 0.5~1 分钟后，即转为痉挛性呼气急促，呼出大量的泡沫状液体，此期 1~2.5 分钟。

3. 失神期（意识丧失期） 随体内缺氧的进一步加重，使中枢神经系统受损，溺水者的意识很快丧失，反射功能也逐渐消失，大量的溺液被吸入呼吸道深部以致肺泡内。此期可发生惊厥性呼吸运动或全身性痉挛，同时出现瞳孔散大，大小便失禁，这一期大约持续 1 分钟。

4. 呼吸暂停期 此时呼吸运动暂时停止，意识完全丧失，瞳孔高度散大，约持续 1 分钟。

5. 终末呼吸期 由于体内二氧化碳的蓄积，刺激呼吸中枢，呼吸运动又暂时启动，溺液又继续被吸入呼吸道内，呼吸数次后即又停止，此期约持续 1 分钟。

6. 呼吸停止期 此期呼吸运动完全终止，但心脏尚有微弱的搏动，可维持数分钟。若能在此期前及时进行抢救，排出溺液，进行人工呼吸，尚有复苏的可能。溺死过程所经过的时间平均为 5~7 分钟，但可因生前的健康精神状态、年龄、水性、溺液的种类以及水温等因素的不同而长短不一。例如，在疲劳、惊慌、不会游泳的情况下，可使各期的时间缩短，而身体强壮者，则可使窒息各期的时间有所延长。

四、溺死的尸体征象
Corpse Signs of Death from Drowning

溺死的新鲜尸体除具有一般窒息死的征象外，尚可见到一些溺死的特殊征象。

（一）尸表征象

常见的有一定意义的特殊尸表征象如下：

1. 口鼻部蕈形泡沫 在溺死过程中，溺液进入呼吸道，刺激呼吸道黏膜使之分泌大量的黏液，黏液、空气和溺液三者随剧烈的呼吸运动相互混合、搅拌，形成大量的细小、均匀的白色泡沫。这些泡沫中因含有丰富的黏液，极为稳定不易破灭。当尸体打捞出水面后，泡沫逐渐从呼吸道内涌出，附着在口鼻部，形成状如棉花团的蕈形突起，且封闭口腔、鼻孔，故称为蕈形泡沫或蟹沫。若抹去可再出现,挤压胸腹部可有更多的泡沫涌出。干燥后可在口鼻部留下痂皮样泡沫痕迹。蕈状泡沫夏季可存留2~3天,冬季可保留3~5天。当尸体发生腐败后,这些泡沫逐渐被腐败气泡所替代。如果溺死者出现支气管黏膜出血或肺泡破裂时,因血液的混杂可使泡沫呈浅红色。蕈形泡沫是在生前所形成,故为一种生活反应,对确定是否为溺死具有一定的意义。

2. 尸斑浅淡 由于尸体在水中常随水流漂浮翻滚,体位不固定,同时皮肤血管遇冷水刺激而收缩,因此尸斑出现的较缓慢而且不明显,但在静水中(如水井、小池塘、粪池等)溺死者,尸斑位于低下部位较在流动水域的尸体明显。由于水温较体温低,血液内原有的氧合血红蛋白不易分解,而且尸斑部位的皮肤表层血管扩张,水中的氧可少量渗入,生成氧合血红蛋白,使尸斑的颜色不像其他窒息死亡者那样呈暗紫红色,而是呈淡红色或鲜红色。当尸体被打捞上岸静止停放后,尸斑可显著出现。

3. 鸡皮样皮肤(goose skin) 身体入水后,皮肤受冷水刺激,立毛肌收缩,毛囊隆起,毛根竖立,使皮肤表面呈鸡皮样改变。这种现象以死者的两臂外侧和两股外侧较为明显,亦可出现于死后不久被抛入水中的尸体上,这是因人死后机体组织在一定的时间(临床死亡期)内仍有超生反应之故。

4. 尸体温度较低 从江、河、湖、海中打捞出的尸体尸温均较陆地上的低,尤其是在夏季以及春末秋初之季,这是因当水温低于平均气温时溺死者在水中温度可迅速降至与水温相同。如果水温接近气温或高于气温时,则无此差别。

5. 手中抓有异物 溺水者落水后,在挣扎过程中两手随遇而抓,所以手中可抓有水草、树枝、泥沙或其他物品等,这是溺水者在溺死过程中进行挣扎的表现,为临死前挣扎所形成,故对确定是否溺死有重要意义。但是水中的尸体仅发现其指甲缝内可嵌留泥沙,尽管其成分与溺水处一致,也只能说明死者的手接触了泥沙,不能以此认定为生前入水。

6. 皮肤膨胀 脱落尸体长时间浸泡在水中,水分进入皮肤使皮肤的角质层泡软,皮肤膨胀、变白、皱缩。以手足部皮肤的变化最为显著,浸泡时间过久,表皮层与真皮层脱离,指、趾甲也可脱落。如果手足皮肤完整脱下,则如同手套和袜子样。这一现象并非溺死者所特有,任何尸体在水中长时间浸泡都可见。

7. 尸体的沉浮和膨大 人体的比重在呼气后为1.057,比淡水稍重,吸气后为0.967,比淡水稍轻,吸入溺液后的人体其比重大于水,故溺死后尸体沉入水底。当尸体在水下发生腐败,产生大量的腐败气体时,使尸体膨大呈巨人观,其比重减小,尸体浮出水面,俗称浮尸。因男女骨盆的形态、大小及身体的重心等不同,男性身体的重心偏向前方,故浮尸多呈俯卧状态;女性身体的重心偏向后方,故浮尸多呈仰卧状态,但身上系有重物者则属例外。

8. 其他变化 溺水后因受冷水刺激,皮肤和肌肉易产生收缩,使男性阴囊皱缩;女性的阴唇和乳房形成皱襞和僵硬。男性的阴茎还可因血液的流注而发生勃起现象。此外,溺水者在落水或在水中漂流时可与水中的硬物相互碰撞,形成各种损伤。水中的尸体还可被水中的鱼、蟹类动物噬食,形成皮肤的死后伤,应注意分析、鉴别,不可误认为是生前形成。

(二)尸体内部征象

溺死的确定仅依据外表征象尚不易判明,必须进行尸体解剖,观察内部器官的改变,其中肺组织的改变、体内异物的发现以及硅藻的检出等是确定溺死的重要依据。

1. 呼吸道及肺的改变 呼吸道黏膜充血、水肿,充满与口鼻孔部相同性状的白色泡沫,有时可见溺液中的异物,如泥沙、水草、植物碎片等。肺脏水肿或气肿,呈水性肺气肿样(aqueous emphysema）改变。溺死者两肺体积膨大，充满整个胸腔，前缘覆盖心脏，表面有肋骨压痕，边缘钝圆，呈淡灰红色，触之有揉面感，指压形成凹陷。肺的重量增加，约为正常肺的2倍。切开肺脏时，可流出大量泡沫状液体，并可带有血色。两肺呈明显水肿的同时，尚可间有气肿区，这一改变称为水性肺气肿，约占溺死尸体中的80%，以青壮年溺死者较为明显。水性肺气肿的形成，是因溺水者剧烈地呼吸，使水、黏液和空气三者相互混合，随过度的吸气进入肺泡而不易被呼出，大量泡沫积存于肺泡内所致。水性肺气肿是一种生活反应，是生前溺水的征象之一，对认定溺死有重要意义。如果是水中心脏抑制死亡者或休克昏迷丧生者或生前声门痉挛者均不出现水性肺气肿征象。此外，在两肺的表面，尤其是两肺下叶和叶间的肺胸膜下可见散在性淡红色，呈圆形或不规则形，大小不一。边缘不明显的出血斑，被称为溺死斑或称 Paitauf 斑。此斑的形成是因肺内压增高，肺泡壁破裂出血并溶血所致。

溺死较久的尸体，肺泡中的溺液可逐渐渗出肺组织，而大量积存于两侧胸腔内，使两肺的体积相对缩小，故测定胸腔积液量对确定溺死较久的尸体有着一定的意义，但应注意鉴别胸腔积液的来源，是从肺组织内渗漏所致还是胸膜炎的渗出液。

在扩张、破裂的肺泡内和破裂的肺毛细血管腔内若能发现由溺液带进的异物，如水草、泥沙、植物碎片和小的浮游生物等，对确定溺死具有重要意义。虽然这些异物可以于死后侵入上呼吸道，但不会侵入呼吸性细支气管和肺泡内，更不可能进入破裂的血管腔内。

2. 心脏及血管的改变 静脉系统一般呈淤血怒张。右心淤血，内含暗红色不凝固血液。肺脏内由于溺液的充盈而使肺循环受阻，故右心淤血明显。左右心腔内的血液成分不同，肺内溺液可渗过肺泡壁经肺内血管进入左心，再进入体循环，血液可被溺液稀释，左心血液稀释程度比右心更明显，因此，左、右心腔内血液中的红细胞数、血红蛋白含量以及电解质、比重、黏稠度、冰点等均有一定的差异。淡水中溺死者的心血管内膜可因溺液引起溶血而被染红。

3. 消化道内可有溺液 溺水过程中，溺液在被吸入肺脏的同时，也可被吞咽入胃，再进入小肠。死后被抛尸入水者，若水压较大时溺液可少量地进入口腔、咽喉部和直肠内，甚至被少量地压入胃内，但不会进入小肠。若溺死后较久，胃肠内的溺液可外渗进入腹腔，胃肠内则不见溺液。若是检验新鲜的溺死尸体，胃肠内无溺液应引起注意，说明死者可能不是溺死，或者溺死发生得十分迅速，过程短暂，溺液未及咽入之故。检验胃肠内的溺液时应与现场的水质进行比较其异同，以推断入水点。

4. 其他征象

（1）肌肉出血：溺水过程中，因发生剧烈的挣扎和惊厥，可导致呼吸辅助肌的出血，如胸锁乳突肌、胸大肌、斜角肌、背阔肌等均可发生不同程度出血，出血可呈点状、条状或片状，而且常为双侧性。有时口腔底肌肉也可发生出血，若遇此种情况，应同时检查颈部皮肤和皮下组织，不可误认为是扼死。

（2）头面部淤血：溺死者因头部较重而头向下沉，体内血液便向头部坠积，故颜面部明显肿胀，呈暗紫红色。脑膜及脑组织淤血更为显著，溺水过程越长，脑组织的淤血越明显。

（3）颞骨锥体内出血：溺死尸体可见颞骨岩部有出血，乳突小房内充满红细胞。这是由于剧烈的呼吸运动或水压的作用，使溺液从咽鼓管或外耳道进入，颞骨锥体受压而发生淤血或出血，也可以是因溺死过程中窒息所引起。部分溺死者还可见筛窦内出血。

（4）尸体内部器官组织中的浮游生物：浮游生物指水中漂浮的微小生物，包括硅藻、水藻及其他单细胞或多细胞生物。生前溺水者，溺液可经肺循环进入左心，再进入体循环并分布于全身各器官组织，微小的浮游生物可随溺液进入人体的各器官组织。因此，在心肌、肝、肾、脾、牙齿、骨髓等器官组织中均可发现溺液中所含的浮游生物，其中以硅藻的检出对认定生前溺水更具有价值。

（5）尸体器官内溺液外渗：当溺死尸体发生自溶或腐败时，则尸体外表及内部征象逐渐消失。进入内脏的溺液因本身的重量而下坠逐渐渗出，肺内溺液可渗入胸腔，胃肠内溺液可渗入腹腔。尸体打捞出水后，体内溺液即可渗出体外，但随溺液进入体内组织器官中的浮游生物等异物仍可留在体内而不外渗。

五、硅藻检验在确定生前溺水死亡中的意义
Diagnostic Value of the Diatom Test for Drowning

目前检查肺和其他器官组织中的硅藻数量已被认为是诊断生前溺水死亡的较为可靠的方法。

硅藻（diatom）又称矽藻，多数是单细胞生物，少数为群体或丝状体，绝大多数只能在显微镜下才能看到。硅藻是由上下两个半壳套合而成，上下面称壳面，侧面上下壳相套的部分称壳环。壳面上有各种各样的花纹，呈辐射状或左右对称的羽纹状排列，硅藻细胞内有一个核和一个或多个黄褐色的色素体。硅藻种类繁多，大约有 1800 个属，6000 余种，分中心目和羽纹目两大类。中心目硅藻的特点是壳面上有由中央向四周呈放射状排列的花纹，羽纹目硅藻的特点是壳面上有左右两侧对称的花纹。硅藻广泛分布于淡水、海水或陆地湿润的地方，海水中以中心目硅藻多见，淡水中和陆地上以羽纹目为主，尤其是在春、秋两季，硅藻大量繁殖形成高峰。在溺死过程中，随溺液进入肺脏的硅藻，可以通过破裂的肺泡壁毛细血管进入肺静脉达左心，经体循环而布散于全身器官组织中，故溺死者常在心、肝、肾、脾等内脏以及骨髓、牙髓中检出硅藻。由于进入内脏的硅藻受到肺泡壁毛细血管直径的限制，从内脏检出的硅藻都比较小，其宽度多为 $6\sim15\mu m$，长度一般不超过 $40\mu m$。

硅藻硅质化的细胞壁具有很强的抗腐蚀能力，不会因尸体腐败而破坏，并能经受住从内脏检查硅藻时强酸的腐蚀。因此，从内脏检出硅藻，对于诊断溺死很有价值。尤其是高度腐败的尸体，溺死的其他征象消失或失去价值之后，检查骨髓和牙髓中有无硅藻，是鉴别生前入水溺死与死后抛尸入水的主要方法。同时，根据不同地区和水源硅藻种类的不同，还可利用内脏检出的硅藻与采取水样中的硅藻进行比较，判明死者的入水地区。

一般认为硅藻检验是诊断溺死的可靠方法，特别是在肝、肾、骨髓和牙髓中检出硅藻，可以作为诊断溺死的有力依据。死后抛尸入水者硅藻仅能进入肺组织，而不能进入体循环到达各器官。有些学者曾报道，尸体浸泡在水压甚高的深水中，硅藻也可进入肺外器官。

此外，颞骨乳突小房黏膜出血、脑及脑膜淤血、颈胸背等部位肌肉出血、胸腹腔内渗出大量溺液等，亦可作为诊断溺死的参考。

检验时，应取肺组织、心肌、肝脏、肾脏、骨髓、牙齿各若干克进行检测，并与现场处水中硅藻相比对，若其种类、分布相一致，则可判断死者是在该处溺水死亡。若尸体高度腐败体表征象已不存在，器官也已腐烂，可取骨髓、牙齿进行硅藻的检测，是鉴别溺死还是死后抛入水的最好方法。在检测过程中要严格操作，防止污染，同时还要考虑到空气中的硅藻吸入后也可进入器官组织，但数量极少且种类有别。故在鉴定中应全面分析，审慎作出结论才是科学、准确的。

六、溺死的法医学检验与鉴定
Medicolegal Examination and Expertise of Death from Drowning

检验水中所发现的尸体主要应解决的问题：确定是否溺死，尸体的个人识别（personal identification），确定落水地点，推测落水时间，分析死亡的方式是自杀、他杀还是意外灾害。

(一)确定是否溺死

这主要依据生前入水征象和窒息征象,并结合案情和现场勘查情况,排除其他死亡原因,综合分析最后才能科学、准确地确定是否为溺死。

1. 溺死和抛尸入水的鉴别 新鲜尸体可根据外表征象和解剖检验的结果作出判断;腐败尸体各器官、组织的改变难以辨认时,可依靠体循环各器官中硅藻的检出来判断;若尸体的软组织已破坏,则要依靠从骨髓和牙齿中检测出的硅藻来确定。生前入水溺死与死后抛尸入水的鉴别要点见表3-3。

表3-3 生前溺死与抛尸入水尸体的鉴别要点

	生前溺死	抛尸入水
口鼻腔鼻孔	白色蕈状泡沫团块(蟹沫)	无
呼吸道	各支气管和肺泡内有溺液、泡沫和异物	上呼吸道有少量液体、异物,若水压高可达下呼吸道,但无泡沫
肺	水性肺气肿,肺表面有肋骨压痕、溺死斑,切面有溺液流出	无
心	左心血液比右心稀薄,各成分减少	左、右心血液浓度、成分相同
胃肠	均有溺液、水草、泥沙等异物	仅胃内有少量溺液,一般不进入小肠
内部器官	脑、肝、肾等器官淤血	不一定
手中异物	可抓有水中的水草、泥沙等	无
硅藻	肺、体循环的各内部器官、骨髓、牙齿中均可检出相当数量的硅藻	无或仅在肺中有少量,系生前吸入或死后污染

2. 排除其他死因 正确评价尸体上的损伤。水中尸体同样要进行解剖检验以排除其他的死亡原因,如有无致命伤、中毒以及可引起猝死的疾病等,必要时应取材进行病理或毒物检验。对水中尸体上所见到的损伤,必须明确是生前形成还是死后所致,并正确评价损伤与溺死,及其与其他致死因素的关系。

(1)生前损伤:这类损伤可是自伤,也可是他伤,或者是意外灾害所形成,应根据损伤的部位、性状、排列以及严重程度,同时结合现场等情况综合分析。自伤一般较轻,无致命伤。他杀损伤多系致命伤或重伤,伤痕排列零乱,方向不一致,常伴有抵抗伤,如果损伤致死之后抛尸入水,尸体上没有溺死的征象。自杀损伤常见的是切颈、刺腹等,一般是轻伤,排列较整齐,方向一致,常伴有试探刀伤,有时损伤较重,但不会昏迷,否则就不能完成投水自杀动作。曾遇一中年男性,在宿舍触电、切颈未死,然后投入水中溺死。检验时,发现死者口鼻有蕈状泡,睑结膜有出血点,颈部切创位于喉结上方,未伤及主要动脉和静脉,右手指有电流斑。同时,从死者宿舍到水塘沿途,有滴落血迹和死者的踩踏血迹。可见自伤后投水自杀者具有生前入水溺死的征象,损伤系非致命的,受伤后仍然有完成行走、投水的活动能力等特点。

(2)入水过程中形成的损伤:指投水时身体碰撞石头、树桩等硬物所形成的损伤。这种损伤的轻重程度与入水点的高度、溺液的深度、碰撞物的性质以及投水者入水时的姿势等因素有关。头部先入水者,损伤多集中于额部和两肩部,损伤轻重程度差别很大,可出现擦伤、挫伤、挫裂创,甚至发生颅骨骨折。详细勘查入水地点,寻找水底的硬物,对照损伤形态进行分析,一般不难作出判断。

(3)入水后形成的濒死期损伤:指入水者在挣扎或全身肌肉痉挛时,碰撞周围物体所形成的损伤。此种损伤一般比较轻微,多系表皮擦伤和皮下出血,常分布于头面部、两手背、两肘关节和膝关节等处，其生活反应常不明显。

(4) 水中尸体上的死后伤：指尸体在水中漂流、打捞过程中形成的损伤和水中动物噬食尸体所形成的损伤。尸体在江河漂流过程中，碰撞桥墩、船只，或者被螺旋桨、撑船竿击中，都可以形成死后伤，其损伤的形态和轻重程度，随致伤物、力的大小不同而异。例如尸体碰撞桥墩、船只所形成的损伤多系擦挫伤和挫裂创；螺旋桨形成的损伤，常是多而广的创伤、骨折，甚至肢体断离；水中鱼虾、螃蟹等噬食尸体所形成的损伤，局部有组织缺损，形态不规则，边缘不整齐。这些死后伤均无生活反应。

(二) 水中尸体的个人识别

新鲜的尸体可以根据死者的容貌、体格、指纹等特征进行识别；若尸体已高度腐败，体表特征已被破坏不易辨认时，应注意搜集死者的衣物、鞋袜、衣袋内物品以及随身携带的手表、项链、发夹等物品。此外，应注意发现尸体上的特征性瘢痕、文身、痣疣、畸形以及毛发的形态、颜色等；必要时提取死者的颅骨、耻骨联合等以备进行颅像重合，估计死者的年龄、身长等；也可取死者的下颌骨 (mandible) 以备作牙齿特征及年龄的判断。

(三) 落水时间的确定

落水时间的推测主要是根据尸体现象发生、发展的程度和解剖中发现的变化，但这些变化受水温、水深、水流、水质以及尸体本身状况等方面的因素影响较大，推测出准确的落水时间难度很大，故在确定落水时间时应尽可能地将所有影响因素考虑在内，并综合各种有关资料进行分析，才能使之较为准确。下面将溺尸变化所经历的时间与气温、水温的关系列为表 3-4，以供参考。

表 3-4 溺尸变化所经历时间与气温、水温的关系

季节	夏	春秋季	冬
月别	7～9月	4～6月；10～12月	1～3月
平均气温	28.4℃	20.9℃；19.7℃	11.1℃
平均水温	24.51℃	17.1℃；15.5℃	7.7℃
角膜轻度浑浊	7～12小时	12小时	1～2天
角膜中度浑浊	12～24小时	1～2天	2～3天
角膜完全浑浊	24小时	约2天	约3天
手掌皮肤变白	3～4小时	5～6小时	12小时
手掌皮肤皱缩	12小时	12～24小时	1～2天
手掌表皮易脱	2～3天	3～4天	10～12天
手掌表皮脱落	3～4天	5～7天	2周～1个月
尸僵缓解	2～3天	4～5天	5～7天
颜面肿胀	2～3天	4～5天	7～10天
头发容易脱落	3～4天	5～7天	10～14天
头发完全脱落	4天～1周	1～2周	3周～1个月
颅骨部分露出	2周	3周～1个月	1～15个月
水苔附着	4～5天	1周	2周
部分尸蜡化	1个月	1个月	1个月

(四) 落水地点的确定

一方面靠现场勘验，另一方面要把肺及体循环各器官中检出的硅藻类型与现场水域及上游水域中的硅藻进行比对，分析异同。若在死者肺内发现有特征性的吸入物则更有说服力，例如，曾在一具溺死尸体的肺内发现有银的沉淀物，据此推定死者是在上游一银矿附近落水的。

（五）溺死性质的判定

溺死多见于自杀或意外灾害事故，他杀较少见。意外溺死常见于沉船、洪灾、儿童或不会游泳的成人失足落水、醉酒者或癫痫患者发病时跌入水中。意外灾害事故溺死者，通常在案情调查和现场勘查时就可发现一定的线索，定案并不困难。自杀溺死者女性多于男性，常是单人，偶有情侣相抱或捆绑在一起投入水中自溺者。有些自溺者先将重物绑在身上然后投入水中，也有自己将手足捆绑后投水者，检验时应注意绳索捆绑的方式和松紧程度，是否自己能完成，并结合其他情况综合分析后再作出判定。另外有些人先用其他手段自杀未果，而后投入水中，此时应对其损伤进行鉴别。他杀溺死的案件中，单纯被推入水中者较少见，因为这需要适当的环境条件和特定的一些因素，如被害人不识水性、罪犯与被害人之间力量悬殊或被害人患病、醉酒、服用了某些药物，或者是被害人处于极度惊恐之中等。单纯他杀溺死者，仅靠尸体检验很难确定案件性质，必须结合调查、现场勘查和环境条件等情况综合分析才能得出正确的结论。但用其他暴力手段加害后（如将被害人打昏，投给药物、毒物等）失去行动能力，然后投入水中溺死者也屡见不鲜，此类情况下可从尸体上检见到其他加害的征象，定性不难。

第6节 堵塞呼吸孔道所致窒息死
Section 6　Death from Choking as a Result of Clogged Respiratory Tract

根据堵塞呼吸道的部位不同，可将此类窒息分为闭塞口腔、鼻孔所致窒息死和异物堵塞呼吸道所致窒息死两种。

一、闭塞口、鼻所致窒息死（闷死）
Death from Smothering

（一）闷死的概念

以柔软物体同时压闭口腔、鼻孔，阻碍呼吸引起窒息死亡者称闷死（smothering），俗称捂死。柔软物体种类繁多，常见的有毛巾、棉花、纱布、衣服、被褥、枕头、湿布、湿纸、面粉团、泥团以及乳房、手掌、肢体等。这些物品能适应面部的形态，所以能完全闭塞呼吸道的开口造成窒息死亡。

（二）闷死的机制

主要是由于柔软物体同时压迫口、鼻部，造成呼吸道口被关闭，空气吸入减少或停止，二氧化碳排出困难而蓄积体内，阻碍了正常的气体交换，导致缺氧窒息而死亡。其死亡机制就是因气体交换受阻，这是与缢死、勒死和扼死不同之处，以至于闷死的窒息过程较长，窒息的症状和征象均较明显。

（三）闷死的尸体征象

闷死尸体除呈现一般窒息死的征象外，因闷捂口、鼻孔的方式不同，出现的尸体征象也有差异。被害人面部常不留明显的暴力痕迹，有时在口鼻周围可有苍白区和轻度口鼻歪斜或压扁的迹象，并可在压迫的局部留有压迫工具的残迹，如棉纱的纤维、衣服的皱褶印痕等。若以手掌粗暴地压迫口鼻部，常于口鼻部及周围发现表皮剥脱及指甲的抓痕，口鼻可歪斜扁平，口唇、牙龈、舌等处可见挫伤或挫裂创，严重时可造成牙齿的松动或脱落。此外，还应注意死者体表有无反抗挣扎所形成的抵抗防卫伤。

(四) 闷死的法医学鉴定

闷死多系他杀，且以杀害无抵抗能力的婴幼儿和多病体弱的老年人居多，处于醉酒、昏迷、沉睡或无力反抗（如手足被捆、久病卧床）情况下的成年人也可被闷死。灾害或意外事故也可见闷死，例如婴儿面部伏在柔软的枕头或被褥上；母亲喂乳时睡着，乳房紧贴婴儿口、鼻孔；幼儿玩耍时将塑料袋罩在头面部等，均能导致闷死。以闷死的手段自杀者极为罕见。在疑为此类案件的检验时，除认真了解案情、勘查现场和检验一般窒息征象外，特别要注意检验口鼻部的细微变化，必要时可用放大镜或组织学的方法做进一步检验。鉴定应在仔细检查口鼻部细微伤痕和压迫工具所遗留的残迹基础上，结合有无抵抗伤和窒息的征象，以及现场勘查与调查所得的材料进行综合分析，审慎作出结论。

二、堵塞呼吸道所致窒息死（哽死）
Choke to Death

(一) 哽死的概念

固体异物堵塞呼吸道影响肺通气功能所引起的窒息死亡，称为哽死（choking），俗称噎死。导致哽死的异物种类颇多，大小不一，大的如棉花团、纱布团、碎布团、软纸团、泥团等；中等大小的如纽扣、硬币、花生米、玻璃球、假齿、糖果等；小的如豆粒、果核、粟粒、沙子、呕吐物等。无论何种异物只要进入并堵塞呼吸道均能引起窒息，甚至死亡。

(二) 哽死的机制

哽死主要是由于异物阻塞呼吸道所致，堵塞的部位以会厌、喉头、气管、支气管较为多见。即使堵塞物与呼吸道之间尚有一定的空隙，仍可进行微弱的呼吸，但也可因进气量突然受限而急剧减少，人体不能迅速地代偿适应，最终导致缺氧性窒息而死亡。除此之外，有些哽死还有神经反射的因素，如当受害人被外力将异物（如棉花团、纸团等）强行塞进上呼吸道时，外力作用直接刺激喉部，发生反射性心脏抑制，而导致心跳停止致死，或者因误咽、吸入呕吐物（酸性胃内容物）时，亦可刺激咽喉部发生痉挛等导致窒息死亡。因此，堵塞呼吸道窒息死亡者，可有缺氧窒息或反射性心脏抑制因素的作用。

(三) 哽死的尸体征象

除可见到一般窒息征象外，受害人的口腔、咽喉、气管、支气管以及肺内可以检见到异物，有些肉眼难以发现，但在组织切片上异物清晰可见。异物所在之处的呼吸道黏膜剥脱，黏膜下出血。

若咽喉部遗留大的异物，可在颈部外表见到团块状隆起，小的异物可被吸到支气管内。喉内的异物可刺激黏膜发生喉头水肿（laryngeal edema）或声门水肿，而加重呼吸道的堵塞程度。如果是他杀致死的尸体，其头面、四肢及其他体表部位常见暴力形成的皮损痕迹，或有防卫抵抗伤痕。有些哽死是因塞进的异物刺激咽喉部发生神经性抑制而迅速导致心跳停止的，此时缺氧窒息的征象并不明显。

(四) 哽死的法医学鉴定

此类窒息死多见于意外事故，例如儿童常把各种圆滑的物品含在口中而不慎吸入，或者在逗笑、惊慌、啼哭时将吞饮的食物吸入；或者在睡眠中活动牙齿落到喉腔内；或者昏迷、醉酒者误吸呕吐物等，均可导致异物堵塞呼吸道而窒息死亡。哽死也可见于他杀，例如凶手用棉花、布片、纸团、泥团等柔软物强行塞进无反抗能力的婴幼儿或处于昏迷状态的人的咽喉部以致哽死。

有些暴力侵害案中，罪犯为防止被害人呼救而将手帕、毛巾、纸团等物强行塞入口腔、咽喉部而发生哽死；亦有案例报道外力作用腹部致被害人呕吐，食物反流呼吸道而发生哽死者。哽死自杀者较少见，偶有用手帕、毛巾、布片等塞入咽喉部引起窒息死亡者。另外，应注意有时因不恰当的人工呼吸或搬运翻动尸体或尸体腐败时，可将胃内容物挤压至咽喉部和气管内，不要误认为是哽死，须仔细鉴别。哽死为生前吸入异物，窒息征象明显，异物可进入到支气管和细支气管甚至肺泡，咽喉、气管、支气管、肺组织有生活反应，死后异物进入呼吸道者，则无这些改变。

第7节 压迫胸腹部所致的窒息死
Section 7 Asphyxia due to Overlay

一、概述
Overview

当胸部或腹部受到外来重物压迫时，可严重阻碍胸廓和膈肌的运动，导致呼吸障碍，引起窒息死亡。这类窒息死多发生于灾害或意外事故，例如房屋倒塌、矿井陷塌、坑道坍塌、车辆颠覆、雪崩以及人群挤压等，亦可见熟睡的母亲将手臂或小腿压在婴幼儿胸腹部而致窒息死亡，猫等宠物蹲在婴儿的胸部睡觉导致婴儿被压致死的案例等。偶尔也有用其他方法杀人后，伪装成意外灾害所致的死亡。

二、压迫胸腹部所致窒息死的机制
Mechanism of Asphyxia due to Overlay

胸部或腹部受外来重物的压迫，使肋骨不能上举、膈肌不能下降，严重妨碍了胸式或腹式呼吸运动，导致缺氧窒息而死亡。一般成人胸腹部受到 40~50kg、健壮者受到 80~100kg 的压力时，即可发生窒息死亡；一侧胸廓受压经 30~50 分钟后也可引起窒息死亡。若为婴儿仅需成人的手或前臂搁置胸部即可发生窒息死，用布紧裹婴儿身体或过重的被服覆盖在婴儿胸部，也有引起窒息的危险。

三、压迫胸腹部所致窒息死的尸体征象
Corpse Signs of Asphyxia due to Overlay

此类尸体的一般窒息征象很显著，颜面部、颈项部、上胸部显著淤血，皮肤呈紫红色或深紫色，眼结膜下、颜面部、颈项部和胸部可见广泛的散在性淤点性出血。若坚硬而沉重的物体压迫胸腹部时，受压局部可出现大小不等、程度不同、形态各异的表皮剥脱和皮下出血，甚至出现挫裂伤或肌肉和骨的损伤，同时还可伴有重物压迫所形成的印痕。

尸体内部器官淤血明显，黏膜、浆膜、脑膜均可出现淤点性出血，如死亡过程较长，则发生肺水肿。大而重的物体猛烈作用于胸腹部，可造成肋骨、胸骨骨折（fracture of the sternum）和肝、脾、肾、心肺等器官的破裂。

四、压迫胸腹部所致窒息死的法医学鉴定
Medicolegal Expertise of Asphyxia due to Overlay

压迫胸腹部致死的案件，一般性质比较明确，多为意外灾害性事故。他杀者多见于杀婴和活

埋，但也有犯罪分子以其他手段杀人后，伪装成灾害性事故压死者。如将重物压放在死者的胸腹部或推倒笨重的物体等来伪装现场，此时可发现主要的致死原因和重物压迫不符，而且重物所压部位的损伤为死后伤，无生活反应存在。以此类方式自杀者尚未见报道。

第8节　性窒息死
Section 8　Sexual Asphyxia

一、性窒息死的概念
Definition of Sexual Asphyxia

性窒息（sexual asphyxia, sex-associated asphyxia）指性心理和性行为变态者独自在隐蔽处，采用缢吊、捆绑、电击等窒息方式，引起身体一定程度的缺氧以刺激其性欲、增强其性快感所进行的一种变态性行为活动，也称为自淫性窒息。由于所用的保护措施失误，意外地导致窒息死亡者，称为性窒息死。目前西方各国，性窒息死的案例已成为新闻界和医学界报道及研究的课题。据报道，美国年发生250例，1983年发生500～1000例。近年来国内也有报道，1980年我国首次报告了性窒息死案例。性窒息死者都是性心理变态或性行为反常者，以青少年男性最多，也有壮年人，其中女性占性窒息死案例总数的4%。

性窒息是性变态行为之一，其形成机制目前还无定论。有学者认为，性窒息是在导致性变态诸因素的单个或共同作用下，发展成恋物癖、异装癖、自淫虐症的基础上，由于某种偶然原因，发现在半窒息状态下进行手淫，可获得最大限度的性高潮，从而沉溺此行为中不能自拔。性窒息死亡者常被误认为是他杀或自杀，因此，有必要掌握性窒息死的特征，并结合案情、现场特点以及尸体检验获得的材料进行综合分析，得出科学、准确的结论。

二、性窒息死的现场和窒息方式
Scene and Manners of Sexual Asphyxia

为便于独自一人进行有准备的反常性行为，死者所处的场所常是在隐蔽而僻静之地，如独居的卧室、浴室、地下室等，常从里面将门窗反锁；或选在人迹不到或少到之处，如树林深处、库房、年久不用的厕所等地。现场安静，死者身边常可发现色情画报和书刊、淫秽小说、小镜子，甚至还有妇女的发辫、月经带、胸罩、内裤、假乳房、化妆用品、女性的衣衫鞋袜、花衣、各种绳索、塑料薄膜袋等。这些物品都是死者生前精心收集、布置或使用过的，目的是刺激提高性欲或满足变态的性心理要求。如某大学一位男同学身穿丝袜、短裙，脚穿高跟鞋死于宿舍，经调查原来这名男同学是自己玩一种极度变态的性爱游戏——性窒息时意外身亡。

窒息的方式是多种多样的，一般有缢颈、勒颈、阻塞呼吸道。最常见的是用各种绳索、长尼龙袜、围巾、头巾等进行缢吊，或用绳索缠绕身体，捆绑手足，缠成奇特的绳套而进行绞勒；也有用塑料薄膜袋笼罩头面部以致轻微缺氧。为了减轻疼痛，常在颈项部或绳索压迫处衬垫以柔软的毛巾、围巾、衣服或长袜等。也有用电击的方式诱导窒息的。

三、性窒息死的死亡机制
Mechanism of Death from Sexual Asphyxia

性窒息致死的原因，在于性窒息过程中，因颈部受压迫过度、过久，致脑组织缺氧，引起意识障碍（disturbance of consciousness），失去控制能力，不能自救，而导致窒息死亡。

性窒息者在诱发缺氧时，都较谨慎，多选择自认为安全的方式。如缢颈者往往采用立、蹲、坐、卧等易于解脱的体位，运用自身重力，有控制地压迫颈部；勒颈者则通过各种绳索装置，运用腿或手的伸、屈、拉、放等动作，调节颈部的压力。一般来说，不管采用何种诱发缺氧手段，一旦获得性高潮后，应迅速解除颈部压迫，使呼吸、血液循环恢复常态，以避免发生意外。这一点只有在意识清晰时才能完成，由此可见，性窒息者在性活动过程中的主要"安全保障"就是清晰的意识。如果获得性高潮后，由于疲劳、精神恍惚、朦胧等原因，没有及时解除颈部压迫，则可使血液中二氧化碳含量不断提高，脑组织深度缺氧而引起意识障碍，此时，躯体失衡又进一步加重了颈部的压力，最后导致性窒息死亡。

四、性窒息死的法医学鉴定
Medicolegal Expertise of Sexual Asphyxia

性窒息死亡者因其使用绳索捆绑或缢勒，故常被误认为是他杀。另外死者常隐蔽在秘密处进行活动，亲友对其死亡提不出任何情况和线索，有时盲目地疑为他杀。若死者是在自己的居室中，亲人发现后常竭力掩盖并移去现场内许多女性用品或衣物，这会给现场勘验带来一定的困难和失真。性窒息死亡的尸体，其索沟和窒息征象等均与自缢、自勒死亡者无不同之处，认定性窒息死，一是要进行仔细的现场勘查，看有无异性的服饰或用品、有无淫秽的刊物等；还要进行深入调查，了解死者生前的习惯、性格和爱好；另外可从奇特的服饰和特异复杂的绳套、绳结中分辨窒息的方式。不论其捆绑多么奇特与复杂，但均可以自行解开，故不难做出正确的鉴定结论。

第4章 机械性损伤
Chapter 4 Mechanical Injury

凡是由外因作用（包括物理性、化学性、生物性等原因），破坏人体组织的正常结构，或使器官的功能发生障碍，均称为损伤。损伤的种类很多，包括机械性损伤、物理性损伤、化学性损伤和生物性损伤等。本章只介绍机械性损伤。

第1节 机械性损伤概述
Section 1 Overview of Mechanical Injury

一、机械性损伤的概念与分类
Definition and Classification of Mechanical Injury

凡机械性暴力作用于人体，造成组织器官的损坏、移位或功能障碍者均称为机械性损伤（mechanical injury）。机械性损伤的形成须具备3个基本条件，即被害人体组织、作用力和致伤物，三者必须同时存在，缺一不可。

按照受伤机体的部位以及病理变化的不同，机械性损伤可分为表皮剥脱、挫伤、创伤（包括切、砍、刺、剪等锐器创，挫裂和撕裂等钝器创，枪弹创）、骨折［颅骨骨折（skull fracture）、肋骨骨折（rib fracture）、脊椎骨折、长骨骨折］、关节脱位、内部器官损伤（头部、胸部、腹部内的器官震荡或破裂）、肢体离断（dismembered body）、大失血等。

按照致伤物种类的不同，机械性损伤可分为固体致伤物、气体致伤物和液体致伤物，其中最常见的是固体致伤物，故本章重点介绍固体致伤物所致机械性损伤。

二、致伤物概述
Overview of Instrument Causing the Trauma

凡能形成机械性损伤的物体都叫致伤物（instrument causing the trauma），致伤物广泛存在于自然界，其种类繁多。主要包括：

1. 固体致伤物

(1) 锐器：凡有尖或有刃的致伤物均可称为锐器。锐器大致可分以下几类：① 切器：刃口部锐而锋利，且有柄便于把握，如细菜刀、剃头刀、水果刀、刮脸刀等；② 砍器：刃部长短不一，有一定重量，易于挥动，如斧、柴刀、铡刀、菜刀等；③ 刺器：即有尖的器械，如钉、三角刮刀、匕首、杀猪刀、刺刀等；④ 剪刀：为双刃夹剪，有时也当刺器用。

(2) 钝器：指无尖无刃的钝性物体，包括铁锤、棍棒、砖石、土地、手掌等。

(3) 枪弹：指各种枪支发射的弹丸，包括步枪枪弹、手枪枪弹、猎枪枪弹、土造枪枪弹等。

2. 气体致伤物　气体致伤物指能够形成机械性损伤的气态性物质，包括爆炸时的气浪、冲击波（blast wave）等。

3. 液体致伤物　液体致伤物主要包括高处落水、高压水枪的喷水等。

第 2 节　锐　器　伤
Section 2　Sharp Instrument Injury

一、概述
Overview

凡有刃或有尖并以刃和尖成伤的物体均称为锐器。锐器损伤（sharp instrument injury）易造成组织结构的完整性受损而形成创口，称为锐器创。锐器的种类很多，常见的有各种刀类、匕首、斧、剪等，如水果刀、单刃匕首、裁纸刀、皮革刀、双刃匕首、短剑、三角刮刀、锥子、伞尖、铁钉、针、尖木棍、竹竿等。此外，还有某些物体虽然一般不称为锐器，但在一定条件下也可形成锐器损伤，如碎裂的玻璃、陶瓷、薄铁片甚至纸片等。

根据锐器的种类和作用方式不同，一般可将锐器损伤分为切、砍、刺、剪 4 种基本类型。但在实际工作中却非以单纯形式出现，常发生混合的锐器损伤，如砍切、刺切等。同样是匕首，既可以形成切创，也可以形成刺创，甚至在某些特殊情况下还可形成砍创。所以，要正确判断锐器损伤的类型，应当注意认识与了解锐器损伤的形成机制以及损伤的特点。

根据国内外文献报道，近年来在法医学实践中，锐器损伤在凶杀案中是最常见的方式，即使在获得枪支相对较容易的西方国家，凶杀案件中锐器损伤仍占首位。与钝器损伤相比，锐器损伤由于其致伤物种类相对较少、损伤特征较强等原因而相对易于被识别。

二、锐器伤的常见类型
Common Types of Sharp Instrument Injury

锐器创通常创角（angle of wound）锐利、创缘（wound margin）整齐、创壁（wall of wound）平整、创口（opening of wound）规则且多大于创底、创底齐整，并依切、砍、刺、剪等不同致伤物形成不同的锐器创。

（一）切创（incised wound）

1. 切器及切创的概念　刃口部锐而锋利，且有柄便于把握的锐器称为切器。切器通常包括细菜刀、剃头刀、水果刀、刮脸刀等。凡是具有锐利刃口的器具，压在人体皮肤上，沿器具刃口的长轴方向做牵引性移动，将软组织切断而引起的损伤称为切创。

2. 切创的性状　切创多呈梭形哆开，合拢时呈线状，创缘整齐，创角尖锐，创壁光滑，创底短于创口，且较平齐，创缘及创壁间无组织间桥，创口处的毛发亦被切断。创口的哆开程度与肌肉纤维的走向有一定关系，创口的长轴与肌肉纤维走向一致时，哆开较小，呈较窄的裂隙状；肌肉纤维被直角横断时，创口哆开最大，呈梭形；肌肉纤维被斜行切断时创口呈类菱形。切创发生在皮皱褶或肌肉纤维走向不一致的部位，由于皮肤与肌肉纤维的收缩，创形也会相应地发生变化，如果在关节屈曲处或体表不平处拖刀过长，还可形成一刀多创现象；倾斜方向切割时可形成弧形或瓣状切创；刀的刃口较钝或出现卷边时创缘可不整齐，呈锯齿状。在一个部位反复多次切割，使多次形成的切创互相重叠连成一创，创角及创缘可出现多个锐角形小的皮瓣，创角附近的皮肤上可伴有与创口方向一致或交叉状浅表切痕，后者又称为"鱼尾状切痕"。自杀切颈时形成的切创，多伴有这样的浅表切痕。深达骨质时，骨面上可留下线状切痕，如切颈时在颈椎体前面常可留下横行浅表切痕。

3. 切创的部位 切创多见于颈部，可以切断一侧或两侧颈动脉而致人死亡，亦有切断桡动脉及尺动脉或切断股动脉致人死亡的。自卫夺刀时手掌可形成切创；手持刮脸刀片或碎玻璃片自杀者，手指及手掌等部位亦可留下表浅的切痕；切腹未伤及重要器官及大血管时，多不会立即死亡，尚有一定活动能力，或最后以其他手段致死。

4. 切创的鉴定 切创多见于自杀，尤其是在切创的创角或创缘部位发现有平行的表浅切痕，俗称试刀痕（hesitation marks, hesitation wounds）时，可高度怀疑为自杀。切创自杀的部位多在颈部，但有些有生理解剖知识的自杀者也常选择桡动脉及股动脉为切创自杀的部位。以切割方式自伤伪称他伤者，切创多较浅表，排列整齐，并多在本人方便顺手、易于形成的部位。他杀切创多发生在被害者熟睡或失去反抗能力的情况下，或系妇女、老弱及小孩等无力抵抗的情况下。

（二）砍创（chop wound）

1. 砍创的概念 挥动有一定重量的锐器，其刃口砍入人体将组织离断所造成的创伤，称为砍创。常见砍器（chop instrument）为较重的刀类及斧类，此类致伤物体，便于挥动砍击，致伤力强。在凶杀案件中最常见的砍器为斧子、菜刀、屠刀、柴刀等锐器。斧子是典型的砍器，一般常把斧子形成的砍创作为典型的砍创。

2. 砍创的性状 砍创多为严重损伤，斧刃形成的砍创，创口较宽，呈明显哆开状，垂直砍击且平均着力时哆开呈梭形，一端着力时呈楔形，创口较短，常在 10cm 以下，创缘整齐，创角较钝，创壁光滑，创底平齐，创内无组织间桥。钝刃形成的砍创或侧向形成砍创的锐角一侧的创缘可出现表皮剥脱或皮下出血。砍创常伴有骨折，轻者可形成线状砍痕，重者可致舟状凹陷骨折或粉碎性骨折（comminuted fracture）；斧刃一端着力砍击颅骨时可形成楔形孔状骨折。

刀类具有刃薄而长的特点，形成的砍创亦多较长，哆开较轻，创角尖锐，骨质砍痕呈线状，或致局部骨质缺损。刃口部脱落的断片常嵌入骨伤内，检验时应注意发现。

自杀形成的砍创，程度较轻，排列整齐，多在额顶部位，骨质损伤呈条状，纵行排列，大部仅伤及骨外板，自砍致死者极少见。

3. 砍创的部位 砍创多见于头部、面部，多伴有严重的骨损伤。颅骨、颈椎、下颌骨等部位易于形成砍伤；被害人的手指、手背、前臂等处，常因徒手自卫或抵抗而形成砍创，故又称为自卫伤或抵抗伤（defense wound）。

此外，钢锹、铁铲、镰刀等锐器，常见于凶杀案件，由于使用方式不同，可形成铲切创、刺割创，其性状具有切创及砍创的特征，检验时应作具体分析（表 4-1）。

表 4-1 砍创与切创的鉴别

	砍创	切创
部位	多见于头、面及项部	多见于颈部、胸部及腹股沟等部位
性状	创口较短而宽，创角较钝，创缘皮肤可伴有挫伤带	创口较长而窄，创角锐利，创缘不伴有挫伤带
骨折	常伴有线形、舟状及粉碎性骨折	不伴有骨折，或仅在骨质表面形成线切痕
异物	创内可残留砍器刃部断片	不遗留刃部残片

4. 砍创的鉴定 在砍创检验中，首先必须根据损伤的性状，研究确定是砍创还是切创，以及形成此创的凶器；然后再根据损伤的性状、部位及排列分布的特点，判断出案件是他杀、自杀或意外。如创内残留有砍器刃部断片，将有助于认定某一凶器。如被害者身上有抵抗伤和自卫性损伤的存在，可以推断发生搏斗的情况。

（三）刺创（stab wound）

1. 刺创概述 细长而尖锐的物体（刺器）刺入人体所造成的创伤，称为刺创。刺创所反映的系刺器刺入部分的形态，创口仅反映刺器体部横断面的形状。

形成刺创的物体，称为刺器。刺器种类很多，形态各异，其共性特征是都具有比较锐利的尖端。刺器的体部形状，有带刃的、棱边的与钝圆的；从刺器的质量看，除金属以外，玻璃、搪瓷、陶瓷、竹质、木质及硬质塑料等带尖的物体，皆可成为刺器，形成刺创。常见的带刃刺器有匕首、尖刀、小刀、短剑、剪刀等。刺器又有单刃与双刃之分，由于刃口的离断作用，可使刺创扩大。带棱边的刺器，如三角刮刀，其棱边也有离断组织的作用，但创口与刺创管多无明显扩大；钝圆的刺器，如圆锥，出于被分离组织的收缩作用，刺创管多小于刺器的刺入部分，创口小于刺器的横断面。

2. 刺创的性状 刺创的特点是创口小，创道深，一般为盲管刺创，但有时也可形成贯通性刺创，并损伤骨质。刺创多位于胸腹部，常伤及内脏，造成大出血而死亡。

（1）刺入口：刺入口实际上只是反映了刺器刺入部分横断面的形态与大小，单刃刺器形成的刺入口呈短的纺锤形，创角一端较钝，一端锐利；双刃刺器形成的刺创，两创角都短而锐利，一般易于识别。较薄的单刃刺器与双刃刺器形成的损伤，有时很难区别，衣服上刺破孔的形态可能更为清楚，较易区别，故可进行对照参考。带刃刺器常使刺创口扩大。如有多个刺创时应作全面检查分析，以便作出正确判断。无刃刺器形成的刺创，常能反映出刺器断面的形状，由于皮肤纤维的收缩，创口多稍小于刺器的断面，形态也会有所改变，但多具有规律性，易于判断。表面粗糙的锥形刺器形成的刺创，创缘可伴有表皮剥脱及皮下出血现象。

（2）刺创管：多呈盲管状，其形状、大小及深度与刺器刺入部分相一致。如果将刺器全部抽出进行反复多次或改变方向重刺时，可使刺创管变形，或形成多个分支。刺创的深度一般是由刺器的长度决定的，但刺在软组织部位，较短的刺器亦可形成较长的刺创管，例如比腹部前后径稍短的刺器亦可形成贯通性刺创，因刺创形成时腹壁被压缩使前后径变短所致。骨质上形成的损伤，可反映出刺器尖端的形状，有时骨质上可残留刺器的断端。

（3）刺出口：是由刺器刺出部分横断面的形状所决定的，一般较刺入口小。在四肢屈曲及皮肤皱褶处，可以出现一刺多创，系贯穿多层皮肤所致，刺入口可发生变形。刺器完全刺入体内，在把柄前端的棱边与皮肤接触处，有时可形成明显的挫伤或压痕，为推断刺器种类可提供更多的特征。自伤伪称他伤形成的刺创，多很表浅，排列集中，且多在非要害部位，同时在相应部位的衣帽上多无刺破痕迹。

3. 刺创的鉴定 对于刺创的法医学鉴定，通常必须解决如下一些问题：① 刺器种类的推断：系何种凶器所形成，或提出系单刃或双刃的刺器所形成；② 死亡原因的确定：是否刺死，刺破何器官引起的死亡；③ 刺伤的性质确定：根据刺创的部位、性状、程度等确定是自刺或他人所刺；④ 刺创内的刺器断尖、刺入口附近皮肤上的刺器把柄前端印痕、擦拭血痕时留下的印痕等都应加以注意，有时对刺器种类的推断及刺器的认定都有一定的意义。刺创口的形态一般可反映锐器横断面的形态，但由于软组织的收缩、刺杀时体位的变化等都会使创口形态发生改变，检验时必须注意被害者衣着，有时纺织品上的刺破口更能反映锐器横断面的形态特征。

刺创多见于他杀，自杀刺创较少见。自刺致死者，现场一般遗留有致伤物，尸体姿势和血泊、血迹分布均符合自己所为形成,有的现场有遗书等。

在法医检验中,钉钉与针刺损伤也时有发生。颅内钉钉多见于自杀,而针刺多属他杀,被害者多系年老体弱者和无反抗能力的婴幼儿。这两种刺创的致伤物可长期遗留在颅腔内,受害者可历经多年而无明显症状。

(四)剪创(scissoring wound)

1. 剪创概述 人体组织受到剪刀两刃同时相对合拢剪切,而使完整性受到破坏的机械性损伤,称为剪创。受伤组织未完全离断者称为夹剪创;完全离断者称为剪断创;剪刀的尖端刺入人体并由两刃口剪铰形成的创伤,称为刺剪创。剪创是剪刀所造成的创伤。剪刀是生产与生活中常用的工具,由于用途不同,种类很多,大小悬殊,根据剪刀尖端形状的不同,又分为尖头剪与圆头剪两种,两个尖端也有一尖一钝的。

2. 剪创的种类

(1)夹剪创:用剪刀呈垂直方向或以一定角度夹剪组织而形成,此种剪创可深可浅,深者可达深部组织及内脏器官,浅者只剪破皮肤;

(2)刺剪创:将剪刀的两刃分开或合并而同时刺入,或将剪刀的一刃单独刺入,然后再行夹剪,则形成刺剪创,损伤程度比夹剪创严重,创口中反映出刺入和夹剪的两种特征;

(3)剪断创:剪断创是将比较突出的组织剪断分离形成的创伤,如手指、耳垂、鼻尖、乳头、阴茎等部位皆可形成剪断创,剪断创创面上可见有一突起的剪嵴。

3. 剪创的性状

(1)线形剪创:剪刀长轴与体表垂直或近于垂直方向夹剪于软组织上,所形成的创口呈线形或略呈弧线形。由于两刃合拢时相互错切,并不在一条直线上,因而在线形或弧形剪创的中心部位常出现一微小突起。

(2)V形剪创:张开的剪刀两刃与体表呈锐角方向夹剪,双刃合拢时,则在皮肤上形成一个V字形剪创,其尖端游离。V形创口的张开角度,与剪柄和体表的接近程度有关,剪柄愈近体表,角度愈小。

(3)八字形剪创:张开的剪刀两刃呈锐角方向夹剪时,两刃没有充分合拢,中间留有间距,则形成八字形剪创。

(4)瓜子形剪创:不同程度张开的剪刀用力刺入体内,其深度不超过两刃结合点时,皮肤上形成大小不一、距离不等、两两相对的瓜子形创口。此种创口中心侧弧度较小,远侧创缘则弧度较大。两个相对应的创口内侧角为剪刃所致,创角锐利,外侧角为剪刀背部所形成,创角钝圆,形似瓜子样。

(5)S状剪创:张开的剪刀,两刃同时用力刺入体内,深度超过两刃结合点时,皮肤上形成S状剪创。这是由于剪刃刺入后,两刃之间的皮肤完全切断,原来两个弧形创口相连接成S状。此创两端创角钝圆,创缘整齐,有时创周伴有表皮剥脱。

(6)折叠性剪创:在皮肤松弛皱褶处形成的剪创,其形态可不规则,一次夹剪即可形成多创角的剪创或几个剪创。

第3节 钝器伤
Section 3　Blunt Instrument Injury

钝器作用于人体组织,导致其完整性受到破坏或其功能发生障碍者,称为钝器伤(blunt instrument injury, blunt force injury)。钝器伤创缘不整齐,创周有挫伤带(即表皮剥脱),伴有皮内、皮下出血斑，创角较钝，创壁不光滑，创腔有组织间桥，创底不平整，可有毛发等异物，常出现口小底大的囊状腔。钝器创尚可分为撕裂创和挫裂创（laceration）两种类型。撕裂创系皮肤过度牵拉所致，创口呈直线形，与作用力的方向垂直并与皮纹一致，创缘较为整齐，无挫伤缘或表皮剥脱，创角尚锐利。挫裂创系皮肤受钝器挫压所致，多见于皮下衬垫坚硬骨骼的部位，特别是头皮。挫裂创较挫伤的损伤严重，其形态学的改变为创缘不整齐，创周表面有表皮剥脱和创周皮下组织出血，创角较钝，创口常伴有小撕裂创；创壁较粗糙，创底不平整，且创底常大于创口，呈囊状腔。

依损伤轻重程度的不同，钝器伤可分为擦伤、皮下出血、挫伤、骨折、内部器官损伤等。

一、擦伤
Abrasion

外力作用于皮肤所造成的表皮损伤，称为擦伤（abrasion）或称表皮剥脱（scrape）。擦伤可单独存在，也常与挫伤、挫裂创、枪弹创、某种砍创和刺创等并存。

（一）擦伤的类型
根据致伤物运动方向、速度及其与人体皮肤接触面积的大小，可将擦伤分为抓痕（scratches，finger nail abrasion）、擦痕（grazes，brush abrasion）、压擦痕和撞痕（impact，crushing abrasion）4种类型。

（二）法医学意义
（1）人体表皮剥脱的所在部位，即为钝性物体的施压部位。如伤者颈部有片状、半月状、索条状的表皮剥脱，则高度怀疑颈部曾受过扼压、勒吊。

（2）依据表皮剥脱的形状，可判断致伤凶器的种类。如皮鞋跟踩、踢所形成的表皮剥脱呈马蹄形；人体的额部、头部受平面的钝性物打击，或膝盖、肘关节接触地面，所形成的表皮剥脱则多为类圆形等。

（3）根据表皮剥脱的性状，可分析出作用力的方向。如依据皮瓣的游离缘、擦过痕迹等，可分析出施害者所用力的方向。

（4）依据伤者表皮剥脱的愈合情况，可判断受伤后的大概经过时间。表皮剥脱伴有血痂形成与出血者，可判断为生前形成。单纯的表皮剥脱，不易区别生前或死后形成。

此外，结合受害人表皮剥脱的部位、形状和大小，还可推断出被害时的体位及罪犯的加害手段等。

二、皮下出血
Subcutaneous Hemorrhage

在致伤物作用下，皮内或皮下组织的血管破裂出血，血液不同程度地聚积在皮内或皮下组织，称为皮下出血（subcutaneous hemorrhage），真皮内出血者称为皮内出血（intradermal bruise）。

（一）皮下出血的特征
外伤造成的皮下出血，多伴有表皮剥脱。轻度的皮下出血，一般多呈点状或片状，出血量多时可形成血肿。局部组织的致密程度与皮下出血的扩散范围有一定关系，如背部的皮下组织较致密，出血范围一般较小，甚至不明显；在皮下组织疏松的部位，则出血易于扩散，如眉弓处受伤造成的皮下出血，极易向眼的周围蔓延，常可形成青紫色环形出血区。皮下出血的颜色，是依出血后血红蛋白分解变化的颜色而改变的，刚发生不久的皮下出血斑呈红紫色乃至青紫色；伤后1~3

天，由于血红蛋白先变为还原血红蛋白，再转为正铁血红蛋白，出血斑呈紫褐色；伤后 4~6 天，出血后的血红蛋白被组织酶分解为胆红素与含铁血黄素，胆红素被氧化而成为胆绿素，使皮下出血斑呈现绿色；6~12 天时间胆绿素被吸收消失，含铁血黄素可较长时间保存下来，使出血处渐呈黄色；经 2~3 周，颜色可完全消退。概括来说，新鲜的皮下出血呈青紫色，非新鲜的皮下出血微带绿色，陈旧的皮下出血呈黄色或黄褐色。由于出血部位的深浅、出血量的多少，以及血红蛋白发生变化的阶段不同，范围较大的出血灶，可同时杂有两种或三种不同的颜色。

(二) 皮下出血的法医学意义

皮下出血，尤其是皮内出血时，往往能较好地反映出致伤物接触面的形状，可作为推断凶器的依据。同时，由于皮下出血的颜色变化有一定规律性，所以，对于受伤时间的判断有重要意义。

三、挫伤

Contusion

皮肤深部软组织受到致伤物的挫压以后所形成的非开放性损伤称为挫伤（contusion）。挫伤常伴有皮内、皮下软组织血管破裂出血，其中最常见的是皮下出血。

(一) 挫伤的形态

挫伤大小、形态以及出血程度，因作用力大小及受力局部组织特点而异。眼眶周围、面额部、乳房、股内侧、会阴等处皮下组织疏松、血管丰富，受力后易发生血管破裂出血，出血量多而范围较广，但手掌和足掌等皮下组织致密厚实部位，则受力后皮下出血量极少。

(二) 挫伤的法医学意义

1. 挫伤的存在表明生前曾遭受过外力作用

2. 根据挫伤的形态推断致伤物　皮内出血常能反映出致伤物的形状。皮下出血如发生在组织厚和血管丰富的部位，出血多而分布广泛，就难以反映出致伤物的特征；若打击在软组织少且有骨组织衬垫处，挫伤的形态也能反映致伤物的形状特点。

3. 根据皮内和皮下出血的颜色变化推断挫伤经过时间

(三) 挫伤的鉴别

1. 挫伤与死后出血的鉴别　生前挫伤出血与死后出血的鉴别点在于前者有纤维蛋白形成而后者没有。

2. 皮下出血与尸斑的鉴别

(1) 从部位上来看，尸斑是在尸体的低下部位出现，但受压部位，如肩胛部、臀部则不出现尸斑。有衣着皱褶或腰带、袜带压迫处，可形成条状或不规整形的苍白色压痕或红白相间的纹状尸斑，而出血斑则仅在受钝器物打击的部位才出现，无损伤的部位则不出现。

(2) 尸斑的境界不清晰、不明显，而出血斑的境界是清晰、明显的。有时，钝器打击在软组织较丰满、较平坦的部位时，则往往能反映出凶器着力接触面的特征。如锤、斧（背）、皮带打伤和汽车轮胎压伤的部位，可留下锤、斧（背）、皮带和汽车轮胎花纹印痕；被圆柱形棍棒、藤、竹条、钢鞭打击，可出现两条平行的出血带，中间呈苍白色，通常称为"棒打中空"。

(3) 从皮肤表现来观察，尸斑不隆起、不肿胀，表皮无损伤；而出血斑常有隆起、肿胀，并有表皮损伤。

(4) 通常人死后 10 小时内，用手指压迫尸斑出现褪色，而出血斑则不褪色。

(5) 用刀切开尸斑，皮下组织内无凝血块，仅在血管断端出现滴血或渗出血水，容易用水洗去或用纱布擦掉；而用刀切开出血斑，则皮下组织有凝血块积血，不易擦洗掉。

四、骨折
Fracture

机械力作用使骨的完整性和连续性发生破坏称为骨折（fracture）。外伤性骨折分开放性（open fracture）与闭合性骨折（closed fracture）。致伤物着力处发生的骨折称直接骨折；远离受力点处的骨折称间接骨折。骨折有线形、凹陷、洞穿、粉碎等多种形态。

根据骨折的形态，可判断致伤物、外力作用方向、打击次数和先后顺序、损伤程度及其与死因关系等。外伤性骨折以颅骨骨折最常见、最重要；其次为肋骨骨折、四肢骨折、脊椎骨折和盆骨骨折。从骨折形态很容易推断损伤系由钝器、锐器或火器造成。如颅骨的单纯裂隙状骨折，一般是由面积较大的物体或较粗的棍棒打击造成；舟状骨折则多数是棍棒造成的；扇形的凹陷或穿孔，系由方形物体（如斧背、砖头等）造成；颅顶骨圆形凹陷或穿孔，系由一端有较小圆形平面的或球形物体造成（如铁锤、哑铃、鹅卵石等）；三角形凹陷系由棱角垂直打击形成（在三角形凹陷或洞穿之外围，还常见圆形阶梯样凹陷骨折）；颅骨粉碎性骨折可能是暴力多次打击或一次受巨大物体的严重暴力打击所致；颅底骨折则多为间接暴力（如由脊柱向上传的力）或由颅骨别处传递来的暴力所致。

五、内部器官损伤
Internal Organ Injury

（一）头部损伤

1. 头部的组织结构

（1）皮肤层：头皮皮肤层是头皮最外层，内含大量毛囊、皮脂腺和汗腺，其角质层薄而真皮层厚且致密，血管和淋巴管丰富。皮肤层力学强度不高，但损伤后愈合能力强。

（2）皮下组织层：头皮的皮下组织层又称浅筋膜层，由短小纵行的纤维结缔组织束和纤维间的脂肪粒所构成，向外与皮肤层相连，向内与帽状腱膜相接而不易分离。此层内含头皮中的主要血管和神经。

（3）帽状腱膜层：帽状腱膜系坚韧的胶原纤维，向前与额肌、向后与枕肌相连，向两侧在颧骨弓上方与颞筋膜融合。帽状腱膜外与皮下组织层连接，内与颅骨骨膜疏松连接。在头皮各层中，帽状腱膜的强度最大，张力最高。

（4）帽状腱膜下蜂窝组织层：简称帽状腱膜下层，由疏松的结缔组织构成，故又称蜂窝组织层。帽状腱膜下层与帽状腱膜和颅骨骨膜联系不牢固，使外三层与颅骨之间保持一定的移动性。此层中有许多直接与颅内静脉窦相通的导血管。

（5）颅骨外骨膜层：也称颅骨外衣。由胶原纤维构成，与颅骨相贴，除在颅骨骨缝处紧密附着外，其余与颅骨黏附较松而易剥离。颅骨骨膜的强度在头皮各层中仅次于帽状腱膜。

（6）脑颅骨：包括枕骨、额骨、蝶骨、筛骨（ethmoid）各一块，颞骨、顶骨各两块。

（7）颅骨内骨膜层：结构与颅骨外骨膜相同，但与硬脑膜结合紧密。

（8）硬脑膜：由两层坚韧而致密的胶原结缔组织所构成，其外层较粗糙，紧贴于颅骨内面成为颅骨内衣；内层较光滑与蛛网膜相贴。

（9）蛛网膜：位于硬脑膜和软脑膜之间，为一层质软而透明、无血管和神经的组织。

（10）软脑膜。

（11）脑组织。

2. 头部损伤的特点

(1) 易出血：由于头皮皮肤角质层薄，真皮层厚而富含血管，故损伤极易出血，如伤及皮下组织层则更甚。

(2) 帽状腱膜内出血局限：由于头皮皮下组织层由纤维束分割，故损伤后尽管血管不易收缩而出血多，但同时也不易扩散。

(3) 帽状腱膜下出血（subgaleal hemorrhage）广泛：如损伤累及帽状腱膜下，则因蜂窝组织疏松多孔，故血液极易扩散，血量最高可达数百毫升并覆盖整个帽状腱膜下。值得注意的是，帽状腱膜下的广泛出血并非只源于头皮受损，有时颅骨骨折后颅内出血（intracranial hemorrhage）同样可渗出到帽状腱膜下形成大面积的出血。

(4) 创口开裂大：因头皮总体上较致密，张力也较大，因此一旦形成创口，则开裂较大；而如果张力最大的帽状腱膜破裂，则创口更为明显。

(5) 骨膜下出血局限：因骨膜在骨缝处与颅骨粘连紧密，故骨膜下出血一般局限在一块颅骨的范围之内。

3. 硬脑膜外出血（epidural hematoma） 硬脑膜外出血几乎都由损伤所致，其原因与硬脑膜自身的结构及其与颅骨的关系有很大相关性。根据临床资料统计，90%的硬脑膜外出血与颅骨线状骨折有关。其形成机制主要是：①颅骨骨折直接损伤硬脑膜血管；②颅骨受力变形弹性回复时硬脑膜与颅骨发生剥离而撕裂血管。

硬脑膜外出血最常见的部位是颞部（80%左右），并且出血部位与其破裂血管密切相关，颞部的硬脑膜外出血主要伤及脑膜中动脉和脑膜中静脉；额部的硬脑膜外出血主要伤及脑膜前后动脉；顶枕部的硬脑膜外出血主要伤及静脉窦（如矢状窦、横窦）等。

硬脑膜外出血80%以上为急性。硬脑膜外出血如达70ml时则将发生明显的颅内高压症状，而出血量在小脑幕上达30ml或者在小脑幕下达10ml则有明显的脑压迫征象。

典型的硬脑膜外出血的临床表现是具有昏迷-清醒-昏迷的过程，中间清醒期多为15分钟至1天，与伴有的脑损伤严重程度和出血速度有关，脑损伤重者可因深度昏迷而无清醒期，出血迅速者则清醒期很短。慢性硬脑膜外出血以额部多见，其特点是病程缓慢而中间清醒期长，一般在头部外伤1周甚至1个月后才出现第二次昏迷。

4. 硬脑膜下出血（subdural hemorrhage） 指出血发生于硬脑膜与蛛网膜之间，其破裂血管多系连接硬脑膜与蛛网膜之间的静脉，但也有脑挫伤后出血，甚至脑皮质下出血扩展到硬脑膜下。由于硬脑膜与蛛网膜之间间隙较大以及血管分布等特点，因此与硬脑膜外出血相比，硬脑膜下出血具有以下特点：

(1) 硬脑膜下出血的机制除了少数系直接损伤以外，多因颅脑运动状态下脑与硬脑膜之间发生错位而牵拉撕裂小血管引起，因此，硬脑膜下出血仅约50%伴有颅骨骨折；

(2) 鉴于硬脑膜下出血的机制是间接性的，因而硬脑膜下出血可发生于着力处及其着力点的对侧，甚至可见于其他任何部位；

(3) 由于硬脑膜下出血多易累及脑皮质及其血管，故硬脑膜下出血多伴有较明显的脑挫伤，因而产生持续性意识障碍者多见，而少见有中间清醒期；

(4) 由于硬脑膜下腔间隙较大，故一方面出血易扩散形成较大血肿（最大可覆盖整个大脑半球），另一方面则应注意血肿有时不在着力侧；

(5) 慢性硬脑膜下出血常因脑皮质通向静脉窦的桥静脉撕裂所致，早期出血量少而不发生症状，常在伤后3周以上由于血肿内血液量的增加达一定量后才出现明显的症状与体征，因此诊断慢性硬脑膜下出血的关键是血肿包膜的存在。

5. 蛛网膜下隙出血（subarachnoid hemorrhage） 指颅内血管破裂后，血液流入蛛网膜下隙的征象。与硬脑膜外和硬脑膜下出血多因外伤所致不同，蛛网膜下隙出血则可分为损伤性和非损伤性两大类。

损伤性蛛网膜下隙出血的原因主要来自脑挫伤时皮质静脉和软脑膜血管的破裂，这种出血一般比较局限，可发生于直接着力部位和间接着力部位；其次来自硬脑膜外和硬脑膜下的出血伴有蛛网膜破裂时，如脑底动脉、椎动脉损伤性破裂出血，这种出血一般量较大而弥漫分布在蛛网膜下隙如整个脑底部，严重时甚至可引起全脑蛛网膜下隙出血。

非损伤性蛛网膜下隙出血又称自发性或病理性蛛网膜下隙出血，指脑部自身的病变或疾病状态引起的出血。非损伤性蛛网膜下隙出血一般量大而弥散，有时可形成薄层血凝块，甚至可穿破蛛网膜形成硬脑膜下出血或血肿。

6. 脑实质出血 分为外伤性和非损伤性两大类。外伤性脑内出血（post traumatic cerebral hemorrhage）的机制是外伤引起脑挫伤或脑挫裂伤出血所致。根据损伤部位和机制的不同，可发生于脑实质任何部位，如打击颅盖骨局部变形引起在大脑穹隆部出血，颅骨整体变形引起的额极、颞极出血等。

非损伤性脑内出血的机制是脑实质血管在原有病变的基础上因某些因素诱发破裂出血。最常见的为高血压性脑出血，脑内出血并向皮质破溃，其诱因多系血压骤高。高血压性脑出血常见于中年以上有高血压病史者，出血部位 2/3 位于大脑基底节，其他见之于丘脑、脑桥及小脑；形态学上出血处脑组织呈一不规则的腔，充满胶冻状液化血，其周围为脑组织软化带并伴有斑点状出血。

7. 脑损伤 脑位于颅腔内，由大脑、间桥、中脑、脑桥、延髓和小脑 6 部分构成，但通常将中脑、脑桥和延髓合称为脑干。

脑损伤的基本类型主要包括脑震荡、弥散性轴索损伤、脑挫伤以及脑挫裂伤 4 种。

(1) 脑震荡（cerebral of brain）：脑震荡指头部损伤后即刻发生短暂的脑（意识）功能障碍后不久可自行恢复的状况。脑震荡是脑损伤中程度最轻的一种，脑功能的障碍主要表现为一过性的意识丧失和短期记忆障碍（或称近事遗忘）。临床上和法医学实践中将头部外伤史、短暂意识丧失和近事遗忘作为诊断脑震荡的三大指征。脑震荡无明显器质性改变。

(2) 弥漫性轴索损伤（diffuse axonal injury, DAI）：弥漫性轴索损伤指头部受钝性暴力作用所引起的脑白质多发性损伤。弥漫性轴索损伤是一种具有自身特点、与外伤直接相关的独立疾病，而非脑损伤（如脑水肿或脑缺氧）的并发症，是颅脑损伤（head injury）中仅次于颅内硬脑膜下血肿的第二位死因。

(3) 脑挫伤（cerebral contusion）：脑挫伤指脑实质受力后出血坏死的状况。其中脑实质包括髓质，但一般以皮质为主。脑挫伤分成表浅性脑挫伤、楔形脑挫伤和弥漫性脑挫伤 3 种。脑挫伤早期脑组织病理变化以出血、水肿、坏死为主要特征；脑挫伤中期，损伤部位逐渐可见修复性病理变化；脑挫伤晚期，伤灶陈旧，但部分可转变较好或萎缩。伤灶吸收不良者，偶可形成囊肿；亦可从表面的脑膜开始，与脑组织粘连，影响脑脊液循环及吸收，且可刺激脑皮质发生外伤性癫痫（posttraumatic epilepsy）。

(4) 脑裂伤：脑裂伤是脑损伤中最为严重的类型，多见于枪弹等开放性损伤或导致颅骨严重的塌陷性或粉碎性骨折的闭合性损伤。

(5) 脑干损伤（brain stem injury）：脑干可因骨折、机械性冲击等因素直接或间接地受到损伤。脑干损伤可出现以下病理变化：①脑干挫裂伤：脑干损伤部位的神经组织的连续性遭到破坏，局部有出血、水肿，可并发脑神经及神经纤维挫伤和撕裂伤，常见于颅底骨折。②脑干点状及灶性出血：可见于脑干的任何部位，但中脑及脑桥的被盖部或者第四脑室室管膜下较多见。大的出血灶肉眼可以检见，有的只是在显微镜下见到血管周围间隙内有漏出性出血。③脑干软化：实际上就是脑干局灶性缺血坏死。早期呈现局灶性组织坏死、结构解离，其后出现大量格子细胞，软化组织被其吞噬并清除。

（二）胸部损伤

胸部损伤分为闭合伤和开放伤两类，这两类损伤在法医检验工作中都常遇到。闭合伤常见于交通事故、高坠、挤压以及钝器打击，包括胸壁软组织的出血、挫伤、单纯肋骨骨折、内脏伤、气胸、血胸、膈肌破裂等；开放伤多为锐器伤如刺、砍等创伤，亦常见火器伤，可分为穿透伤和非穿透伤两种，凡是致伤物穿入胸膜腔和纵隔者叫穿透伤，仅伤及胸壁而未伤及胸膜腔和纵隔者叫作非穿透伤。

1. 外伤性气胸　胸部外伤常有气胸发生，在胸部开放伤时，气体经胸壁创口直接侵入胸腔；在胸部闭合伤时，可因食管、气管或肺损伤（injury of the lung）而使气体进入胸腔。气胸一般分为开放性气胸、闭合性气胸和张力性气胸3种。

（1）开放性气胸：胸腔通过开放的胸壁与外界空气相通，空气随呼吸运动经伤口自由出入，破坏了胸腔与外界大气间的正常压力差，胸腔与大气压力相等，从而造成肺萎陷，很快引起呼吸、循环衰竭而死亡。胸壁创口愈大愈危险，其缺损口径如大于气管直径时，若未得到及时处理很快就会死亡。

（2）闭合性气胸：多发生在胸部闭合伤，空气主要来自肺组织裂口，少数可因食管损伤或气管损伤，空气进入胸腔所致。此类气胸一般对胸内压破坏不显著，只有部分肺萎陷，由于健肺的代偿可减轻呼吸、循环的紊乱。

（3）张力性气胸：常见于严重的胸闭合伤。肺或支气管裂伤犹如活瓣，吸气时空气进入胸膜腔，呼气时空气不能排出，于是腔内压升高而形成张力性气胸。此时伤侧肺迅速萎陷，且影响对侧肺。由于上、下腔静脉失去胸内负压作用，又有移位扭曲，因而回心血流受阻，以致循环衰竭。有的火器伤或刺伤，由于胸壁伤口不大，并且与胸膜腔成活瓣式相通，吸气时敞开，呼气时闭合，亦可出现张力气胸。

尸检时，胸部叩诊可有明显鼓音，解剖时可见肺萎陷。在严重的闭合性气胸和张力性气胸时，可以发生皮下气肿和纵隔气肿。

2. 外伤性血胸　胸部损伤经常发生血胸，并且常常是气血胸合并发生。胸内大出血是胸部损伤的主要死亡原因。血胸的血液来源：心脏及胸内大血管破裂、肺组织破裂出血、胸壁血管（如肋间动脉、乳房内动脉）破裂。心脏和大血管损伤后果多严重，常致死亡。血胸出血量在500～1000ml，即有明显的内出血征象，出血量为1000ml以上，肺即受压萎陷，并使纵隔移位，其后果类似张力性气胸。

3. 钝性心脏损伤

（1）心脏震荡（cardiac concussion）：一般指无心脏结构破坏的心脏功能性损伤，多系心前区受相对较小的外力冲击作用，使心脏发生动态移位所致。心脏震荡引起的死亡极为迅速，多表现为即时死。因心脏震荡无特殊形态学征象，其死亡过程与钝力打击心前区所致的神经反射抑制死亡极相似，所以有时在实际检案中难以鉴别。

（2）心脏挫伤（cardiac contusion）：指以心脏组织出血为形态学特征的一种非穿透性心脏损伤。

心脏挫伤可累及心内外膜、心肌和心脏传导系统，但以心肌挫伤出血最常见，故也有人将心脏挫伤简称为心肌挫伤。心肌挫伤的形成机制既可因钝性暴力通过胸壁的直接传导作用和通过胸壁与脊柱的直接挤压作用，亦可因钝性暴力引起心脏震荡、心内或大血管内压改变所致的间接作用。

（三）腹部损伤

1. 腹部损伤的特点

（1）外轻内重：由于腹壁柔软，弹性好，不易撕裂，腹壁脂肪厚易吸收能量，故腹部损伤常常体表不明显而腹内损伤重，甚至经常可遇见尸体检验腹部体表无肉眼可辨的损伤，而肝、脾等脏器破裂。

（2）实质性脏器易受损：与空腔脏器相比，实质性脏器吸收能量多而缓冲能力差，所以闭合性腹部损伤中，肝、脾、肾是最易受损的脏器。同理，对于空腔脏器而言，充盈的空腔脏器如饱餐后的胃、未排空的膀胱较之未充盈时更易受损。

（3）固定脏器易受损：脏器的固定状态直接与缓冲能量大小有关，所以相对固定的脏器损伤较之易游走的脏器更重；即使是空腔脏器，较为固定的肠段如上段空肠、末段回肠、粘连的肠管等比其他部位的空肠和回肠更易受损。

（4）合并性损伤多：因腹壁弹性好且腹内脏器较多、互相毗邻，闭合性损伤致伤面积一般又较大，故腹部损伤易引起多脏器损伤。

2. 脾脏损伤 脾脏是一暗红色、质软而脆，形似蚕豆的实质性脏器，位于左季肋部深处，与胃底、左肾、横结肠相邻，又被第9～11肋所遮盖。脾脏是腹部内脏中最易受损的器官，根据脾脏损伤范围的不同将其分为中央型破裂、被膜下破裂和真性破裂3种类型。腹腔穿刺和超声波检查是诊断脾损伤（injury of the spleen）的主要手段。

3. 肝脏损伤 肝脏是人体最大的实质性脏器，红褐色、质软，大部分位于右季肋部。闭合性肝脏损伤常表现为肝破裂，占腹部损伤的15%～20%。肝脏破裂既可因直接外力作用所致，如挤压、冲击、骨折后损伤，也可因腹腔内压骤变而间接引起。

4. 胰腺损伤 胰腺是人体仅次于肝脏的大腺体，因其位置深而隐蔽，易误诊和漏诊。胰液具有很强的刺激性，可刺激腹腔神经丛引起反射性休克或刺激腹膜引起中毒性休克，故其死亡率高达20%。

胰腺损伤一般系巨大暴力作用挤压所致。按损伤程度不同，可以将胰腺损伤分为轻度挫伤、严重挫伤和胰腺破裂。胰腺损伤后若发生大量胰液外溢的情况，极易造成腹膜炎、休克等严重后果。

5. 胃肠道损伤

（1）胃的损伤：由于胃壁的弹性、柔韧性均较好，一般腹部闭合性损伤较少引起正常空腔胃的损伤。胃的损伤在充盈（饱食后）的生理条件下或胃壁原有疾病（如炎症、溃疡等）或胃扩张状态下易发生。胃损伤（injury of stomach）引起胃壁全层破裂时，可迅速引起弥漫性腹膜炎，导致出血性或中毒性休克危及生命。

（2）肠的损伤：十二指肠因较短且位置较深，一般较少发生损伤；空、回肠在腹腔内占据较大面积，且无相应别的脏器遮盖，故损伤机会较多；结肠损伤的基本特点与小肠相似；直肠主要位于盆腔内，故一般因骨盆骨折伤及直肠。

6. 肾脏损伤 肾脏是成对腹膜后器官，位于第1～2腰椎前面。尽管肾脏位置深、受保护好，但因肾实质较脆弱，包膜薄，受打击、挤压等后仍较易发生损伤。肾凭借肾蒂维系在脂肪囊内，有一定的活动度，因而受力后牵拉肾蒂也会造成肾实质或血管的损伤。

六、常见钝器损伤
Common Blunt Instrument Injury

(一) 拳击伤（punching）

拳击伤常见于拳头打击颞部和面部、胸腹、背部和四肢所形成的损伤，其严重程度要视行凶者的体力、拳头的大小、打击的速度以及受伤的部位而定。轻者无明显损伤，有时仅发生皮下出血，重者也可形成肋骨骨折和内脏破裂或心脏功能紊乱而死亡。由拳头形成的损伤很不规则，所以拳击时所形成的皮下出血或表皮剥脱大部都由指关节的突出部位所致，形状很不一致。所以单凭皮下出血或表皮剥脱的形状不能得出拳头打击的结论，必须结合损伤部位的形状、严重程度、行凶嫌疑者的体力等，根据调查材料综合分析，才能得出正确的结论。常见拳击伤有下列几种损伤形态：皮内及皮下出血；肌肉出血；口唇黏膜或皮肤的挫裂创；鼻骨骨折或牙齿松动或脱落，偶见颞部粉碎性骨折，拳头猛击颧骨乳突部，而造成颅底线状骨折者偶亦可见；拳头猛击头面部，有时可造成脑震荡、颅内血肿、对冲性脑损伤，甚至因脑出血而死亡。

(二) 咬伤（bite wound）

在审理损伤诉讼案件中，咬伤较常见。大部分在搏斗挣扎过程中形成咬伤。咬伤多发生在被害人身体的突出部位，出于抵抗，被害人常将罪犯的手指、手背、前臂、面部、耳、鼻等咬伤；出于攻击目的，凶手常将被害人面、颈、肩、胸部、舌或外生殖器等处咬伤，这要具体案件具体分析。咬伤的形状与凶手牙齿的排列形式大小相一致，表现为表皮剥脱，皮内、皮下出血，较重时可发生挫裂创。

(三) 棍棒伤（stick injury）

由于棍棒的形态、质量、长短、光滑与粗糙的差异，加之挥动棍棒力量的大小及打击的部位、角度不同，所以损伤的形态及其程度也多种多样。一般情况下，棍棒形成的损伤有以下特征：

(1) 在棍棒打击软组织较多的平坦处，着力均匀时，常出现条状的皮下出血，可以反映出棍棒接触的轮廓，有时可出现"中空性皮下出血"的现象。

(2) 棍棒打击在皮下组织较少，且有骨质衬垫的部位，常形成挫裂创。创口呈长条状，哆开较小，创角多因棍棒的滑动而呈撕裂状。在创缘上一般都伴有表皮剥脱及皮下出血所构成的"挫伤带"。

(3) 在棍棒偏击头部时，在头部可形成瓣状创，其挫伤带在着力较重一侧较窄且严重。

(4) 棍棒形成的骨损伤多呈线状骨裂，主要的骨裂方向与棍棒打击的长轴方向一致。在骨折的周围常伴有弧形骨裂，严重时可发生凹陷骨折或粉碎性骨折。

(5) 棍棒的质量（如铁质、木质）不同，形成的损伤也不同；棍棒的形状（圆形、方形、不规则形）不同，形成的损伤也不同（表4-2）。

表4-2 木质棍棒伤与金属棍棒伤的鉴别

	木质棍棒伤	金属棍棒伤
皮下出血	出血程度轻，颜色淡，界线不清，多形成中空性皮下出血	出血较重，颜色浓，边缘界线清，一般不出现中空性皮下出血
挫裂创	创缘不整齐，创壁不光滑，组织间桥明显	创缘整齐，创壁光滑，创腔少见组织间桥
骨折	常见线状骨折，凹陷性骨折边缘无密集平行的骨裂纹，粉碎性骨折碎片少而大	常见凹陷性骨折，边缘有密集平行的骨裂纹，粉碎性骨折碎片多而小，断面可有擦划痕
创内异物	可留木屑、树皮或其他附着物	常有铁锈、油垢或其他附着物

(四) 斧背伤 (injury by back of axe)

1. 概述 斧类具有携带方便、便于挥动、致伤力强等特点，常被犯罪分子用来作为凶器。斧背有方形、圆形，以长方形为多。由于用途不同，斧的种类、大小规格存在很大差异，斧背的新旧程度、有无缺损对损伤的判断具有特殊意义。在凶杀案件中，斧背伤多在头面部，其形态特征与斧背的作用面、打击部位、方向和力量有关。

2. 特点

(1) 斧背平面直击头面部平坦处，形成类似长方形的皮下出血、挫裂伤及凹陷骨折。此特征反映斧背接触面的形状。

(2) 斧背边棱垂直打击头面部平坦处，形成窄条形皮下出血、挫裂创，创口边缘平直，镶边状挫伤带不明显。偏击时，可形成直线或瓣形挫裂创。此特征反映斧背的边长。

(3) 斧背角垂直打击头面部平坦处，形成直角形、三角形的挫裂创或阶梯状塌陷骨折，骨内板呈帐篷样翘起。角形损伤可反映致伤物夹角的度数，据此可推断和认定凶器。

(4) 斧背直击头面部弧形部位，形成类圆形表皮剥脱，皮下出血或星芒状挫裂创，若打击眶部可形成环形或弧形挫裂创，边缘不清，颅骨骨折呈线状，并有较长的延伸，严重者形成粉碎性骨折。

(五) 锤类伤 (injury by hammer)

1. 概述 锤的种类很多，形状各异，从锤背外形可分为奶头锤、羊角锤、鸭嘴锤、僧帽锤、圆锥锤等；从锤面的形态可分为圆形、方形、六角形、八角形等。锤一般为铁质，体积小，重量大，易挥动，打击力集中，多形成严重损伤。

2. 特点

(1) 圆形锤面直击人体较平坦的部位，形成圆形、类圆或半月形的表皮剥脱和皮下出血。打击在皮下组织丰满的部位，出血稍大于锤面直径；打击在骨质衬垫处，出血稍小于锤面直径。颅骨可出现类圆形套环状凹陷骨折或孔状骨折，呈阶梯状，套环间距较圆形锤面小。

(2) 圆形锤面边缘着力，可形成半月形皮下出血，弧形挫裂创，颅骨骨板上可形成半月形骨质压痕或弧形骨折。

(3) 锤面直击头部弧形部位，常出现十字形或星芒状挫裂创，合拢伤口，挫裂创中部有皮下出血和挫伤。此特征可反映锤面的轮廓。

(4) 多角形锤面形成的挫裂创有夹角，八角形锤面夹角135°，六角形锤面夹角为100°左右，骨质夹角相同并更能清晰地反映致伤物的角度。

(5) 锤面打击伤：羊角打击时，形成与羊角末端或断面形态近似的挫裂创和塌陷骨折；用鸭嘴端打击时，形成条形或扁长形皮下出血、挫裂创、扁长形塌陷或孔状骨折。此特征可反映锤背的形态。

(六) 砖石伤 (brick-stone injury)

1. 概述 砖、石类是一种常见的建筑材料，容易获取。完整的砖块为扁平状长方形，具有6个平面、8个棱角、12个棱边。卵石表面光滑，边缘钝圆，一般具有类圆形球面或条形弧面。乱石或碎砖头形状不规则，表面粗糙，且高低不平。因砖、石类具有坚硬、笨重、持握不便等特点，所以多贴近打击，常伤及头面等要害部位；损伤严重，形态复杂，行凶后多将砖石留在现场及其附近。以砖块打击人体，常见下列几种损伤形态：不规则形的片状挫擦伤，轻重不匀的皮内、皮下出血，条形、三角形、不规则形的挫裂创，线状、塌陷、粉碎性骨折。

2. 特点

(1) 用砖面垂直拍击，可形成大面积皮下出血挫裂创，伤痕边缘呈直条状或角状。颅骨可有大面积的粉碎性凹陷骨折，反映出方向一致和一次形成的特点。

(2) 以砖块棱角垂直打击头部，可形成"△"、"L"、"T"、"Y"等形状的挫裂创，颅骨亦出现三角形凹陷骨折。

(3) 以砖块棱角垂直打击头颅，可形成"T"、"I"形的挫裂创，颅骨多为线状骨折，常可延伸至颅底。

(4) 以砖块斜行打击头部时，可在头皮或颅骨上形成典型的梳状擦伤，梳齿的指向是砖块去的方向；颅骨骨折多为大面积形态不规则的凹陷骨折（depressed fracture）和粉碎性骨折（comminuted fracture），局限性凹陷骨折较少见，可能与砖质的脆性及硬度有关。

(5) 用卵石条形弧面打击头部，形成条形或弧形挫裂创，创缘挫伤带明显，骨折多呈线状、舟状凹陷。

(6) 用卵石球面打击头部，形成类圆形或星芒状挫裂创，周边出现边缘不清的"月晕"状皮下出血和套环状凹陷骨折。

(7) 以乱石或砖头打击，多在一次打击下形成大小不等、深浅不一的散在表皮擦伤及皮下出血或挫裂创。创口不规则，创角多，创口内多留有砂粒、砖头碎片等。颅骨受击，可形成不规则的骨质缺损及线状、凹陷、孔状、粉碎性骨折。

(8) 不规则的石块（片石）打击头面部，可出现形状不规则的、程度不同的挫裂创，在大的挫裂创周围可伴有若干小的创口，即所谓"卫星"创，其形状可为短条形、类三角形，但大多是不规则形。

(七) 洗衣机致死（Death Related to Washing Machine）

另外，近年来又出现了一些特殊类型的机械性损伤，如洗衣机所致机械性损伤。

2013年9月21日，江西省南昌市新建县樵舍镇发生一起惨剧，一对年幼的小姐妹在家里玩时，不幸爬进了洗衣机被绞死，姐姐4岁，妹妹2岁。事件一出引起了全社会的关注。

2013年10月16日晚，南昌公安公布结果，排除他杀，符合在洗衣机桶内高速旋转状态下受体位和旋转加速度作用致胸廓运动和心肺功能障碍而死亡。侦查实验证实，两个类似死者身高和体重的小孩能够进入与本事件中同品牌、同型号的洗衣机内桶中，并能自行关上洗衣机盖。洗衣机内桶负重30kg时，启动脱水程序，洗衣机能正常运行。说明两幼童死于洗衣机高速旋转时所致机械性损伤。

国外也发生过洗衣机致死案件。2010年，澳大利亚3岁男童西恩和他的宠物猫被发现死在洗衣机当中。西恩的死因尚未最终确定，但现有证据都被困于洗衣机中相一致。法庭上，部分证人表示，要想从内侧关闭滚筒洗衣机的门是很困难的。穆菲女士认为是家中的狗跳起来撞到了门。警探柯瑞亚认为只要力量足够，可以用力向外推门使其反弹之后扣死，但验尸官霍普认为孩子当时的身体角度可能很难发力。

第 4 节　火　器　伤
Section 4　Firearm Injury

一、枪弹创
Bullet Wound

(一) 概述

枪弹经发射作用于人体形成的损伤，称为枪弹创（bullet wound）。枪支的种类很多，按枪筒的长短不同,可分为长筒枪与短筒枪。长筒枪包括步枪、半自动步枪、自动步枪、冲锋枪等,短筒枪一般仅指各种手枪。根据枪筒内有无来福线又分为来复枪与滑筒枪。现代枪支的弹头呈圆柱形或圆锥形,由铅及其合金制成,外层包以硬质金属弹皮,以增强其硬度。猎枪又称霰弹枪,发射各种型号的霰弹。民间土制猎枪发射铁砂、铁丸、石子、玻璃片等,亦属于霰弹。弹头的发射火药有无烟火药与黑色有烟火药两类,无烟火药由硝酸甘油酯以及其他物质成分组成,燃烧完全,发射力强,烟灰、火焰皆少,并很少残留火药颗粒,现代火器多用此种火药;黑色有烟火药由硫磺、硝石、炭末等成分组成,燃烧不完全,发射时产生的烟灰、火焰多,旧式或土制子弹多用此种火药。

(二) 枪弹创的分类

(1) 贯通枪弹创 (perforation bullet wound):活力大的弹头,穿过人体组织,可形成贯通枪弹创。贯通枪弹创,由射入口 (entrance of bullet)、射创管 (canal of bullet) 及射出口 (exit of bullet) 3部分组成。

(2) 盲管枪弹创 (blind tract bullet wound):弹头活力较小,射入人体前进一段距离后即停留在组织内,而无穿出能力。此种创只具有射入口和射创管,而无射出口,呈盲管状。

(3) 回旋枪弹创 (circumferential gunshot wound):弹头穿过皮肤等软组织后受到骨质抵抗,转变了前进的方向,形成弯曲形射创管,为回旋枪弹创。

(4) 屈折枪弹创 (deflected bullet wound):弹头进入人体碰到骨质改变方向或弹头破碎时,可形成屈折状射创管,称为屈折枪弹创。

(5) 跳弹枪弹创 (ricochet wound):弹头行进中与坚硬物体相撞改变了方向,称为跳弹。跳弹形成的损伤,称为跳弹枪弹创。

(6) 反跳枪弹创 (ricochet bullet wound):弹头活力极小时无力穿入人体组织,对体表只有一定的扑打或擦挫作用,有时亦可使深部器官受伤,此种损伤称为反跳枪弹创。

(7) 擦过枪弹创 (graze bullet wound):弹头擦过体表,可形成条状擦伤或沟形组织缺损。

(8) 霰弹 (shotgun wound):猎枪发射霰弹造成的损伤,称为霰弹创。

(三) 枪弹创的形成机制

发射弹头在高速旋转飞行中贯通穿入人体,或擦过、碰撞人体致伤。弹头作用于人体的机制有4种作用:穿透作用、楔子作用、打挫作用、炸裂作用。从其实质看,穿透与炸裂两种作用是最基本的。活力大的弹头,穿过人体组织,可形成贯通枪弹创与盲管枪弹创;弹头活力减弱仅具有一定的穿入软组织或骨组织的能力,使弹头嵌入其中,即由弹头的楔子作用而形成较浅的枪弹创;弹头活力更小时,只能在体表形成轻微的挫伤。弹头在行进过程中碰到坚硬物体改变了方向,弹头多发生变形,称为反跳弹。其致伤作用也有很大悬殊,有的可以致命,有的仅可形成较轻的打挫损伤。弹头活力减弱的因素很多,如距离太远,枪支、子弹的性能较差,或曾穿过其他障碍物体,弹头变形,飞行不稳,等等。枪弹的炸裂作用主要决定于弹头的活力,弹头活力大时,高速旋转,飞速前进,在穿过组织的一瞬间,局部压力剧增,每平方厘米可达100kg以上,如头部贯通枪弹创,可使颅骨炸裂,甚至粉碎,就是这种作用所造成,其破坏作用极大。近距离或接触射击时,枪管内喷出的高压气体及火焰可使射入口附近的皮肤组织形成爆裂创和烧灼伤,并可附着有烟灰及火药颗粒。

(四) 枪弹创的性状

1. 射入口 (entrance bullet wound) 一般多呈圆形或椭圆形,由于皮肤的收缩作用,其大小可稍小于弹头的横断面。其形成机制,系由高速旋转行进的弹头,挫压局部皮肤组织使之内陷呈旋涡漏斗状，中心部位的组织被挫灭，弹头穿过便形成了射入口，射入口边缘内翻，并有局部组织缺损。当弹头射入时，弹头上附着的油垢、铁锈、火药、烟灰以及弹头本身的金属末等被擦拭在射入口的边缘上，呈环形的擦拭轮（abrasion collar，或称擦拭圈、污垢轮）；在形成射入口的过程中，弹头高速旋转前进，挫压皮肤使其呈旋涡漏斗状内陷，中心组织挫灭处形成了射入口，创缘处尚有1~2mm宽的皮肤组织与弹头接触形成环状的挫伤轮（contusion collar，或称冲撞轮）；近距离射击时，射入口附近的皮肤上可附着有未燃烧完的火药颗粒、烟灰等射击附加成分；接触或抵近射击时，枪口喷射出的高压气体可使射入口附近的皮肤组织形成严重的撕裂创，多呈十字形或星芒状的气体爆裂创；近距离射击时，枪口喷射出的火焰，可使局部皮肤及毛发出现火焰烧灼痕迹等。

2. 射创管（bullet wound track）（弹创管，枪创管） 弹头穿过人体组织形成的管状创道，称为射创管。一般呈直线形，回旋枪弹创的射创管呈弯曲状或呈一定角度。射创管近射入口的一端，组织挫灭严重，并常附着有带入的污垢、火药颗粒（stippling）、烟灰及衣片等异物，这些污物、异物的存在，对于判断射击方向有一定意义。

3. 射出口 弹头通过人体，穿出体外时形成的出口，称为射出口。射出口形状不规则，多呈裂隙状或星芒状，创口边缘外翻，局部皮肤组织无缺损现象。射出口的大小常与射击距离有一定关系，近距离射击时常小于射入口；稍远距离射击时与射入口大小近似，远距离射击时常比射入口大；如发生弹头变形或有碎骨片顶出时，则可使射出口更为扩大。

（五）射击距离

发射枪口与人体枪弹创射入口之间的距离，称为射击距离。根据射击距离的不同分为接触射击（即无距离射击）、近距离射击和远距离射击3种，其中接触射击即以枪口紧贴皮肤进行的射击，射入口多呈十字形或星芒状，创内有火药颗粒及大量烟灰附着，附近的衣服、皮肤、毛发等可有烧灼现象，皮肤上有时可留下枪口印痕；近距离射击的距离指射入口附近皮肤上有射击附加成分附着的距离，一般手枪在50cm以内、步枪在100cm以内射击方有射击附加成分，故其范围有很大局限；远距离射击的距离指射入口附近皮肤上无射击附加成分附着的距离，称为远距离，一般来说，手枪在50cm以外、步枪在100cm以外的射击，都是远距离射击。

（六）射击方向与发射地点的判断

射击方向系指弹头穿过人体的方向。弹头由何方向射来或向何方向射出，主要是根据中弹时的体位、射入口、射创管、射出口以及附近物体、门窗、墙壁上的射击痕迹等各方向的关系来确定的。证据越多越易判断，有时不仅可以判断射击方向，还可以具体地判断出枪支的发射部位。如可以首先根据射入口、射创管、射出口的性状确定弹头贯穿人体的方向；再检查弹头贯穿人体前后在附近障碍物或其他物体上形成的弹孔或射击痕迹；如有条件，对附近射击痕迹、射击弹孔与人体的贯通枪弹创，进行三点或四点连线法做具体观察测量，将会准确地判断出射击方向与发射枪支的位置。

（七）霰弹创（shotgun wounds）

猎枪发射霰弹在人体形成的创伤，称为霰弹创。机制霰弹弹丸由铅、锑等金属制成，呈圆球形，大小有一定规格；土枪霰弹由铁砂、铁块、钉头、玻片等制成，形状不规则，在形成伤的形态上亦有明显不同。霰弹射出枪口时，弹丸密集成团，距离渐远，扩散范围渐大，具有命中率高、射程较近的特点，弹丸多呈散在分布并留在组织内。

在50cm以内射击时，弹丸密集成团进入人体，可形成一个大的射入口，其边缘不整齐呈明显锯齿状；垂直射击时，射入口呈圆形，偏斜方向射击时呈椭圆形；稍远距离射击时，在较大的中央射入口周围分布有多数散在的弹丸入口；远距离射击时，弹丸呈分散状进入人体，由于弹丸的分布不十分均匀，故其所形成的损伤也不完全一样。在很近距离射击时，皮肤上可留有火药烟晕（smudging），且可形成烧伤。

二、爆炸伤
Explosion Injury

（一）爆炸伤概述

爆炸（explosion）指一种极为迅速的物理或化学的能量释放过程。由于爆炸后最主要的特征是爆点周围的介质中出现突然的压力剧增，因此，爆炸也被认作为空气中能量迅速释放产生有限振幅压力波的过程。因爆炸所导致的人体损伤称爆炸损伤（explosion injury）。战争期间，爆炸与枪弹损伤是人体损伤的主要手段；和平时期，爆炸损伤仍常遇到。在法医学实践中，爆炸损伤多见于意外，少数见于自杀或他杀。恐怖组织及其成员常利用爆炸手段来达到自己的目的。近些年来，在人为因素所产生的群体伤亡中，爆炸已是最主要的手段之一。据资料统计，目前全球因爆炸而死亡的人数每年已近10万，因爆炸而受伤者每年已愈50万人之多。

爆炸伤系火器伤的一种。炸弹、地雷、炮弹、手榴弹、雷管等引起爆炸形成的损伤，统称为爆炸伤。由爆炸而产生的飞散的弹片、烧灼的火焰、强大的冲击波、飞扬的物体、倒塌的建筑物等，对人可造成复杂而严重的伤亡。

（二）爆炸类型及其原理

根据爆炸的定义，任何能引起气体和能量瞬间释放的物质均属爆炸物质。从形态及原理角度，爆炸物质可分为以下几种类型：

1. 粉尘　粉尘所产生的爆炸最常见于面粉加工厂、矿井内。任何易燃物质如被充分悬浮在空气中并达到一定的比例形成尘雾，那么只要有火星或火焰引发，均可发生爆炸。

2. 气体　许多气体如丁烷、丙烷、乙炔等易与空气混合形成爆炸性混合物，只要有火、热等引发因素存在，均可发生爆炸，典型的如煤矿中瓦斯爆炸等。

3. 蒸汽　易挥发、易燃的有机液体如酒精、汽油、染料等蒸发后与空气组成易爆混合物，在引发因素（火星等）存在时发生爆炸。

4. 炸药　炸药是能产生化学反应的特殊爆炸物质，一般由碳、氢、氧、氮4种化学元素构成，引发后碳、氢被极速氧化，生成二氧化碳、一氧化碳、水蒸气等大量气体。

5. 机械性爆炸　凡因物理原因引起突然的能量释放称之为机械性爆炸，如锅炉因水蒸气压力过高、轮胎充气太足、高电流穿透等。

6. 核爆炸（nuclear explosion）　指核裂变或核聚变时突然释放出巨大能量的过程，前者如原子弹，后者如氢弹。核裂变指原子核在中子作用下在极短时间发生连锁分裂反应，释放能量的过程；而核聚变则指较轻的原子核在中子作用下聚合成较重原子核，同时释放巨大能量的过程。

（三）爆炸损伤的特点

1. 伤及面大　与其他类型的损伤相比，爆炸损伤具有更大的破坏性和群体性特征，其原因在于爆炸损伤有上述多种原发性和继发性损伤的方式，而且波及相当大的范围，所以，一般爆炸损伤涉及多人多物。

2. 伤情复杂　由于爆炸损伤机制和种类的多样性，导致了它的伤情复杂。同样受爆炸损伤，因位置、体重、周围环境的不同，同一伤者既有直接损伤，也有间接损伤；既有体表损伤，也有内脏损伤；或者不同的伤者所受损伤的严重性有明显的差异。如炸弹在人体附近爆炸时，可造成极为严重的损伤，如肢体断离（amputation）、内脏破裂（rupture of viscera）、肢体粉碎等，破碎的组织有时可被炸飞散落到周围各处；弹片及被炸飞的物体，对人体亦可造成各种性状的损伤，如擦伤、挫伤、挫裂创以及类似刺创的损伤；爆炸气浪或冲击波对人体也具有强大的破坏作用，在体表可造成广泛性的皮下及黏膜下出血、挫伤及挫裂创，亦可形成脑震荡、脑挫伤、脑出血、内脏破裂、胸腔或腹腔内出血以及血气胸等；爆炸火焰还可形成不同程度的烧伤等。

3. 外轻内重 爆炸损伤所产生的外轻内重特征是由冲击波的特点所决定的，几乎所有冲击波的致伤机制，如内爆效应、碎裂效应、惯性效应等均是发生于体内，所以产生体表损伤轻微而体内损伤严重的外轻内重特点。值得指出的是，外轻内重的特点主要见于爆炸能量大而人体又非位于爆点的情况下，否则，爆点巨大的能量和小型爆炸所产生短暂的冲击波将不会引起外轻内重的特征。

（四）爆炸伤的鉴定

爆炸伤多见于灾害事故，少见于他杀或自杀。检验时应对于损伤的分布、大小、性状、程度进行详细检验、记录，并对衣服的破坏情况、性状、特点做认真、细致的检验。结合现场勘查，研究损伤的形成机制亦具有重大意义。爆炸产生的冲击波、炸飞的弹片与破坏飞扬的物体，皆可形成严重而广泛的损伤。对于爆炸的残留物，如弹片、导火索、未燃烧完的炸药颗粒等都应加以提取。如现场未发现明显的残留物时，应对现场的爆炸粉尘加以提取，以便进行化学检验，确定爆炸伤的性质。

第5节 机械性损伤的鉴定
Section 5 Medicolegal Expertise of Mechanical Injury

一、概述
Overview

（一）损伤鉴定应注意的事项

（1）应首先了解案情和现场情况，去伪存真，这是科学鉴定的开端，也是正确鉴定的基础。

（2）现场尸表检验时，应逐层检查衣服破损的形态、痕迹和部位及其与尸体损伤的关系。

（3）切勿忽视体表的擦、抓、磨、压的轻微伤痕或体表无明显损伤的尸体。

（4）应注意隐蔽部位的检查（如头皮、腋窝、阴阜、会阴），特别是阴道、指甲垢等部位有无针眼、外伤或异物。

（5）对现场的血迹、分泌物、排泄物的斑迹，以及与案情相关的其他物品，均应拍照固定和提取。

（6）对损伤的部位、大小、形状和数目均应按规定的要求描述和说明，并拍照固定。

（7）对尸体要做系统的尸体解剖，并提取组织器官做毒化、生化、病理和组织化学等检验。鉴定结论务必在全面系统的检验之后才能得出。

（二）致伤物的推断

同一致伤物可以形成不同类型、不同形态的损伤，同一物体，以其不同部分或以不同的力打击身体或作用于身体的不同部位时，可形成不同形状或性质的损害。同一致伤物的同一侧面虽然形状相同，但在打击时的作用力的方向、大小和被害人的体位等不同，所形成的损伤形态也不同。此外，由于人体不同部位的组织结构不同，打击后形成的损伤特征也是不同的。

与此相反，由于不同的致伤物作用于人体时，在一定的条件下，会出现相同的接触面，所以不同的致伤物有时能造成相似的损伤。

另外，人体遭到某一致伤物的重复打击以后，往往使每次形成的特征重叠起来，破坏了反映这种致伤物的形态特征，给致伤物的推断带来了极大的困难。

二、损伤着力点和作用力的判断
Injury Focal Point and Determination of Force

（一）损伤着力点的判断

1. 软组织损伤

（1）表皮剥脱、皮下出血以及中空性皮下出血的着力点在损伤区及中空区；

（2）皮下血肿的着力点在血肿部位的表皮擦伤和皮下组织挫伤处；

（3）挫裂创的着力点在创缘的表皮剥脱、皮肤出血及组织挫灭处；

（4）星芒挫裂创的着力点在创的中心；

（5）三角形、槽形、弧形挫裂创，其着力点在夹角内或弧内。

2. 骨组织损伤

（1）骨质表面缺损，着力点在骨表面有压痕处。

（2）多发性线状骨折，着力点在线状骨折分支密集处。

（3）星芒状骨折，着力点在骨折中心结合处。

（4）阶梯状凹陷骨折，着力点在凹陷骨折的最深处。

（5）舟状凹陷骨折，着力点在骨折纵轴上的主要骨折线处。

（6）复杂的凹陷骨折及粉碎性骨折，其着力点一般在骨碎片最小、最多处。

（7）颅底横行骨折，着力点在颅骨的两侧；颅底的纵行骨折，着力点在颅骨的前方和后方。

（二）力作用的方向

1. 钝器作用的方向　钝器打击的方向可根据擦伤及挫伤的情况来判断。

（1）剥脱的表皮翻张方向与凶器作用力的方向一致。

（2）条状的皮肤出血，如果出血轻重程度不同，打击的方向由重的一端向轻的一端，或由重的一侧向轻的一侧。

（3）中空性皮下出血，如果两侧出血带宽窄一致，其打击方向是垂直的；如果出血带一宽一窄，其打击方向是由宽向窄。

（4）条状的挫裂创两侧创缘挫伤区宽窄相等时，为垂直打击；如果一宽一窄时，打击方向是由宽向窄，创角的撕裂方向与打击方向一致或呈一定角度。

（5）角形或弧形挫裂创，在夹角内或弧内侧伴有表皮剥脱和皮下出血时，是由角外或弧外向内倾斜打击形成的。

（6）较小的接触面作用于骨质表面，形成的骨折或压痕深浅不一者，较深的一端为力的前方首先着力处；阶梯形凹陷骨折，是倾斜打击形成的。

（7）同心圆状骨裂、凹陷性及正圆形孔状骨折，一般是垂直打击形成。

2. 锐器作用的方向　切创和砍创如与体表垂直，则创的二壁亦几乎与体表垂直；如倾斜切或砍入，则一侧形成皮瓣。砍伤在砍器与体表成锐角侧的创缘形成擦伤，砍器与体表间的夹角越小，挫伤带就越宽。因砍伤而发生骨折时，更可看出用力的方向，在倾斜的锐角侧形成斜面。切创如两创角都很整齐，就难以看出切的方向，如一创角有锯齿状小突起，则该端应系切创的末端（小突起系因皮肤皱起时切断而形成）。如一端见切创，该端多系起端。刺创及刺切创、枪创，均可从创管判定力作用的方向。

3. 枪弹作用的方向　枪弹伤可从射入口、创腔与射出口的鉴别，以及尸体与弹落点的相对位置来判断射击方向。

（三）力的大小

垂直作用于体表的力，其损伤程度可反映力的大小，主要根据是创的深度和骨折的程度；倾斜作用的力则视体表的弧度而异，如力与体表成切线关系，则虽用力甚大，损伤亦可不明显。

三、打击次数和损伤先后顺序的判断
Number of Strikes and Determination of Damage Sequence

（一）打击次数的判断

（1）部位不同、方向不同、形态不同的损伤是两次以上打击形成的。

（2）中空性皮下出血是一次打击形成的。

（3）颅骨一个部位多次受打击、出现多块粉碎性骨折时，第一次打击形成的骨质边缘内板缺损大，外板缺损少，呈朝里的喇叭形；因前一次骨折使骨质的完整性受到破坏，抗张力和抗压力显著降低，第二次打击不出现典型的边缘倾斜。

（二）多个损伤先后顺序的判断

1. 软组织损伤　多个损伤如系在间隔甚短的时间内先后造成的，从软组织上不易区分损伤的先后。如第一个损伤已引起明显的创缘哆开或先后形成的损伤角度有较大差异，则有助于判断损伤的顺序。对于交叉损伤先后形成的判定方法：首先将损伤部位的交叉创口自然地合拢，使之合成一条直线。在合拢中注意不要强行拉扯，要按皮肤的自然紧张程度对合，合拢后，仔细观察。两直线相接者为第一次形成，两直线互相错位不在一条直线上者为第二次形成。因为人体的皮肤和肌肉都具有一定的紧张性，当第一次损伤后，创口由于哆开，皮肤已经松弛，在这种情况下又形成第二次损伤，则在对合时，人为地恢复原来紧张性时，第二损伤必然不会在同一条直线上。

2. 骨折　骨折的裂纹则较能说明问题。通常砍创或枪弹所致骨折线，后形成的都不能跨越先形成的骨折线。如第一刀砍伤已使骨质碎裂，则第二刀又在原处砍下时一般不再形成规则的裂纹，只能使该处骨质内陷，外围再形成新的阶梯状裂纹。

四、生前伤与死后伤的鉴别
Differentiation of Antemortem Injury and Postmortem Injury

尸体上的损伤是发生在生前、濒死状态还是死后，对正确判案关系极大。生前伤者机体能产生"生活反应（vital reaction）"，死后受伤者则无生活反应。依此可鉴别生前伤（antemortem injury）与死后伤（postmortem injury）。

（一）局部生活反应

1. 出血　血液从伤口流出体外称为外出血，血液流向组织间隙或体腔内称为内出血。生前出血，血液不久就发生凝固；死后出血，血液不凝固。生前出血有纤维素网析出与组织紧密结合，故水洗不能除去；而死后出血，血液不凝固，水洗可以除去。出血是生前损伤的重要表现，如开放性的损伤，在命案现场应有大量或较大量的血泊及喷溅状血迹；而死后由于心血管功能停止，出血量一般不多，只见于死后损伤局部。

2. 创口哆开　生前伤创口的皮肤、肌肉、肌腱、血管等，有一定的紧张程度和收缩能力，故创口哆开。死后的创伤仅在死后不久形成的创口才能出现创口哆开,而且不明显。

3. 炎症反应 生前损伤可发生局部的红、热、胀、肿与渗出、增生的修复改变,以及酶活性增高和炎症介质的改变;死后伤则无上述变化。

(二) 全身生活反应

1. 贫血征 大出血后,皮肤、黏膜苍白,肝、脾等内脏器官含血量锐减,重量减轻,常见左心室室间隔心内膜下形成出血斑。

2. 栓塞 有循环功能才能发生栓塞,如有脂肪栓塞、空气栓塞、组织栓塞或在损伤部位静脉的向心段内发现泥沙、油或其他异物,均可证明是生前伤。

3. 吸入或咽下血液 头、面、颅底或颈部损伤后,流出的血液被吸入气管、支气管及肺部,在肺内形成多数血岛,或咽入胃内,说明死者受伤时具有呼吸和血液循环的功能,证明为生前伤。

4. 血尿 肾脏损伤时,血液进入膀胱内,则说明生前损伤。

五、人体损伤经过时间的推断
Dating of Wound

(一) 表皮擦伤

表皮剥脱处在最初12小时内表面渗出组织液;24小时左右水分蒸发,形成紫色或暗褐色结痂,触之较硬;36小时左右边缘开始生长上皮;3~4天痂皮开始剥离;一般经过7~12天痂皮脱落痊愈,局部由新生的皮肤细胞加以补充,皮肤颜色稍淡,以后随着色素沉着而变为正常。

(二) 皮肤出血

在一般情况下,皮肤出血区并不明显高于周围组织,只在出血量较大,形成血肿时才高于周围组织。关于皮肤出血的颜色,实际上是皮肤和血色两种颜色合成的。

1. 皮内出血 皮内出血受皮肤颜色影响小,主要是血红蛋白的红色。随着时间的延长,血红蛋白发生变化,直至暗褐色。

2. 皮下出血

(1) 新鲜的皮下出血斑:深紫红色,边缘界线清晰,不显其他颜色,估计受伤后有1~3天。

(2) 非新鲜的皮下出血斑:黄绿色,多位于边缘部,呈杂色状,边缘界线不甚清晰,估计受伤后有4~6天。

(3) 陈旧性的皮下出血斑:污黄色或污绿色,边缘界线模糊,估计受伤后有7~12天,一般在受伤后的12~15天则渐趋吸收、消散。

(三) 创伤

创口形成的时间根据其上皮形成和瘢痕形成的时间来推断。创伤由于炎症反应,在伤后约数小时即见创缘红肿,24小时左右可有痂皮形成。清洁的创伤4~5天可完全被上皮覆盖,如创伤发生感染,则伤后36小时可形成脓液。一经发生感染,愈合过程延缓,推断损伤经过时间更难。受创时间的最为客观的标准可借助病理组织学观察:创口一旦产生,很快就出现反应性变化,如血管扩张、组织水肿,经过30~40分钟出现白细胞;经过4~8小时发展为炎性反应,并有大量白细胞积聚;经过1~3昼夜,结缔组织开始增生,新生毛细血管形成;然后为瘢痕形成阶段。

(四) 慢性硬脑膜下血肿

伤后7~10天开始在血肿边缘出现囊壁,2周左右可形成完整的纤维囊壁,数月或数年后囊壁透明样变或钙化。

（五）脑挫伤（brain contusion）

伤后1～2天，局部颜色渐变为模糊，组织坏死，5天后开始液化，再经过5～6天后发展到高峰，以后变为囊腔。

（六）根据损伤局部炎症反应和修复过程推测损伤后经过时间

根据损伤局部的炎症反应和修复过程推测损伤后经过时间，是在临案检验中应用得最多的一种方法，由于受死后自溶的影响不大，所以较其他方法具有更大的实用价值。

高温、低温及电流损伤
Thermal, Frostbite and Electric Injury

第1节 烧伤及烧死
Section 1　Burn and Death from Burning

以火焰、高温固体、强度辐射、电火花等热源导致的局部损伤，称为烧伤（burn，burn injury），因烧伤而死亡者称烧死（death from burning）。

一、烧（伤）死的征象
Signs of Death from Burning

（一）外表征象

烧死尸体的体表可因与热源接触时间和热源温度的差异而出现不同征象，接触时间长、温度高造成的体表损伤重。

1. 烧伤的程度

（1）一度烧伤（红斑）（erythematous burn）：热作用仅限于表皮层，局部表皮可见红斑、肿胀，基底层完整，镜下见小动脉和毛细血管扩张，尤以真皮乳头层明显。有疼痛和烧灼感，皮温稍升高。此度烧伤，应注意与死后坠积期尸斑相鉴别。前者的红斑可发生在身体皮肤的任何部位，而后者仅发生于尸体的低下未受压部位。

（2）二度烧伤（水泡）（blistering burn）：表皮细胞坏死，细动脉和毛细血管扩张，皮肤组织通透性增强，大量血浆外渗，使真皮和表皮分离而形成水泡。水泡液中含有多种血液成分，如各种细胞、纤维蛋白、电解质等。水泡周围组织充血、水肿，显微镜下可见白细胞浸润。此度有剧痛感，容易发生感染。如无继发感染，可以痊愈，否则愈合后形成瘢痕。

（3）三度烧伤（坏死）（necrosis burn）：热作用伤及皮下组织甚至深达肌肉、骨骼，皮肤全层组织凝固性坏死、脱落，创处严重充血、水肿及炎性渗出，表面形成黄褐色或灰色的焦痂，触之如革，皮肤感觉消失，皮温低。此期极易发生感染，愈合缓慢。

（4）四度烧伤（炭化）（charing burn）：长时间高温作用形成炭化，完全破坏了皮肤及深层组织。组织中水分丧失，蛋白质破坏，色黑或黑褐，质脆无结构。在全身炭化时，肌肉受高热作用而凝固收缩，由于屈肌强于伸肌，所以四肢常呈屈曲状（flexion），类似拳击比赛中的防守状态，故称拳斗姿势（pugilistic attitude）。有时高温作用下的皮肤组织发生顺皮纹的破裂，形成梭形创口，形态上类似于切创，称为破裂创（heat rupture），严重时可形成高温性骨破裂。

2. 眼睛征象　火场中由于烟雾刺激，受害人反射性闭眼，因而在外眼角形成未被熏黑的鹅爪状反应，称外眼角皱褶，皱褶处有时可见炭末；因双眼紧闭，睫毛仅尖端被烧焦，内睫毛残留，称为睫毛征候；同时眼角膜和结膜囊内可无烟灰，这是烧死的有力证据。

3. 衣着残片　在火势不太严重的火场中，尸体与地面接触部位往往存有衣着残片，衣兜中有不易燃烧的物品存留，这些是认定死者身份的重要证据。

（二）内部征象

1. 呼吸道改变　燃烧产生的烟灰与炭末可沉积于呼吸道黏膜的表面，如口、鼻、喉、气管等处；火场中的热气体、火焰、烟雾和刺激性气体，可引起呼吸道及呼吸器官的烧伤反应，喉头、会厌及气管黏膜充血、出血、坏死，甚至出现白喉样假膜；肺部明显充血、水肿甚至出血，重量显著增加，富含蛋白性液体。上述的系列改变称为热作用呼吸道综合征，但需要注意的是火烧现场飞扬的烟灰、炭末可进入尸体呼吸道浅部。

2. 心血管及血液的改变　烧死者尸检可见右心房及上腔静脉内充满红色流动性液体，心内外膜可见淤点状出血。血液中含高浓度碳氧血红蛋白，呈樱红色或鲜红色。光镜见心肌间质充血、出血，心肌纤维肿胀、均质化、横纹模糊不清。

3. 其他内脏器官改变　被迅速烧死者，肝、脾、肾、消化系统及中枢神经系统的改变往往是急性休克的后果。胃肠内检见被吞咽下的炭末是烧死的重要证据。

4. 神经系统改变　头部受火焰高温作用，脑及脑膜受热后凝固、收缩与颅骨内板分离，形成间隙，硬脑膜及颅骨板障内血管破裂，渗出的血液聚集于该间隙，形成血肿，即硬脑膜外热血肿（extradural heat hematoma），其可发生于生前或死后，但多为死后形成。脑也可因受热凝固收缩、变硬、色黄，脑组织明显水肿，神经细胞肿胀、均质化或空泡变性。

5. 颅骨骨折　死后受高温作用颅盖骨可发生骨折，骨折常见于颞骨，骨片呈放射状向外膨出，也可见到头部骨缝的裂开，应注意与生前钝性暴力打击所致的骨折相鉴别。

二、烧死的死亡机制
Mechanism of Death from Burning

1. 休克　体表广泛烧伤、体液大量外渗、剧烈疼痛等可造成创伤性休克，也可因感染引起休克。

2. 窒息　火场中有毒气体、刺激性气体、灼热气体和烟雾使受害者不能呼吸，同时，气管、支气管黏膜严重变性、坏死、水肿、渗出以及肺组织的充血水肿、炎症，加重了窒息的发生。

3. 中毒　火场中产生的大量一氧化碳和其他有毒气体，特别是室内装修所使用的合成建筑材料、油漆、塑料制品及其他化学制品产生的大量含氯、磷等有毒气体，这些气体的吸入可导致中毒死亡。

另外，严重烧伤时红细胞破坏释放出钾离子，高血钾可导致急性心功能不全或心脏骤停。

4. 损伤　火场中因建筑物倒塌、梁柱断裂、木砖石击或压迫、求生跳逃等造成火场中人员发生各种机械性损伤，甚至因此导致死亡。

三、烧死的法医学鉴定
Medicolegal Expertise of Death from Burning

（一）烧死与焚尸的鉴别

鉴别烧死与焚尸的主要依据是生活反应。烧死者皮肤烧伤伴有生活反应，眼睛有睫毛征候和鹅爪状改变，气管、大支气管内可见烟灰、炭末，呼吸道表现为热作用呼吸道综合征，肺呈典型的休克肺改变，心血及深部大血管内查出较大量的一氧化碳，烧伤周围组织酶活性增高。而死后焚尸皮肤只有烧伤而无生活反应，无睫毛征候和鹅爪状改变，呼吸道无高温作用的表现，心血及深部大血管内无一氧化碳，烧伤周围组织酶活性不增高，烟灰、炭末仅在口鼻部沉着。鉴别要点见表5-1。

表 5-1　烧死与死后焚尸的鉴别要点

烧死	死后焚尸
皮肤烧伤伴有生活反应	无生活反应
眼睛有睫毛征候和鹅爪状改变	一般无此改变
气管、大支气管内可见烟灰、炭末沉着	烟灰、炭末沉着烟灰、炭末仅在口鼻部
呼吸道表现为热作用呼吸道综合征	呼吸道无高温作用的表现
肺呈典型的休克肺改变	无休克肺改变
心血及深部大血管内查出致死量的碳氧血红蛋白	无或含量极低（吸烟者）
烧伤周围组织酶活性增高	酶活性不增高
无其他可解释的死亡原因	有其他可解释的死亡原因

（二）死亡方式的鉴别

烧死者绝大部分属于意外（90％左右），其次是自杀，单独用烧死方式杀人比较少见，而利用火烧焚尸灭迹以掩盖其杀人罪行者却较多。

1. 意外　意外灾害性烧死中常有清晰的案情，如森林着火、油库燃烧或伴有着火的交通事故等，多造成群体性死亡。个别意外情况，多见于老人和儿童，因无能力将火扑灭、无法逃离火场而被烧死。醉酒、在某种抑制中枢神经系统药物影响下熟睡中的人均有可能发生灾害性烧死。

2. 自杀　自杀者常利用汽油、煤油等易燃液体从头部向下浇洒，然后点火自杀，此类烧伤特点是：上半身因燃料多而损伤重，下半身损伤轻。事件多发生在公共场合，由于迷信或陋俗或政治目的，也有其他一些特殊情况。

3. 他杀　火灾前已经死亡或有证据说明死因是机械性暴力或中毒死，而非烧死，则应考虑到他杀，但同时也应注意区分火场中形成的机械性损伤。

（三）个体的识别

严重变形的尸体识别可根据残存的牙齿、骨骼、组织以及其他物品（如饰物、配件）来推断死者年龄、性别、身高。骨骼和牙齿两种组织及牙齿修复材料耐焚烧，是个体识别较好的依据。其他体表特征、内部器官缺失、假肢、起搏器等也均有助于个体识别。血型和DNA检测是个体识别的重要依据。

第 2 节　中暑死亡
Section 2　Heat Stroke Death

中暑（heat stroke）指环境高温达到一定程度时，机体散热功能衰减，热量大量蓄积体内引起的全身性损伤。中暑常表现为热射病和日射病。

一、中暑发生的条件
Conditions of Heat Stroke

1. 环境因素　日射病是日光直射头部时间过长引起的。热射病是在高温环境中，特别是在有热辐射物体的环境中引发的，如冶炼车间、砖瓦窑等。另外，热射病的发生与湿度也有密切关系，湿度越大，热射病的发生率越高。

2. 机体因素 体质强弱与疾病对于中暑的发生有较大影响，年老、体弱、产妇、过度疲劳、高血压等情况下易发生中暑。

3. 人为因素 在某些故意伤害案件中，加害人用强阳光或者高温环境作为致伤因素，强迫受害者长时间暴露于热源之下，也可造成受害者在短时间内中暑。

二、中暑的机制
Mechanism of Heat Stroke

热量蓄积于体内，使人体中枢神经系统兴奋，内分泌功能增强，分解代谢加强，产热增多，全身血管扩张，循环血量降低，导致组织器官缺氧，功能紊乱。

三、中暑的临床表现
Clinical Signs of Heat Stroke

中暑者除有高热、皮肤干燥之外，还出现多种神经系统症状，如脑膜刺激征、剧烈头疼、头晕、耳鸣、呕吐，甚至意识障碍、昏迷、惊厥等。

四、中暑的法医学鉴定
Medicolegal Expertise of Heat Stroke

中暑死者因体内热量产生多，而散热慢，故尸冷迟缓；尸斑出现早且严重；皮肤发红、干燥、温度较高；镜下汗腺周围组织水肿，淋巴细胞浸润。全身器官表现为休克引起的病变，内部器官显著淤血、水肿，扩张的血管内红细胞充盈，黏滞成团。体内器官和组织，如脑、脑膜、肺、心外膜和心内膜等可广泛出现小出血点。

另外，中暑死亡的诊断还需依赖环境、临床表现等综合进行判定，以注意与机械性损伤、窒息、中毒、猝死等其他死亡的区别。

第 3 节 冻 死
Section 3 Death from Exposure to Cold

人体较长时间暴露于温度较低的环境中，产热中枢调节功能丧失，严重影响物质代谢与生理功能引起的死亡，称为冻死（death from exposure to cold）。

一、影响冻死的因素
The Factors Affecting Death from Exposure to Cold

（一）个体因素

1. 年龄因素 冻死多发生于老人与婴幼儿，这些人群体温调节的能力低，对温度极为敏感，冻死率相对较高。

2. 活动及血循环 一般而言，活动之后，血液加速，机体产热增加，不活动的肢体血液循环差，血液分布少，易发生冻伤（frostbite, exposure to cold）。

3. 机体状况 饥饿或营养不良者、慢性病患者以及疲劳等无法维持足够的热量代谢，产热能力下降，对寒冷的抵抗力下降从而导致冻伤。适量饮酒，可起一过性御寒作用；但饮酒过量，皮肤血管扩张，散热增强，同时对寒冷反应迟钝，亦易冻死。

另外，添加衣物，可使人体产生的热量被阻挡于衣着内使之不易散失，反之则易被冻死。

(二) 环境因素

1. 温度　气温寒冷为冻死的主要条件，冻死最常发生在寒冷地区或严寒季节。

2. 湿度　潮湿可使空气热传导增加，散热加快，潮湿空气的水分子更易使皮肤组织冻伤。如全身浸在冷水中，体温丧失的速度比暴露于同样温度的干燥空气中快3倍。人在22℃的水中，可以保持体温的平衡；当水温降至16℃时，调节体温平衡的机制即可遭破坏，全身浸在5℃的冷水中约数小时即可引起死亡，浸在0℃的水中，半小时即可冻死。

3. 风速　气流对流加快散热速度，本来不易引起冻伤的低温，由于风速增大可致冻伤。如在我国北方地区，冬季气温常在−40～−20℃，若风雪交加，再加上疲劳等因素，便极易发生冻死。

二、冻死的死亡过程及机制
Processes and Mechanism of Death from Exposure to Cold

冻死是全身体温过低的最终后果，这是一个循序渐进的过程，机体的体温调节中枢、神经中枢以及心血管系统等均在此过程中发生改变。

1. 冻死的死亡过程　机体受低温作用，随体温下降表现为下述过程：

(1) 兴奋增强期：体温下降初期，出现进行性寒战，体温降至35℃时尤为剧烈。心跳和呼吸增快，血压上升，代谢增强，进行代偿适应。

(2) 兴奋减弱期：体温继续下降，血液循环和呼吸功能逐渐减弱，血压降低，呼吸及脉搏减慢，意识障碍，运动能力低下，并出现幻觉。

(3) 完全麻痹期：体温降至25℃以下，体温中枢衰竭，陷入昏迷，反射消失，心跳、呼吸抑制，很少有恢复的可能。

2. 冻死的死亡机制　体温过低引起两大神经系统效应，脑血流的减少和耗氧量的下降，神经传导速度变慢，其本质是缺氧的结果。神经传导速度的迟缓直接影响人体自身的调节反应，表现为痛觉消失、意识模糊、幻觉以及反射迟钝。体温下降，心血管的反应表现为心率减慢，心肌耗氧减少，排出量下降等情况，血压出现先升后降的趋势。体温达到心脏停止跳动的温度是10℃，但实际上机体往往在先于10℃时已经发生死亡。

总之，冻死的死亡机制并非是单一的，其主要机制是在低温下，血管扩张、麻痹，血流缓慢乃至停止所造成的后果。在此之前可发生心室纤颤或心脏功能逐渐衰退、组织缺氧、血管运动中枢及呼吸中枢麻痹而死亡。

三、冻死的征象
Signs of Death from Exposure to Cold

(一) 外表征象

冻死者衣着单薄，尸体呈蜷曲状，也有在冻死中脱去衣服、全身裸露，或将衣服翻起、暴露胸部，或仅穿内裤，这称为反常的脱衣现象 (paradoxical undressing)。反常脱衣形式各异，程度不一，其发生的机制有调节障碍学说和幻觉学说。寒冷环境中，皮肤血管收缩，体温层的温度移动以及反射性体温调节中枢的全身反应使人产热增加而散热减少以御寒，但当低温继续存在，血管和体温调节中枢产生抑制，引起肌肉血管因麻痹扩张，扩张血管使皮肤体表充盈较高温度的血液，从而使人一方面对寒冷刺激麻木，另一方面使人体产生热感，造成了反常脱衣现象。寒冷刺激后机体肾上腺分泌增强，肾上腺素和肾上腺皮质激素增加，致使人产生燥热的幻觉。冻死的面部表现似笑非笑，称苦笑面容。全身皮肤苍白或粉红，外露肢体由于竖毛肌收缩呈鸡皮样改变。尸斑鲜红或淡红色，发生迟，消失慢，腐败明显延迟。山东曾有一名学生因违反纪律而被"罚站"，由于天冷，便在墙角蜷缩睡着，结果被冻死了。该校校长当时回应"这孩子死得很舒坦"，没想到校长的这句话更引起了公愤，舆论哗然，纷纷指责学校管理不当，漠视生命，把学生的性命当儿戏。不过从专业的角度讲，在冻死症状第三期中，人体完全麻痹，体温下降到20℃，此时呼吸心跳会停止，面部表情呈现微笑状。

（二）内部征象

冻死者各器官充血、灶性出血，脑组织淤血、水肿，颅内积液量多，若颅内容物冻结，容积膨胀，可发生颅骨骨缝裂开。尸体冰冻后，也可发生颅骨骨缝裂开。右心房扩张、充血，还可见软凝血块，腔静脉淤血，心外膜下点状出血，心肌纤维呈空泡变性、脂肪变性及灶性坏死。心肌间质毛细血管中有微血栓形成，气管与支气管腔中有血性泡沫状液体。肺实质充血、出血、水肿，常并发支气管肺炎。肝、脾充血，肝细胞空泡变性，肝糖原含量减少或消失。肾小管上皮细胞变性、坏死，有血红蛋白管型形成。肾小球内脂质沉积，肾上腺皮质细胞类脂质脱失。甲状腺充血，滤泡内胶质吸收，上皮脱落。胰腺周围有程度不同的脂肪坏死，常出现急性胰腺炎。较有特征性的改变是心腔内血液呈鲜红色，胃黏膜糜烂，胃黏膜下有弥漫性斑点状出血，沿血管排列，呈暗红、红褐或深褐色。

四、冻死的法医学鉴定
Medicolegal Expertise of Death from Exposure to Cold

冻死大多数为意外死亡，自杀或他杀均极为罕见，平时受虐待的老人、妇女、孩子及久病衰弱者，应注意排除他杀的嫌疑。冻死的法医学鉴定应从以下几方面进行：

1. 尸体所处的地理环境 冻死一般发生在寒冷地区和冬春季节，应当详细调查当时的气象资料，记录现场的温度、湿度及当时的风速。

2. 死者身份与机体状况 平日受虐待的老人、妇女和婴幼儿容易发生冻死；另外乞丐、流浪者也易发生冻伤和冻死；死者生前失血或处于醉酒状态，更易在户外冻死。同时注意抛尸伪装冻死的可能性。

3. 尸检冻死者表现 苦笑面容、红色尸斑、冻伤、反常脱衣现象和腰肌出血具有参考价值。冻死尸体的血液中保持较高的含氧量，有助于低温死亡的诊断。

五、冷冻头颅的合法性问题
The Legitimacy Problem of Head Frozen

冷冻头颅指去世前冷冻头颅，并在未来科技发达后复原头颅的一项技术。

某些经营人体冷冻企业的人表示，大脑运作如同计算机硬盘，当中内容可冷冻储存到未来。将死者的头颅储存在零下196℃的液态氮里；当数十年或数百年后人类科学发展到某一程度时，人类就可以对头颅进行"移植"，从而能将前者的知识、记忆和习性全部移植到新的身体上。到那时，新的人体将继承"冷冻头颅"内的所有知识、记忆和习性，从而使死者通过"冷冻头颅"的方法达到某种"永生"的目的。

然而，人体冷冻在全球大多数国家都属于违法。一些科学家们指责这种行为是一种"专骗死人钱"的诈骗行为。低温生物学研究专家瓦伦汀·格里申科认为:"如果你今天能够冷冻人体——即使是将一个活着的和健康的人冷冻起来,那么当你再为他解冻后,他也不可能再活下来。除了细胞,我们今天无法冷冻保存任何人体器官。"[1]

第4节 电流损伤与电击死
Section 4　Current Injury and Death from Electricity

电流通过人体所引起的组织器官损伤,称为电流损伤(current injury),因电流损伤而致死者称为电击死(electric death,electrocution)。

一、影响电流损伤的因素
The Factors Affecting Death from Current Injury

(一) 闭合回路的形成

电流损伤的前提是电流通过人体形成闭合回路才可能使人体产生损伤效应。人体成为电流闭合回路的一部分有两种形式,一是机体直接与低压或高压电源接触,从而使自己像导线一样成为电流通路的一部分;另一种则是在高压电或超高压电的电场中,机体虽未直接接触电源,但却已成为电流闭合回路的一部分。

(二) 电流损伤的条件

影响电流损伤的条件很多,如电压、电阻、电流性质、电流的作用时间和机体的状态等。

1. 电流的性质　电流有交流电和直流电之分,交流电比直流电危险。在电压相同的情况下,人体对交流电比直流电敏感4～6倍。低电压时,直流电仅仅引起肌肉松弛,而交流电则引起肌肉的收缩而不能松开电源,50～60Hz的交流电危险性尤大,这恰是工业与生活常用交流电的频率。其损伤机制为:①细胞内的离子随着交流电的频率往返运动的速度正好在细胞内来回一次,使细胞受到破坏;②此频率与机体组织(特别是神经、肌肉组织)的生物电节律相符,能引起心肌纤维性颤动与骨骼肌纤维强直性收缩。超过160Hz后,随着频率的增高,电击的危险性减小。

2. 电压　除特殊情况之外,150V以下的电压对人体相对比较安全,1000V以上的电压引起的损伤较易救治,而位于二者之间的电压则比较危险。从生物学影响而言,高压电引起的休克比低压电引起的损害容易救治。这是由于高压电选择性地作用于神经系统和呼吸器官,通过有效的人工呼吸可以治愈。低压电作用于心脏的传导系统,往往引起致命性心室纤颤。交流电致死电压为25～300V,触电休克后死亡多发生在电压为220～250V者。高压电的危险性在于皮肤与电源之间形成电弧,使衣服燃烧,组织烧伤,焦耳热可达4000℃,以致严重烧伤致死。20V、24V低电压电击致死者,其发生的前提是接触时间长、接触部位电阻低。

3. 电流作用于机体的时间　电流作用时间和损伤程度成正比,如10 000V的电流作用半秒钟无危险,或仅引起惊惧;但200～300V的电流较长时间作用于机体却能致死。从局部讲,人体皮肤不是良导体,电流作用受皮肤电阻的阻抗;但经一段时间后电流击穿皮肤,电流量又增大;而此后电热作用致皮肤和皮下组织发生凝固性坏死,对电流又起到了抵抗作用;最后一旦皮肤和皮下组织发展为炭化,则又降低了导电性。所以,低电压所致局部损伤的程度取决于接触时间的长短,随时间的延长,可致电流斑或水疱,甚至炭化,以致露出肌肉和骨骼。

---

[1] 参见 http://news.xinhuanet.com/world/2010—07/04/c_12296383.htm。

4. 电流通过机体的途径 电流的入口与出口之间即为电流通路。电流以最短的距离流过，不一定沿电阻最弱处。电流通过脑、心、肺时最危险。触电后电流通过机体的途径大都由一个肢体进入，另一肢体逸出，此情况约占80%。电流在下肢与上肢之间（特别是由左上肢至右下肢）通过时，对心脏威胁很大。反之，电流由下肢至下肢，由于不通过心、脑等重要器官，所以危险性较小。单极性接触时，机体成为接电入地的导体，其电流效应取决于身体接触地面的情况，如干燥土地、胶鞋或木板能阻止电流通过，危险性小。相反，如赤足、鞋底有铁钉或铁后跟则能促进电流通过，危险性大。正因如此，自杀或他杀多为双极性接触。但两极间距离很近时，如电插头、电警棍等接触人体，由于作用于人体的电流回路很短，一般不至于引起电击死。

5. 电源导体接触机体的情况 电源导体与机体接触越紧密，电流进入机体时的电阻就越小，电流对人体的损害也就越大。低电压引起死亡，即与电源导体与机体紧密接触有关。但在高压电场、电弧或电流火花的范围内，电源导体不与机体直接接触也可发生电击死。

此外，电阻还与接触面积成反比，若体表面积大而平坦，电阻就较小，电流产生的损伤就较大；但此时因为单位面积电流密度小，局部产生的热量不大，故体表仅有极轻度的损伤。反之，若体表面积很小，进入体内的电流量不足以引起生理功能紊乱，却很有可能在局部产生小孔烧伤，甚至达深部组织。

6. 电流强度 电流强度是单位时间内通过已知截面的电量，是影响电流损伤最重要的因素。电流强度越大，对机体的损害越严重。男性对于电流强度的最大耐受量为21.6mA，女性耐受力稍差，为14mA；8.8～9.4mA可使男性紧握电源，而女性则仅须6mA即可紧握电源。通常，直流电电流强度达到100mA时，交流电电流强度达到70～80mA时，即可致人死亡；而强度为100mA、频率为60Hz的交流电可立即引起死亡。

7. 电阻 电阻与电流强度成反比，所以人体组织的电阻对触电后果起重要作用。干燥的皮肤电阻达100万～200万Ω；出汗使电阻减小，可减为3万～2.5万Ω；水或盐水浸湿的皮肤，电阻可减至1200～1500Ω，当皮肤电阻为1200Ω时，110V的交流电可以引起死亡。人体各部位电阻不一，由小至大依次排列为：血液、肌肉、皮肤、肌腱、脂肪、骨。血液是极好的导体，大部分电流沿血管通过，所以血管丰富部位电阻小，如黏膜的电阻仅为1500～2000Ω，而骨的电阻则高达90万Ω。

8. 机体状态 电流引起人体损伤的程度与机体健康状态亦有很大的关系。受热、受冷、失血、疲劳、兴奋、恐惧、情绪低落、过敏体质、某些内分泌与心血管系统疾病等均能使机体对电刺激敏感性增高，而睡眠、麻醉能使机体敏感性降低。

二、电流损伤的机制
Mechanism of Current Injury

电流引起人体损伤的机制主要是电流作用和热作用。

（一）电流作用
电流导致人体损伤可能与下列因素有关：
（1）电流使人体主要的生物电发生器官心脏和脑组织发生短路，引起急性心、脑衰竭；
（2）电流经过人体时，电能转化为机械能，从而造成机械性损伤；
（3）电流造成人体组织细胞内离子分离，发生电泳、电解、电渗现象，从而使细胞极化或组织发生成分分解，影响组织器官的功能；
（4）电流通过组织时，局部电场作用于脂质双分子层，引起细胞膜破裂和细胞溶解。

（二）热作用

电流进入机体，由于人体皮肤（黏膜）组织有电阻，使电能转化为热能，从而导致机体组织凝固、焦化或炭化等损伤。

三、电流损伤的征象
Signs of Current Injury

（一）外部征象

1. 电流斑（electric mark） 电流斑又称电流印记，是电流在皮肤的出入口部位形成的损伤。电流斑常为1～2个，也可为多个，常见于手指、手掌，其次是足底部等。典型的电流斑外观呈中央凹陷、边缘隆起的火山口样圆形或椭圆形皮肤损伤，直径多在0.6～1.0cm之间，凹陷中心可为黑色炭化区，底部可附有熔化的金属碎屑组织，周围呈灰白色的凝固性坏死，分界清楚，质地坚硬、干燥。坏死周围组织在活体上可见充血的红晕。电流斑周围表皮可出现水泡，切面处有表皮和真皮的分离。有时整个肢体发生电流性水肿（electric edema）。

电流斑的形态常反映导体与人体接触部分的形状，若接触电线长轴，形成线状或沟状电流斑。若皮肤与导体接触不完全，或电击时被害人曾移动过，则电流斑的形态发生改变，难与导体形状相吻合。

光镜下见电流斑中心表皮变薄、致密、染色深。热作用强时，中心部表皮广泛破坏、脱落缺失，创面常有金属碎屑沉积。周围残留的表皮变厚，各层特别是基底层细胞及细胞核纵向伸长，呈栅栏状或旋涡状的扭曲变形，细胞长轴与电流方向一致。

2. 皮肤金属化（electric metallization of skin） 皮肤金属化又称金属异物沉积，指电极金属在高温下熔化或气化后，金属微粒沉积于受损皮肤表面或深部皮下组织的现象。不同的电极金属可使皮肤产生不同的颜色改变，如接触铜导体，皮肤呈淡绿色或黄褐色；接触铁导体，呈灰褐色；接触铝导体呈灰白色。皮肤金属化现象出现与否和电流作用时间及强度有关，产生金属化的电击时间至少在10秒以上；高电压低电流、持续的电火花出现是产生皮肤金属化的重要因素。交流电电击后，在电流的入口或出口处均可出现皮肤金属化；而在直流电电击后，金属附着物只存在于阴极接触部位。

3. 电流烧伤（electric burns） 多发生在接触高压电时。当皮肤与高压电源之间形成电弧或产生火花时，温度可达3000～7000℃。电流烧伤可使电流斑颜色变黄或黄褐色，及至炭化变黑。高压电所致严重烧伤可以完全掩盖电流斑，范围广泛，累及整个肢体或更大面积。电弧烧伤组织的病变区与周围正常组织间的界线极为分明，通常看不到一般烧伤所具有的过渡区。烧伤深度不等，常累及皮下组织、肌肉，有时深达骨质，使骨组织熔化，形成"骨珍珠"（osseous pearls）。

4. 电击纹（dectnic Lines） 电击后在人体表面可形成的树枝状或蜘蛛网状的红色条纹，电击纹多见于高压电，尤其是超高电压。形成的机制可能是电击时皮下血管扩张、麻痹、充血的结果，也可能是高压电或闪电放光后的"泼溅"引起皮肤浅度烧伤的结果。

（二）内部征象

电击死者常显示窒息死亡的一些征象，多数死者可出现胰腺间质出血；内脏充血、水肿、点状出血；心脏及大血管内血液呈暗红色流动性；心外膜下，特别是主动脉瓣底部内膜下，有点状或斑块状出血；左、右心房扩张；心肌纤维可见断裂、嗜酸性染色增强和明显的不规则波浪状排列，间质水肿及多数肌溶性坏死灶；有时可见心肌间质血管细胞核拉长，呈栅栏状排列；有时血管发生破裂、出血，血栓形成。在致死性电击中，表现为室颤。电流直接通过脑时，可发生脑撕裂伤，脑组织收缩及凝固、变硬。由电流直接作用或由邻近水肿组织压迫所致的周围神经损伤极为常见，受累的神经纤维肿胀、弯曲、断裂，此类损伤多为可逆性。但严重的神经损伤，有时引起该神经支配的组织坏死，肢体坏疽。电流刺激可引起肌肉剧烈的不协调地收缩，从而使肌肉撕裂甚至骨折；高压电击时，电流热效应还可引起骨坏死、胶原破坏和无机物熔化，形成骨珍珠；另外，高压电电击伤还可引起肝、肺、肾、胰腺、肠、胆囊等的出血坏死。

四、电击死的死亡机制
Mechanism of Death from Electricity

电击死是电流损伤的直接后果。电流除可直接引起心脏功能障碍外，还可因直接作用于心血管中枢及迷走神经或冠状动脉引起死亡。电流侵犯脑干和颈髓上段，可致中枢性呼吸麻痹；电流致呼吸肌痉挛可引起窒息死亡。此外高压电还可造成电烧伤（electric burn），伴继发性休克、脂肪栓塞或内部器官破裂而死亡。

五、电击死的法医学鉴定
Medicolegal Expertise of Death from Electricity

（一）电击死的确认

首先要向有关人员了解事情发生的经过、死者的穿戴情况、衣物有没有着火等；然后再进行现场勘验，注意环境潮湿情况、天气情况、尸体所处的位置、衣服状况、鞋袜有无击穿以及电源、电压和电流性质等情况；最后，应在充足的照明和设备条件下对尸体进行检验，仔细寻找电流斑，排除机械性损伤、窒息或中毒。

（二）死亡性质的确定

电击死多属意外，自杀和他杀电击死较少见。

1. 意外电击死　意外电击死多发生于家庭和工业低电压时，家中发生的意外常由于手触摸了磨损或破坏的电线造成；工业用电则由于违反技术操作规程、设计装配不良等引起；高压电意外常见于直接触及高压线或在高压电下工作者。意外电击均可见典型的电流斑，但因电流斑也可在死后形成，所以要注意鉴别是意外电击死还是他杀后伪装电击死。

2. 自杀电击死　自杀电击死多见于男性及精神病患者（如抑郁症），现场大多在室内，一般保持原始电击现场及特殊设计的电路。多用双极接触，如裸芯电极缠绕双腕；或一极接上肢，一极接下肢；或一极接心前，一极接后背；也有缠绕颈部的。偶见用高压电自杀者，长导线一端缠绕肢体，另一端系一重物（如砖石），抛在高压输电线上，也有爬上支撑高压线的铁塔上抓高压线而自杀者，触电者常在电休克时坠落，由高坠伤导致死亡。

3. 他杀电击死　他杀电击死多数趁被害人无防备或睡眠中突然袭击，现场被破坏，电源工具被隐藏，而后伪装成其他死亡现场，或伪装成意外电击死现场。对疑为他杀电击死者，要注意检查身体隐蔽部位有无电流斑或其他暴力痕迹。有时因多次反复电击，可造成身体多处电击伤痕形成；有时凶手用药水涂敷电流斑，以掩盖罪行。

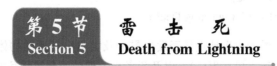

第 5 节　雷击死
Section 5　Death from Lightning

雷是在极短时间内产生的巨大自然放电现象。雷电支流从数点击向地面，接触人体而造成的死亡称为雷击死。

一、雷击对人体的损害
Bodily Damage due to Lightning

雷电具有电流直接作用、超热作用及空气膨胀导致的机械性损伤作用,其中,电流的直接作用对人体的危害最大,雷电作用于人体,或短时休克,或直接死亡,或引起迟发损伤。

1. 死亡 约半数受雷击者立即死亡。原因是电流通过心脏或脑干,致心脏停搏或生命中枢麻痹;或因雷击后电休克、严重烧伤后继发性休克或内脏器官损伤而死。另外,还有少数人可能是由于过度惊恐,发生神经源性休克(neurogenic shock)而死。

2. 雷击综合征(lighting syndrome) 如果受害人不即刻死于雷击,可能会产生雷击综合征,表现为意识丧失、外周或脑神经功能暂时障碍、闪电性麻痹(lightning paralysis)、传导性耳聋及皮肤烧伤等。

3. 雷击的迟发效应 雷击后幸存者可因周围神经分支受损,引起皮肤组织循环不良、神经痛、麻木或其他感觉障碍;雷击的放射损伤有时可引起白内障;少数人还可发生心理障碍及性格改变等。

4. 机械性损伤 雷击时,压缩空气所产生的冲击波打击人体,可引起体表和体内各器官严重的机械性损伤。

二、雷击损伤的征象
Signs of Lightning Injury

(一)外部征象

1. 衣着及所带金属物品的损坏 由于雷击的巨大作用,人体衣着常受到与皮肤极不相称的破坏,如被撕成小碎片,或被剥离于人体之外,衣帽鞋袜可见电流出入洞孔破损,随身金属物品被磁化等。

2. 雷电烧伤 雷电历时短,作用于体表的面积大,所以与一般电流尤其是高压电流不同,雷电直接引起烧伤的程度多在二度以下,但随身金属物品被熔化时可引起局部高热烧伤。

3. 雷击纹(lightning mark) 雷电通过皮肤遗留的红色或蔷薇色枝状或燕尾状斑称雷击纹,雷击纹由不同的红线组成,多数见于颈胸部,少数可发生在腹部和大腿处,一般在死后24小时内消失,但在活体可保存多日。这种特殊花纹对雷击伤很有诊断价值。

(二)内部征象

雷电击中头部,可引起明显的头皮下出血、颅骨骨折、硬膜下及蛛网膜下隙出血、脑延髓弥漫性点状出血等;雷击死者心内血液不凝,心壁破损,心肌挫伤,心肌纤维断裂;因气流的冲击及气压的变化,鼓膜常发生张力性破裂;此外,还可出现其他内脏器官的充血、出血以及浆膜和黏膜下的点状出血。

三、雷击死的法医学鉴定
Medicolegal Expertise of Lightning Death

通过调查和现场勘验,弄清出事地点是否发生雷击及雷击出现后的物体损坏证据,死者体表的特殊改变(雷电击纹、电流入口和出口),以及死者身上携带的金属物品的熔化和磁化,排除其他死因,可确定为雷击死。

雷击受害者可能不止一人,常有目击证人;受害者衣服被撕碎或烧焦,鞋子被炸开,炸口常在后跟部;地面、树木、建筑、动物及其他物品常有被雷击破坏的证据;雷击纹是雷击死最有价值的征象,但不是很常见,而且也易消失。因此,没有发现雷电击纹,并不能排除雷击死。

第6节 其他物理性损伤
Section 6 Other Physical Injuries

一、电离辐射所致的损伤
Injury Caused by Nuclear Radiation

电离辐射(ionizing radiation)指能引起物质电离的微粒子和电磁波,由它们的直接作用或继发效应所引起的机体损伤,称为电离辐射损伤。

(一)电离辐射损伤的原因

粒子及电磁辐射均能导致机体损伤,其中粒子包括 α 粒子、β 粒子、氘核、中子、质子、介子、正电子等;电磁辐射具有粒子及波动两方面的性质,从其粒子性能看电磁波是由许多微小粒子,即光子所组成,从其波动性能看,电磁波也具有波的一般属性,如无线电电波、光波、声波等。此外,γ 射线、X 射线也属于电磁波。

无论粒子或电磁波,作用于物质均能引起电离,故统称为电离辐射。电离指有一定运动速度的粒子或光子在进入物质后,破坏了该物质原子中的电平衡,即生成电子对。带电粒子通过静电作用使电子脱离原轨道,生成自由电子;电磁波引起的电离是原子吸收光子能量后放出一个带电粒子,也生成电子对。此外,粒子最终被原子核俘获后或光子能量被吸收后,还可使原子处于激发状态,这都会使物质处于不稳定状态,甚至发生结构的破坏。

不同的辐射,在通过物质时形成的离子对越多,引起物质的变化越大,其生物损伤效应也越强。此外,对机体损伤的程度还受辐射剂量、剂量率(单位时间剂量)、射线与机体的作用方式、外界环境及个体差异等条件的影响。

(二)电离辐射引起机体损伤的机制

电离辐射进入机体通过直接作用、间接作用和远离作用等几种方式造成机体组织结构和功能的损伤。

1. 直接作用 射线粒子或光子的能量被 DNA 或具有生物功能的其他大分子直接吸收,使生物分子发生化学变化称为直接作用。该作用破坏机体内大分子的结构,如使蛋白质链、DNA 或 RNA 链断裂。蛋白质结构变化会改变酶的活性,使细胞代谢受影响;DNA 破坏引起细胞染色体或基因的改变。辐射也可损伤细胞超微结构,如线粒体、内质网、溶酶体、核膜、细胞膜等。

2. 间接作用 辐射的能量通过扩散的离子及自由基的作用,被生物分子吸收而产生的生物学效应称为间接作用。间接作用可以使细胞内的水产生多种超氧离子和 H_2O_2,使许多酶丧失活性。同时间接作用也可以产生种类繁多的自由基,包括具有奇数电子的原子、原子团或离子等。自由基性质活泼,很容易与其他物质发生反应,使含 H、—CH、—OH、—COOH、—NH$_2$、—SH、—H$_2$PO$_2$ 等的原子、原子团发生一系列改变。

3. 远离作用 目前认为,远离作用产生的机制有:①通过神经途径:当神经组织受到辐射损伤(injury from radiation),或由于照射使其周围环境中的一些物质发生分解时,将产生冲动并传导到身体有关的部位,并导致其他部位组织细胞发生功能和代谢的变化;②通过内分泌途径:照射后机体内可以出现一些类似注入促肾上腺皮质激素(ACTH)和可的松一样的变化,体重减轻、淋巴组织萎缩、肝萎缩、皮肤组织萎缩、组织抗炎能力下降等；③通过"毒血症"：所谓"毒血症"指机体在放射性损伤（radioactive injury）后，组织中产生的某些毒性物质进入血液到达身体的其他部位，引起一系列变化。

（三）辐射损伤和辐射病

辐射损伤（injury from radiation）是连锁式的，首先破坏生物大分子，使其功能和代谢发生改变，进而导致细胞在结构与功能上的变化并影响各器官系统功能。

1. 细胞损伤 组织细胞对辐射的敏感性分为3类：① 对辐射敏感者：小于645mC/kg（2500R）即可致伤或致死，属于该类的细胞有淋巴细胞或原始淋巴细胞、原始粒细胞或原始红细胞、胃和小肠黏膜的细胞、生殖细胞；② 对辐射次敏感者：645～1290mC/kg（2500～5000R）可致伤或致死，包括皮肤上皮及其附属器、血管内皮、唾液腺、软骨（正在生长的软骨）、眼结膜、角膜及晶状体、胶质及弹性组织；③ 对辐射不敏感者：1290mC/kg（5000R）以上才能致伤或致死，包括肾、肝、甲状腺、甲状旁腺、胰腺、垂体及肾上腺、成熟的骨及软骨、肌细胞、脑及其神经组织。辐射对细胞的作用：① 使细胞分裂延缓或停止：可致细胞分裂不能按正常周期顺序进行。细胞分裂周期分 G_1、S、G_2 及 M_4 期，辐射对于处于S期及 G_2 期的细胞损害大，其次是 G_1 后期。② 使DNA发生不同形式的断裂：如单链断裂、双链断裂、一次断裂、二次断裂，断裂后错误的连接则可引起染色质畸变。辐射也可引起染色体丢失、移位、黏着，基因减少、移位、变异等，使细胞发生突变。③ 巨型细胞形成：这是因为子代细胞的融合或细胞分裂抑制所致。细胞分裂抑制而DNA合成仍持续进行可导致四倍体形成，常在辐射后的脾脏、淋巴结、睾丸及小肠黏膜等处见到。④ 损害非分裂期细胞，引起细胞变性、坏死。电镜下可见核膜内外层扩张，形成空泡，或外层突出形成大泡、破裂，染色质流到胞浆内，核仁肿大、碎裂。

2. 各系统器官的损伤 各器官由实质和间质组成，实质细胞损伤会直接影响器官功能，间质细胞的破坏会加重器官功能的衰竭。由于各系统器官及实质细胞对辐射的敏感性不同，其病理变化也各不相同。

（1）造血器官的损伤：① 外周血改变：外周血象改变是造血器官骨髓、脾、淋巴结及胸腺等变化的反映。粒细胞在照射后立即出现短暂性升高，然后下降；形态上也出现变化，如细胞大小不等，胞浆浑浊、出现空泡，核染色质聚集成块等；在功能上其吞噬及消化能力均有下降。淋巴细胞在照射后数量急速下降，而后缓慢上升，下降幅度与照射剂量有关。外周血小板数量在照射数天后开始下降，衰老血小板相对较多，出现巨血小板；由镜下可见血小板透明带缺损、消失。红细胞系变化较小且恢复较快。② 骨髓：小剂量照射后，在光镜下可见充血（hyperemia）、局部灶性渗出性出血和间质水肿。在细胞成分上见到粒细胞减少，红细胞相对增多。由于血窦破坏，微循环发生障碍，引起红系、粒系细胞灶性、渐进性坏死。大剂量照射数小时后骨髓血窦破坏严重，残留的间质呈胶样变性。骨髓细胞分裂现象消失，幼稚细胞坏死。吞噬细胞出现，吞噬并清除核碎片及受损伤的红、白细胞。③ 脾脏：脾组织对放射线敏感。在 LD50/30 剂量照后1天，脾脏即明显缩小，被膜皱缩，质地变软。2～8天可缩小到原重量的20%～30%，切面可见脾小体颗粒感消失，在脾实质及被膜下可见大片状、点块状出血或血肿。

（2）消化系统的损伤：在消化系统中小肠对放射线最敏感，其次为食管、胃、结肠、直肠、口腔。主要变化是黏膜上皮细胞核分裂停止，上皮细胞变性、萎缩、细胞器破坏。较低剂量（200～300rad）引起点状出血、浅表溃疡，大剂量（500～1000rad）引起消化道多处大片出血、坏死与溃疡。

（3）内分泌器官的损伤：肾上腺、睾丸及卵巢对放射线很敏感。肾上腺皮质各带可出现细胞松散，甚至出血、坏死；200～500rad 剂量可致睾丸性绝育，400rad 剂量可致卵巢性绝育。

(4) 神经系统的损伤：中、小剂量照射可引起中枢神经系统功能变化，超致死量（1500～5000rad）可致脑出血、脑坏死。

(5) 心血管的损伤：小血管扩张、内皮肿胀，血管通透性增加，甚至破裂出血。在肺可引起肺泡壁透明膜形成，肾脏毛细血管球也出现类似改变。

(6) 晶状体的损伤：晶状体的繁殖细胞对射线很敏感，200～250rad一次照射即可引起白内障。

(7) 皮肤的损伤：急性放射性损伤的皮肤损害分为4度。第一度为早期或中期红斑，表现为真皮毛细血管充血、水肿及周围炎细胞浸润；第二度为红斑性皮炎，皮肤红斑、瘙痒、脱屑；第三度为水疱性皮炎，局部皮肤形成水疱，愈后留下永久性萎缩或瘢痕；第四度为皮肤坏死，坏死可深达皮下组织，使皮肤形成溃疡。

3. 辐射病　由于辐射所致人体各系统、各器官功能和结构破坏，从而引起的全身性疾病称为辐射病。根据照射量、症状、病程及病理表现可将急性放射病分为造血型（骨髓型）、肠型、脑型（神经型）。

（四）辐射损伤的法医学鉴定

人体受到放射性物质极大剂量照射时，可因急性血液循环障碍而在照射的当时休克死亡。照射后发生急性放射病者，其死亡原因可以是实质器官的急性变性及功能障碍，特别是心肌的急性变性、心肌炎、纤维素性心包炎，内分泌腺的急性衰竭，脑的出血、水肿及神经细胞坏死，心、脑、肺及肾上腺的广泛出血，咽喉炎以及白细胞急剧减少而发生的严重感染等。

在对辐射损伤或死亡进行法医学鉴定时，首先要查明其损伤或死亡是否确由放射所引起，是由外照射或内照射所致，放射的剂量、作用时间等。尸体内检到放射性物质，或案情调查证明有大量放射物接触史，以及查见急性放射损害的各种改变，才可鉴定为放射性损伤致死。然后还要对死亡性质进行确定，查清是属于意外事故、职业性损伤，或自杀、他杀等。

二、气压异常所致损伤及死亡
Injury Caused by Abnormal Pressure

人类正常生命活动的维持需要一个适度的大气压，气压过低或过高都会导致人体生理功能障碍，甚至引起死亡。

（一）高空（山）病（altitude sickness）

当人在短时间内由平地登上高空或高山，由于无法适应低气压缺氧的环境，致使血液内氧分压下降，刺激呼吸中枢，反射性地使呼吸加深、加快，使肺通气量增加，体内二氧化碳排出过多，出现呼吸性碱中毒，脑血管痉挛，从而进一步加重脑缺氧；此外，血氧过低还可使心肌严重受损，导致心力衰竭。

一般高度在3000～4000m时会发生呼吸急促、头痛、疲劳、恶心、呕吐等；4500m以上高度时，症状加重，出现脉搏加快、精神功能障碍，类似醉酒状态，往往过高估计自己的力量，无视危险的存在，有些人还会发生肺水肿、胸闷、胸痛、发绀、口鼻溢出大量泡沫痰、肺呼吸音减低等；高度6000～8000m为生命的极限点；在7000～7500m高度时10～15分钟即可死亡。

因高空病而死亡者尸体出现类似窒息的征象，内脏器官血管高度扩张、淤血，甚至出血，以肺、心脏、鼻腔黏膜、呼吸道黏膜表现尤甚。

（二）减压病（潜函病、潜水病）（decompression sickness）

减压病是一种在高气压环境暴露一定时间后，突然迅速转移到通常的气压环境时，机体组织和血液中因气泡形成而发生的病理综合征。因其主要由迅速减压引起，故称减压病。主要见于潜水作业、隧道作业、从失事潜艇脱险上浮、高压舱工作、高空飞行、宇宙飞船密闭舱发生故障等情况。

1. 减压病的发生机制 当人下潜至一定深度时，机体组织内溶解的惰性气体逐渐饱和，深度愈大，暴露时间愈长，组织中溶解的惰性气体的张力就愈高，溶解的气体总量也就愈多，直到体内的惰性气体张力与周围环境中各该惰性气体的张力相平衡。该过程为惰性气体在体内的饱和过程，这个过程的长短随机体条件、气体质量、环境压力等因素的影响而各有不同，一般需要几小时乃至几天的时间。当惰性气体在体内充分饱和或部分饱和后，如以适宜的速度从高压环境逐步减压，溶解在体内的惰性气体就会随着外界静水压力的降低，以及随之而来的肺泡内分压的降低，出现脱饱和过程，惰性气体可逐渐经过血液循环，通过肺顺利排出，不致在体内形成气泡。

如果减压过速，外界压力降得太快，体内惰性气体张力与外界环境中该气体的压力差太大，惰性气体就来不及由血液循环运至肺脏排出体外。于是，在短时间内就可能游离成气态，以气泡形式出现在体内任何部位。气泡形成的速度、数量和体积，取决于体内惰性气体张力与周围环境总气压的比值，超过饱和安全系数的程度越大，气泡形成越快、越多、越大。气泡一旦形成，气泡周围组织和体液中所溶解的各种气体，包括氧和二氧化碳，都将向气泡内扩散，使气泡体积更大。血管内大量气体栓塞及组织内大量气泡形成，导致各组织器官的功能障碍，出现不同程度的症状甚至严重的后果。

2. 减压病的症状和体征 减压病症状出现的时间长短不一，可发生在减压的当时，但绝大多数从出水后数分钟至数小时不等。症状出现愈早、病情愈严重；任何部位的症状均可能出现。轻者最常见的或许唯一的症状是皮肤瘙痒，其原因是由于皮下、皮下蜂窝组织以及汗腺内有气泡形成，刺激了感觉神经末梢，还可有灼热感、蚁走感及出汗、水肿或皮下气肿等症状。肌肉关节痛也是常见的症状，以膝关节最为多见，肘关节、肩关节次之；疼痛程度由极轻微的疼痛到不能忍受的剧烈疼痛；可以是钝痛、跳痛、刺痛或痉挛性疼痛等多种不同性质的表现。心血管系统受累时可出现皮肤黏膜发绀、脉速、心肌出血，当心脏冠状动脉栓塞时则可造成迅速死亡。呼吸系统的表现可有胸痛、咳嗽、呼吸困难，有时还有咳血现象；听诊时呼吸音减弱，可以听到水泡音、湿性啰音。中枢神经系统受侵害时可发生感觉失常、感觉过敏、头痛、眩晕、失语、运动失调甚至截瘫。当内耳迷路内气泡形成时，可以引起梅尼埃综合征；胃肠道血管被栓塞时，可引起腹痛、腹胀、恶心、呕吐、腹泻等症状。长期从事潜水作业的人员可以出现骨及关节的破坏及损伤，导致骨坏死。

3. 减压病的法医学鉴定 在进行减压病的法医学鉴定时，应查明伤者有无高气压停留或减压不当的历史，详查其症状，并对可疑者进行加压试验，如症状缓解便可证实其为减压病。

（三）氧中毒 (oxygen toxicity)

氧是维持正常生命活动所必需的，但若吸入纯氧或吸入气体的氧分压太高时，则会发生氧中毒。

1. 氧中毒的机制 氧对机体的酶是一种强有力的抑制剂，高分压氧可使琥珀酸脱氢酶、丙酮酸氧化酶系统、磷酸丙糖脱氢酶、苹果酸脱氢酶、谷氨酸脱氢酶及酮戊二醇等带有的—SH 基被氧化而失去活性，从而影响人体的生物化学反应，引起组织细胞的损害。氧中毒还可使肺泡表面活性物质减少，降低肺泡的表面张力，导致呼吸功能障碍。由于高压氧抑制脑细胞酶的活性，改变了脑细胞的代谢或影响脑细胞的反应，使中枢神经系统内出现不协调的生物电活动，持久的损害可致神经细胞变性坏死。

2. 氧中毒的影响因素 氧中毒的发生因个体耐力不同，差异颇大；氧分压的高低不同，对机体的各种生理功能影响亦不同。当氧分压在 $0.6\sim1\text{atm}$（$1\text{atm}=101.325\text{kPa}$）时，氧的毒性主要表现在视觉系统；氧压在 $1\sim2\text{atm}$ 时，氧的毒性主要表现在呼吸系统；大于 3atm 时，其毒性作用主要表现在神经系统。

3. 氧中毒的临床表现　在高压氧下可使未成熟婴儿产生晶状体后纤维组织增生、视网膜上大量的血管阻塞及血管增生，使视网膜功能障碍，造成永久性失明，但发育完全的婴儿或儿童则不发生上述损害，在成人则很少产生永久性后遗症。肺氧中毒的主要症状为咳嗽，还可以感到胸骨后不适，鼻、喉部的刺激反应和肺活量的减低，严重者出现肺不张，听诊有干、湿性啰音与支气管呼吸音，语音震颤增强，叩诊浊音，肺部实变，可因呼吸功能障碍而致死亡。神经系统受损的表现为肌肉痉挛，初为阵发性，以后转为持续性痉挛，并伴有指端麻痹、皮肤苍白、出汗、心悸、流涎，甚至出现癫痫样大发作。

三、激光损伤
Laser-induced Injury or Laser Damage

激光是一种受激发射的光波，其频率高达 1013～1015Hz，具有强大的集中的能量。激光技术广泛应用于医疗、工业、农业、国防及航天等领域，操作不当时可发生职业性意外损害，在现代战争或者警务中，也有使用激光武器进行杀伤的。

（一）激光损伤的机制
激光对人体损伤的机制主要是热效应和压强效应。当激光光子和生物分子相互作用时，组织所吸收的激光能量转化为热能，使组织内温度上升，引起组织蛋白变性、酶失活，严重者组织细胞受伤死亡、炭化或烧毁。当强激光脉冲聚焦于受照的微小面积时，局部液体沸腾或固体气化，急剧提高细胞内和组织内的压强，引起微型爆炸，从而破坏组织细胞的结构和功能。此外，激光对人体还可产生光化效应及电磁场效应，造成细胞、组织的损伤。

（二）激光损伤的临床表现
激光损伤可引起全身性功能变化，如全身和视觉分析器疲劳、眼沉重感、眼痛、头痛、易激动、兴奋、失眠、多汗、反射和骨膜反射亢进，血管反应性及血压不稳定等。

激光引起的局部损伤主要是眼损伤和皮肤损伤。激光热效应对眼的危害最大，最常见于眼底，特别是视网膜受辐射时，发生瞬息加温，产生蒸汽与冲击波，引起眼底烧伤、视网膜剥离；有时还可引起眼睑、球结膜、虹膜损害；远红外区辐射被表皮组织吸收，造成眼睑皮肤、结膜、角膜烧伤；$0.28\sim0.32\mu m$ 的辐射被角膜、球结膜吸收，可引起激光性眼炎；$0.32\sim0.4\mu m$ 辐射能致晶状体损伤，发生白内障。

（三）激光损伤的法医学鉴定
激光损伤多为职业损伤或意外事故，法医学鉴定时，可协同专业人员调查案情，查明有无激光发射源接触史，并根据损伤情况即可做出判断。

四、微波损伤
Microwave Injury

微波指波长在 10m 以下，频率范围为 100～300 000MHz，波的运动约为每秒 300 000km 的电磁波。微波技术在世界上应用广泛，微波源的数字在惊人地增长，如电话中继站、电视、电子计算机、通讯、卫星通信系统、微波炉以及军事上的许多监督、警报、干扰系统等。

长期以来，人们认为微波像无线电波一样能够穿过人体或渗入人的机体，是没有危险的。事实上，当微波频率低于 150MHz，其能量几乎全部穿透人体时，对人体也是有一些危害的；频率在 150～1200MHz 范围内的微波，容易被体内部分吸收，对内脏器官危害较大；频率在 1000～3300MHz 范围内的微波，容易被机体表面及皮下深部组织吸收，并转化为热能；频率高于

3000MHz 的微波，几乎全部被生物机体表面吸收，对皮肤和眼睛损害极大。近年来，对微波防护的研究表明，大功率或低功率长时间的微波辐射，都可能导致白内障的发生。

微波对人体的损害机制是致热效应和非致热效应。当高强度微波照射全身时，可使体温升高，产生高热反应：疲倦无力、头痛、失眠、易激动、记忆力减退、晕厥；还可出现消瘦、心动过缓、血管张力减退、收缩期杂音、甲状腺增大等；个别人还可出现精神症状，如烦躁不安、癔症发作；还可有脱发、性功能障碍、晶状体浑浊等。人体最容易受微波损伤的是眼睛和睾丸，因这两种器官的感觉神经分布不如皮肤那样丰富，并且缺乏能起冷却作用的血管系统，因此，热作用的效应明显，可以导致白内障、结膜、虹膜充血以及视网膜病变；使精子生成减少甚至引起不育。微波还可引起阳痿、月经周期紊乱、妇女乳汁分泌下降等。低强度微波照射，可产生非致热作用，其机制尚不明了，主要是神经性的，如头痛、眼痛、失眠、白昼嗜睡、急躁、多疑、记忆力减退。长期照射后，会引起前额部脱发、肌肉钝痛、性功能下降；有时还可引起心动缓慢、血压下降等。

微波损伤多为职业损伤或意外事故。法医学鉴定根据患者有无微波接触史、临床表现等即可确定。

五、超声波损伤

Ultrasound-induced Injury or Ultrasonic Injury

人耳能听到的声音，其声波每秒钟振动的次数（频率）在 20~20 000Hz；频率低于 20Hz 又不能引起听觉的声波，叫次声波；凡频率高于 20000Hz 的声波，叫作超声波。

超声波技术广泛应用于工业、农业、医学、地质和海洋等研究领域中，但若使用或保管不当，或声强超过机体的耐受限度时，便可引起机体损伤，甚至死亡。超声波在人体组织传播过程中，其波峰与波谷可引起组织内强大的压力差，产生机械效应而破坏组织细胞。超声波声能被组织吸收后，可转变为热能，引起组织升温，其损伤程度与温度升高的程度有关。一般认为，低声强、长时间辐照引起的损伤以热效应为主。而在声强高、辐射时间短的情况下，引起损伤的机制是以瞬态超声空化效应为主，其化学效应可使组织复杂分子的化学键断裂、蛋白质变性、酶活性降低及芳香族氨基酸环断裂等，从而引起组织细胞的损害。伤者表现的症状可有失眠、头痛、眩晕、步态不稳、感觉过敏或异常等，有时还可出现低血糖、嗜酸粒细胞增多等。当怀疑超声波使人致伤、需要法医学鉴定时，应同专业技术人员合作，查明有无超声波接触史，检查损伤的情况，在排除其他暴力伤或激光、微波的损伤后，才能确定超声波的损伤。

另外，频率低于 20Hz 又不能引起听觉的次声波也能对人体造成损伤。人身体器官有着自己固有的振动频率，如腹腔器官的振动频率一般是 4~8Hz，正好处在次声波范围之内，所以，当人体受到次声波穿透时，必然会引起共振、加剧振动，直至引起不同程度的损伤。受损伤者的常见症状包括头痛、心烦、失眠、耳鸣、胸部有压迫感、四肢麻木、恶心、鼻出血、心跳过速，严重者呼吸困难、失去知觉、内脏破裂出血，甚至死亡。

猝 死
Sudden Death

第1节 猝死概述
Section 1 Overview of Sudden Death

一、猝死的概念与特征
Definition and Characteristics of Sudden Death

（一）猝死的概念

猝死指平时貌似健康的人，因潜在性疾病突然发作或恶化，在症状出现后 24 小时以内发生的急骤死亡。

由于猝死的发生率高，死亡迅速，且有时发生在某些诱因（factors）之后，因此较之一般的自然疾病死亡更容易被人怀疑为暴力性死亡（violent death），又称非自然死亡（unnatural death），并因而涉及某些刑事案件、民事纠纷或其他法律问题，故在法医病理学（forensic pathology）上占有十分重要的地位。

（二）猝死的特征

（1）死亡急骤：猝死从症状发作到死亡不超过 24 小时，有些在症状发作后 1 小时内，甚至仅几十秒钟。这种极迅速的猝死又称即时死，最多见于心脏的疾病。

（2）死亡出人意料：死亡出人意料是猝死最重要的特点。不少猝死者，生前貌似健康或仅有轻微的疾病症状和体征，他本人、他的亲属或周围的人，甚至他的经治医师都没想到患者会很快发生死亡，因而感到意外。

（3）自然死亡或非暴力死亡（natural death）：猝死并非暴力死亡，因为猝死的根本死因是自然疾病。有时猝死虽然发生在纠纷或某些暴力作用以后，但这些纠纷或轻微外伤只是诱发了潜在的自然疾病突然发作或恶化，不同于前述的机械性损伤等暴力作用所致的暴力性死亡。

（三）猝死的发生

（1）猝死发生时常无目击者：有的患者因一人在家或外出，发生猝死时无其他人在场目击，故不知其发生猝死时的具体情况。但有的人发生猝死时即使是与人同睡在一个房间，甚至同睡在一个床上，也可能不知道其死亡发生的情况，也属于无目击者。这类猝死最容易使人怀疑暴力性死亡。

（2）睡眠或休息时发生猝死：有的人可无任何明显诱因而在睡眠或休息时发生猝死，此时易怀疑为中毒死亡。

(3) 工作期间发生猝死：过度用力、劳累、紧张、高热或低温等都可成为猝死的诱因。这类猝死易引起劳动纠纷。

(4) 医疗过程中发生猝死：当患者猝死发生在医院的门诊或住院部的诊断、检查、治疗过程之中或其后不久时，易怀疑是医务人员诊疗失误而发生医疗纠纷（medical tangle）。如某患者因突发剧烈腰痛，伴左侧肢体麻木 4 小时后到某医院就诊。医院输液后 3 分钟，患者突然出现意识丧失、四肢抽搐、口吐白沫，后抢救无效死亡。家属怀疑输液时用错药导致死亡。尸检见心包腔内 540ml 血液和凝血块，升主动脉有 9cm×7.5cm 范围的夹层动脉瘤，动脉瘤外膜有 1.8cm 长的纵形条状破裂口。鉴定为主动脉夹层（aortic dissection，AD）动脉瘤破裂出血致急性心脏压塞（cardiac tamponade）猝死。本例患者升主动脉有夹层动脉瘤的症状不典型，就诊时表现为腰痛和肢体麻木，动脉瘤（aortic aneurysm）破裂后病情发展迅速，医师来不及抢救，所以不构成医疗事故（medical negligence）。

(5) 纠纷或斗殴后发生猝死：这种情况最容易引起诉讼，常怀疑是因外伤死亡。猝死者的身上可能有一些轻微的外伤，即使外伤明显，但显然不会致命，或者根本检查不出任何明显的外伤痕迹。但是，纠纷和外伤能使患者过度用力、劳累和情绪紧张或低沉，这些都是猝死常见的诱因，其根本死因仍然是死者本身潜在的致命疾病。

(四) 猝死的内外条件

1. 性别 国内外资料表明，猝死者男性多于女性，有的超过 2 倍。

2. 年龄 猝死虽然可发生于任何年龄，但一般有两个高峰期：出生后 6 个月内和 35～70 岁。

3. 职业 可见于不同的职业，但是以工人和农民为多，其次是干部和知识分子，军人和学生较少。

4. 季节 任何季节均可见，但在北方的寒冷冬季发生率较高，特别在天气突然转寒的时候；而南方则以炎热的夏季猝死者较多。

5. 场所 可发生在任何场所，少数死于医院，但大多死于医院外，其中包括劳动者在工作中、出差或旅游住在旅馆中、路上行走中、家中等。

二、猝死的发生原因
Causes of Sudden Death

(一) 猝死的病因

(1) 心血管疾病猝死（sudden death from cardiovascular disease）：心血管疾病猝死是国内外最为多见的猝死，尤其是冠心病、高血压性心脏病、主动脉硬化、原发性心肌病、主动脉夹层动脉瘤等；

(2) 呼吸系统疾病猝死（sudden death of pulmonary disorder）：呼吸系统疾病猝死是年幼儿最常见的猝死，如支气管肺炎、间质性肺炎、羊水吸入性肺炎、支气管哮喘等；

(3) 中枢神经系统疾病猝死（sudden death of disease in the central nervous system）：也较为常见，尤其是脑和（或）脑膜的各种出血或炎症；

(4) 消化系统疾病猝死（sudden death of digestive disease）：消化性溃疡出血或穿孔、急性重型病毒性肝炎、肝性脑病、肝肾综合征、急性出血坏死性胰腺炎（acute hemorrhagic necrotic pancreatitis，AHCP）等；

(5) 泌尿系统疾病猝死（sudden death of renal and urogenital disorder）：较少见，如各型急性肾炎、急性肾衰竭等；

(6) 生殖系统疾病猝死（sudden death of reproductive disease）：包括子宫外孕（extrauterine pregnancy）破裂出血、妊娠高血压综合征（子痫）(pregnancy-induced hypertension syndrome，PIH)、肺羊

水栓塞 (amniotic fluid embolism) 等；

(7) 内分泌疾病猝死 (sudden death of endocrine disease)：包括甲状腺功能亢进症、糖尿病 (diabetes mellitus) 等；

(8) 急性传染病猝死 (sudden death of acute infectious disease)：包括流行性脑脊髓膜炎 (epidemic cerebrospinal meningitis)、病毒性脑炎、中毒性细菌性痢疾、流行性出血热等；

(9) 代谢障碍性疾病猝死 (sudden death from error of metabolism)：如维生素 B 缺乏性心脏病、水盐代谢紊乱、高钾或低钾、各类酸中毒等；

(10) 免疫系统疾病猝死 (sudden death from disease of immune system)：如过敏性休克、重症药物反应、免疫缺陷病等；

(11) 其他猝死：指一些目前尚未能明了真正病因的自然疾病猝死，它们常以综合征命名，如青壮年猝死综合征 (sudden manhood death syndrome, SMDS)、婴儿猝死综合征 (sudden infant death syndrome) 等。

(二) 猝死的诱因 (predisposing causes of sudden death)

猝死的诱因指对正常人无害或危害较小，但却能诱导或促进原患有能引起猝死的自然疾病的患者发生猝死的因素。猝死的诱因多种多样，常见的有：

1. 体力活动突然增强 跑步、登山、打球等剧烈活动和搬运重物、用力等重体力活动时，其心肌耗氧量急剧增加，使心肌相对缺氧，或使血压突然升高，对患有心脏病、高血压病的人来说，就可能导致猝死。如有一位 60 岁的老人外出旅游，欲登上某山顶，当爬至半山腰时突然自觉气急、胸闷、心慌，然后倒地死亡。尸检见其冠状动脉左前降支和右主支动脉粥样硬化病变 4 级，左前降支伴发新鲜血栓形成。鉴定为重症冠心病并发新鲜血栓形成而猝死，其爬山所致体力活动增强是发生猝死的诱因。

2. 强烈的精神因素 精神紧张、情绪激动、兴奋、争吵、恐惧、惊吓和应激等都可使人的神经、内分泌在短时间内发生急剧的变化，从而引起心血管运动应激性改变，导致血压上升、心搏增快等而引起猝死。历史上就有一些因过度的喜怒哀乐而突然死亡的记载。如某男，67 岁，既往"健康"。一日因故与邻居老太发生争吵，跑到对方门前痛骂不已，在家人劝其回家时突然倒地昏迷、四肢抽搐，即送医院抢救无效死亡。经法医解剖病理检验，结论为在原患高血压及脑动脉硬化 (cerebral arteriosclerosis) 基础上发生蛛网膜下隙出血 (subarachnoid hemorrhage) 而猝死。死前剧烈的情绪激动和活动增加显然是此次猝死的诱因。

3. 外伤 有的猝死发生在纠纷时拳打、足踢等轻度外伤的当时或其后不久，此时除了外伤以外，对猝死发生影响更大的可能是纠纷时的体力活动增加和情绪激动。如某男，69 岁，一日在自家门口见中巴司机与人吵架，在前去劝架过程中，胸部被司机打了两拳，后向前赶了七八步随即倒地，被人扶进家门，发现心搏、呼吸停止，已死亡。从被打倒至死亡仅几分钟。其家属认为是被司机打死的，引起诉讼纠纷。法医检验尸体除见前胸部皮肤青紫出血外，尸表其他部位和各体腔、内脏均未检见明显破裂、出血等损伤病变。冠状动脉各支均有严重的动脉粥样硬化病变，其中左主干 3 级，左前降支、左旋支和右主支 4 级并伴有钙化形成。鉴定结论为该男在原患重症冠心病的基础上，因外伤诱发急性冠状动脉功能不全而发生冠心病 (coronary heart disease) 猝死。

4. 精神心理创伤 有些人在受到外伤后，外伤本身可能已恢复，但当纠纷未能得到他认为合理的解决时，因纠纷和外伤所受到的精神心理创伤可能持续相当长的时间。这种精神心理创伤也可成为潜在疾病发生猝死的诱因。这类诱因尚未被人充分认识，但实际生活中并不少见。

5. 暴饮暴食 一次过量饮食可引起消化系统功能的突然变化，有时能诱发猝死。如引起胰腺胰液的过度分泌，可诱发急性出血坏死性胰腺炎猝死（sudden death of acute hemorrhagic necrotic pancreatitis）。

6. 过冷或过热 有心、脑等疾病的患者，特别是老年患者，当天气突然变得过冷或过热时，体内调节自稳的机制可能发生失调，可诱发原有疾病突发猝死。

7. 急性感染 有潜在能引起猝死疾病的人，如果又有急性感染，如化脓性扁桃体炎、支气管肺炎（lobular pneumonia）、上呼吸道感染等，都可能成为猝死的诱因。

需要指出，并不是所有的猝死都一定有诱因，不少猝死发生在患者睡眠或安静休息时，而且，诱因在猝死的发生中仅起了诱发的作用，根本死因是死者体内早已潜在的能致猝死的自然疾病。

三、猝死的法医学鉴定
Medicolegal Expertise of Sudden Death

猝死虽然是非暴力性死亡，但由于各种原因常需要法医检验鉴定，因而是法医病理学鉴定实践中最常遇到的问题之一。不少自然疾病死亡与猝死的表现可能类似于某些暴力性死亡，或者由于死亡发生的情况不清或其他原因，被怀疑是暴力性死亡或医疗事故，引起矛盾或诉讼纠纷。另一方面，有些犯罪分子，以暴力方式杀人以后，为了逃脱罪责，又常将案情和现场伪装成自然疾病死亡或猝死。猝死的法医学鉴定应注意以下几点：

1. 案情调查 猝死案例的法医学鉴定，首先应进行认真、仔细的调查案情。除一般案例常规应进行调查的项目外，特别要详细了解发病时的症状、体征、诊治抢救经过、发病到死亡的时间及其过去病史等。如有条件，也应参与相关的现场勘查（investigation at the scene），特别是对死亡的地点、环境及死者的遗留物等要全面重点地检验。对无目击者的，要调查死者过去史、家族史，收集有关病历等资料。

2. 现场勘查 因猝死可发生于各种场所，且常无目击者，故必须对死亡的场所和死者的遗留物等做全面重点的检验。

3. 尸体检验 全面系统的尸体检验是自然疾病死亡与猝死法医学鉴定必不可少的重要一步。大多数自然疾病死亡与猝死者尸体外表都没有明显的变化，仅做尸表检查一般不能明确其死因，也不能将其与隐蔽的暴力性杀人犯罪相鉴别。所以，除了需要提取重要的内脏组织做病理组织学检查外，必要时还应提取血液、尿液、胃内容物和器官组织做毒物分析（toxicological analysis）、生物化学检查等辅助检验。

4. 科学地分析与鉴定死因 许多自然疾病与猝死的尸体病理变化并没有特异性，即使有显著的器官病理形态学改变，也不一定就是真正的死因。因为有许多患有严重疾病的人，还能像正常人一样地生活和工作，不一定就在某次事件中死亡。所以，分析死因时，一定要把尸检结果与相关的案情和现场情况结合起来分析。尤其要注意死因的病理诊断，要与死前的疾病症状和体征相一致。

根据死亡案例的法医学检验结果进行论证分析，大致有以下几种鉴定结论：

（1）猝死死因明确：尸检可见明显致死性器质性病变，如主动脉瘤破裂等；并排除致命性的暴力性损伤，包括外伤、机械性窒息等。

（2）无明显器质性病变：必须排除损伤、窒息、中毒等暴力死的可能性，再结合发病特点慎重进行诊断，例如青壮年猝死综合征等。

（3）检见毒物：应根据毒物的种类、毒性、体内含量和疾病的种类、严重程度综合分析、判断是猝死，还是中毒致死。如尸检发现冠状动脉硬化，但从体内检出大量毒物（如磷化锌），应鉴定为中毒死亡。相反，虽检出毒物，但经案情调查是作为治疗药物（如催眠、镇静药）进入体内，且体内含量未达到中毒或致死量（lethal dose），体内又有足以解释死因的重要病变，则鉴定为猝死。

（4）检见损伤：应根据损伤程度、疾病严重程度综合分析判断是因病猝死，还是损伤致死。①单纯因损伤致死：如尸检时发现严重的致命伤（如颅脑损伤），即使同时检见某些器官有明显病变（如冠心病），应认为是损伤致死，死因与疾病无关；②单纯因疾病致死：虽检见损伤，但较轻微，或与死亡间隔时间长，同时又发现有明显的致死性病变，应认为疾病致死，死因与损伤无关；③损伤是主要死因，疾病是潜在的辅助因素：即原患疾病（preexisting natural disease）不会迅速致死，在受到损伤后即发生致命的后果；④疾病是主要死因，损伤是促发因素：例如脑血管畸形患者，在头部受轻微打击后促发病理性蛛网膜下隙出血而致死。

第2节 心血管系统疾病的猝死
Section 2　Sudden Death of Cardiovascular System

猝死的病因中，心血管系统疾病最常见，占猝死总数的40%~60%，其中冠心病最为多见，约占心血管系统疾病引起猝死的90%。

一、冠心病所致猝死
Sudden Death of Coronary Heart Disease

1. 冠心病（coronary heart disease）**概述**　冠心病系冠状动脉粥样硬化性心脏病（coronary atherosclerotic heart disease）的简称。冠状动脉是供应心脏自身血液的动脉，由主动脉根部发出左、右两条，分别称为左、右冠状动脉。左冠状动脉分前降支及左旋支两大分支动脉，主要供应左心血液；右冠状动脉主要供应右心。由于脂质代谢障碍等因素，胆固醇沉积于动脉壁内膜下，使血管壁局部增厚变硬，产生硬化斑块，向管腔内凸起，进而斑块内出现坏死，形成粥样物，故称动脉粥样硬化。好发生于冠状动脉、主动脉、脑动脉，可使动脉管腔狭窄，影响动脉供血给相应组织。冠状动脉及其分支的粥样硬化，可使心肌缺血（myocardial ischemia），影响心脏功能。故冠心病属于缺血性心脏病。

2. 猝死的机制　由于冠状动脉粥样硬化斑块逐渐增大，斑块内出血或并发血栓形成以及冠状动脉痉挛等，致使冠状动脉管腔狭窄（stenosis of coronary ostium），甚至阻塞，引起该动脉相应供血部位心肌缺血，严重时可发生心肌坏死，称心肌梗死（myocardial infarction）。心肌梗死的直接后果是心肌收缩力量明显下降，特别是大面积心肌梗死，可发生急性心力衰竭、心源性休克（cardiogenic shock）而猝死。心肌缺血往往可引起心电变化，发生心律失常，特别是心室纤维性颤动和心搏停止，是冠心病猝死的主要机制之一。少数患者是由于心壁全层梗死，可发生心脏破裂、急性心脏压塞而死亡。心肌梗死还可引起心腔内乳头肌断裂、附壁血栓等严重并发症（complication），进而导致猝死。

3. 法医学鉴定要点　鉴定时必须详细调查案情及既往病史。冠心病猝死多发生在中年以后，一般在发病后数小时之内死亡。可有明显诱因，如情绪激动、体力活动等，也有无明显诱因而发生在休息或睡眠中猝死者。有的曾就医，确诊患有冠心病，有的则无冠心病病史资料。如果有其他疾病资料，则应注意排除其他疾病所致猝死。现场勘查时必须认真、细致，注意现场有无伪装及其他暴力痕迹。必须进行全面系统的尸体检验，并做病理组织切片检查。冠心病猝死一般可见冠状动脉粥样硬化，有的可发现心肌梗死等病变。

(1) 冠状动脉粥样硬化：好发于冠状动脉主干及较大分支，血管内膜有黄白色的硬化斑块，个别可发现硬化斑块内出血或并发血栓形成，使血管腔狭窄或阻塞。

(2) 心肌梗死：多发生于左冠状动脉前降支供血区的左心室前壁、心尖部及室间隔前 2/3 等处（占 50%）；其次是右冠状动脉供血区的左心室后壁（占 25%）及室间隔后 1/3 和右心室的大部分；偶见左心室侧壁，即相当于左旋支的供血区。

心肌梗死的早期，其病理形态改变不明显，2 小时以上的梗死，只可见心肌极轻微的变性；6 小时以上的梗死，方可见到心肌较明显的形态变化和开始出现白细胞浸润。因此，多数冠心病猝死者，对其进行尸体解剖时，往往只能发现冠状动脉硬化而不能发现心肌梗死。

二、高血压病所致猝死
Sudden Death of Hypertension

1. 高血压病（hypertension）**概述** 高血压病是由于血管运动调节障碍引起的以血压升高为主要症状的疾病。临床上可分为两种类型，一种是起病急骤、进展迅速的急进型（恶性）高血压病，这种类型较少见，约占高血压病的 5%，发病通常在 40 岁以下；另一种为缓进型（良性）高血压病，这种类型起病缓慢，开始症状不明显，通常于 40 岁以上发病，血压逐渐升高，病程往往在一二十年以上，多有家族史。

2. 猝死的机制 由于高血压及全身小动脉硬化，血流阻力加大，使左心负担加重，导致左心室代偿性肥大，以致发展成为高血压性心脏病（hypertensive heart disease）。体力活动、情绪激动等诱因可使血压进一步升高，心脏负荷增加，导致心力衰竭而猝死。尤其同时患有冠状动脉粥样硬化者，因冠状动脉狭窄而使相应部位的心肌血液供应不足，更不能满足肥大的心室之肥厚心肌的血液供应，因此更易发生心力衰竭或心肌梗死。另外高血压病者也往往发生脑出血性猝死（sudden death of cerebral hemorrhage）。

3. 法医学鉴定要点 首先了解死者有无高血压病等病史，死前的活动情况，有无体力活动、精神因素等诱因。尸体检验可见高血压病的主要病变，如心脏重量达 400~500g，左心室肥大，心室壁厚，心腔狭窄。有的因发生急性心力衰竭，左心室明显扩张。冠状动脉可检见硬化斑块，有的可发生心肌梗死。脑出血可发生于大脑、小脑、脑干等部位，多呈大片状出血。肾脏可检见明显的肾小动脉硬化，甚至肾体积缩小、变硬，即为肾固缩改变等。当尸体检验发现以上病理变化，便可确定患有严重高血压病及其并发症，但要在排除窒息、中毒、损伤等暴力因素的前提下，才可判定是高血压病所致猝死。

三、心肌炎所致猝死
Sudden Death of Myocarditis

1. 心肌炎（myocarditis） 心肌的炎性病变称心肌炎。引起心肌炎的病因很多，如按其原因分类，常见的有风湿性心肌炎、病毒性心肌炎、细菌性心肌炎、中毒性心肌炎，还有原因尚不清楚的所谓特发性心肌炎等。

(1) 风湿性心肌炎（rheumatic myocarditis）：是由全身性风湿病而累及心脏，称风湿性心脏病。病变不局限于心肌，一般同时累及心内膜及心外膜，因此风湿性心肌炎往往与心内膜炎、心外膜（心包）炎同时存在。

(2) 病毒性心肌炎（viral myocarditis，VMC）：是由病毒引起的心肌炎性病变，如柯萨奇病毒、脊髓灰质炎病毒、麻疹病毒、水痘病毒、腮腺炎病毒、流感病毒等均可引起心肌炎。因此，病毒性心肌炎多见于小儿,往往与上述病毒引起的疾病并发。

(3) 中毒性心肌炎:化学性毒物如砷、汞、磷以及磺胺类药物等可引起心肌炎;某些细菌毒素可致心肌炎,如白喉性心肌炎,往往亦可引起猝死。

2. 猝死的机制 心肌炎所致猝死主要由于心力衰竭、心源性休克或炎性病变累及心传导系统(cardiac conduction system)引起传导阻滞、心律失常(arrhythmia)而猝死。

3. 法医学鉴定要点 心肌炎的鉴定主要根据尸体检验所见心脏的病理变化,特别是病理组织学检查,如风湿性心肌炎,病理组织切片在显微镜下观察,可见特征性的风湿性肉芽肿形成,并往往伴有心内膜炎、心瓣膜变形及心包炎(pericarditis)等。病毒性心肌炎显微镜下除可见心肌间质非特异性炎外,还可见单个肌纤维或小群肌纤维坏死的特征性改变。白喉性心肌炎是由白喉杆菌外毒素引起的心肌广泛性损害,可在白喉病的急性期或恢复期发生猝死,鉴定时,除注意心肌病变外,特别应检查呼吸道原发的白喉病变,并结合病史作出鉴定结论。特发性心肌炎的心脏可呈轻度至中度扩张和肥大,病变广泛者,可见心肌内散在的黄白或灰白色境界不清的条纹或斑点。显微镜下,病变可分为弥漫型和肉芽肿型两种,弥漫型主要表现为非特异性心肌间质炎;肉芽肿型的特点是形成无干酪坏死的肉芽肿。这些病理组织学变化是鉴定特发性心肌炎的主要依据。

四、原发性心肌病所致猝死
Sudden Death of Primary Myocarditis

1. 原发性心肌病概述 心肌病指主要病变在心肌的一类心脏病,可分为原发性和继发性两大类。继发性指由某种已知疾病所引起的心肌病,如高血压病及上述的各种心肌炎等。原发性心肌病则为原因尚不明确的心肌病。根据病变特点可分为不同类型,如以心肌肥厚为主的肥厚型心肌病(hypertrophic cardiomyopathy)及以心室扩张充血为主的扩张型(充血型)心肌病(dilated cardiomyopathy)等。肥厚型心肌病又根据是否伴有流出道梗阻分为肥厚型梗阻性心肌病及肥厚型非梗阻性心肌病。扩张型心肌病有酒精性心肌病、心内膜弹力纤维增生症、心内膜心肌纤维化症、克山病(keshan disease)等类型。原发性心肌病的病因尚不清楚,肥厚型心肌病有家族性发病倾向,多认为与遗传因素有关;扩张型心肌病不同类型的病因有种种学说,尚未有统一认识。猝死的发生多见于肥厚型梗阻性心肌病及扩张型心肌病。

2. 猝死的机制 肥厚型梗阻性心肌病多由于左心室流出道梗阻,致使心排出血量减少,冠状动脉灌流量不足,加之左心室心肌高度肥厚,更容易发生心肌缺血而猝死。也可因病变累及心脏传导系统(cardiac conduction system, CCS),导致严重的心律失常而死亡。

扩张型心肌病多发生充血性心力衰竭致死,偶有附壁血栓脱落,致脑、心、肺等重要器官栓塞而猝死。

3. 法医学鉴定要点 目前多根据Hudson(1965)提出的"四阴性四阳性"标准诊断此病。"四个阴性标准":无冠状动脉病变,无心瓣膜病变,无高血压病,无心脏及大血管畸形;"四个阳性标准":一侧或双侧心肌肥厚或心室扩大、或两者兼有,心内膜增厚、纤维化,心肌有变性、坏死及纤维化,心腔内有附壁血栓形成,常见于左心室。鉴定时,必须结合病史资料,完全符合4个阴性标准,且具备4个阳性标准的一种或几种病变,方可判断为原发性心肌病猝死。

五、肺动脉栓塞所致猝死
Sudden Death of Pulmonary Artery Embolism

1. 肺动脉栓塞(pulmonary embolism)**概述** 肺动脉栓塞是由于体循环或右心的栓子,沿血流进入并阻塞肺动脉主干或较大分支，或较多的小栓子使肺动脉较小分支广泛阻塞所致。其栓子的来源，约95％为下肢静脉形成的血栓，其次为盆腔内静脉或右心房内形成的血栓。多为患有慢性疾病而长期卧床的患者，或妇女产后、外伤及手术后患者等静脉系统内可形成血栓，当起床活动时，血栓可脱落成为栓子，随血流运行，通过右心后，突然阻塞于肺动脉或其分支血管内，造成肺血液循环障碍。患者可突然出现呼吸困难、发绀、休克，严重者可发生猝死。

2. 猝死的机制　由于肺动脉阻塞，使肺循环障碍，可导致右心衰竭，同时左心回流血液骤然减少，使左心排出血量相应减少，导致冠状动脉灌流量不足，因而心肌缺血，可引起心源性休克、脑缺血缺氧而发生猝死；或是肺动脉栓塞，由于肺-心迷走神经反射，引起冠状动脉和支气管痉挛，可加重心肌缺血、缺氧，进而加重心力衰竭及窒息而导致猝死。

3. 法医学鉴定要点　首先了解案情及死亡经过，如果怀疑肺动脉栓塞所致猝死，尸体解剖时应当原位剖开右心、肺动脉及其分支检验，注意发现血栓。同时应认真检查右心室、盆腔及下支静脉系统，寻找栓子来源，查明形成血栓的原发疾病，以明确鉴定。

六、主动脉瘤破裂所致猝死
Sudden Death of Aortic Aneurysm

1. 主动脉瘤（aortic aneurysm）**概述**　主动脉壁某一部分局限性膨出，形成瘤状称主动脉瘤，可发生在主动脉根部、升主动脉、主动脉弓、胸主动脉及腹主动脉。形成主动脉瘤的原因主要是动脉粥样硬化和主动脉炎，如梅毒性主动脉炎；也有遗传因素，如先天性间胚叶营养不良综合征。在上述诸原因所致主动脉病变的基础上，可形成主动脉瘤或主动脉夹层动脉瘤，有的还可形成主动脉窦瘤（sinus of aortic aneurysm）。

2. 猝死的机制　严重的主动脉瘤或主动脉夹层动脉瘤以及主动脉窦瘤，往往在血压突然升高或剧烈活动时可发生破裂，致急性大出血而猝死。

3. 法医鉴定要点　不同部位的主动脉瘤破裂，引起致命性内出血，可发生在胸腔、腹腔或心包内，尸体解剖可发现主动脉破裂部位。至于是哪种原因引起的主动脉瘤，则应结合病史及其他病理改变，如主动脉粥样硬化改变、梅毒性主动脉炎改变等。

第3节　中枢神经系统疾病的猝死
Section 3　Sudden Death of Disease in the Central Nervous System

一、脑出血所致猝死
Sudden Death of Cerebral Hemorrhage

1. 脑出血（cerebral hemorrhage）**概述**　脑内血管破裂出血称为脑出血，按其出血原因可分为外伤性与自发性脑出血两种。脑出血猝死指自发性脑出血引起的猝死，其出血原因是脑血管病变所致，常见的有高血压、脑动脉粥样硬化，约占自发性脑出血原因的2/3以上；其次为脑血管畸形（cerebral malformation）或动脉瘤破裂；还有极少数是动脉炎（arteritis）、肿瘤及各种有出血倾向的疾病所致。

脑出血好发于大脑，约占脑出血的80％，少数发生于脑干及小脑。大脑出血多发生于基底神经节处，出血可直接压迫基底神经节、内囊，甚至破坏丘脑。脑出血范围大时，不仅压迫邻近脑组织，有的还可穿破脑组织，使出血进入脑室或蛛网膜下隙。

2. 猝死的机制　由于出血部位和出血量的不同，其猝死机制亦不完全相同。可由于脑重要部位直接受出血破坏或压迫所致，如大脑基底神经节处大量出血，而破坏和压迫基底神经节、内囊、丘脑，脑干出血直接破坏或压迫生命中枢而猝死；也可因出血量逐渐增多，脑体积增大，或者由于脑出血引起脑脊液循环障碍，发生脑水肿，导致颅内压升高，发生脑疝而猝死。

3. 法医学鉴定要点　脑出血是中枢神经系统疾病猝死的常见原因，多于情绪激动、体力活动、轻微外伤等情况下发生，因而成为脑出血的诱因，但也常常成为诉讼中可疑的死因。通过尸体解剖，发现脑出血病变是鉴定的可靠依据。但首先应排除外伤性脑出血，特别是曾受轻微外伤者，往往被疑为外伤性出血。因此，必须查明引起脑出血的原发疾病，如高血压病、脑动脉粥样硬化或动脉瘤、脑血管畸形破裂等，结合脑出血的好发部位及无相应的脑外伤改变等，鉴定并不困难。

二、蛛网膜下隙出血所致猝死
Sudden Death of Subarachnoid Hemorrhage

1. 蛛网膜下隙出血（subarachnoid hemorrhage）**概述**　蛛网膜下隙是颅内蛛网膜与软脑膜间的腔隙，其内充满脑脊液。由于软脑膜、蛛网膜下隙内的血管破裂或脑内血管破裂，血液流入蛛网膜下隙者，称蛛网膜下隙出血。就其出血原因，可分为外伤性与自发性两种。蛛网膜下隙出血引起猝死，乃指自发性出血。自发性蛛网膜下隙出血（spontaneous subarachnoid hemorrhage）多由于颅内先天性动脉瘤、高血压、脑动脉硬化及脑血管畸形等病变，发生血管破裂所致。按出血来源，可分为原发性和继发性两类。原发性蛛网膜下隙出血是由于软脑膜或蛛网膜下隙内的血管破裂，血液直接流入蛛网膜下隙；继发性蛛网膜下隙出血，则是脑实质内出血后，血液穿破脑组织、软脑膜而间接进入蛛网膜下隙，或脑实质内出血破入脑室等。中老年蛛网膜下隙出血所致猝死，多由于高血压、脑动脉硬化等疾病所致；青少年猝死，则以先天性脑动脉瘤、脑血管畸形破裂为多见，且动脉瘤及脑血管畸形破裂占自发性蛛网膜下隙出血的57%～95%。

2. 猝死的机制　蛛网膜下隙出血，可引起脑血管痉挛（cerebral vasospasm），致脑组织缺氧而引起继发性脑水肿，脑体积增大，使颅内压升高；颅内大量出血也可直接致颅内压增高，并可使脑脊液循环受阻，加重脑水肿，使颅内压进一步升高，影响呼吸、循环中枢而致猝死，甚至发生脑疝猝死。

3. 法医学鉴定要点　蛛网膜下隙出血所致猝死，占猝死的2%～5%，在中枢神经系统疾病猝死中，约占25%。解剖时发现脑脊液内有红色或暗红色血液，有的可见凝血块，可确定为蛛网膜下隙出血。但必须分清外伤性与自发性出血，特别对曾受外伤者，应注意了解头部外伤情况。尸体检验时，注意有无颅脑损伤，并寻找自发性蛛网膜下隙出血的原发疾病，如动脉瘤或畸形的脑动脉、静脉血管及其破裂口，这是鉴别外伤性与自发性蛛网膜下隙出血的主要依据。

第4节　呼吸系统疾病的猝死
Section 4　Sudden Death of Respiratory System Diseases

一、肺炎所致猝死
Sudden Death of Pneumonia

1. 肺炎的分类

(1) 支气管肺炎（lobular pneumonia）：又称小叶性肺炎，病变特点为以支气管为中心的化脓性炎症。肉眼观肺内有多数散在的实变病灶，尤以背侧和下叶病灶较多，大小不一，多数直径约1cm，形状不规则，色暗红或灰白。有时若干病灶融合在一起而发展成融合性支气管肺炎。

(2) 病毒性肺炎 (viral pneumonia)：因病变主要在肺间质，故又称间质性肺炎，多见于小儿。肉眼观无特殊，仅见肺组织充血、水肿。镜下见肺泡间质明显增宽、充血，其内有以淋巴细胞和单核细胞为主的炎性细胞浸润。流感病毒性肺炎、腺病毒性肺炎等，肺泡腔内渗出较明显，渗出物浓缩凝结成一层红染的膜样物（即透明膜形成）贴附于肺泡内表面；有的表现为出血性肺炎；部分病例在增生的支气管、肺泡上皮细胞及多核巨噬细胞中可检见胞质内或核内病毒包涵体；严重病例可并发坏死性支气管炎和坏死性支气管肺炎。

(3) 大叶性肺炎 (lobar pneumonia)：病变典型者分4期：充血水肿期、红色肝样变期、灰色肝样变期和溶解消散期。一般大叶性肺炎死亡与猝死发生于灰色肝样变期，此期肉眼观察病变肺叶呈灰白色，质实，切面上与非病变部位分界清。镜下见肺泡腔内充满渗出的大量中性粒细胞和纤维素。肺炎引起死亡的机制多为重度感染中毒性休克。

2. 法医学鉴定要点 肺炎是常见的疾病，根据上述典型的病理变化及明显发热、咳嗽、肺呼吸音变化和X线片上的改变，一般容易诊断。小儿多为病毒性肺炎，患儿症状、体征可能不典型或病情进展很快而发生猝死，是医疗纠纷的常见原因；支气管肺炎以小儿和老年人多见，但也可见于任何年龄的人；大叶性肺炎则一般见于成人，除休克型大叶性肺炎容易引起死亡或猝死外，营养状况差及抵抗力弱的青壮年（如劳改犯人、慢性吸毒者）如诊断和治疗延误也可发生死亡。

二、肺结核病所致猝死
Sudden Death of Pulmonary Tuberculosis

肺结核病 (pulmonary tuberculosis) 是结核杆菌引起的传染病的最常见疾病类型。

1. 病理变化

(1) 慢性纤维空洞性肺结核：是成人常见的慢性肺结核，肺内有一个或多个厚壁空洞形成，同时在同侧或对侧肺叶可见一些新旧不一、大小不等、病变类型不同的结核病灶。

(2) 干酪样肺炎：病变呈大叶性或小叶性分布，肉眼观病变处肺组织变实，切面呈黄色干酪样，肺泡腔内有大量浆液纤维素性渗出物，其中含有以巨噬细胞为主的炎性细胞，并见广泛的干酪样坏死。如干酪样坏死物质液化排出可有急性空洞形成。

(3) 急性粟粒性肺结核病：常是全身粟粒性结核病的一部分。肉眼观，双肺表面和切面见弥散分布的灰白或灰黄色粟粒性大小的结节病灶，镜下呈典型的结核病变。

纤维空洞型肺结核多因纤维空洞壁上的血管或洞内残存之梁状血管破裂致大出血而死于急性失血性休克；少数可因较多血液或干酪样坏死物质被吸入支气管内引起急性窒息死亡；偶见结核空洞病灶穿破肺膜，或病灶周围的代偿性大泡性肺气肿破裂而致自发性气胸死亡。干酪样肺炎及急性粟粒性肺结核可因严重感染中毒性休克而死亡或猝死。

2. 法医学鉴定要点 当前结核病发病率 (incidence rate) 有升高的趋势，因其引起死亡或猝死者并不少见，特别是因大咯血死亡者，易被怀疑为暴力性死亡，应注意鉴别。

三、支气管哮喘所致猝死
Sudden Death of Bronchial Asthma

1. 病理变化 肉眼观肺支气管扩张、肺实质不同程度纤维化及肺气肿 (pulmonary emphysema)。

镜下见慢性支气管炎症性改变，管壁杯状细胞和嗜酸性粒细胞增多，平滑肌显著增生、肥大；管腔内有较多黏液、嗜酸性粒细胞及脱落的上皮细胞。

支气管急性哮喘持续发作可引起窒息，慢性患者可继发肺心病，在劳累、感染等诱因下可突发急性心力衰竭而死亡。

2. 法医学鉴定要点 根据既往哮喘病史、急性发作时特有的症状与体征，结合上述病变特点，一般容易鉴定。有的因过量吸入异丙肾上腺素，或者氨茶碱静脉过量或过快注射而引起药物中毒死亡，可引起医疗纠纷。尸检时应取心血做药物定量化验检查。

第5节 消化系统疾病的猝死
Section 5 Sudden Death of Alimentary System Diseases

一、消化道出血所致猝死
Sudden Death of Alimentary Canal Hemorrhage

消化道出血猝死者多为上消化道急性大出血，出血速度快而量大时常表现为呕血及黑粪。呕血死亡者又常被疑为外伤或中毒致死。

（1）胃及十二指肠溃疡病：多发于青壮年，胃溃疡多见于胃小弯和幽门部，十二指肠溃疡多见于十二指肠球部。大出血发生于溃疡病的活动进展阶段，多由于溃疡底部的大血管被侵蚀，亦可发生于溃疡底部的动脉瘤破裂。由于这种慢性溃疡中的血管壁长期遭受刺激而易于发生硬化、缺乏收缩力，一旦破裂则造成大出血，难以自然停止。

（2）食管下段静脉曲张破裂：常见于肝硬变引起门静脉高压，侧支循环形成，导致食管下段静脉曲张，甚至形成囊状静脉瘤，易于损伤破裂。破裂后，进行尸体解剖是必不可少的。

①查找出血的部位、原因和引起出血的疾病，应剪开食管下段仔细查找黏膜出血点。由于出血后静脉腔空虚，常看不到曲张的静脉丛，但在黏膜面仍可留有一些针尖大的出血点。

②如为急性胃出血性糜烂和溃疡则应与中毒相鉴别。

二、急性胃扩张所致猝死
Sudden Death of Acute Dilatation of Stomach

急性胃扩张（acute dilatation of stomach）是在短期内由于大量气体和液体积聚引起胃和十二指肠上段高度扩张。急性胃扩张后，自行痊愈的机会很少，病死率高。

1. 病理变化

（1）急性胃扩张可见于幽门梗阻、胃肠术后或长期饥饿的情况下暴饮暴食、胃扭转及幽门附近的病变等多种原因；

（2）有时腹部钝器伤也可导致急性胃扩张。

2. 猝死的机制 胃扩张时由于持续不断地分泌大量液体积存于胃和十二指肠腔内，而这些液体又不能被吸收，因而易引起严重脱水、酸碱平衡紊乱及有效循环血量减少，最后导致周围循环衰竭和休克而死亡。

3. 法医学鉴定要点 以胃极度扩张、胃壁变薄甚至发生穿孔或破裂等病理变化为鉴定依据，但必须排除暴力作用和其他死因后才能作出急性胃扩张猝死的结论。

三、腹腔内出血所致猝死
Sudden Death of Intraperitoneal Hemorrhage

此处指各种病理性的腹腔内出血，不包括外伤性的，常在一些诱因作用下发生，因失血性休克而发生猝死。

1. 病理变化

（1）脾肿大破裂出血：常见的原因有肝硬化的淤血性脾肿大和疟疾性脾肿大。由于脾包膜张力增加，有时左季肋部受轻微打击，甚至咳嗽、呕吐等增加腹压时，即可成为脾破裂出血的诱因。破裂口多位于脾门处。

（2）输卵管妊娠、肝血管瘤等破裂出血可在一些轻微的外力作用下发生。

2. 猝死机制及鉴定 腹腔内出血者一般死于失血性休克，腹腔内有大量血液及凝血块是鉴定的主要根据。脾破裂多位于脾门处，输卵管和肝血管瘤等的破裂口均较易寻找，鉴定并无困难。

四、急性出血坏死性胰腺炎所致猝死
Sudden Death of Acute Hemorrhagic Necrotic Pancreatitis

急性出血坏死性胰腺炎（acute hemorrhagic necrotic pancreatitis）是胰液消化胰腺及其周围组织引起的急性炎症，主要表现为胰腺有炎性水肿、出血及坏死，为猝死常见原因之一。患者多为突然发作的上腹部剧痛、恶心呕吐，可发生休克。死亡率为15%～25%。

1. 病理变化 尸检常见胰腺肿大、质软、呈暗红色，胰腺的分叶结构模糊，光泽消失；胰腺、大网膜、肠系膜表面及周围组织可见散在的浑浊黄白色斑点状或斑块状脂肪坏死灶。

2. 猝死的机制

（1）休克的发生可能为胰液外溢引起剧烈疼痛；出血、血浆外渗及呕吐造成的水电解质紊乱；组织坏死、蛋白质分解引起的机体中毒等多种因素所致。

（2）心搏骤停可能是外溢的胰液刺激胰腺神经末梢和腹膜所致。

3. 法医学鉴定要点

（1）尸体剖验应争取在死后24小时之内进行，因为胰腺容易在死后发生自溶或受血液浸染，并应在切开腹腔后首先检查胰腺，避免因尸血浸染胰腺而造成误诊。

（2）应详细检查胆管、胰管及十二指肠壶腹开口处，以查明急性胰腺炎的原因；应特别注意有无结石、蛔虫、黏稠分泌物的阻塞，有无畸形、狭窄及肿物压迫等。

（3）胰腺单纯出血亦可见于其他猝死，如心血管系统及中枢神经系统疾病的猝死；亦见于多种暴力死，如机械性窒息、烧死、冻死、电击死等；亦见于中毒死亡者，如乙醇、甲醇、敌敌畏、砷、安眠药、氰化物等中毒。

总之，鉴定应持慎重态度，必须充分排除其他原因的猝死、暴力死及中毒死之后，在病史及病理诊断充分肯定时，方可作出急性出血坏死性胰腺炎猝死的结论。

五、急性大块肝坏死所致猝死
Sudden Death of Acute Massive Hepatic Necrosis

患者起病急骤，临床表现为恶心、呕吐、黄疸急剧加深，肝功能高度障碍，在24小时或稍长时间死于肝昏迷、胃肠为主的大出血或急性肾衰竭。

1. 病理变化 尸检可见有明显黄疸和皮肤黏膜出血，肝脏明显缩小、质软，包膜有皱纹，切面呈土黄色。

2. 猝死的机制

（1）肝衰竭（liver failure）：肝大块坏死后，各种解毒功能发生障碍。

（2）失血性休克（haemorrhagic shock）：凝血因子合成障碍、弥漫性血管内凝血消耗大量凝血因子，常导致消化道大出血。

（3）肾衰竭（kidney failure）：胆红素和组织崩解产物大量入血，除出现严重黄疸外，常导致肾功能损害。

3. 法医学鉴定要点 急性大块肝坏死的最常见原因为急性重型病毒性肝炎，其他如化学毒物中毒、毒蕈中毒、妊娠中毒等也可引起。

六、中毒型细菌性痢疾所致猝死
Sudden Death of Toxic Bacillary Dysentery

中毒型细菌性痢疾（toxic bacillary dysentery）是细菌性痢疾中一种病情严重的类型，多发生于2~7岁体质较好的儿童或老年人，肠道病变和腹痛、腹泻及脓血便症状常不明显，全身中毒症状较突出，易发生猝死。本病通过污染的饮水、食物或餐具传播感染。

1. 病理变化 直肠或结肠黏膜充血、水肿，淋巴滤泡增生，呈灰白色点状或片状隆起；脑和内脏淤血、水肿。

2. 猝死的机制

（1）中毒性休克：细菌毒素吸收入血，直接或间接引起一系列的血管活性物质的大量释放和弥散漫性血管内凝血形成，导致微循环障碍和组织细胞因缺氧而发生继发性损害。内毒素还可直接损害心肌，从而加重微循环障碍。

（2）脑疝形成：脑微循环衰竭，可引起脑缺氧，进而引起脑淤血和脑水肿，致使颅内压升高，导致脑疝和呼吸衰竭。

3. 法医学鉴定要点

（1）肠病变一般比较轻微，全身病变又无特异性，故应采取粪便做细菌培养，但粪便必须新鲜才有价值。还可进行粪便的光镜检验，选取鲜红色黏胶状、无粪便部分涂片镜检，可见大量脓细胞、红细胞及巨噬细胞。

（2）采取心血、肝、脾和胆囊等组织做培养，如为阳性，可证实痢疾杆菌毒血症。当然也应及早进行才有意义。

第6节 泌尿生殖系统疾病的猝死
Section 6 Sudden Death of Urogenital System Diseases

一、尿毒症所致猝死
Sudden Death of Uremia

尿毒症（uremia）指各种原因导致的肾衰竭后，使代谢产物和某些内源性毒物在体内潴留所引起的一系列自体中毒症状的综合性临床病理过程。

1. 病理变化 由于引起尿毒症的肾脏原发病较多，发生尿毒症时共同的病变是肾单位的大量破坏以及全身所有器官、系统和组织受损的病变，一般有纤维素性心包炎，胸膜炎，大、小肠的假膜性炎。肺炎的程度轻重不一，但与一般肺炎不同的是肺泡内渗出的主要是大量纤维素和单核细胞，中性粒细胞很少。皮肤及眼底可有出血点，面部有尿霜形成。

尿毒症引起死亡或猝死的机制多是中毒性脑水肿，但也可死于肾性高血压或纤维素性心包炎致心力衰竭等。

2. 法医学鉴定要点 尿毒症在死前有肾衰竭的临床表现，如少尿或无尿、血中非蛋白氮显著升高、氮质血症，以及由此引起的全身多系统中毒的症状；尸检应检出肾单位的大量破坏，多器官纤维素性炎症。如为新鲜尸体，可取心血测尿素氮，如显著升高，也有助于诊断。鉴定时还应注意与某些化学中毒相鉴别，必要时取材做毒物分析。尿毒症死亡一般不会发生猝死，少数患者可因病情不明、诊断不清而猝死。有时因猝死发生于医疗过程中引起医疗纠纷而要求进行法医学鉴定。

二、羊水栓塞所致猝死
Sudden Death of Amniotic Fluid Embolism

羊水栓塞（amniotic fluid embolism）是产科的严重并发症，指羊水成分经子宫破裂的血管进入母体血液循环所引起的栓塞。

1. 病理变化 羊水栓塞主要见于肺血管。肉眼观察无特殊，镜下可在肺小血管及毛细血管腔内检出以角化上皮为主要特征的羊水有形成分的栓塞，有时还可见胎粪、毳毛等。

猝死的最常见原因为继发 DIC 导致的阴道大出血及急性失血性休克；其次是因肺小血管的羊水栓塞引起反射性血管痉挛、肺动脉高压、心力衰竭和呼吸衰竭；个别患者可因羊水有形成分引起变态反应及过敏性休克。

2. 法医学鉴定要点 羊水栓塞发生在分娩过程中，尤其多见于胎儿刚分娩出的短时间内，也可发生于产后和剖宫产术时。发病急骤，病死率高，约 2/3 在 0.5~1 小时内猝死。如在分娩过程中产妇突然发生心肺功能障碍、休克和难以制止的阴道大出血，首先应想到羊水栓塞的可能。尸检时肺血管内羊水有形成分，尤其是角化上皮的检出，是认定羊水栓塞的必要条件，即使尸体明显腐败，也能检出。羊水栓塞的发病多有一些诱因及条件，如宫缩过强或强直性宫缩、子宫有破裂性损伤、胎膜破裂、羊水粪染等。另外，医疗处置失误也可导致上述情况的发生。羊水栓塞导致产妇猝死时，容易引发医疗纠纷。以往认为羊水栓塞是难以避免和预防的产科严重并发症，现今认为虽然大多发病仍然难以预防与避免，但如果能尽早察觉上述诱因和好发因素，做到及早预防处理，有希望减少其发病率和病死率，而且有些发病与医疗处置失误密切相关，因而不能一概而论说羊水栓塞的发生与医疗无关，应具体问题具体分析。还应注意与其他产后大出血的疾病鉴别。

第 7 节　其他自然疾病的猝死
Section 7　Sudden Death of Other Natural Diseases

一、新生儿猝死
Sudden Infant Death Syndrome

（一）新生儿窒息（suffocation in newborn）

新生儿窒息指新生儿出生时无呼吸或呼吸抑制或出生数分钟后呼吸抑制者，表现为呼吸抑制、发绀或苍白、肌肉松弛、心率和血压下降，甚至心跳停止。产前胎儿缺氧又称胎儿（宫内）窘迫，产程中发生者又称产程中窒息，出生后发生者即称为新生儿窒息，三者可统称为围生期窒息。新生儿窒息是一种法医尸检中常见的导致新生儿死亡和严重伤残的重要原因，发生率约5%。

任何能引起胎儿或新生儿血氧浓度降低的因素都可引起，但与胎儿宫内所处环境及分娩过程密切相关。主要有3类：

(1) 母亲因素：①如糖尿病，心、肾疾病，严重贫血，急性传染病；②妊娠高血压综合征、前置胎盘、胎盘早剥、胎盘功能不足等产科疾病、吸烟等慢性中毒；③低龄或高龄产妇、多胎妊娠等。

(2) 分娩因素：①脐带过长而打结、绕颈、扭转、脱垂或受压；②高位产钳、臀位、胎头吸引不顺等手术产；③产程中不恰当使用镇痛剂或催产药；④急产或滞产、多胎、头盆不称、产力异常等。

(3) 胎儿因素：①早产儿（preterm infant）、小于胎龄儿、巨大儿；②先天性畸形，如先天性心脏病、肺发育不全、双侧多囊肾等；③羊水或胎粪吸入；④宫内感染等。

1. 病理变化　尸体显著发绀或苍白、肌肉松弛或见胎粪污染皮肤、口腔等；脑、心可见缺氧、缺血性病变，如脑水肿、出血、坏死、软化；乳头肌坏死；肺出血、胎粪吸入、透明膜形成等；肾小管上皮细胞坏死、管型形成；胃肠应激性溃疡出血、坏死性小肠结肠炎等。

2. 法医学鉴定要点　根据显著窒息的临床表现和尸检所见，诊断一般不困难，关键在于区分发病原因是自然性因素还是医疗过失。

(二) 新生儿颅内出血 (intracranial hemorrhage in newborn)

新生儿颅内出血可单独发生，或作为新生儿缺血缺氧性脑病等新生儿疾病的一种表现。产伤、窒息、缺氧、严重感染为常见病因。颅内出血按发生率不同，依次为：①原发性蛛网膜下隙出血：占43%~76%，多见于早产儿，73%左右由缺氧引起。②脑室周围-脑室内出血：发病率40%~50%，多见于低体重儿和早产儿。③硬脑膜下出血：多为产伤引起，发病率7.9%左右。④脑实质内出血：产伤或缺氧引起，大脑内出血发病隐袭，病程较长，死亡缓慢；小脑出血则发病和死亡较快。⑤混合性出血。

(三) 新生儿溶血病 (hemolytic disease of newborn)

新生儿溶血病指由于母婴血型不合引起的、以胎儿或新生儿溶血为特征性病变的一种新生儿疾病。我国多见于母婴ABO系统血型不合，母亲多为O型，婴儿多为A型或B型；少数为Rh系统血型不合。主要病变：①胎儿或新生儿水肿：全身性水肿，常有胸腹腔内积液、肝脾肿大等；②溶血性黄疸；③贫血：易发生贫血性心力衰竭；④胆红素性脑病（核黄疸）。重症者可导致死胎，新生儿可死于贫血性心力衰竭或胆红素性脑病。有时引起医疗纠纷，系统尸体检验结合临床症状容易诊断和鉴别诊断。

(四) 新生儿休克 (shock in newborn)

新生儿休克指由多种原因引起的急性微循环功能不全综合征。按其病因不同主要分为心源性休克、低血容量性休克、感染性休克、其他（如神经源性、药源性、过敏性）休克等。由于临床症状常不典型，早期症状不明显，因而病死率高，是新生儿和婴幼儿除呼吸系统疾病以外第二位主要死因。

二、免疫异常性疾病所致猝死
Sudden Death of Dysimmunity

(一) 过敏性休克 (anaphylactic shock)

过敏性休克指某些具有特异体质的人，接受相应的物质刺激后迅速出现的休克。常见能引起过敏性休克的物质：①某些药物：如青霉素、头孢菌素、链霉素、普鲁卡因、磺胺、奎宁以及穿心莲等中药制剂；②生物制品：某些疫苗（如狂犬病疫苗）、抗血清（如白喉抗毒素、破伤风抗毒素）；③不合型的输血；④毒蜂等有毒动物叮咬等。由于过敏性休克发生多极快且严重，如抢救不及时，易发生猝死。尸检又缺乏特异性的病变，鉴定主要根据发病和死亡的特点，尸检主要在于排除其他可能的死因。如死亡发生不是特别迅速时，提取心血检测 IgE，如显著升高，有助于诊断。但需尽快尸检，提取新鲜血液。

（二）免疫缺陷病（immunodeficiency disease）

免疫缺陷病指机体的免疫系统由于先天发育不全或后天受到损伤导致免疫功能低下的一组疾病。后天损伤因素包括恶性肿瘤、免疫抑制剂、放射性损伤、化学治疗、艾滋病（acquired immunodeficiency syndrome，AIDS）病毒感染等。先天性者多见于6～12岁的少年儿童；后天性者，可见于任何年龄的人。由于患者免疫功能低下，可发生各类反复严重的感染、恶性肿瘤、超敏反应等，并难以治疗，而常发生死亡或猝死。尸体检验见体内免疫系统萎缩、免疫细胞（主要为淋巴细胞）数目显著减少，免疫功能测定有助于鉴定。

三、青壮年猝死综合征
Sudden Manhood Death Syndrome，SMDS

青壮年猝死综合征是一种多见于青壮年、至今原因不明的猝死。对其发病机制虽有多种学说，但仍然不能确定。目前仍以远东、东南亚国家鉴定这类猝死为多。其发生特点包括：①死者绝大多数为20～49岁的男性青壮年；②平素看起来健康；③死亡多在睡眠或安静休息时突然发生。这类猝死在法医实践中并不少见，但鉴定时应该十分慎重，必须经过系统的尸体检验，包括必要的毒物分析等辅助检查。虽然可能检出某些病变（如轻度的冠状动脉硬化），但不能找到能明确解释死因的疾病、损伤等其他死因，且又完全符合上述3个发病特点时，才能明确鉴定。

四、抑制死
Death from Inhibition

抑制死指身体的某些敏感部位受到对一般人微不足道的刺激后，迅即发生的心血管活动抑制引起的一类猝死。被人们和病理学界认识已有许多年，曾有过许多名称，如生理性死亡（physiological death）、迷走抑制死、急性神经源性心血管衰竭死、神经源性休克死等，在法医实践中时有报道。其特点有：①受刺激的部位神经分布丰富，如会阴、上腹中部、喉头、会厌、声门、颈动脉窦等；②刺激显著轻微，对一般人完全无害，如钝力轻度打击或碰撞、扩张宫颈、气管插管、胸或腹腔穿刺等，甚至有人报道过度精神紧张也能引起这类死亡；③死亡发生极快，多为即时死（instantaneous death）；④系统尸体检验，包括毒物分析等，除了一般急性死亡（acute death）的改变外，不能查出能明确解释死因的疾病或暴力因素。其死亡机制（mechanism of death）尚不十分明了，通常认为与死者的体质有关，可能是交感神经及肾上腺系统功能与迷走神经系统功能不协调的缘故。

法医学鉴定时，除了要具备上述4个特点外，应有见证人见证死亡过程符合上述特点，并且必须通过系统的尸体检验完全排除其他可能的死因以后，才能明确鉴定抑制死，应警惕随意扩大鉴定范围的倾向。其死亡方式应该属猝死，或者意外死亡（accidental death）。死前受到的轻微刺激，只是抑制死亡发生的诱因。

第7章 Chapter 7

中 毒
Poisoning

第1节 概 述
Section 1 Overview

一、毒物与中毒的概念
Definition of Toxicant and Poisoning

自然界中的物质对人类来说，绝对无害的是没有的，也就是说，不能将有毒与无毒的物质截然划分开，因此何为毒物，一直没有一个令人满意的定义。现在一般认为：能以较小剂量、在一定的条件下、通过化学作用或物理化学作用引起机体健康损害的物质，称为毒物（poison）。

毒物与非毒物之间没有一个绝对的界限，同一种物质在某些条件下可以引起中毒（poisoning），而在另一些条件下却是无毒的，甚至是有益的；更有些被认为是较安全的药物或食物中的某些重要成分，如果过量给予，也会引起毒效应。所谓毒效应亦称毒作用，指毒物所产生的损害的总称。一般将化学物质引起生物体损害的能力称为毒性。通常以引起中毒的毒物的剂量的大小相对地区别毒物与非毒物。根据毒物对人体致死量的大小，可将毒物分为6级（表7-1）。

表 7-1 毒物毒性分级

毒性分级	常用名称	成人致死量（lethal dose）（g/kg 体重）
1	实际无毒	>15
2	低毒	5~15
3	中毒	0.5~5
4	高毒	0.05~0.5
5	极毒	0.005~0.05
6	超毒	<0.005

毒物与机体接触或进入机体，以其化学或物理化学的作用，使组织细胞结构发生改变，代谢或其他生理功能遭受损害，造成健康障碍，引起疾病或死亡的，称为中毒或中毒死。中毒不仅是毒物对机体的作用，亦是活的机体对毒物作用的反应。

当一次应用大量毒物，在短时间内造成严重中毒症状甚至死亡的，称为急性中毒。连续不断地应用少量毒物，经过较长时间，使机体逐渐出现中毒症状，称为慢性中毒。慢性中毒通常表现不明显、不剧烈或逐步加重，但有时在一定条件下可出现如急性中毒样的急性发作。中毒的发生、发展过程介于急性中毒与慢性中毒之间的，称为亚急性中毒。急性和慢性中毒不仅中毒症状出现的快慢和严重程度有差别，有些还可以出现差别很大的中毒表现。如三氧化二砷（俗称砒霜）急性中毒多表现为恶心、呕吐、腹痛、腹泻、大便水样并有时带血，严重者可脱水、休克、尿少尿闭、意识模糊、昏迷以致死亡；而慢性中毒则出现消瘦、脱发、皮肤色素沉着、皮疹、黏膜病变、多发性神经炎、肌萎缩、中毒性肝炎或肾病及贫血等症状。

中毒是毒物各种作用的综合表现，毒作用包括局部毒作用（即毒物直接接触机体局部的损害作用，如局部腐蚀）和全身毒作用（即毒物被机体吸收后发生的全身毒害作用，如全身病变、组织损害等）。毒物若要发生全身作用，则须先被机体吸收。而毒物被机体吸收通常指毒物进入机体血液循环，吸收的过程就是进入机体血液循环的过程。毒物只有进入机体血液循环，才能随血液到达全身各处，才能发挥毒物对机体的毒害作用。以往曾将化学物品的某些生物效应（如致敏、诱变、致癌、致畸等）不包括在中毒概念内，但近年来由于在毒理学研究中应用了分子生物学、免疫学以及生物化学和电子显微镜等理论与技术，对这些化学物作用的机制有所阐明，从而认识到这些作用在性质上也属于毒作用，只是表现形式不同而已。

二、毒物检验的意义
Rationale of Toxicology Examination

通过毒物检验，可解决检材中是否存在毒物，如果存在毒物，那么是何种毒物，确定体内毒物的量是多少，在这种量下该毒物能否引起中毒或死亡，以及毒物进入体内的途径和毒物的来源等问题。为推测或确定中毒的性质是属于自杀、他杀，还是意外灾害，搞清中毒案件的真相提供了线索或范围，也为审理中毒案件提供了证据，因此毒物检验在司法鉴定中占有重要地位。除此之外，在医疗、药品制造管理、劳动保护、环境保护及食品卫生等领域中也占有重要的地位。

三、毒物的分类
Classifications of Toxicant

毒物的种类繁多，存在形式多样，广泛分布于人们周围的环境中，有的是天然毒素，如某些矿物质、动植物毒素，还有些是人工合成的化学物品。现在全世界登记的化学物品已达400多万种，常用的也有6万～7万种，而新的人工合成化学物品还源源不断地以每年2万～3万种的速度出现。大量化学物品进入了人类的生活和生产环境中，使人们接触的毒物品种和数量不断增加。因此，对毒物的分类从不同角度出发就有许多种。这里仅介绍与毒物检验有关的几种毒物分类。

（一）按毒物的用途及来源分类

这种分类法主要是为了追溯毒物的来源。它将毒物分为：

(1) 工业毒物：它包括生产中的原料、中间体、辅助剂、杂质、成品、副产品、废弃物等；

(2) 农药：如杀虫剂、杀鼠剂、除莠剂等；

(3) 医用药物（包括兽用药物）：我国药典中规定的"毒物"系毒性大而容易引起严重中毒甚至死亡的法定药品，如吗啡、士的宁、升汞等；

(4) 生物毒素：包括动物毒素（如蛇毒）、植物毒素（如蕈毒）、细菌毒素、机体有毒代谢物和分解物等；

(5) 放射性元素；

(6) 军事毒剂：主要指用作化学武器的化学毒；

(7) 食品中有毒成分：包括天然的或食品变质后产生的毒素以及各种不合格的添加剂等。

(二) 按毒物的化学性质及分离方法分类

不同毒物有不同的化学结构及性质，据此可用不同的方法将其从大量杂质中分离、提纯出来，进一步做化学分析。这种分类方法在做毒物分析时采用。

(1) 挥发性毒物：即指那些相对分子质量较小，化学结构较简单，沸点较低，可采用蒸馏法或微量扩散法分离的毒物，如氰化物、醇类、醛类、苯、酚类等。

(2) 非挥发性有机毒物：即指相对分子质量较大，化学结构较复杂，不易被蒸馏出来，但可采用有机溶剂（如乙醚）提取法分离的毒物。非挥发性有机毒物又可分为3种：① 酸性毒物 (acidic toxicant)：可以从酸性水溶液中用有机溶剂提取，包括强酸性毒物（如水杨酸）、弱酸性毒物（如巴比妥类）、中性毒物 (neutral toxicant)（如有机磷农药）；② 碱性毒物 (alkalinous toxicant)：可以从碱性水溶液中用有机溶剂提取，如一般的生物碱、合成麻醉药等；③ 两性毒物：如吗啡，既具有酚基，又具有氨基，宜从氨碱性水溶液中用氯仿-异丙醇混合液提取。

(3) 金属毒物 (metal toxicant)：即引起中毒的金属和类金属及其化合物。这类毒物可采用破坏有机物的方法（如灰化法、湿氧化法）分离出来，如铅、汞、砷、铬等。

(4) 阴离子毒物：主要指那些易溶于水，溶水后易电离，可采用透析法 (dialysis) 或离子交换法分离的毒物，如强酸、强碱、亚硝酸盐等。

(5) 其他毒物：包括须根据其化学性质采用特殊方法分离的毒物，如气体毒物 (gas poison)、箭毒碱、季铵类化合物等。

(三) 按毒理作用分类

这种分类方法在分析中毒症状及病理变化时常被采用。

(1) 腐蚀毒：对所接触的机体局部有强烈的腐蚀作用的毒物，如强酸、强碱、酚类等。

(2) 实质毒：吸收后引起脏器组织病理损害的毒物，故又被称为毁坏性毒物，例如砷、汞、铅等重金属盐，无机磷等。

(3) 酶系毒：抑制特异的酶系的毒物，如氰化物、有机磷农药等。

(4) 血液毒：引起血液形态及功能变化的毒物，如一氧化碳、亚硝酸盐、某些引起溶血的蛇毒等。

(5) 神经毒：引起中枢神经系统功能障碍的毒物，抑制中枢神经系统的毒物，如醇类、乙醚、安眠药等；可兴奋中枢神经系统的毒物，如士的宁、咖啡因、烟碱等；另外还有一类可引起心脏神经系统功能障碍的毒物，如夹竹桃苷、毛地黄等。

四、毒物作用的条件

Conditions of the Toxicant Effect

中毒不但是毒物对机体的作用，亦是机体针对毒物的一种反应。不同毒物引起不同的中毒表现，同一种毒物对不同的人或同一人在不同情况下亦可能造成不尽相同的中毒表现。中毒的发生必须有一定的条件。影响毒物作用的条件很多，有些可彼此互相促进，有的又可互相制约，从而决定中毒发生与否及中毒程度的大小。毒物作用的条件主要有以下方面。

(一) 毒物本身的条件

1. 毒物的化学结构 毒物的作用是由它与组织的结合而显示出来的，化学结构不同，与人体结合的组织就不同，毒理作用也就不同，毒性亦不同。毒物的化学结构不同，其溶解性亦不同。溶解度小的毒物，不易被人体吸收使其毒性作用不易发挥。脂溶性大的毒物，易透过皮肤、黏膜到人体内，同时易通过细胞膜进入细胞而发生毒作用。毒物的化学结构相似，其毒作用亦相似。有时可由毒物的化学结构预知其毒性如何。

2. 毒物的物理性状　毒物进入血液后方能发生中毒的全身作用，毒作用依毒物的分散度而显示较大差异。气态毒物经肺迅速吸收入血液而作用发生快，液态毒物吸收速度次之，固态毒物再次之。固态毒物的作用又因其能否溶解于水或胃肠液而不同，例如，碳酸钡能溶解在胃肠液中生成氯化钡而发生毒作用，硫酸钡不溶解，故无毒；金属汞因不溶解于胃肠液而口服时可视为无毒，但汞蒸气经呼吸道吸收，毒性就很大。另外饮料与毒物所起的某些反应可增强毒物的毒性，如氰化物与酸性饮料并用，能促进氢氰酸形成；黄磷因溶于脂肪，与牛乳并用可促进其溶解。

3. 毒物的量　毒物在体内需达到一定量才能引起机体中毒或死亡。通常毒物的量越大，其毒作用发生得越快，中毒症状越重。所谓毒物的量主要指毒物被吸收的量，即毒物进入血液中的量，而非服入量。例如吞服大量毒物后因反射性呕吐、腹泻，将所摄入的毒物大部分排出体外，结果使吸收入血中的量并不很大，可以因低于致死量而不发生中毒性死亡。作为气态和液态毒物，其毒物量的多少还与浓度大小及总量有关。

毒物引起中毒的最小剂量称为中毒量（toxic does），与中毒量相对应的血中毒物的浓度称为中毒血浓度；毒物引起中毒死亡的最小剂量称为致死量（lethal dose），与致死量相对应的血液中的毒物浓度称为致死血浓度。毒物检验中常通过测定血液中毒物浓度来判定是否中毒或中毒死亡。

通常表示毒物进入机体的量是以每千克体重接受多少毒物来表示的，即克（或毫克）/千克体重 [g(mg)/kg]。

（二）机体的条件

1. 体重、年龄和性别　一般来说体重与引起中毒的毒物的量成正比。小儿及老人对毒物较敏感，小儿血脑屏障发育不完善，故对吗啡极敏感；老年人代谢、分泌及排泄功能均降低，对毒物耐受力亦降低，特别对心血管系统药物、催吐剂及泻剂敏感。性别差异与中毒的关系通常不大，但妇女在妊娠、哺乳或月经期时，对毒物的反应较为强烈。

2. 机体的健康状态　疾病对毒物的作用有较大影响。全身性疾病能降低机体的抵抗力，特别是心、肝、肾等脏器有病时，更能加重毒物的作用。肝、肾是体内主要的解毒、排毒器官，一旦有病，身体耐受毒物的能力自然降低。

人体处于营养不良、饥饿、疲劳、体力下降及抵抗力下降时，因营养缺乏，代偿能力降低，往往对毒物作用也很敏感。

神经系统状态在中毒中有重要作用，麻醉可阻断某些药物的作用，精神病患者对镇静剂的耐受量特别高；昏迷患者对麻醉剂特别敏感；重型颅脑损伤者，使用少量麻醉剂或酒精便可引起中毒死亡。

3. 习惯性与成瘾性　长期反复摄入某种毒物，机体对之产生耐受性，能达到耐受中毒量甚至超过致死量的程度，原因可能是由于毒物的吸收变缓慢，或者解毒与排泄加快，或组织、细胞感受性下降等。成瘾性则指反复使用后，机体对某种毒物产生了依赖性，如果停止使用，便会产生一系列生理和精神障碍。

4. 过敏性　与习惯性相反，有人对某种药物特别敏感，使用少量也会出现中毒。过敏性可能由于遗传因素所致，也可能由于反复接触某种药物而引起过敏。

5. 胃肠充盈状态及内容物的性状　空腹时，毒物易于被吸收而中毒症状出现迅速。胃充盈时，毒物被稀释，与胃肠黏膜接触面减少，毒物吸收缓慢，可使中毒症状出现较晚。若胃内容物中富含蛋白质，则蛋白质可与金属结合形成沉淀的络合物；若饮浓茶，茶内鞣酸可与生物碱生成沉淀物从而影响毒物吸收并使毒性作用减弱。

6. 毒物在体内的蓄积情况 有些毒物在体内分解缓慢，如洋地黄等；还有些毒物在体内排泄很慢，如溴化物等。当反复少量使用时，可在体内蓄积，达到一定程度时，发生如同一次大量使用那样的急性中毒。

（三）毒物进入机体的途径

毒物进入机体的途径不同，吸收的速度就不同，毒物作用的速度和强度亦可能不同。毒物吸收速度从快到慢的大致顺序：心脏或血管内注射＞呼吸道吸入＞腹腔内注射＞肌内注射＞皮下注射＞口服＞直肠灌肠＞皮肤吸收。有些毒物直接注入脑脊液中或生命重要部位，毒作用可发生极快。

毒物进入机体途径不同，还可影响毒物作用的性质。如苦杏仁苷，静脉注射无毒，但口服后经胃酸作用，产生氢氰酸（HCN）而发挥毒作用。反之蛇毒或箭毒口服时被胃液破坏而无毒，但皮下或血管内注射却有剧毒。

（四）其他

（1）毒物接触的时间：较大剂量一次或短时间内接触所引起的急性中毒与小剂量长期接触所引起的慢性中毒，在性质上可有很大不同，如急性汞中毒主要损害肾，慢性汞中毒主要损害中枢神经系统。

（2）动物毒或植物毒因采集时间不同，采集部位不同，毒性有明显差异；同一植物因产地不同毒性也有差异。

（3）毒物储存条件：某些中毒场地的通风情况、温度等，有时也会影响到毒物的毒性和中毒。

五、毒物在体内的代谢
Internal Metabolic Toxicant Effect

（一）毒物的吸收

毒物吸收进入体内的途径很多，主要通过以下方面：

（1）消化道：口腔、胃肠直至肛门，皆为毒物吸收的适宜场所。毒物可经口服、灌胃或灌肠等方式进入消化道，但毒物的吸收部位及速度与毒物的酸碱性、脂溶性或水溶性有关。

（2）呼吸道：气体、蒸汽、雾、烟或粉尘状毒物，可经呼吸道进入肺脏而被迅速吸收进入血液循环，毒作用强烈。

（3）注射部位：可注射于心脏、血管内、肌肉、皮下、胸腔、腹腔、心包腔等处，亦可注射在脊髓腔或某个具体脏器部位，经注射途径吸收入体通常毒作用发生较快。

（4）皮肤黏膜：脂溶性大的毒物易经皮肤吸收，皮肤处于湿润、多汗、充血、损伤等情况下，毒物更易被吸收。毒物还可经阴道、肛门等处黏膜被吸收，亦可被送入子宫内、尿道内，经该处黏膜被吸收，皮肤黏膜吸收的速度一般较慢。

（二）毒物的分布与沉着

毒物进入体内到达血循环，散布到全身各组织中，并因其对某组织的亲和力而主要沉着于某一器官或系统中。肝脏是人体内主要解毒器官，大多数毒物，尤其是金属毒物，可沉积于肝内；麻醉剂及安眠药多沉着于神经系统；洋地黄嗜心肌；吗啡在胆汁中含量最高；砷可沉着于毛发、骨骼、指甲中。毒物沉积的器官往往受损害最大。了解毒物在体内的分布，对收集毒物、分析检材、进行病理检验具有重要指导意义。

(三) 毒物在体内的转化

毒物进入机体后，通过与细胞和组织内某种酶作用，一部分发生化学变化，改变了其化学性质，降低了毒性（但个别毒物反而可以增强毒性），增强了毒物的极性或水溶性，从而影响其分布并易于随尿或胆汁排泄。毒物代谢主要在肝脏进行，代谢的主要方式是氧化、还原、水解和结合。毒物在体内的代谢是解释中毒机制和症状的基础，特别对评定毒物分析结果具有重要意义。检出毒物的代谢产物，可作为毒物进入机体的证据，也可作为不能检出原毒物的依据。

(四) 毒物的排泄 (excretion of toxicant)

无论毒物在体内转化与否，胆汁与尿液常是其排泄的主要途径。此外，毒物还可随各种分泌液，如汗液、皮脂、唾液、乳汁及消化液等的分泌而排出。气态毒物或挥发性毒物可经呼吸道排出体外。进入上皮细胞的毒物，还可随各种上皮细胞的衰老而脱落被排出。毒物排泄时，对排泄器官可产生损害作用。

第 2 节 中毒的鉴定
Section 2 Testimony of Poisoning

中毒案件调查与尸检
Investigation and Postmortem Examination of Poisoning

(一) 案情调查

对可疑中毒的案情调查，应了解下列问题：① 中毒者一般情况，如姓名、性别、年龄、籍贯、婚姻、职业、工作单位、住址、生活习惯及嗜好等；② 死亡时间；如果不能准确得知，则应了解何时发现死亡；③ 最后一次进餐的时间、地点、食物情况及共餐者的情况；④ 发病时间及临床表现；如果曾经过医院抢救，应索取病历，特别注意曾用何种拮抗剂；⑤ 疑服何种毒物，可能用量，中毒者工作或生活中可能接触何种毒物；⑥ 死亡前几天内曾服何种药物，来源如何，如来自医院，须了解处方时间及剂量；⑦ 过去病史；⑧ 思想状况及有关的社会关系；⑨ 如系集体中毒则应注意中毒发生率，并分别了解各个中毒者的情况。

(二) 现场勘验

中毒案的现场勘验主要是为了了解情况和搜集物证。

进入现场，首先要注意有无特殊气味。认真查视现场及中毒者周围的器皿、杯盏、药瓶、药粉、药包、药渣、剩饭、残液、呕吐物、大小便及人体其他分泌物或排泄物、包装纸、箱子、纸篓、灰堆、垃圾及有无家禽、牲畜、昆虫等中毒或死亡的情况等。对现场各种饮食物、粮食、面粉、存水等应分层采取，分别保存。注意先采取可疑物上的指纹，再收集检材。怀疑毒气中毒，应注意毒气来源，室内门窗关闭情况及通风情况，管道及开关情况以及能否从墙缝中漏进毒气等。在可能情况下，最好采集空气，以备测定有毒气体的含量。还要查看桌上、抽屉内、枕边、床上等处有无医学书籍、信件、遗书、日记本、处方笺等，以了解中毒者最近的遭遇及思想活动。

比如有一案例，一保安员早晨被发现死于独自睡觉的房中。案情调查未见有他杀与自杀的原因，现场初次勘验未发现外人侵入的痕迹，死因不能确定。后请专家做法医学尸检，初步认定系一氧化碳中毒死亡，再经毒物分析，确认为一氧化碳中毒。但再次现场勘验未发现任何一氧化碳气体的来源。后请煤气公司技术人员协助勘验现场，排除室内有一氧化碳的来源，遂扩大勘验范围，在室外不远处空地上测得地表一氧化碳浓度较高，经了解并检验，系地下所埋煤气管道破裂漏气，又查案发当晚气象情况，风向朝屋门，综合分析判定，系风将室外地下漏出的一氧化碳气体吹入因天热而未关严门的屋内，毒死了正在睡觉的保安员。

（三）从临床症状推测中毒及毒物

中毒症状是毒物作用于机体，引起机体功能、代谢及形态损害而表现出来的特殊反应。不同的毒物有不同的毒理作用，出现不同的中毒症状，可供推测毒物。但有些不同的毒物中毒也可出现相似的症状，而许多疾病亦可表现出和中毒相类似的症状，多数情况下，症状可提示哪一大类毒物中毒，因此必须细心鉴别诊断。

表 7-2 中列出各种中毒及疾病的症状，可供鉴定参考。

表 7-2 各种中毒及疾病的症状

症状	中毒	疾病
恶心呕吐、腹痛、腹泻	重金属盐、腐蚀性毒物、斑蝥、磷、有机磷农药、食物中毒、甲醇、乙醇等	胃肠炎，腹膜炎，霍乱，痢疾，肠梗阻，早期妊娠，肝、肾、胰等疾病，脑疾患，尿毒症等
发绀	吗啡、亚硝酸盐、硝基苯、氯酸盐、巴比妥类	心脏疾病、肺脏疾病、任何疾病所致的长时间抽搐
抽搐	士的宁、有机磷农药、咖啡因、阿托品、烟碱、乌头碱、氰化物、发芽土豆	尿毒症、子痫、破伤风、癫痫（epilepsy）、脑膜炎等
昏迷	酒精、巴比妥类、鸦片、氰化物、一氧化碳、麻醉药	尿毒症、子痫、酸中毒、脑疾患、糖尿病
谵妄	颠茄碱类、酒精、可卡因、苯、滴滴涕	精神错乱、脑膜炎、高热、尿毒症、肝昏迷
麻痹	氰化物、一氧化碳、酒精、烟碱、铅、乌头碱	脑膜炎、脑和脊髓疾病（如肿瘤、炎症、出血）、尿毒症
散瞳	阿托品、酒精、肾上腺素、乙醚、乌头碱	中枢神经系统疾病、癫痫、青光眼
缩瞳	阿片、吗啡、有机磷农药、巴比妥类、毒蕈碱	脑肿瘤、其他中枢神经系统疾病
呼吸减弱	吗啡、一氧化碳、催眠药、酒精、氰化物	颅内高压、眼受压、深度缺氧、尿毒症
呼吸增强	阿托品、二氧化碳、士的宁、咖啡因、樟脑	急性呼吸系统疾病、癔症、贫血、酸中毒
呼吸困难	士的宁、氰化物、一氧化碳、亚硝酸盐	心脏或呼吸器官疾病、过敏、糖尿病、精神病
黄疸	磷、四氯化碳、砷、铅、毒蕈等	肝炎、胆结石、溶血
脱毛	砷、汞、硼砂、铊等慢性中毒	席汉综合征
牙龈着色	黑色见于铅、锌、银等慢性中毒，蓝色为铜、汞等中毒	
视力障碍	甲醇、奎宁、砷、阿托品等	
听力障碍	链霉素、麦角素碱等	

（四）中毒尸体的检验

中毒尸体解剖的步骤和方法与一般病理解剖相同，但必须注意以下事项：①解剖所用的一切器械、器皿，包括解剖台，必须用净水冲洗干净，不得沾染各种化学物质，如消毒药物等，以免影响分析结果；②取检材前尸体和各器官禁止用水冲洗，以免毒物随水流失或由水带进杂质而影响毒物化验结果；③要收集好供毒物化验用的检材，尽快送检，并将检材保留于低温或冷冻条件下，以利补充检查、复查或再鉴定。尤其做某些特殊检查的检材，一定尽早取材、处理、送检。取材后剩余部分归回尸体原位，不得随意丢弃或毁坏，以备再取。

1. 外表检验 中毒现场发现尸体，应首先注意尸体的位置、姿势、衣着情况、尸体周围的器物情况。注意尸体衣物上有无毒物及毒物作用痕迹或呕吐物、分泌物，检查衣着口袋内物品。

注意尸体有无特殊气味，检查体表有无针孔或腐蚀痕迹。体表尸斑的颜色有时因毒物不同可有特殊表现。注意尸体瞳孔情况。检查口腔、肛门、直肠、阴道、耳道等处有无异常或异物。

2. 内部检查 观察各器官的颜色、形态。首先重视消化系统，仔细检查口腔、食管及胃肠道。继之查心、肺、肝、肾、脑、脊髓、脾及胰等器官。注意各器官毒物所造成的特殊改变。但急性中毒时，有时无明显的特异性病变，要尽早取材、固定，进一步做病理学检查。同时应与其他原因，如疾病、暴力性因素引起的病变相鉴别。

打开腹腔后，注意胃的位置、充盈程度、有无穿孔及内容物是否流入腹腔等。结扎胃的出、入口取出胃，在干净处打开胃检查内容物的性状、颜色、气味及消化程度，特别注意有无异物、药物残渣等，再检查胃黏膜及胃壁等情况。

(五) 毒物检材的采取、包装、保存和送检

1. 检材的采取 主要提取现场可疑的毒物，染有毒物的物品，如食物、饮料、装药器皿、人体呕吐物、排泄分泌物及中毒尸体上的各种检材。

通常中毒尸体的组织器官及体液是最重要的检材，必须全面采取。采取检材的量要足够，固体检材应取250~500g；液体检材应取250~500ml；胃、胃内容物及尿取全部。有时还要取人体的特殊部位物质做检材，例如通过注射中毒者应取注射处局部组织做检查；安眠药中毒引起体表出现水疱者，抽取疱内液体做检验。开棺检验，检材除取尸体部分组织或腐败后相应处泥土外（主要为胃、肝、脑区腐土），还应收集棺木周围的泥土、死者衣服、棺内泥土、积水等以做对比检验。表7-3为人体中适宜于分析目的的检材，可作参考。

表7-3 人体中适宜于分析目的的检材

检材	所需量	中毒种类
尿	全部	多种中毒
胃内容物	全部	口服毒物后短时间内死亡者
肠内容物	全部	口服毒物后1~2天内死亡者
血	50~100ml	多种毒物，形成碳氧血红蛋白及正铁血红蛋白的毒物
脑	500g	挥发性毒物、巴比妥类、吩噻嗪类、生物碱类和急性酒精中毒
肝	500g	重金属类、巴比妥类、氟化物、草酸盐、磺胺类
肾	一侧肾	金属毒特别是汞、磺胺类
骨	200g	铅、砷、镭和其他放射性物质
肺	一侧肺	吸入的毒物
头发和指甲	5~10g	慢性砷中毒
肌肉	200g	在多数急性中毒中，当内脏已高度腐败时

2. 检材的包装、保存和送检 检材采取后，应装在适宜的容器内，最好是玻璃或瓷制容器，盖要严密，注意容器必须清洁，无异物污染。各种检材要分别盛装，切忌混装在一起。

检材内不得加防腐剂、消毒剂。因为这些物质既可是毒物，又可能与检材中毒物发生化学反应，使化验产生困难。但乌头碱中毒者，检材应放入酒精中以免乌头碱因腐败而分解，但送检时应送同种酒精以做对照检材。

检材装毕应严密封签，可用胶布、石蜡、火棉胶或火漆封口，然后加贴封签。封签上注明编号、死者姓名、内容名称、数量、采取日期、经手人签名和盖章。这样做一方面为防止逸漏，另

一方面为防止中途调换或有意添加毒物。

检材应尽可能迅速送检。送检时应另附函或化验申请单，说明案情内容、中毒症状、解剖所见、化验目的等。如有原始病历，应一并送出。检材应保存在阴冷处，最好冰冻，以延缓腐败发生或者发生化学变化。

第3节 一些重要毒物的中毒
Section 3 Poisoning from Certain Important Toxicants

一、氰化物中毒
Cyanide Poisoning

（一）毒物的性状及中毒量

常见氰化物为氰化钾、氰化钠等，均为白色固体，易潮解，易溶于水，致死量为 0.15～0.25g。植物中氰化物主要以氰苷形式存在，苦杏仁中含量较高，成人口服 40～60 粒，小儿服 10～20 粒便可致死。氰化物进入体内后主要因分解产生氢氰酸而发挥毒作用。纯品氢氰酸为无色透明，具苦杏仁味，沸点为 21.6℃的液体，易挥发为气体，极毒，致死量为 0.05～0.1g。氢氰酸在空气中的浓度达 0.2～0.5mg/L 时，即可致人死亡。

（二）毒理作用和中毒症状

氰化物经口服、注射、吸入或其他途径进入机体后分解产生氰离子（CN^-），氰离子与组织的细胞色素氧化酶结合，使组织呼吸链的氧化过程中断，导致细胞失去摄氧能力而造成内窒息；氰离子还能抑制细胞内 40 多种酶的活性。氰化物直接入血，可刺激颈动脉窦，反射性地使中枢神经系统和延髓等麻痹，造成呼吸停止。氰化物中碱根还具有轻度腐蚀作用。

氰化物中毒剂量大的，可使中毒者突然发生尖叫，随即倒地，意识丧失，瞳孔散大，抽搐 2～3 次后死亡，全过程仅几秒钟或几分钟。剂量较小可引起急性中毒，出现头痛、眩晕、恶心、胸闷、咽喉紧缩感、强度恐怖感、视野发黑、心跳和呼吸加快，而后意识丧失、死亡。苦杏仁中毒可有一段潜伏期，症状出现也较慢。

（三）尸体征象及毒物检验

氰化物中毒死者，尸斑呈鲜红色；死后早期血液、肌肉、内脏亦呈鲜红色；全身呈现类似窒息死的尸体征象；体腔内可嗅到苦杏仁味；口服中毒者胃及肠道可有不同程度的腐蚀及炎性反应变化。

检材要采取吃剩的药物、食物、饮料、呕吐物、全部胃及胃内容物；对黏膜吸收或注射中毒的要采取毒物进入机体的局部组织；还要采取心血、肝、肺及肾等。检材要密封包装，冷藏保存，迅速送检。

毒物分离可用水蒸气蒸馏法或微量扩散法。

毒物分析方法：①普鲁士蓝快速检验法：氰化物阳性结果呈普鲁士蓝反应，本法很灵敏，为氰化物的确证试验；②吡啶-巴比士酸反应：阳性结果呈紫红色反应，本实验可进行比色定量测定；③分光光度法；④气相色谱法（gas chromatography，GC）。

二、一氧化碳中毒
Carbon Monoxide Poisoning

（一）毒物性状及中毒量

一氧化碳（carbon monoxide，CO）是无色、无臭、无刺激性的气体，相对密度 0.967，在氧气中燃烧出现蓝色火焰。凡含碳物质在供氧不足情况下燃烧，均可产生一氧化碳。空气中一氧化碳浓度为0.8%～1.5%时，呼吸30分钟至1小时便可致死。血中碳氧血红蛋白的致死饱和度平均为55%～60%。一氧化碳中毒多为灾害事故，如烟道不通畅或漏气等；亦有在火场中吸入一氧化碳而中毒者；有一氧化碳自杀者，也有用一氧化碳杀人者；另外还有用其他手段杀人后，伪装一氧化碳中毒以掩盖罪行者。

(二) 毒理作用和中毒症状

一氧化碳经呼吸道进入人体后，与血红蛋白结合形成碳氧血红蛋白，造成血液携氧障碍，引起组织缺氧，病变主要累及对缺氧敏感的中枢神经系统。吸入较高浓度的一氧化碳时，还可使细胞色素氧化酶功能发生障碍，使组织呼吸受到抑制。一氧化碳进入体内不发生变化，仍以原形从肺排出体外。

当吸入高浓度一氧化碳时，可使人意识迅速丧失，反射消失，呼吸中枢麻痹而死亡。一般急性中毒者初感头痛、恶心呕吐、视力模糊、乏力、共济失调，继之意识丧失，呼吸、脉搏减弱，陷入昏迷，因呼吸衰竭而死亡。慢性中毒者，可出现神经衰弱综合征及神经和心脏功能障碍。

(三) 尸体征象及毒物检验

一氧化碳中毒死亡者，尸斑、血液，尤其是心腔大血管内血、内脏和肌肉均呈樱红色，可有肺充血、肺水肿；慢性中毒者可有中枢神经系统和心、肝、肾的缺氧性损害；尸体腐败较慢，碳氧血红蛋白在尸体内可保持较长时间。

检材主要收集心内、大血管内血液，其次为肌肉，尤以胸大肌为好。

分析方法：①加热反应：加热后正常血变为灰褐色，一氧化碳血仍是鲜红色。②硫化铵法：一氧化碳血呈玫瑰红色，正常血呈绿褐色。③氢氧化钠反应：一氧化碳血在加入试剂2～5分钟后变草黄色，正常血则立即变草黄色。④鞣酸-焦性没食子酸反应：一氧化碳血加入试剂后仍呈鲜红色，可通过比色来定量；正常血加入试剂后变为灰色。⑤分光镜检查。⑥紫外吸收光谱分析。⑦气相色谱法。

三、巴比妥类中毒
Barbiturates Poisoning

(一) 毒物性状及中毒量

巴比妥类（barbiturates）为最常用的镇静、催眠药物，现已合成了2500余种，但常用的只有10多种。巴比妥类均为白色粉末或呈晶状，无臭、味稍苦，微溶于水。该类药物因品种不同，毒性大小有很大差别，致死量一般为其治疗量的10～15倍，如巴比妥盐酸致死量为5～10g；苯巴比妥（phenobarbital）为4～9g；异戊巴比妥为2～5g；司可巴比妥为1～5g。这类药物致死量大，中毒过程较长，故多为自杀，但误用与滥用引起事故的也不少，很少用于他杀，但有犯罪中用作辅助手段的。

(二) 毒理作用和中毒症状

巴比妥类催眠药对中枢神经系统有广泛的抑制作用，较大剂量能抑制延髓的呼吸中枢及心血管运动中枢，引起心跳或呼吸停止死亡，或微循环衰竭引起休克而死亡，较多见的是因长时间昏迷而并发支气管肺炎或肺水肿而死亡，也有的因并发尿毒症而死亡。

急性中毒者出现恶心、呕吐、眩晕、嗜睡、乏力、共济失调、神志不清，逐渐陷入昏迷状态，体温下降，呼吸变慢，以后呈潮式呼吸，发绀、肢体软弱、尿潴留、瞳孔缩小但后期又散大，反射消失，深昏迷，皮肤出现疱疹，严重者10多小时内呼吸停止而死亡。迁延时间较长者，可死于循环衰竭、肺炎并发症或尿毒症。慢性中毒者有皮疹、言语不清、失眠、健忘、情绪不稳定、共济失调、食欲下降、便秘等症状。

（三）尸体征象及毒物检验

尸体检查可见皮肤黏膜发绀，尸斑明显，色暗紫，内脏淤血，肺水肿，脑水肿及膀胱内尿潴留等，有时胃内可发现残余药物。因巴比妥酸盐有一定刺激作用，胃黏膜可发生糜烂和出血现象。迁延数天死亡者，常并发坠积性肺炎，大脑苍白球可有对称性软化灶，伴神经胶质细胞反应，视丘和屏状核中也可有软化灶，可有脑水肿，脑血管周围管性出血及细胞浸润。

检材采取主要为胃内容物、血液、尿液，另外可取肝、肾、脑等脏器；若有皮肤疱疹者，还应抽取疱疹液。

毒物分离方法：使检材呈酸性，直接用醚或用钨酸钠沉淀蛋白后用醚提取。

分析方法：①硫酸铜-吡啶法：巴比妥类阳性结果呈紫红色；②薄层层析法（thin layer chromatography，TLC）；③紫外吸收光谱法；④气相色谱法。

四、有机磷农药中毒
Organophosphorus Pesticide Poisoning

（一）毒物性状及中毒量

有机磷农药（organophosphorus pesticide）是我国广泛使用的杀虫剂，其来源广、毒性强，是最常见的中毒原因之一。按其对人的毒性，大致可分为剧毒类如甲拌磷、内吸磷、对硫磷等；高毒类如敌敌畏、甲基对硫磷等；一般毒性类如敌百虫、乐果、马拉硫磷等。

有机磷农药为有机磷酸酯类化合物，纯品多为油状液体，少数为结晶状固体，多数具有大蒜样臭味，难溶于水而易溶于多种有机溶剂，遇强碱物质能迅速分解、破坏。有机磷农药的毒性也与溶剂有关，其剂型有乳剂、油剂、粉剂、颗粒剂等。用有机磷农药自杀者多见，也有用该类药物投毒杀人者，有时可因误服、误用而发生意外中毒。

有机磷农药对人的致死量依药物不同而异，对硫磷为 0.1~0.3g，甲基对硫磷为 0.8~1.0g，敌敌畏（25%乳剂）为 10~14g。

（二）毒理作用和中毒症状

有机磷农药进入机体后，主要与体内胆碱酯酶结合而使该酶失活，致使乙酰胆碱不能及时被分解而大量蓄积，导致以乙酰胆碱为传导介质的神经以及这些神经所支配的效应器官处于持续过度兴奋状态，最后则转入抑制和衰竭。其中毒症状可归纳为毒蕈碱样作用、烟碱样作用和中枢神经作用3类。一般经消化道吸收引起急性中毒者，可表现出恶心、呕吐、腹痛、多汗、缩瞳、肌肉纤维挛缩、呼吸困难、口吐白沫、昏迷、痉挛而死亡。死因主要为中枢性呼吸衰竭所致窒息，但肺水肿、呼吸肌麻痹、支气管痉挛及呼吸道内黏液积聚等可加重呼吸衰竭，促进死亡。少数有机磷重度中毒后可出现周围神经炎症状；有的可引起局部皮肤损害，多见为接触性皮炎。

（三）尸体征象及毒物检验

尸体检查可见尸斑显著、呈暗紫色；尸体血液呈暗紫红色、不凝固；尸僵甚强；部分案例可见腓肠肌和肱二头肌显著挛缩；多有明显瞳孔缩小，眼结膜有散在出血点；口腔及鼻孔出现白色泡沫，气管内有多量泡沫状液体；肺淤血、肺水肿、肺膜散在点状出血点；细小支气管挛缩；胃内容物有蒜样臭味或特殊气味，胃黏膜有出血点，肠壁肌层有明显收缩波出现；胰腺可有出血；脑膜淤血、水肿，脑实质明显水肿。

检材收集呕吐物、剩余食品、可疑容器、药瓶等；口服中毒尸体取胃及胃内容物和血液；经呼吸道吸入中毒者，可取血液、肺、肝等；经皮肤吸收，造成皮肤损害有水疱形成者可抽取水疱液；经注射引起中毒者，可取注射处局部组织，还可取心血作胆碱酯酶活性测定。

毒物分离可用蒸馏法或浸提法进行分离，进一步用液-液分配法或柱层析法进行纯化。分析方法：①薄层色谱法。②颜色反应：如亚硝酸反应，阳性结果呈紫红色；间苯二酚氢氧化钠反应，阳性结果呈红色。③紫外吸收光谱法。④气相色谱法。

五、砷化物中毒
Arsenide Poisoning

(一) 毒物性状及中毒量

砷（arsenic）广泛分布于自然界，砷及其化合物被广泛用于工农业生产。金属砷无毒性，砷化物则有毒性，引起中毒最常见的是三氧化二砷（As_2O_3），俗称砒霜，为白色粉末，无臭、无味、微溶于水，易升华（193℃）。口服中毒量为 0.005～0.05g，致死量为 0.1～0.2g。其他砷化物尚有亚砷酸钠（$NaAsO_2$），砷酸钙 $[Ca_3(AsO_4)_2]$ 等。当 1L 空气中含砷化氢（AsH_3）1mg 时，呼吸 5～15 分钟即可致死。

砷化物可经口服吸收而中毒，也可经阴道、肛门等处黏膜吸收而中毒。砷化物中毒可见于自杀、他杀、食物污染和医疗不当等。

(二) 毒理作用和中毒症状

砒霜进入体内后，分解产生亚砷酸离子（AsO_3^{-3}），与体内酶蛋白的巯基（—SH）结合，使该酶失去活性，影响细胞的正常代谢，严重时可使细胞死亡，造成神经系统、心、肝、肾等器官损害，还可损害人类白细胞的染色体，阻止细胞正常分裂。当砷化物被大量吸收后，对神经中枢，尤其是心血管运动中枢和呼吸中枢有麻痹作用，并对接触处黏膜有刺激作用，可直接损害毛细血管，使其麻痹扩张，渗透性增加。

砷化物易从黏膜吸收，也能从皮肤吸收，急性中毒时吸收后主要分布于肝、肾等处；慢性中毒时分布很广，尤以指（趾）甲及毛发潴留最多。砷化物急性中毒可分为麻痹型与胃肠型。麻痹型可发生于极大量砷化物进入体内时，主要是毒物抑制了中枢神经系统，特别是延髓中枢所致。主要症状表现：四肢疼痛性痉挛、意识模糊、谵妄、昏迷、脉细数、血压下降、呼吸浅表或困难，数小时内死亡。急性中毒的胃肠型较多见，出现明显的胃肠炎症状，恶心、呕吐、腹痛、腹泻、大便水样、有时带血，严重者酷似霍乱，患者可出现脱水、休克、极度衰竭、腓肠肌痉挛、体温下降、尿少尿闭，严重时可出现中枢神经系统症状，兴奋、躁动不安、意识模糊、昏迷，常于 1～2 天内死亡。

亚急性与慢性中毒一般出现神经衰弱综合征、体重下降、皮肤黏膜病变、多发性神经炎、肌萎缩、中毒性肝炎或肾病、贫血、消瘦、脱毛等。

(三) 尸体征象及毒物检验

尸体检验时，急性麻痹型中毒死者可无特殊病理变化，可见胃肠道黏膜呈轻度刺激征象，充血或伴有水肿。急性胃肠型中毒死者尸体外表呈脱水貌，尸僵明显，腐败较慢；胃肠黏膜充血、出血、肿胀、呈灰白色，可有糜烂，甚至溃疡形成，内容物为血性黏液；肠黏膜可出现黄色斑块；左心室内膜下常有点状或条纹状出血。若迁延数天后死亡，则心、肝、肾等实质器官可发生脂肪变性。慢性中毒者可有较多特殊征象，如毛发脱落、皮肤色素沉着、过度角化、全身贫血及恶病质、肝、心肌和肾脏明显脂肪变性，周围神经炎，胃肠道可有充血和炎症。急性中毒者检材主要收集呕吐物、胃内容物及肝、肾、尿等；慢性中毒时收集毛发、指甲、骨骼；开棺取材不但要取尸体检材，还应取棺木、棺内的衣物及棺木周围泥土以做对照检验。

毒物可用湿氧化法或硝酸镁法破坏有机质而分离。

分析方法：①铜片试验：作初步定性；②砷化氢-溴化汞试纸法：与标准色斑比较可计算出含量；③纸色谱法与薄层色谱法；④分光光度测定法；⑤其他：如 Marsh 法、组织化学法、活化分析法等。

六、亚硝酸盐中毒
Nitrite Poisoning

（一）毒物性状及中毒量

亚硝酸盐（nitrite）中毒，以亚硝酸钠（sodium nitrite）为最常见。纯品亚硝酸钠为白色或淡黄色结晶或粒状粉末，味微咸，易潮解，极易溶于水，在醇中微溶。亚硝酸钠中毒量为 0.5g（口服量），致死量为 1~5g。另外含亚硝酸根的有毒化合物还有亚硝酸钾、亚硝酸戊酯。

亚硝酸盐中毒多为误食或误用医疗药品而发生，少数可见于自杀，用此杀人者更少见。口服次硝酸铋，或食入过量含有大量硝酸盐而又处理不当或腐烂变质的蔬菜，在肠道细菌的作用下，将硝酸盐还原为亚硝酸盐可引起中毒。

固体亚硝酸盐由胃肠道黏膜吸收，亚硝酸戊酯与挥发性有机亚硝酸盐可由呼吸道很快吸收。

（二）毒理作用和中毒症状

亚硝酸离子使人体血红蛋白氧化成正铁血红蛋白，失去输氧能力，造成组织缺氧；亚硝酸盐又能抑制心脏和平滑肌，使小血管平滑肌松弛，血管扩张，血压下降，导致循环衰竭；亚硝酸盐遇胃酸形成亚硝酸，进而分解成二氧化氮，对胃肠道有刺激作用。

亚硝酸盐中毒者，早期表现为胃肠道刺激症状，如恶心、呕吐、腹痛、腹泻等，随即出现典型正铁血红蛋白症、发绀、皮肤呈灰色或褐色，迅速伴发缺氧症状，头晕、头痛、乏力、嗜睡、脉弱、血压下降，重者昏迷、抽搐、呼吸浅表、虚脱，1~2 小时即可死亡。

（三）尸体征象及毒物检验

尸体检验可见尸斑呈褐色，血液呈褐色或酱油色、不凝固，内脏亦呈暗褐色。但这些现象仅见于死后早期，因亚硝酸盐具有还原性，死后正铁血红蛋白被还原或变成氧化氮血红蛋白，使血色呈淡红而稳定。当血中亚硝酸盐浓度高时，还可有亚硝酸正铁血红蛋白出现，它和氧化氮血红蛋白共同出现于血中，均使血液呈鲜红色，很像一氧化碳中毒。尸体出现窒息的一般变化，肝、肾亦可有变性。检材采取剩余食物、呕吐物及胃内容物。因为痕量的亚硝酸盐到处存在，故要作定量分析，采取血液作定量分析或检查正铁血红蛋白。

毒物分离采用浸渍法或透析法。

分析方法：①透析液加 Griess 试验：显示红色表示有亚硝酸根；②联苯胺冰醋酸反应：阳性结果呈黄红色或红棕色反应；③安替比林反应：阳性结果呈绿色反应；④血液分光镜检查；⑤血中含量测定，用偶氮色素反应显色后，置 540nm 测定光密度，与标准液比较，求出含量；⑥高效液相色谱法（ultra performance liquid chromatography）。

七、甲醇中毒
Methanol Poisoning

（一）毒物性状及中毒量

甲醇（methyl alcohol）又称木醇，为无色透明液体，有微弱酒精气味，易燃烧，具高度挥发性，与水、醇类及氯仿可任意混溶。中毒致盲量为 15ml，致死量为 30~60ml，个别有 6ml 致死者。

甲醇在工业上用途很广。中毒途径多为口服，少数为与甲醇蒸气长期接触引起中毒。甲醇中毒绝大多数为误服，尤其是近年来不法分子用甲醇勾兑假白酒出售牟利，曾多次造成较大范围人群服用后中毒和死亡。用甲醇自杀者少见，他杀者亦不多见，但有他杀致人失明的案例。

（二）毒理作用和中毒症状

甲醇对神经中枢可产生麻醉作用，但作用能力较弱；对黏膜有较强的局部刺激作用；对血管有麻痹作用。甲醇在体内经不完全氧化后产生甲醛和甲酸，这是引起中毒损害的主要因素。甲醛对人视网膜神经节细胞具有特殊毒性作用，引起视神经萎缩，视力减弱甚至失明。甲酸引起酸中毒，导致人昏迷死亡。甲醇在人体内有蓄积作用。

急性甲醇中毒者常出现腹痛、呕吐，软弱无力，头痛，视力模糊，呼吸困难，发绀，昏迷；中毒2～3天可失明，最终可因呼吸麻痹而死亡；慢性中毒者可出现肾炎、膀胱炎等症。

（三）尸体征象及毒物检验

甲醇中毒死亡者尸体皮肤青紫，血不凝固，胃、十二指肠黏膜充血并有出血点，膀胱黏膜充血，脑充血水肿，肺充血水肿，胰腺可能坏死，肝、肾细胞可有变性坏死，脑、脊髓、视网膜神经节细胞变性、坏死，视神经萎缩。

检材取呕吐物、胃内容物、血液、尿液、脑、肝、肾等。

毒物分离采用水蒸气法及微量扩散法。

分析方法：①品红亚硫酸法和变色酸法；②分光光谱法；③气相色谱法；检材中检出甲酸、甲醛可作为甲醇中毒的间接证据。

八、乙醇中毒

Ethanol Poisoning

（一）毒物性状及中毒量

乙醇（ethanol）为无色、易燃、易挥发液体，有特殊芳香气味，沸点为78℃，能与水、醚、酮、氯仿任意混溶，比重为0.813～0.816。在各种酒类饮料中含量依饮料品种不同从3%到65%不等。医学临床上常用酒精作为消毒剂使用，亦有用酒精作为溶剂配制某些液体药物剂型。乙醇的中毒量及致死量因人以及个人饮酒习惯不同而差别较大，一般乙醇中毒量为75～80g，致死量为250～500g，致死血浓度为400～500mg/dl。如果乙醇与其他呼吸抑制剂或麻醉剂联合应用，即使量较小也可致死。

较轻的急性乙醇中毒（醉酒）较常见，可因酒后驾驶车辆以及从事有危险性的工作而发生事故，长期酗酒可造成慢性乙醇中毒。乙醇致死者多为意外事故，常因狂饮所致，偶有因医疗中误将酒精输入人体而致死。有些可在酒中掺入药物或毒物而用其自杀、他杀或意外致人死亡的。亦有醉酒后摔撞伤致死、失去知觉后呕吐物返流入气管及肺中致窒息死，或倒卧于低温环境中致体温下降过低而冻死的。

（二）毒理作用及中毒症状

乙醇主要抑制中枢神经系统，首先抑制大脑皮质，使皮质下功能失去控制，一时呈现兴奋状态，当乙醇作用进一步加强时，皮质下中枢及小脑活动受抑制，最后延髓血管运动中枢和呼吸中枢受抑制，而呼吸中枢麻痹是引起死亡的主要原因。此外乙醇还可使人体皮肤血管扩张，血流增加而散热加强，同时又抑制体温调节中枢，从而使人体温迅速下降。

乙醇急性中毒者初始为面红、言语及动作行为增多等兴奋症状，如中毒加重则出现步态蹒跚、口吃、呕吐、共济失调，中毒若再加重则出现昏睡（sopor）、昏迷（coma）、呼吸浅慢、发绀，经一段时间后可因呼吸衰竭而死亡。

乙醇慢性中毒者可出现神经系统症状、精神症状（mental symptom，psychical symptom）、肝硬化、慢性胃炎、内分泌障碍及周围神经炎。

(三) 尸体征象及毒物检验

尸体检验可见急性中毒者消化道充血、水肿，所有器官，特别是脑、脑膜、肺等充血、水肿，肝、肾浊肿，膀胱尿潴留，体腔内有酒精味，身体可有摔、碰造成的损伤。慢性中毒者可见全身营养不良，肝脂肪性硬化，心肌脂肪浸润并萎缩，脑皮质萎缩及神经胶质和血管增生并伴新旧出血，慢性胃炎，肾上腺萎缩，有的还可见慢性胰腺炎及肾脂肪变性。

检材取血液、呕吐物、胃内容物、尿液及脑组织等；活体可测呼气中的乙醇含量及取血、尿进行化验。

毒物分离用水蒸气蒸馏法、微量扩散法。

分析方法：①碘仿法；②扩散氧化法；③气相色谱法。

九、磷化锌中毒
Zinc Phosphide Poisoning

(一) 毒物性状及中毒量

磷化锌（zinc phosphide）是广泛使用的一种杀鼠剂，为灰黑色有闪光的重质粉末，有强烈电石臭味，比重为4.27，不溶于水及乙醇，微溶于碱与油，易溶于酸，遇水及阳光能缓慢分解产生磷化氢。成人致死量是2~3g。

磷化锌中毒途径以口服为多，误食灭鼠毒饵或被污染的食物中毒者多见；服毒自杀的也不少见；他杀投毒有掺入食物、中药或装入胶囊冒充药物而使人服用的。磷化锌通过其他途径使人中毒的，有加酸熏蒸杀鼠时误通过呼吸道吸入磷化氢中毒的；也有塞入阴道致人中毒的；还有在潮湿的粮囤内投放磷化锌，因环境潮湿造成磷化锌分解而造成中毒事件的发生。

(二) 毒理作用和中毒症状

磷化锌口服入胃，与胃酸作用生成磷化氢与氯化锌，氯化锌对胃黏膜有刺激作用，磷化氢是引起机体中毒的主要因素。磷化氢被吸收后引起中枢神经系统麻痹、休克死亡，病程迁延使肝、心、肾等实质器官损害。吸入磷化氢气体中毒者，呼吸系统和神经系统症状出现早，但经口服磷化锌者，则消化系统症状出现早且重。

急性磷化锌中毒者，服用后很快出现胃部烧灼感、呕吐、腹痛、腹泻、口渴；吐物带血和黑色沉渣或黑色泡沫状物，有电石臭味，有时出现血性呕吐物和血性大便；头痛、烦躁、乏力、意识模糊、四肢麻木、昏迷、血压下降、心跳和呼吸减弱直至死亡。死前瞳孔可缩小，全身抽搐。病程迁延者，出现心、肝、肾损害的症状，尤其肝肿大、黄疸、肝功能异常，有时被误诊为病毒性肝炎。

(三) 尸体征象及毒物检验

磷化锌中毒死者，尸体外貌呈脱水状，尸斑及口唇、指甲呈暗紫红色；腹腔内有电石臭味，胃黏膜充血、肿胀及点状出血，可发现胃内有灰黑色粉末；肺淤血、水肿及灶性出血；心肌间质淤血，心脏内血呈暗红色流动性；脑淤血、水肿及小血管周围渗出性出血；肝、肾淤血、浊肿。病程迁延2天以上者，体表出现黄疸，肝肿大、脂肪变性、出血、坏死，胆汁淤滞，心、肾浊肿和脂肪变性、出血，其他脏器亦有淤血、水肿或伴有出血。

检材取胃及胃内容物、血液、肝、肾等。

检查磷化物，无须分离。

检查磷化氢可在检材中加酸后收集逸出的气体。

迁延数天后死亡者，磷化锌在体内逐渐氧化成磷酸盐，不易检出，故应同时作锌离子检查以间接证明中毒。

分析方法：①颜色反应检验磷、锌；②微量结晶反应；③组织化学法检验锌；④原子吸收光谱法。

十、毒鼠强中毒
Tetramine Poisoning

（一）毒物性状及中毒量

毒鼠强（tetramine）又名"424"、鼠没命、TETS 等，化学名为四次甲基二砜四胺。纯品为白色粉末，无臭无味，不溶于水，难溶于乙醇，稍溶于丙酮和氯仿，熔点 250～254℃，255～260℃分解，化学性质很稳定，在环境和生物体内代谢很缓慢，不易降解。其毒性约为氰化钾的 100 倍、有机磷的 200～700 倍、氟乙酰胺的 4 倍，人口服最低致死量为 5mg/kg。

毒鼠强对温血动物均有剧毒作用，曾作为鼠药使用，但因其剧毒，能引起环境的污染及二次中毒，且无解毒剂，故一直未大规模使用。1991 年我国化工部、农业部农药检定所分别发文禁止使用，但因其灭鼠效果明显，容易土法生产，生产销售环节管理薄弱，为利益驱使，致私自制、贩、售、用的情况禁而不止。毒鼠强因易得、毒性强、使用时不易被察觉，常被用来经口服投毒他杀及服毒自杀，亦有不慎或被污染而中毒的案例，偶有吸入毒鼠强粉尘致中毒的，还有食用被毒鼠强毒死的动物而导致食用者中毒即"二次中毒"的。近年来该药中毒死亡案件数量明显上升，成为我国目前最常见、危害大的毒物。近年来国家进行大规模专项治理，严厉打击制、贩、售、用毒鼠强，意在扼制毒鼠强日益上升的危害。

（二）毒理作用及中毒症状

毒鼠强是中枢神经系统抑制性神经递质 γ-氨基丁酸（GABA）的拮抗剂，阻断 GABA 对神经元的抑制作用，使运动神经元过度兴奋，导致强直性痉挛和惊厥；同时可抑制体内分解肾上腺素和去甲肾上腺的酶的活性，毒鼠强本身还有类似酪胺酸衍生物的生物胺类作用，导致肾上腺素、去甲肾上腺素（norepinephrine，NE）作用剧增，引起中枢神经活动功能紊乱，全身兴奋性增强。

口服中毒者部分可即刻出现中毒症状，多数潜伏期为 10～30 分钟，死亡多发生于中毒后半小时到 3 小时，典型的中毒症状为突发强直性、阵发性抽搐，口吐白沫，神志不清，类似"癫痫大发作"。部分中毒者发作前有头痛、头晕、恶心、呕吐、胸闷、心悸等前驱症状，继之出现癫痫性抽搐。每次抽搐持续时间 2～10 分钟，中毒越重者抽搐间隔时间越短，发作越频繁；抽搐发作期或缓解期可有不同程度精神障碍（mental disorders）。中毒重者抽搐发作时伴有昏迷、瞳孔散大、呼吸困难，最后因呼吸衰竭而死亡。部分中毒者全身可有出血表现，如吐血、鼻衄、黑粪、尿血和皮下出血等。要注意医学临床上可能将毒鼠强中毒误认为癫痫发作，耽误抢救时间。

（三）尸体征象及毒物检验

死亡急速者尸斑、尸僵显著，窒息征象明显，各脏器淤血、水肿，尤以脑淤血、水肿明显，部分死者可见胃黏膜斑点状出血，因抽搐舌部可有咬伤及出血，中毒病程稍长者可并发支气管肺炎。

检材取剩余食物、饮料、呕吐物、胃内容物，其他可取血液、尿、肝、肾、心、肺等。

毒物分离可采用直接提取法、固相萃取法（solid phase extraction，SPE）、固相微萃取法

(solid phase micro extraction，SPME）和固相膜萃取法等。

分析方法：①薄层色谱法；②气象色谱法；③气相色谱-质谱联用法（mass spectrometry，MC）。

十一、蛇毒中毒
Snake Venom Poisoning

（一）毒物性状及中毒量

蛇毒是毒蛇的毒腺所分泌的毒素，新鲜时为微酸性、透明、黄色、蛋清样、黏稠液体，有特殊腥臭，处理后的干品为松脆易碎的半透明固体。蛇毒的毒性因毒蛇种类不同而异，我国常见的毒性强的蛇毒对人的致死量（干品）为 1.0~100mg/kg 体重。蛇毒中毒多系被毒蛇意外咬伤（bite mark）所致，但亦有用毒蛇咬人他杀及自杀的案例，个别有用蛇毒注入人体致人中毒死亡的案例。

（二）毒理作用及中毒症状

蛇毒的毒理作用因蛇毒的成分不同而不同，主要有：

（1）神经毒素：主要存在于金环蛇、银环蛇及海蛇的毒液中，作用于神经系统，可致肌肉弛缓性瘫痪，抑制颈动脉化学感受器，抑制呼吸中枢和血管中枢，引起呼吸和循环衰竭，还可引起意识障碍。

（2）血液循环毒：主要存在于蝰蛇和尖吻蝮蛇的毒液中，作用于血液和循环系统，主要包括凝血毒素、抗凝血和出血毒素，可引起出血；溶血毒素，引起红细胞溶解；心脏毒素，使心脏先兴奋后抑制，可致心搏骤停。

（3）细胞毒：可引起细胞溶解、蛋白质分解、组织坏死，如海蛇毒主要破坏骨骼肌细胞。

另外如眼镜蛇、眼镜王蛇及蝮蛇的蛇毒中既含有神经毒素又含有血液循环毒素。

被有神经类毒素的毒蛇咬伤，咬伤处轻度红肿，有微痛、麻木感，重者肢体瘫痪，继之头痛、眩晕、流涎、恶心、腹痛、胸闷、气促、眼睑下垂、视力模糊及复视、幻视，听、嗅、味觉异常或消失，音哑、舌麻痹、吞咽困难、牙关紧闭、共济失调或全身瘫痪，重者昏迷、休克、死亡。

被有血液循环类毒素的毒蛇咬伤，咬伤处即红肿、疼痛，并加剧变黑紫色，组织坏死、出血，病变范围迅速扩大；继后出现全身中毒症状，表现为畏寒、发热、恶心、呕吐、全身肌酸痛、心悸、胸闷、烦躁不安、谵妄，全身多发性出血、便血、尿血、黄疸、贫血、血压下降、休克等，发生心、肾衰竭或中毒性休克，死亡。

被海蛇咬伤可引起肌肉麻痹、肌红蛋白尿、急性肾小管坏死致肾衰竭、死亡。

（三）尸体征象及毒物检验

咬伤局部有一对毒蛇牙痕，组织有不同程度肿胀、坏死及变黑紫色；神经性蛇毒致死者神经系统病变明显；全身可见肺水肿、脑水肿，心脏、横纹肌、肾上腺、肝、肾都可发生病变。

检材取毒蛇咬伤处组织及流出的血液，还可取血、尿及内脏。

分析方法：①凝胶电泳分析法；②对流免疫电泳法；③蛇毒天然胶乳凝集抑制法。

十二、斑蝥中毒
Blister Beetle Poisoning

（一）毒物性状及中毒量

斑蝥是一种有毒昆虫，其干体可供药用，可使皮肤发赤、起疱、生毛，用于治疗疥癣、恶疮、腰腿痛和风湿痛。斑蝥素（cantharidin）是斑蝥体内的主要毒性物质，其纯品为无色有光泽的斜方形小片结晶，能升华，熔点为 218℃，微溶于热水和醇，能溶于丙酮、氯仿和乙醚。服用斑蝥粉的中毒量为 0.6g，致死量为 1.5g，纯斑蝥素的致死量为 0.03g。斑蝥中毒主要是因用作药物过量或不当、错误所致，如用于堕胎、治疗月经不调、壮阳、治癌等，或错当别的药发出，接触中不注意防护等。国外曾有用斑蝥自杀或他杀的案例报道。

（二）毒理作用及中毒症状

斑蝥素对皮肤、黏膜及胃肠道有强刺激作用，口服可引起急性胃肠炎，吸收后刺激泌尿生殖系统，经肾脏排泄引起肾损害，可死于休克或急性肾衰竭。

口服中毒者出现口腔、咽喉烧灼感，流涎，口腔黏膜水疱及溃疡，口渴，吞咽困难，恶心、呕吐及腹痛和腹泻。呕吐物中有血、黏液及斑蝥残体，性器官充血，头晕、头痛、休克，死于循环衰竭。病程迁延者可出现腰痛、尿少、尿频、血尿、尿道烧灼感及排尿困难，重者出现高热、休克、昏迷，直至死亡。

皮肤接触局部有潮红，烧灼感，继之出现水疱及溃疡。

（三）尸体征象及毒物检验

皮肤接触中毒处有红斑、水疱或溃疡。

口服中毒者主要病变是胃肠道损害及中毒性肾病。口腔内有水疱，食管和胃黏膜肿胀、充血，可见到局灶性糜烂和溃疡，病变可扩展到小肠上段，胃内容物及胃黏膜表面可检见斑蝥残体。肾小管上皮细胞浊肿及坏死，膀胱内有血尿，膀胱有出血性炎症。有的病例还可见肝细胞中毒性灶性坏死、急性脾炎及脑水肿等。

检材取呕吐物、胃肠内容物、肝、血、尿等及吃剩的药物或食品。检材应低温保存。

毒物分离采用 Stas-Otto 法。

分析方法：①颜色反应；②结晶试验；③薄层色谱法；④色谱-质谱联用法。

十三、强酸中毒

Acid Poisoning

（一）中毒性状及中毒量

涉及中毒案的强酸主要包括硫酸（sulfuric acid）、盐酸（hydrochloric acid）和硝酸（nitric acid）。硫酸纯品为无色不挥发油状液体，市售品浓度为 98%。盐酸纯品为无色液体，易挥发出刺激性臭味，并产生白色烟雾，市售品浓度为 37%。硝酸纯品为无色、发烟、有刺激性臭味的液体，久置可略变黄色，市售品常为浓度为 68% 的水溶液。成人致死量硫酸纯品为 4ml，盐酸纯品为 10～15ml，硝酸纯品为 8～10ml。强酸中毒多为误服、使用不慎等意外事故所造成，有用强酸毁人外表的他伤案件，亦有注射强酸他杀的案件，还有口服强酸自杀的案件。

（二）毒理作用及中毒症状

强酸对机体接触部位具有强烈的腐蚀作用，使局部组织发生凝固性坏死。硫酸具有吸水性使接触处组织脱水炭化；盐酸使组织初呈白色，后变成灰棕色；硝酸使组织蛋白质硝化而呈黄色。强酸被吸收后可使全身酸中毒、代谢紊乱，引起呼吸中枢麻痹、窒息。硫酸可使血红蛋白变成暗褐色酸性正铁血红蛋白。盐酸烟雾被吸入后使呼吸道及肺充血、水肿、出血和坏死。硝酸被吸收入血后转变为亚硝酸盐和硝酸盐，前者使血红蛋白变为正铁血红蛋白，致血液输氧障碍，后者使心、肝、肾受损害。吸入硝酸气体可造成肺损害、肺水肿。

体表接触强酸，可造成腐蚀性破坏，出现黑色、白色或黄色凝固性坏死。口服入强酸，口、咽、腹部出现剧烈烧灼痛，恶心、呕吐、烦渴，胃穿孔及酸中毒，呼吸急促，脉弱频数，血压下降、发绀，重者死亡。吸入酸性气雾者，出现呼吸困难，重者窒息。一般不出现意识障碍。

(三) 尸体征象及毒物检验

强酸接触处组织、器官腐蚀破坏征象明显，坏死组织颜色因酸而异。衣服接触处亦有腐蚀破坏现象。血液因正铁血红素而呈暗褐色。吸入强酸气体者可见气管充血、水肿，喉头水肿，肺水肿、支气管炎和支气管肺炎。中毒迁延而死者可见心、肝、肾损害。

检材取呕吐物、胃内容物、腐蚀的组织及衣服沾染处。

毒物分离用水浸法（water immersion）和透析法（dialysis）。

分析方法：①颜色反应；②沉淀反应（precipitation reaction）；③沉淀溶解反应。

十四、强碱中毒
Alkali Poisoning

(一) 毒物性状及中毒量

强碱又称苛性碱，主要是碱金属的氢氧化物或氧化物，常见的是氢氧化钠与氢氧化钾。氢氧化钠又称烧碱，为白色不透明固体，氢氧化钾为白色半透明晶体，二者皆易溶于水和醇，易吸收空气中水和二氧化碳生成碳酸盐。强碱对人的口服致死量为 $5\sim10g$。强碱中毒多为意外事故，少有服用自杀或他杀，但有故意用强碱造成人体表腐蚀伤的他伤案件。

(二) 毒理作用及中毒症状

强碱对人体组织有强烈的刺激和腐蚀作用，使与之接触部位的组织发生液化性坏死、糜烂；被吸收后使人体发生碱中毒，出现高度代谢障碍及心功能减弱，还可使血红蛋白形成淡绿褐色的碱性血红素；强碱与组织脂肪酸结合可形成皂性物质。

强碱口服后自口至胃部出现剧烈疼痛、恶心、呕吐、腹泻，呕吐物呈强碱性且多为红褐色黏液状物，肤色苍白，血压下降，乃至休克死亡。可发生胃及十二指肠穿孔，引起弥漫性腹膜炎。碱性物刺激，可发生喉头水肿甚至窒息，可引起肺水肿及支气管肺炎。尿呈碱性并浑浊。

(三) 尸体征象及毒物检验

强碱接触处的体表、口、食管及胃有灰白色肿胀，液化性坏死，触之柔软如皂样滑腻，胃变软且肿胀的黏膜被碱性血红素浸润，呈红褐色或淡绿褐色。胃、肠可穿孔，造成腹膜炎及碱腐蚀性改变，邻近器官可被波及呈软化、淡灰色。若强碱性物进入呼吸道，可见声门水肿、呼吸道被腐蚀及支气管肺炎、肺水肿。

检材取呕吐物、胃内容物、被腐蚀的体表组织及衣物。

毒物分离用水浸法或透析法。

分析方法：①颜色反应；②亚硝酸钴钠反应；③乙酸铀锌反应。

十五、苯酚和甲酚中毒
Phenol and Cresol Poisoning

(一) 毒物性状及中毒量

苯酚和甲酚都属于酚类化合物，其化学性质和毒性较相似，有杀菌效能。苯酚又名石炭酸，纯品为无色针状结晶，有特殊芳香气味，易溶于热水及有机溶剂。甲酚又称为煤酚，为无色或淡黄色至红棕色液体，气味特殊，易溶于有机溶剂而不易溶于水，多与肥皂溶液配制成 50% 的乳白色浑浊液，俗称来苏儿，是良好的消毒剂。中毒多为口服自杀，尤其是来苏儿中毒多见，有误服或使用不慎中毒的，他杀者少见。口服致死量苯酚为 $10\sim15g$，来苏儿为 $20\sim40g$。

（二）毒理作用及中毒症状

苯酚和甲酚对人体与之接触的局部组织有强烈的刺激和腐蚀作用，可造成组织凝固性坏死；被人体吸收后，对中枢神经系统有抑制作用，能直接损害心肌和小血管，从体内代谢排出时，又可刺激和损害肾脏。苯酚还有轻微溶血作用。

口服急性中毒者，口、食管及胃有烧灼感，恶心，呕吐，头痛，面苍白，呼吸、心跳减弱，发绀，昏迷，可死于心搏停止或呼吸麻痹。尿呈浑浊的绿棕色，中毒迁延者可出现急性肾衰竭。

（三）尸体征象及毒物检验

从体表到内脏凡与毒物接触处出现白色凝固性坏死，有浓烈气味，周围组织、器官也可因毒物渗透而出现灰白色硬斑。口服来苏儿中毒者上消化道有腐蚀现象，胃内部有滑腻感且质地较软，胃黏膜呈深棕色或红棕色，有药皂味。脑和肺淤血水肿，心脏扩张，各脏器淤血。呕吐物被吸入呼吸道者，有呼吸道黏膜凝固性坏死、喉头水肿、肺水肿及支气管肺炎。中毒迁延者有肾损害、肝损害及棕绿色尿。

检材取呕吐物、胃内容物或胃、肝、肾、血，活体取尿。

毒物分离用蒸馏法、液-液提取法。

分析方法：①颜色反应法；②薄层色谱法；③紫外分光光度法；④气相色谱法；⑤气相色谱-质谱联用法。

十六、汞及升汞中毒
Mercury and Mercuric Chloride Poisoning

（一）毒物性状及中毒量

汞（mercury）又称水银，常温下为银白色液体金属，比重 13.6，熔点 -38.9℃，沸点 356.9℃，易挥发为汞蒸气。金属汞在胃肠道几乎不被吸收，口服可视其无毒。但汞蒸气有剧毒，经呼吸道吸入可引起急性或慢性中毒。曾有经静脉注射水银自杀和他杀案例，吸入汞蒸气中毒大多为意外事故。人吸入浓度为 $1\sim3mg/m^3$ 汞蒸气数小时可致急性中毒，一次吸入 2.5g 汞所产生的汞蒸气可致死。升汞（mercuric chloride）又名氯化高汞，纯品为白色结晶性粉末，熔点 277℃，易溶于水、醇和甘油，在胃中易吸收并具剧毒。该毒以他杀或自杀口服中毒较多见，也有经注射途径投毒的。升汞对人的口服中毒量为 0.1g，致死量为 0.5g，静脉注射时中毒量和致死量为口服量的一半。

（二）毒理作用及中毒症状

汞被吸收后，与体内蛋白质中的多种基结合，抑制酶功能，扰乱细胞的代谢，从而损害细胞的结构和功能。汞蒸气吸入后，对呼吸道有刺激、腐蚀作用，且易入脑并与脑组织牢固结合，造成中枢神经系统损害。急性汞蒸气中毒者，可出现发热、咳嗽、呼吸困难、恶心、呕吐、嗜睡、胸闷、流涕、流涎或流泪，重者可发生腹泻、精神障碍、语无伦次、清醒和昏迷交替、牙龈肿胀及溃疡、尿蛋白阳性，再重者可发生休克、晕厥、抽搐以至昏迷死亡。慢性汞中毒者面色苍白、头痛、乏力、消化不良、牙龈炎、流涎、口舌黏膜肿胀糜烂及有水疱形成，牙龈黏膜处可出现暗棕色或蓝灰色条状斑纹样汞线，出现焦虑、淡漠甚至痴呆等精神症状，震颤、感觉障碍（abnormal sensation）、共济失调、膝反射亢进等神经系统症状，蛋白尿、血尿、管形尿等肾损害症状，贫血，视力障碍等。

升汞中毒的毒理作用及中毒症状与汞蒸气中毒基本相同，但升汞对消化道有刺激、腐蚀作用，剂量大时能直接抑制心肌，并引起急性溶血，病程迁延者主要引起中毒性肾病。口服中毒者有恶心、呕吐、口内有金属味、腹痛、血便、里急后重，口腔黏膜广泛肿胀、糜烂，重者休克死亡。病程稍长者可出现肾功能障碍的症状，重者死于急性肾衰竭。

（三）尸体征象及毒物检验

急性汞蒸气中毒者，主要有呼吸系统损害，可见到腐蚀性气管炎、支气管炎、间质性肺炎、中毒性肺水肿及肺部灶性坏死。慢性汞中毒者可见牙龈汞线，全身恶病质状，心、肝、肾、脑损害。

升汞口服中毒者，从口到胃的消化道黏膜有充血、糜烂、坏死、形成灰白色假膜等不同程度的腐蚀性损害，迁延死亡者出现典型的汞毒性肾病改变，心、肝细胞有损坏。

检材提取尿、胃内容物、粪、肾、肝等，吸入中毒者取其血、肺等内脏。

分析方法：①碘化汞升华结晶法；②碘化亚铜试验；③双硫腙分光光度测定法；④原子吸收分光光度法。

十七、吗啡类中毒
Morphine Poisoning

吗啡系阿片中的主要成分之一。阿片又称鸦片（opium）、大烟，是罂粟的未成熟蒴果壳浆的干燥物，含40余种生物碱，呈褐色膏状，味辛、苦，有特殊气味，以前曾作为吸食或吞服品，易成瘾，是我国法律严禁之毒品。其干燥物的致死量为1～2g。阿片中的主要成分是吗啡、那可丁、罂粟碱。吗啡又可衍生出可待因（codeine，甲基吗啡）、海洛因（heroin，二乙酰吗啡）等。某些吗啡毒制剂，为减轻副作用，含有咖啡碱、士的宁、奎宁、烟碱等物质，作毒物分析时应注意。现在常见的成瘾性吗啡类毒品有如下几种。

（一）吗啡

吗啡为白色结晶状粉末，味苦，难溶于水，能溶于乙醚、氯仿等有机溶剂。吗啡盐类可溶于水。药用的主要是盐酸吗啡。吗啡成人中毒量为0.06g，口服致死量为0.2～0.25g，皮下注射致死量为口服的一半，小儿尤敏感，但吗啡成瘾者例外。

吗啡具有很强的镇痛作用，因镇痛可引起情绪变化、欣快感。吗啡对中枢神经系统的作用还有镇静、催眠、抑制呼吸、镇咳。吗啡可兴奋平滑肌致缩瞳、呕吐、排尿困难、便秘，使呼吸困难，并能抑制心血管功能，使心率和血压下降。吗啡易成瘾并产生耐受性（tolerance）。

吗啡急性中毒，数分钟即可出现症状，昏迷、感觉消失、发绀、血压下降、脉缓且不规则、呼吸浅慢并似叹息、体温下降、瞳孔极度缩小，但至死前可扩大。中毒后6～8小时因肺水肿、呼吸停止而死亡。

慢性中毒见于成瘾癖者，可有消瘦、贫血、精神萎靡、食欲不振、早衰、阳痿，多伴有精神异常。禁用可出现强烈的戒断症状（withdrawl symptom），造成极大痛苦，故成瘾者为获得毒品可不择手段。

尸检时，急性中毒死者可见一般窒息征象：血色暗呈流动性、呼吸道有泡沫状液、浆膜与黏膜有出血、脑淤血及水肿；肺有坠积性充血、水肿或并发支气管肺炎；尿潴留；胃内可见残毒。慢性中毒死者可见营养不良、消瘦、苍白，脑、脊髓、心、肝、肾细胞变性。瘾癖者手臂、肩胛、臀部、腿部甚至躯干有注射针孔、不洁注射所致的化脓与瘢痕，可并发脓毒血症或肺炎。

检材提取尿、注射部位组织为好，还可提取血、胆汁、肝、脑、肾及头发（慢性中毒）等。

毒物分离方法为在弱碱性溶液中用氯仿-醇混合溶剂提取。

分析方法：①颜色反应法；②薄层色谱法；③气相色谱法；④高效液相色谱法；⑤气相色谱-质谱联用法。

(二) 海洛因

海洛因学名二乙酰吗啡，俗称白面或白粉，为白色或淡黄色结晶粉末，无臭，溶于水或乙醇。毒理作用同吗啡相似，但强于吗啡，用后极具陶醉感，极易成瘾。致死量约 0.2g。急性中毒死亡原因多为肺水肿或呼吸麻痹，慢性中毒症状与死因与吗啡所致相同。尸检所见与检材提取和吗啡相同。

分析方法：①颜色反应法；②红外分光光度法；③薄层色谱法；④气相色谱法；⑤气相色谱-质谱联用法。

(三) 可待因

可待因学名甲基吗啡，常用其磷酸盐，呈白色细微针状结晶性粉末，无臭，易溶于水。成人致死量为 0.3g。毒理作用与吗啡相似，但镇痛作用、欣快感、成瘾性均小于吗啡。镇咳作用弱于吗啡，且抑制呼吸、便秘等作用均较弱，故医学临床用于镇咳和镇痛。中毒症状与吗啡相似，但大脑及脊髓的应激亢进症状更显著。昏迷前可有谵妄，昏迷时可有惊厥。引起的瞳孔缩小不如吗啡显著。尸体征象同于吗啡。检材提取、毒物分离与分析方法同于吗啡。

十八、大麻中毒
Marijuana Poisoning

(一) 毒物性状及中毒量

大麻（cannabis sativa）又称印度大麻，系由印度传入的一种经济作物，我国新疆有种植且中毒者亦较多。使用者多取大麻的雌花穗及顶尖端嫩叶等晒干、研粉，集聚成团制成麻烟吸食，或与红花、枸杞、黑胡椒、白糖、蜂蜜及羊油等混合制成膏或丸以吸食或吞服。某些国家有用此加入食品、饮料中的。大麻致死量约为 2～10g/kg 体重（随植物部位不同而异）；四氢大麻酚致死量口服为 0.7～1.4g/kg 体重，静脉注射为 20～40mg。

(二) 毒理作用及中毒症状

大麻的主要成分是具有精神作用的四氢大麻酚及多种大麻酚类衍生物，其主要作用于中枢神经系统，影响精神活动，是典型的致幻剂（hallucinogens）。

大麻急性中毒似醉酒状，出汗、眼红、面黄、心悸、气喘，进而狂叫、躁动、手舞足蹈、哭笑无常，时间和空间定向力障碍，出现错觉、幻觉、迷幻性恐惧，意识蒙眬，或精神快感、不真实感等，可继发狂暴行为，伤人毁物，事后有遗忘。进入抑制期后肌无力、运动失调、言语不清、知觉异常、嗜睡、昏睡。可死于呼吸衰竭。长期使用可成瘾癖，精神颓废、道德堕落、不思劳作、暴怒无常、易有攻击行为（aggressive behavior）。少数发生精神病性异常者可导致行凶，手段可极为残忍，亦有变呆傻者。

(三) 尸体征象及毒物检验

尸体检验急性中毒死者无特异性征象。

检材取尿、血、内脏组织、毛发，服用者取胃内容物。

毒物分离用液-液提取法、固相柱萃取法等。

分析方法：①薄层色谱法；②气相色谱法；③气相色谱-质谱联用法。

十九、毒蕈中毒
Mushroom Poisoning

(一) 毒物性状及中毒量

蕈俗称蘑菇，为真菌性植物，体形似伞，其中不少种类的营养丰富、味道鲜美，长期以来人们就采食之。但是，也有一些种类含有毒性物质，人若食之会引起中毒，这部分被称为毒蕈。我国已知的毒蕈有80多种，其中极毒而易致命的有10种，包括白毒伞、毒伞、鳞柄白毒伞、残托斑毒伞、褐鳞小伞、肉褐鳞小伞、毒粉褶菌、秋生盔孢伞、包脚黑褶伞、鹿花菌。毒蕈中毒多为辨认不清误认为食用菌而误食造成，也有用毒蕈投毒他杀的报告。毒蕈的毒性可因种类不同而所含的毒性物质不同，以及本身生长环境和采集时间不同出现差异。干毒蕈的致死量为白毒伞1g/kg体重，鳞柄白毒伞100g/kg体重，毒伞20g/kg体重，毒粉褶菌15g/kg体重。

(二) 毒理作用及中毒症状

毒蕈的毒理作用取决于其所含的毒性成分，往往一种毒蕈可含有几种毒性成分，同一种毒性成分又可能存在于几种毒蕈之中，现查明的毒蕈中的毒性成分有：

(1) 毒肽：主要作用于肝细胞，作用速度快，大剂量时12小时即可致人死亡。该毒耐热、耐干燥。

(2) 毒伞肽：主要作用于肝细胞核，对肾脏亦有损害作用，毒性强，但作用速度较慢，一般死亡发生于作用15小时后。该毒耐热、耐干燥。

(3) 毒蕈碱：其作用类似乙酰胆碱，作用于副交感神经系统。该毒耐热。

(4) 异噁唑类衍生物：主要作用于中枢神经系统。

(5) 蟾蜍色胺和光盖伞素类：主要引起幻觉和头痛及其他精神神经症状。

(6) 马鞍酸和鹿花菌素：能引起溶血。

(7) 落叶松蕈酸（蘑菇酸）和胍啶：能引起胃肠炎症状。

毒蕈中毒一般常先有胃肠刺激症状，按中毒发病的快慢分为速发型和迟发型。通常按对人体主要脏器损害将毒蕈中毒分为4型：

1. 肝损害型 最常见，主要由白毒伞、毒伞、鳞柄白毒伞、褐鳞小伞、肉褐鳞小伞、包脚黑褶伞及秋生盔孢伞等引起，毒死率高，多为迟发型。一般食后6~48小时才出现消化道症状，少数因中毒性心肌炎或中毒性脑病1~2天内死亡，大多数经1~2天后出现肝区疼痛、肝肿大、黄疸、出血等肝功能损害症状，可同时累及心、脑等器官，重者死于肝性脑病。

2. 神经精神型 多由毒蝇伞、豹斑毒伞、残托斑毒伞等引起。早期意识模糊，以后出现精神兴奋、错乱、幻觉或精神抑制等中毒性精神症状，可因精神障碍而杀人或自杀。

3. 胃肠炎型 多种毒蕈均可引起，为速发型，食后1分钟~2小时发病，病程多较短，预后一般较好。但少数毒蕈引起中毒严重时可致死。

4. 溶血型 主要由鹿花菌引起，发病较慢。多于食后1~2天突然出现畏寒、发热、头痛、腰及肢体痛，面苍白，恶心、呕吐，无力，烦躁和气促，出现溶血性黄疸、血红蛋白尿及血红蛋白血症，肝脾肿大；重者可死于休克或继发性尿毒症。

但是，毒蕈中毒经常以混合症状出现，鉴定时应注意。

(三) 尸体征象及毒物检验

毒蕈致死者大多数为肝损害型，尸体可见巩膜及皮肤黄染，肝脏有中毒性肝坏死，尤以肝小叶中央区及中央带为重；其他有肾脏和心脏病变及坏死，脑水肿显著，神经细胞变性，急性胃肠炎等。

检材主要取胃内容物、呕吐物、吃剩的毒蕈等。

司法精神医学
Forensic Psychiatry

随着学习工作压力的不断增大、生活节奏的日趋紧张和竞争的日益激烈，我国精神类疾病的发病率呈现明显的增长趋势，而且越来越多地涉及刑事案件和民事案件的有关当事人要求进行法医精神病鉴定（forensic psychiatric expertise）。因此，如何及时、准确地对被鉴定人做出科学诊断，保护精神病（psychosis）患者的合法权益，打击犯罪，是法医工作者面临的一个突出的问题。本章就法医精神病鉴定中的一些基本概念、基本理论及常见的精神病类型作出简要介绍。

第1节 概述
Section 1 Overview

一、司法精神医学的概念和任务
Definition and Tasks of Forensic Psychiatry

精神障碍指由于生物学的、心理的或社会、文化等有害因素作用于个体，直接或间接地影响了脑的功能，从而使人的心理或行为偏离正常，使本人感受到痛苦，或使其社会适应能力受到明显损害的征象。

司法精神医学（forensic psychiatry）是法学和精神医学之间的交叉学科，是研究司法实践中有关精神障碍（mental disorders）和精神卫生问题的医学科学。司法精神医学是法医学工作的一个内容，因此又称法医精神医学。

司法精神医学的任务包括：

（1）对涉及有关法律的对象进行司法鉴定，明确对象是否患有精神疾病、精神疾病的性质和严重程度、有关法律能力的评定；

（2）研究精神卫生工作中的法律问题；

（3）研究精神病患者的监护、监管体制；

（4）研究劳改、劳教犯的心理学及行为矫正。

二、司法精神医学鉴定
Forensic Psychiatric Expertise

（一）鉴定人

凡具有主治医师以上职称，具有临床精神医学和司法精神医学理论知识以及丰富的实践经验者，均可成为司法精神医学鉴定人。

1. 鉴定人的权利 鉴定人有权查阅被鉴定人与案情有关的一切材料，包括卷宗、档案、日记、信件、医院诊疗记录等；被鉴定人案情材料不充分时，鉴定人可以要求委托鉴定机关补充提供所需要的案情材料；鉴定人有权通过委托鉴定机关，向被鉴定人的工作单位和亲属以及有关证人调查情况；鉴定人根据需要有权要求鉴定机关将被鉴定人移送至专门医院进行检查和鉴定；鉴定机构可以向委托鉴定机关了解鉴定后的处理情况；鉴定单位可以按照规定标准向委托单位收取鉴定费和其他检验等费用；鉴定人应受到保护。

2. 鉴定人的义务 鉴定人在进行鉴定时，应当履行职责，正确、及时地作出鉴定结论，并在鉴定书上签名；鉴定人有义务解答委托鉴定机关提出的与鉴定结论有关的问题；鉴定人应当保守案件秘密，并遵守有关回避的法律规定等。

（二）鉴定的进行

1. 鉴定前准备 鉴定医师应全面、系统、深入地阅读全部卷宗材料及调查材料，并针对调查材料中的不详或矛盾之处，以及精神异常的疑点等做一些摘录。

2. 精神检查（psychiatric examination） 精神检查鉴定要注意下列几点：

（1）鉴定前要对所检查内容做到心中有数，不要边翻卷宗边提问；

（2）语气要和气，不要用审讯式口气，要让被鉴定人自然表达，不要轻易打断其说话，也不要暗示或直截了当地根据已掌握材料进行提问；

（3）检查场所要求环境安静，避免干扰，太特殊环境易引起被鉴定人误解；

（4）被鉴定人情绪激动时，可以询问其他问题以转移其注意力，待情绪平稳后再继续询问有关问题；

（5）如发现伪装精神病可疑时，需密切观察其动向，尤其是在点破其伪装伎俩时，需防止可能发生的意外。

3. 鉴定讨论

（1）每位鉴定人员都可以发表自己的见解，这是鉴定人的权利。

（2）讨论中出现意见分歧是正常的现象，不要简单地采取下级服从上级、少数服从多数的做法。

（3）意见难以统一时，不要勉强下结论，可以做些补充调查，或再进行几次精神检查。最后个别鉴定人仍持不同意见时，允许保留看法。

（4）鉴定结论作出后可向办案人员口述鉴定结论，征求办案人员意见，并针对他们的疑问作必要的解释和说明，以使鉴定结论更加完善。

（三）司法精神医学鉴定书

1. 鉴定书的主要内容

（1）一般项目：包括被鉴定人姓名、性别、年龄、民族、婚姻、文化程度、籍贯、职业、工作单位及家庭地址、委托机关名称、鉴定目的和要求、鉴定日期、鉴定场所、鉴定在场人、案由等；

（2）案情摘要及委托鉴定原因；

（3）被鉴定人概况或调查材料；

（4）被鉴定人案发时及案发前后的精神状态（这一条仅适用于刑事案件）；

（5）检查所见：包括精神检查、心理测验、体格检查及其他辅助检查；

（6）分析意见；

（7）鉴定结论：包括医学诊断、法律能力评定及建议事项；

(8) 鉴定人签名及加盖公章。

2. 鉴定书某些项目的具体要求

(1) 鉴定目的和要求：与鉴定书的结论部分相呼应，如要求鉴定责任能力和受审能力（competence to stand trial），鉴定书的结论就必须分别对此作出评定。

(2) 案情摘要：内容要简明扼要，不要把被鉴定人审讯中的具体交代或把未肯定的情节写入其中。

(3) 被鉴定人概况：包括被鉴定人个人史、疾病史、家族史及有关案情的调查情况、反映等，主要根据卷宗材料进行摘录，还应注明材料来源，如"据×××提供"、"摘自卷宗第几页"等。

(4) 如属于刑事案件，作案行为有较明确时间界线的，可另列"案发时及案发前后的精神状态"。此项目内也包括被鉴定人在审理、拘监期间的精神状态表现。

(5) 分析意见：是鉴定书的核心部分，撰写的难度最大，内容力求详尽、全面，对司法机关所提出的问题都要有所交代，主要包括：医学诊断的结论和依据；作案时处于何种精神状态；案情行为与精神症状的关系；目前的精神状态；对案情行为的辨认与控制能力状况；法律能力的评定及依据等。

(6) 鉴定结论：只要求表达结论性意见，不必再重复详述理由。

三、法律能力评定
Legal Capacity Assessment

（一）刑事责任能力（criminal responsibility）的评定

刑事责任能力简称责任能力，一般指行为人构成犯罪和承担刑事责任所必需的能力。精神病患者如果由于病态的关系而出现了违法行为，从犯罪构成的要件分析，由于在犯罪的主观方面不具有犯罪的故意或过失，因此不能称其行为为犯罪，只能称为违法行为、作案行为或危害行为等。

1. 刑事责任能力评定的法律依据 《中华人民共和国刑法》（简称《刑法》）(1997) 第 18 条规定："精神病病人在不能辨认或者不能控制自己行为的时候造成危害结果，经法定程序鉴定确认的，不负刑事责任，但是应当责令他的家属或者监护人严加看管和医疗；在必要的时候，由政府强制医疗。间歇性的精神病人在精神正常的时候犯罪，应负刑事责任。尚未完全丧失辨认或者控制自己行为能力的精神病人犯罪的，应当负刑事责任，但是可以从轻或者减轻处罚。酒醉的人犯罪，应当负刑事责任。"

这个法律条文规定了下列刑事责任能力的评定原则：

(1) 我国刑事责任能力评定是按照医学条件（即是否精神病患者）和法学条件（即辨认或者控制自己行为能力的状况）相结合的原则进行的；

(2) 刑事责任能力的评定需经过法定程序鉴定确认，这在法律上严格规定了鉴定的法律效力；

(3) 按照医学条件和法学条件相结合原则，刑事责任能力分为有责任能力、限定责任能力和无责任能力，比较旧《刑法》(1979) 第 15 条内容有了较大的修改，多年来司法精神鉴定中使用限定责任能力的法律依据问题，现在已经得到解决。

2. 关于辨认和控制能力 辨认指对行为的辨别和认识，具体地说行为人对案情行为是否能辨别是非、善恶和美丑，能否认识行为的意义、性质和后果，如能否意识行为的动机、要达到的目的、在法律上的意义；是否理解行为的性质（nature）是正当的、合法的，还是不正当的、违法的；能否理解行为对社会、对自身造成的后果等。

精神病患者对行为的辨认能力与正常人比较，具有下列特点：

(1) 行为的动机是病理性的：如受到妄想、幻觉影响，把亲友认作仇敌，服从幻觉的命令而滥杀无辜，在情绪极度低落时杀害了亲生婴儿还认为在拯救他们，称为病理动机；

(2) 行为的目的荒谬离奇：如纵火或杀害的目的是试试究竟会造成什么后果，大量盗窃是为了达到对自己判处死刑的目的（间接自杀）等；

(3) 曲解行为的性质：如认为杀害妄想对象是为民除害，因此自己是英雄；

(4) 不理解行为的后果：精神病患者常对严重后果若无其事，因此有的杀人后与尸体同睡，盗窃后把赃物放置在暴露之处，在大庭广众进行作案、作案后公开吹嘘作案经历，在受审期间也心安理得等。

在辨认能力完整的前提下，要考虑对行为的控制能力状况。控制能力指行为人具备选择自己实施或不实施为刑法所禁止、所制裁的行为的能力，即具备决定自己是否以行为触犯刑法的能力。控制能力状况的判断远较辨认能力困难，因此有的国家的刑法规定不把控制能力作为评定责任能力的法学条件。当根据控制能力评定责任能力时（在医学诊断作为前提的基础上），应结合下列情况进行考虑：精神障碍的性质和程度、行为的预见性和危害性、自我保护表现、一贯的品质和前科等。

(二) 民事行为能力 (civil capacity) 的评定

评定行为能力是民事案件司法精神鉴定的基本要求。行为能力指民事法律关系主体以自己的行为，按照法律规定去取得民事权利和承担民事义务的能力或资格。有行为能力即意味着他有能力从事合法行为，同时也能对他的非法行为负责。我国《中华人民共和国民法通则》（简称《民法通则》）规定把行为能力分为3级，即无、限制和有行为能力，《民法通则》(1986) 第十三条规定："不能辨认自己行为的精神病人是无民事行为能力人……，不能完全辨认自己行为的精神病人是限制民事行为能力人……"。

行为能力评定也是根据医学条件和法学条件，医学条件是确定是否是精神病患者，法学条件是判定其辨认能力状况。精神病患者的概念也应理解为广义的精神疾病患者。辨认能力指民事当事人能否理解其民事行为的实质，能否正确作出真实意思的表示，这一点与刑事责任能力不同，因为在民事行为能力评定时认识要件和意志要件是紧密结合在一起的，不是辨认能力或控制能力的两者择一。无行为能力人不能辨认本人行为，同时也丧失了控制本人相应行为的能力。

在具体判定辨认能力状况时，可根据以下内容：

(1) 能否理解案件的性质及对自己带来的后果和影响；

(2) 是否理解法律程序；

(3) 能否行使民事事务的权利及承担相应的民事义务；

(4) 是否具有保护自己及个人利益的能力；

(5) 能否作出正确的、主客观相一致的意思表达。

(三) 诉讼能力 (capacity of action) 的评定

处于发病期的精神病患者不能理解诉讼的性质、意义和过程，不能与他的辩护人合作，不能履行法律赋予的申诉权利，故无诉讼能力。此种情况，法律规定他不能参加诉讼，应中止审理，直到通过采取治疗措施、恢复诉讼能力后才可继续审理。所谓恢复审理，应以当事人经过治疗病情好转后能接受法庭审判为准，不以病情痊愈为准，即使当事人尚有一些精神症状，但不影响诉讼能力所必须具备的条件的，仍应认为有诉讼能力。

确定是否具有诉讼能力可以根据以下几点：

(1) 能否正确理解诉讼的性质、意义和目的；

(2) 能否理解法律诉讼程序及本人的法律权利；

(3) 能否理解审判结果将对他本人及家庭带来的后果；

(4) 能否与辩护人或律师合作；

(5) 能否注意和辨别法庭上出现的证明。

(四) 服刑能力（competence of serving a sentence）**的评定**

服刑能力指被判决后的罪犯接受改造的能力。有无服刑能力以判决后在刑罚执行期间的身体、精神状况实际上能否服刑为准，主要以医学标准评定。有责任能力与有服刑能力一般是一致的，但也有不一致的情况，此时就需要进行服刑能力的评定。作案时精神状态正常，服刑期间发生了精神分裂症，或作案时精神分裂症不很严重或缓解不全，评定为限定责任能力，在服刑期间病情恶化，而影响服刑改造的，评定为无服刑能力。呈间歇发作的精神病患者，如癫痫、躁狂抑郁症等，如反复发作达到严重程度或治疗效果不显著者，亦属于无服刑能力。癔症患者有明显的暗示性，且不属于严重精神障碍，一般应有服刑能力，但需进行治疗，包括药物的和心理的。拘禁性精神障碍（prison psychosis）病情严重者属于无服刑能力。有些精神病如偏执性精神病、一部分妄想型精神分裂症等精神症状有一定局限性，对服刑改造无明显影响，可以属于有服刑能力。

(五) 作证能力（competence of testimony）**的评定**

精神疾病患者或由于受到妄想、幻觉支配，或由于思维障碍，或由于智能障碍等，致使不能辨别是非，不能正确表达真实情况，都属于无作证能力。但精神病患者并不都属于无作证能力，只要符合下列两个条件，即使处于精神病发病期患者，亦可评定为有作证能力：

(1) 能分辨是非，提供实在的证据；

(2) 有正确的真实意思表达能力。

精神发育迟滞者的作证能力评定除了考虑智商因素外，更重要的要充分考虑智能结构各因素对所涉及需要作证的具体情节的关系，并考虑到以下情况：

(1) 作证事实与被鉴定人的利害关系；

(2) 所反映事实的合理性；

(3) 前后复述内容的一致性；

(4) 与调查结果的符合情况；

(5) 是否受到外界因素影响；

(6) 既往人格、品质特点。

(六)（性）自我防卫能力（ability to defend oneself against sexual abuse）**的评定**

按照有关法律规定，(性) 自卫能力评定的医学条件是确定是否患有精神疾病以及病情状况，法学条件是判断对其所受侵害或严重后果的实质性理解能力状况。所谓自卫能力指当人身的合法权益受到他人非法侵害时，被害人能认识侵犯者行为的是非、性质和后果，了解自己的处境，并由此而产生主动抵抗外来侵害的行为，即包括被害人对外来侵害行为的辨认能力和主动抵抗外来侵害的控制能力。严重精神疾病患者，或由于受到精神病理症状影响，或由于理解、判断力的缺损，或由于本能欲望的亢进，当受到他人侵害时，不但不抵抗，有时还会做出主动的姿态，给侵害方创造实施危害行为的条件。

(性) 自卫能力评定一般分为如下 3 个等级。

1.（性）自卫能力丧失

(1) 重度、极重度及一部分中度精神发育迟滞患者，由于智能缺损，丧失对性侵害（sexual offending）或严重后果的实质性理解能力；

(2) 精神分裂症发病期由于思维障碍、妄想、幻觉、情感淡漠（apathy）、意志障碍等精神病理症状导致对两性行为性质、后果等实质性理解能力丧失；

(3) 严重躁狂症 (mania) 和周期性精神病发作时可由于意识障碍、行为紊乱等导致丧失对性行为的辨认和控制能力。

2. 部分（性）自卫能力或（性）自卫能力削弱

(1) 一部分中度及部分轻度精神发育迟滞患者由于智能低下或自控能力削弱使其对性行为的辨认能力削弱；

(2) 精神分裂症不全缓解期、残留型、部分慢性患者，不一定能发现（性）自卫能力受到精神病理症状的直接影响，也不存在智能缺陷，但对性行为的辨认能力不完全或有控制能力削弱；

(3) 大多数躁狂症患者发病期由于情感高涨，意志亢进，性欲增强，性本能的控制能力减弱，并影响对性行为的辨认能力。

3. 存在（性）自卫能力

(1) 一部分轻度精神发育迟滞者智能缺损轻微，社会适应能力较良好，并不影响其对性行为的理解和辨认能力；

(2) 精神分裂症缓解期、躁狂症发作间歇期及其他发作性精神障碍的间歇期。

四、暴力事件与性别和季节的关系[①]
Gender, Season and Violence Incident

加拿大一家多级防护的法医精神病医院近5年暴力事件的记录表明，女性患者实施的暴力事件发生率明显高于男性患者；冬季（尤其2月）更容易发生暴力事件。

女性患者易实施暴力行为的原因在于性激素和外部环境的影响。月经期间实施的暴力行为值得关注。与家人分离并被禁闭、受过外伤、滥用药品和童年遭受的性侵害，都会使女性比男性更为易怒。

对于冬季易发生暴力事件的原因，该项目的研究人员认为有三：第一，对漫长的冬季和迟迟不到的春季感到不耐烦；第二，因怕冷而增加的室内活动造成过度拥挤而产生的烦躁情绪；第三，光照周期变短，影响含血清素的神经传递，使得烦躁易怒的情绪增加。

第 2 节　精神疾病的症状
Section 2　Symptoms of Mental Illness

一、感觉及知觉障碍
Sensation Abnormal and Disturbance of Perception

感觉（sensation）和知觉是人类基本的心理过程。感觉是客观事物的个别属性通过感觉器官在人脑中的直接反映；知觉则是客观事物的各个属性在人脑中经过综合，并借助于以往经验形成的一种完整印象。

（一）错觉 (illusion)

错觉是对客观事物的歪曲知觉，正常人在视力或听力不好、情绪紧张恐惧时、处于幻想状态时也可出现错觉，但这种错觉的出现是有条件的、偶然出现的，事后觉察不现实而不会信以为真。

如果错觉的出现并无上述条件为基础，又是经常、持续地出现，而且认识不易被纠正的，则

[①] AKIN PELUOLA, MANSFIELD MELA. 2013. A review of violent incidents in a multilevel secure forensic psychiatric hospital: is there a seasonal variation? [J] Medicine, Science and the Law, April, 53(2): 72-79.

要考虑病理性错觉。错觉可以出现在意识清醒时，但多数出现在有意识障碍时，如酒精中毒、癫痫发作、病理性半醒状态等，在错觉的影响下会突然出现危险性行为，如自伤、伤人、毁物等，发作后多有遗忘。

错觉根据出现在不同感觉器官，分别命名为错听、错视、错嗅、错味等。

（二）幻觉（hallucination）

幻觉是在无相应客观刺激下出现的感知体验，是一种虚幻的知觉，具有较大的病理意义，属于精神病性症状的常见内容。正常人偶尔也可出现幻觉，其特征：① 出现在特定条件下，如睡眠的催眠状态；② 非频繁、持续地出现；③ 不产生行为影响；④ 不确信，容易纠正。因此当发现幻觉时，首先要排除正常情况下出现的幻觉，即使属于病理状态的幻觉，一般也是属于精神病理综合征的一个组成，很少单独存在。

幻觉根据出现在感觉器官的部位，可以分为：

1. 幻视（visual hallucination） 简单的幻视，如看到闪光、色彩、几何图形等很少会引起危害性行为。复杂的幻视，如见到人物、动物、物体、风景等，有时可在幻视影响下出现自卫及攻击性行为，如看到妖魔、动物等向其扑来时，可随手取起身边之物，如刀斧、砖头、家具等向幻视形象进行攻击，常见于癫痫、中毒性精神病、病理性半醒状态等意识障碍的场合，也可见于意识清晰时，如精神分裂症等。

2. 幻听（auditory hallucination） 最为常见，如听到哭笑声、人语声、音乐声等。人语声中有咒骂性的、侮辱性的、颂扬性的，在此基础上可产生妄想（delusion）。产生幻听时，可以在意识清晰时，也可以在意识障碍时，后者一般与幻视共存。还有一种特殊的幻听，听到有人命令他做某件事（如去杀某人），称为命令性幻听（imperative hallucination），一旦出现，他会无条件去服从，立即采取行动，因此其行为多突然发生，具有很大危险性。幻听可见于很多精神病。

3. 幻嗅（olfactory hallucination）**及幻味**（gustatory hallucination） 幻味常与幻嗅同存，常尝到怪味，在这两种幻觉的基础上有时会产生被毒妄想，而对对象采取"自卫性"的攻击行为。

4. 幻触（tactile hallucination） 感到皮肤有电麻、虫爬、抚摸等异常感觉，在此基础上常形成被害妄想（delusion of persecution）。

二、思维障碍
The Thinking Obstacles

（一）思维形式障碍

通过思维过程、方式、逻辑障碍引起，客观上容易发现障碍的存在。如果联想速度特别迅速，称思维奔逸或意念飘忽；相反，联想速度特别缓慢，称思维迟缓（inhibition of thinking）；联想数量明显减少，称思维贫乏；联想过程迂回曲折，主次不分，称病理性赘述；思维不由自主地迅速出现，称强制性思维；思维的概念间联系松散，上下不连贯，称思维散漫和破裂性思维；用病理逻辑进行推理，称逻辑倒错性思维；把抽象思维用特殊的具体行为表示，称病理性象征性思维。

（二）思维内容障碍

主要表现为妄想，这是一种病理信念，对确立精神病诊断有重要意义，司法精神鉴定案例中常见，但必须严格掌握妄想的概念，并注意与有关情况进行鉴别。确定妄想必须符合下列 3 条基础特征：① 其想法与事实不符合，但患者却坚信不疑；② 不能用说服、解释、摆事实的方法纠正其想法；③ 不能从其文化教育水平及社会背景（如传统风俗习惯、信仰等）得到理解。

常见的妄想有下列几种：

1. 被害（被迫害）妄想（delusion of persecution） 最常见，患者认为别人利用各种手段对他或亲属进行迫害，如跟踪、监视、窃听、诽谤、诬害、侮辱等，方法有口头的，也有利用新式仪器的。被害妄想的形成很多与幻觉有关，一旦形成之后，有的患者深感痛苦不堪，严重时可采取自杀行为；有的患者不甘心无端忍受别人的迫害或不堪忍受时，会采取"以牙还牙"的方法，对妄想对象（或亲属）进行攻击、杀害，很多妄想患者的凶杀案就是这样造成的，在这种动机下造成的危害行为，有的学者称为病理动机；有的患者采取控诉的方法，不断写信或上访各级领导机关，控告和揭露一伙人对他进行的迫害行为；有的患者认为这系列迫害行为都与现政府有关，于是散布反政府言论或采取反政府行动。

2. 被毒妄想 认为有人在其食物中放毒，致使中毒而出现种种躯体不适，常与被害妄想、幻嗅、幻味伴存。

3. 关系妄想（delusion of reference） 患者把周围各种无关的现象都和自己联系起来，认为与自己的利害有关，如别人谈论、咳嗽、表情、动作等都与之有关。多与被害妄想伴存。

4. 疑病妄想（hypochondriac delusion） 患者认为自己患了严重疾病，到处求医检查，虽给予解释，却不能动摇其信念。有的患者为此情绪抑郁、消极厌世，或求神拜佛，听信迷信传说，在此基础上可以产生自伤、伤人行为。单纯的疑病妄想一般不会引起司法精神医学问题。

5. 嫉妒妄想（jealous delusion） 认为自己配偶与其他异性有不正当男女关系，而采取盘问、跟踪、监视、殴打等手段进行调查。如果同时伴有被害、被毒妄想，则对其配偶或妄想中的奸夫、奸妇进行报复的机会很大，多为凶杀案件。司法精神鉴定中已发现这类无辜受害者不少，值得提高警惕。嫉妒妄想的存在，无疑会影响正常的夫妻关系，因此民事离婚案件中这类患者成为原告或被告的为数不少，调解一般是无效的。

6. 罪恶妄想（delusion of sin and guilt） 认为自己犯了滔天大罪，十恶不赦，活着给国家和家庭带来负担，于是抑郁、拒食，甚至采取自杀行为；有的向公安局投案，声称很多坏事都是自己做的，要求政府从严处理或乞求一死。

7. 夸大妄想（grandeur delusion） 认为自己具有特殊的地位、身份、财富、才能等，因此对政府不满，产生反政府言行。有的认为自己系名门后代，否认自己的亲生父母，此又称为非血统妄想。

8. 赦免妄想（delusion of pardon） 认为自己的罪恶已经得到赦免，可以出狱恢复自由，于是每天收拾好用具、换好衣服等待亲人来领，加以阻止时会出现攻击行为。见于拘禁性精神病。

9. 无罪妄想（delusion of innocence） 认为自己的罪恶根本不存在，纯粹是别人的诬陷，因此经常发生闹监行为，而这种想法并不是出于有意识的抵赖。见于拘禁性精神病。

三、情感障碍
Affective Disorders

情感（affection）与情绪（emotion）基本同义，常通用。正常的情感是对客观环境的反应，保持稳定性和深刻性，与外界环境保持协调，能自我控制。在没有原因的条件下，情感活动持续增高或低落，分别称为情感高涨或情感抑郁，见于躁狂症（mania）或抑郁症（depression）。

焦虑是对未来的担忧，发作时心情烦躁，坐立不安，惶惶不可终日，控制能力减弱，可以发生"情不自禁"的意外行为。

情感淡漠（apathy）指对外界任何刺激缺乏情感反应；情感体验与外界刺激不协调，或与内在体验不协调,称为情感不协调,均见于精神分裂症。

激情是一种短时间内爆发的十分强烈的情绪状态,在激情状态下,认识范围狭窄、理智分析能力减弱、自我控制能力削弱、不能正确估价自己行为的意义和后果。因此,激情犯罪一般没有预谋过程,行为突然发生,行为动机和后果并不协调。违法案型有凶杀、伤人、纵火、毁物等,发作当时也会自称"脑子糊涂"、"控制不住",对过程并不能完整回忆,可以发生在心理正常的人,也可以发生在精神疾病患者。

病理性激情(pathological affect)是一种精神病态,司法精神医学中称为例外状态,发生前可以有一定精神因素,也可以发生在毫无诱因的条件下,行为突然发生,具有不可抵抗的性质,患者无法控制,也不理解自己的行为。由于行为表现强烈,可出现残酷的攻击行为,发作时有较深的意识障碍,呈朦胧或意识狭窄状态,持续时间通常几分钟、几小时,罕见有更长时间的持续,常伴有躯体症状表现,如面色苍白或发红、瞳孔扩大、手指震颤;发作后极度疲乏或进入深睡状态;清醒后对行为过程全部或部分遗忘。病理性激情可见于急性反应性精神病、颅脑外伤、癫痫、精神分裂症、人格障碍、酒精中毒等患者。不要误认为精神疾病患者发生的激情都是病理性激情,必须注意到病理性激情的特定的症状含义和诊断条件。病理性激情发作时控制能力丧失,评定无责任能力;一般激情发作(生理性激情)虽也存在控制能力削弱,自称"脑子控制不住",但不属于精神病状态,评定为有责任能力。

四、意志和行为障碍
Mental and Behavioral Disorders

意志是行为的动力,行为是意志的外部表现,病理的表现有意志增强、意志减退、意志缺乏。冲动控制障碍(impulse-control disorder)是一种不能自我控制的意向活动,但缺乏可理解的现实目的和动机,如偷窃、纵火、赌博等。动作、行为及言语增多,情绪兴奋时称为精神运动性兴奋;反之,称为精神运动性抑制,产生时呈缄默、木僵状态(stupor state),此时称为紧张症状群,可见于多种精神病,伪装精神病罪犯常有伪装紧张症状群的,要注意识别。

严格意义上的冲动行为(impulsive behavior)指一种突如其来的、与当时环境和心情无关的行为,但一般也把在精神病理症状影响下突然发生的攻击性行为称为冲动行为,由于行为产生突然,容易使客体受到伤害,后果常较严重。

五、记忆障碍
Memory Disorders

(一)记忆障碍概述

记忆障碍包括记忆增强、记忆减退、遗忘及记忆错误。

遗忘与记忆减退不同,遗忘指不能回忆某一件事或某一时期内的经历,分为:① 顺行性遗忘(anterograde amnesia):对事件发生以后的一段经历遗忘,多见于脑外伤后;② 逆行性遗忘(retrograde amnesia):对事件发生以前的一段经历遗忘,多见于脑外伤后;③ 界限性遗忘:对过去经历中的某一阶段时间内的经历不能回忆,多发生在遭受重大精神创伤之后,见于癔症或反应性精神病等。

(二)遗忘的病理原因

遗忘在司法精神鉴定中占有很重要的地位,而且在鉴别上也有相当大的难度。被鉴定人称对作案过程回忆不起来的现象,有可能是伪装表现,也有可能是病理原因。属于病理原因的有下列几种:

(1) 案情发生当时有意识障碍：如癫痫朦胧状态（epilepsy twilight state）、异常醉酒状态、颅脑外伤、癔症、急性反应性精神病等，患者在案情发生时处于意识障碍状态，以致对当时或前后的情节、经历不能回忆。有的患者作案后开始审讯时能交代清楚作案过程，但以后审讯却说记不起来，这种现象也可发生在有意识障碍者，称为晚发性遗忘，极易被人误认为是在抵赖。

(2) 案情发生后发生分离反应：所谓分离反应指在潜意识力量的作用下，某些心理内容在某阶段中摆脱了意识控制而出现的某些人格和行为改变。作案后可以出于一种自卫心理，下意识地企图从自己记忆中掩饰此事件，以免感受到痛苦或可能受到的惩罚。但这种遗忘是作案后的心理反应，并不影响作案时的责任能力评定。

(3) 智能障碍：特别见于老年人，做了事过后即忘记。

记忆错误是一种不正确或不真实的记忆，常见有错构（paramnesia）和虚构（confabulation），多见于脑器质性精神病（brain organic psychosis）。

六、智能障碍
Intelligence Obstacles

精神医学上把大脑发育成熟前（18岁前），由于先天性或后天性原因造成智能障碍者，称为精神发育迟滞（mental retardation）；如果智能障碍发生在大脑发育成熟之后（18岁以后），称为痴呆（dementia）。法律条文中所指的痴呆，含义上包括两者，但精神发育迟滞者称为痴呆的，一般智能障碍程度在中度以下，即白痴（idiocy）及痴愚（imbecility）。

假性痴呆指的是表现似痴呆，但客观检查却无器质性病变发现的状态，这是一种精神病理症状，而非痴呆的伪装，主要见于癔症、颅脑外伤后、抑郁症等，经过治疗后可以恢复。

七、意识障碍
Disturbance of Consciousness

意识指个体对于自身的认识和对周围环境的感知、认识及对环境刺激的反应。意识障碍时有定向力（时间、地点、人物）障碍，同时有感知、认识活动、情感及行为的障碍。

意识障碍的类型根据意识清晰度、范围和内容改变，分为嗜睡、朦胧、谵妄、昏迷等。

意识障碍者作案具有下列特征：

(1) 行为发生突然，没有明确作案动机；
(2) 对象无选择性；
(3) 作案工具、时间、场合均呈偶然；
(4) 行为缺乏计划性和预谋性；
(5) 案后缺乏自我保护；
(6) 对行为过程有不同程度遗忘。

第3节 精神分裂症
Section 3 Schizophrenia

精神分裂症（schizophrenia）是精神病中最具代表性的疾病，在精神病住院患者中占80%~90%以上，在司法精神鉴定诊断患病的案例中亦占首位，因此在司法精神鉴定中占很重要地位。

精神分裂症的主要特点是精神活动的分裂与不协调，所谓不协调，指的是自身各精神活动间的不协调和与外界环境的不协调。多在青壮年期起病，病程多迁延，约有 1/3 患者发展为慢性，1/3 患者有反复发作倾向，另有 1/3 患者经治疗后可以恢复。

病因迄今未明，与遗传有一定关系，环境因素可以成为发病诱因，近年 CT 等检查又发现有脑萎缩等病理改变，这些都提示本病可能有脑部器质性病变基础，而不是功能性疾病。

一、精神分裂症的临床特征
Clinical Characteristics of Schizophrenia

（一）精神症状

(1) 思维障碍：思维散漫，言语缺乏中心，回答不切题，推理判断缺乏逻辑性，病理性象征性思维。此外，尚有思维被剥夺、思维被扩散（被广播）、思维中断、思维插入等特点。

(2) 情感障碍：对人缺乏感情，对亲人不关心，对生活、学习的要求减退，随着疾病发展，对一切都显得冷漠，无动于衷，难以与人沟通。

(3) 意志障碍：活动减少，缺乏主动性，对工作、学习缺乏进取心，生活懒散，不理家务，无故不上课、不上学，劝之亦无改过，严重时终日呆坐或卧床，生活不能自理，饮食被动，有时可出现突然的、无目的的冲动行为。

(4) 妄想思维：结构不严密，推理荒谬，内容离奇，对象泛化。妄想内容通常有被害、被毒、夸大、嫉妒、物理影响妄想、关系妄想等。

(5) 幻觉：以幻听常见，有言语性、命令性幻听，病者坚信不疑，并往往付诸行动。

(6) 行为障碍：如紧张症状群等。

（二）临床分型

(1) 单纯型：以情感迟钝，或淡漠，或意志减退为主要表现，无明显精神病性症状，预后较差。

(2) 青春型：以思维、情感和行为的不协调或解体为主要临床表现。妄想、幻觉等症状内容片段且为时短暂。

(3) 偏执型（妄想型）：以较持续存在的各种妄想或经常性幻听为主要临床表现，人格保持相对完整。

(4) 紧张型：以紧张性木僵（catatonia）或紧张性兴奋为主要临床表现。

(5) 混合型（未分化型）：同时存在几组明显的精神病性症状，如妄想、幻觉、破裂性思维、严重行为紊乱等。

(6) 残留型：过去有精神分裂症发作史，精神病症状完全消失或仅残留个别症状。

(7) 衰退型（慢性型）：过去有精神分裂症发作史，至少已有 3 年，一直未完全缓解；精神症状缓慢加剧，社会功能严重受损。

二、精神分裂症的诊断
Diagnosis of Schizophrenia

诊断主要依靠临床，目前尚缺乏可靠的实验室或其他辅助检查的诊断手段。

诊断条件：

(1) 典型的病史及精神症状表现；

(2) 起病多隐袭，病程有不断发展趋势，有特殊的人格变化；

(3) 自知力（insight）缺失；

(4) 病前性格：内向、孤僻寡言、怕羞胆小、少交友、敏感多疑、兴趣狭窄；

(5) 阳性家族史有参考价值。

三、精神分裂症的司法鉴定与有关问题
Forensic Expertise of Schizophrenia and Relative Problems

精神分裂症的危害行为以凶杀及伤害最多见，此外有盗窃、妨碍社会治安、性犯罪等。

（一）作案行为特征

(1) 缺乏可理解的作案动机：本症患者作案动机可以是缺乏的，如由于莫名其妙的冲动行为而造成危害结果；或在妄想、幻觉支配下进行作案，此时虽也有行为动机，但属于精神病理性质的，因此也称为病理动机；或行为动机和后果明显不相称。

(2) 缺乏严密预谋：本症患者作案或缺乏预谋，如对作案时间、场合、方式、工具等缺乏严格选择；或在病理信念——妄想影响下，对妄想对象进行"报复"、"自卫"，而采取坚决行为，可以存在一定预谋、策划过程，但与正常罪犯比较，预谋常不严密，如在行为前吐露对妄想对象的愤怒、不满或跟踪、控告妄想对象等。

(3) 缺乏自我保护：本症患者公开作案常见，一般不破坏现场，归案后多供认不讳，坚信行为的正当性，为作案理由辩解。至于今后将要受到什么处理常无所畏惧，照样吃得下、睡得着，在提审时可滔滔不绝、若无其事，否认有病。

（二）法律能力评定原则

(1) 处于本症发病期，作案行为与精神症状直接相关，丧失对行为的辨认或控制能力时，评定为无责任能力或无行为能力。

(2) 本症残留型或疾病后残留人格改变时，存在对行为辨认或控制能力的不完整状态，一般评定为限定责任能力或限制行为能力。

(3) 本症完全缓解状态时评定为有责任能力或有行为能力。

第 4 节　偏执性精神病
Section 4　Paranoiac Psychosis

偏执性精神病（paranoid psychosis）又称妄想性精神病，以持久而系统的妄想为突出表现，其他精神活动保持比较正常，人格相对完整，长期演进很少出现精神衰退。

一、偏执性精神病的临床特征
Clinical Characteristics of Paranoid Psychosis

(1) 嫉妒妄想（elusion of jealously）：患者毫无根据或在"事出有因"基础上猜疑配偶有外遇或孩子的血统关系，不时密切观察配偶方的一言一行，跟踪监视，暗中检查内裤、床单及性生活中的细节，收集可疑迹象，逐日把不成根据的"迹象"积累起来，并可能威逼对方承认"通奸"事实，由于对方有时可在被迫状况下应付"承认"某事，于是，以此为"证据"而变本加厉起来。严重时对配偶方或"第三者"采取凶杀行为，行为产生的前提常由嫉妒加上被害妄想基础上发展而来。

(2) 被害妄想（delusion of persecution）：对生活或工作中遇到的挫折进行歪曲推理，认为别人有意刁难、迫害他，并把别人的态度、言行与自己主观想象联系起来。如果有人劝慰他或帮对

方解释，他会把这个人也纳入妄想对象之中。患者一旦开始进行诉讼活动，以后就会频频上访，控告有关领导，如未获满意结果，往往会把妄想对象转向司法机关人员，认为他们办事不公正，甚至认为与原来的迫害者站在同一方，合谋迫害他。

(3) 夸大妄想（grandeur delusion）：有的患者坚信自己有了创造发明，创立了某种科学理论，控告别人侵占他的成果，认为被人打击、迫害。

二、偏执性精神病的类型
Types of Paranoid Psychosis

根据妄想的系统化程度，分为两种类型：
(1) 偏执狂：又名妄想狂，少见，以非常系统的妄想为特点，不伴幻觉，病程冗长。
(2) 类偏执：又名偏执状态，妄想系统化程度不及偏执狂，可以伴有幻觉。

三、偏执性精神病的诊断与鉴别诊断
Diagnosis and Differential Diagnosis of Paranoid Psychosis

(1) 起病前可有一定精神因素；
(2) 有偏执人格特点：主观、固执、敏感、多疑、自尊、倔强、自我评价过高、不信任人、好钻牛角尖、遇事好冥思苦想等；
(3) 存在系统或较系统的妄想；
(4) 其他精神活动相对保持正常，人格保持完整，长期不发生精神衰退。

第5节 情感性精神障碍
Section 5 Affective Mental Disorders

情感性精神障碍（mood disorders）是一种以病理性情感高涨或低落为主要特征的精神病，又称躁狂抑郁症，简称躁郁症。疾病呈间歇性发作，在间歇期的精神活动保持正常，在法律上属于间歇性精神病。一生中虽可多次发作，但不出现精神衰退。

一、情感性精神障碍的临床表现
Clinical Manifestations of Affective Mental Disorders

（一）躁狂发作

情感高涨是主要表现，患者情绪愉快、乐观、自感幸福、健康，精力充沛，表情活跃，对外界环境注意、敏锐，情感富有感染性，使其所到之处充满欢乐气氛。有的患者以易激惹和发怒为主，易为琐事大动肝火，不时与人发生冲突，甚至伤人毁物。

联想敏捷，思潮泉涌，言语滔滔不绝，口若悬河。言语内容多与现实有关，不显荒谬，常伴戏谑色彩，前后概念可以语音或意义联系起来进行联想，称为音联及意联。由于自我评价高，富有幸福感，可以出现夸大妄想，自命不凡，或以为赋有特殊才能，攻击他人或发泄对现实的不满。

意志是增强的，动作活动增多，终日忙碌却有始无终，善提意见，任意挥霍而一反往日节俭习惯，频繁外出购物，劝阻无效。有的患者的动作增加是良性的，广交朋友，热情助人，不辞辛劳地为人服务，而受到社会好评；有的动作增加是恶性的，日夜酗酒、赌博、殴斗、玩乐，甚至

偷窃、抢劫，妨碍社会治安。

以上情感、思维及意志行为异常三者之间保持协调关系，疾病程度不严重时能保持自知力，睡眠时间明显减少，晚上仅睡几个小时或整夜不眠，次日照常保持充沛精力而不感劳累。性欲常亢进，轻率结交异性朋友。

(二) 抑郁发作

情感低落是主要表现，心情抑郁寡欢，兴致索然，对前途缺乏信心，悲观消极，凡事总从坏处想，不愿交往，即使与亲友欢聚，也自叹息"天下哪有不散的筵席"。严重时有自杀观念，有时伴有焦虑，心情烦躁、坐立不安，思维迟钝，联想困难，自感脑子空虚，记忆力减退，注意力难以集中，处事犹豫不决，言语减少，声音低沉，有的自责自罪，疑病妄想。

意志表现减退，整日不思动弹，虽感到事情繁多，但不知如何着手料理，工作、学习难以正常胜任，不思交际，严重时呆坐或卧床不起，甚至发展成木僵状态。

情感、思维及意志行为异常之间也保持协调，失眠多见，以早醒为主；食欲、性欲均减退；少数患者睡眠增多、食欲增加、性欲亢进 (hypersexuality)。

自杀是抑郁症最危险的行为，行为前常对所欲采取的方式、时间、场合等作周密考虑，有时可制造假象，需要引起高度警惕。在他们的日记中常可发现一些消极的想法，有时还有遗书。自杀行为多发生在晨间，女性多在月经前。

不典型患者常多躯体不适主诉，如身体疲劳、乏力、精神不振、头昏、记忆力不好、失眠、易激惹、工作和学习效率减退等，临床常误诊为神经衰弱，以致经久不愈。

二、情感性精神障碍的法律问题
Legal Problems of Affective Mental Disorders

(一) 躁狂症 (mania)

躁狂症引起违法行为的主要病理心理机制是情感高涨导致控制能力减弱，从而出现行为轻率、道德观念薄弱、冲动行为等。常见案型有伤害、诈骗、偷窃、妨碍社会治安、性犯罪等，凶杀少见。

躁狂症严重发病阶段，可丧失行为控制能力，甚至可出现意识障碍，评定为无责任能力。轻型躁狂症患者的控制能力削弱，要考虑是病理性的不能控制，还是有意放纵自己，需要结合其作案对象、过去品质、前科等因素综合考虑；如果确实存在控制能力削弱，可评定为限定责任能力。

(二) 抑郁症 (depression)

抑郁症主要病理心理机制是情绪低落 (depressed mood)，有消极自杀情绪，或焦虑发作，或妄想影响。常见案型有凶杀、盗窃、纵火、漫游、自诬等。

1. 抑郁症的作案特征

(1) 家族杀人或扩大自杀 (expended suicide)：乃在自身强烈自杀观念基础上，出于慈悲、同情、怜悯动机而杀害对方，故又名慈悲杀人或怜悯杀人 (mercy killing)。产后杀婴 (infanticide) 常属此类。

以女性案例多见，杀害对象常选择自己最疼爱者，如未成年子女、配偶等；行为多发生在早晨或上午，场合多在家庭内；作案后能回忆作案经过，供认不讳，并且要求尽快地处决自己。

(2) 间接自杀：患者有强烈自杀情绪，往往以重大犯罪达到对己判处极刑目的，常用方式为凶杀及重大盗窃。因此所谓"间接自杀"即以作出重大犯罪而达到自杀的行为方式。选择杀害或盗窃的对象通常与作案人无冤无仇，为容易达到目的，常针对老幼或体弱的成年人。作案后有的自首，有的为了怕自首后减轻处罚，也会采取一定掩盖措施，但归案后不抵赖罪责，并要求处以极刑。

(3) 与妄想有关的作案行为：在被害妄想影响下，作案行为指向妄想对象，如盗窃、凶杀、纵火等；在罪恶妄想影响下，可把与己无关的过失、罪恶都归咎于己，而去公安部门自首，也有患者以杀害亲人来为自己赎罪；在疑病妄想影响下会产生自杀观念，产生扩大自杀或间接自杀。

(4) 无动机性行为：在注意力严重不集中，或严重焦虑发作时，或出于一种自我解脱心理，发生凶杀、纵火、盗窃、漫游等，不能发现可理解的作案动机，对象没有选择性，但作案时意识并无障碍，能回忆作案过程。

(5) 其他：有的具有强烈自杀观念患者，在离开人世之前，决定尽情享受一番人生乐趣，然后再采取自杀行为，于是他们大量挥霍钱财，还不惜进行偷窃、抢劫等。

2. 抑郁症的法律能力评定

(1) 医学条件：要明确疾病的严重程度，通常委托鉴定时，抑郁发作已过，所以无法用抑郁量表直接进行评估，只能根据调查了解，弄清作案当时的状态，如是否存在明显精神运动性抑制、有无妄想幻觉、是否有严重的自杀意念及行为、社会功能损害情况如何等，这些都是判断作案当时疾病严重程度的有力佐证。

(2) 法学条件：抑郁症是以情感障碍为主导症状的精神病，控制能力损害是主要的。如作案行为受到妄想幻觉影响，属于辨认能力障碍。严重抑郁时，其辨认能力也受影响，患者用忧伤和消极的态度来对待周围的一切，甚至把对亲近者的杀害，认为是对被害人的拯救、慈悲和爱护，已失去对事物是非和善恶的辨别能力。

第6节 器质性精神障碍
Section 6 Organic Mental Disorders

一、癫痫性精神障碍
Epileptic Mental Disorders

癫痫（epilepsy）俗称羊癫风，按照发作类型分为大发作、小发作、局限性发作及精神运动性发作，后者以精神活动异常为发作表现形式。

(一) 临床表现

1. 发作性精神障碍

(1) 精神性发作：持续时间仅几秒钟，意识大多清醒，最常见为感知觉障碍，如幻听、幻视、幻嗅、幻味、错听、错视等；其他如看到人物或事物变化，如变大、变小、变远、变近等；有时出现不能控制的情绪，无故出现情绪喜悦、愤怒、抑郁、焦虑、恐怖等。

(2) 朦胧发作：发作时意识不清，对周围人物及环境不能辨认或误认，有大量错觉（illusion）和幻觉（hallucination），表情恐惧、紧张，言语紊乱、不连贯，行为紊乱，冲动打人，毁物外跑，可发生残暴性行为。当时目光呆滞、似睡梦未醒、神情恍惚、言语含糊不清。发作时间长短不等，可数小时、数日或数周。发作后对过程不能记忆或记忆不全。

(3) 自动症（epileptic automatism）：发作时动作行为不受意志控制，存在不同程度意识障碍，历时数分钟、数小时或更长。动作表现可为摄食性的，如吸吮、尝味、伸舌、舐唇、吞咽、咀嚼等；表情性的，如焦虑、恐惧、愤怒、喜悦等；姿势性的，如抚面、解扣、脱穿衣服、梳头、点头,或搬动家具、整理床铺、撕毁东西;也可无目的地在屋内徘徊、离家出走、自语独笑、叫喊骂人等。发作过后或完全遗忘,或有部分记忆。

(4) 病理性心境恶劣:无故突然出现情绪变化,多数属不良情绪,如激惹、烦躁、苦闷、恐惧、抑郁、怨恨等,有时会向人发动攻击、报复、发泄性行为,如毁物、伤人、凶杀、盗窃、纵火等。

(5) 精神分裂症样或躁郁症样发作:发作时表现像以上疾病,但持续时间较短,有发作性病程,可出现脑电图(electroencephalogram,EEG)异常。

2. 持久性精神障碍

(1) 癫痫性人格改变(epileptic personality change):持续多年的癫痫发作之后,可以出现人格改变,生活拘泥,墨守成规,不能接受新事物,精神功能转换困难,常有病理性赘述。

(2) 癫痫性智能障碍:癫痫多年发作之后,可以发生智能障碍,程度不一,常与人格改变同时存在。

(3) 癫痫性精神分裂症样精神病:临床表现基本上类似精神分裂症,但这些症状的引起与癫痫有关。

(二) 司法鉴定与有关问题

1. 作案特征

(1) 癫痫朦胧发作等情况下的作案特征:①缺乏作案目的和动机;②被害对象无选择性;③作案行为发生突然,无预谋和计划过程;④行为后果往往严重,致死致伤者众;⑤作案后无自我保护表现;⑥事后对作案过程遗忘。

(2) 癫痫性人格障碍的作案特征:①情绪控制能力削弱;②行为的发生可以找出主观和客观原因,但行为后果与动机不相称;③对象有一定指向性和选择性;④意识保持清醒;⑤有其他人格改变的证据。

2. 法律能力评定

(1) 责任能力评定:①癫痫性朦胧发作,如果证实存在明显意识障碍,则丧失对行为的辨认和控制能力,评定为无责任能力;如果意识障碍程度较轻,仅有轻度意识水平下降,而作案行为仍保持环境联系和现实性,也可评定为限定责任能力。自动症的情况同朦胧发作。②癫痫性精神分裂症样精神病患者作案,其责任能力评定原则同精神分裂症。③病理性心境恶劣发作时作案,根据疾病的严重程度及辨认或控制能力的损害情况,评定为无责任能力或限定责任能力。具体可参考抑郁症的责任能力评定。④癫痫性人格改变者作案,责任能力评定要结合人格改变程度、案型、道德品质、前科等考虑,属于限定责任能力或完全责任能力。⑤癫痫性智能障碍者主要根据智能损害程度,并结合其他情况评定责任能力,严重痴呆者属于无责任能力。具体可参考精神发育迟滞的责任能力评定。

(2) 行为能力评定:以长时间持续存在的理智活动为前提,一般的癫痫患者仅有短时发作,并不影响其行为能力。持久性癫痫性精神障碍,则根据其病情程度,及当事人对行为的辨认、判断和自我保护能力,评定为限制或无行为能力。

二、老年性痴呆

Senile Dementia

(一) 临床表现

早期可出现神经衰弱样诉述,近事记忆减退,个性改变,如主观固执、言谈啰唆、脾气急躁、怀疑被窃等,以后出现智能障碍,严重发展时呈痴呆状态,晚期生活不能自理,大小便失禁。

（二）司法鉴定

1. 作案特征

（1）凶杀案件动机极少出于谋财或强奸（rape），而多源于复杂的人际关系矛盾，被害者多为幼小或体弱者；

（2）猥亵（indecency）为最常见性犯罪类型，对象多为女孩，也有选择男孩进行同性恋（homosexual offence）的；

（3）其他案件都可发现一定作案动机，或出于道德观念薄弱，或出于一时冲动，或出于报复。

2. 法律能力评定 责任能力评定时要考虑下列因素：

（1）智能损害程度：严重痴呆时属于无责任能力；轻度痴呆时，对行为的辨认不完全或控制能力削弱，评定为限定责任能力。

（2）有无伴存的精神病理状态：如作案行为受妄想、幻觉等精神病理症状影响，评定无责任能力。

（3）结合既往情况：如一贯的道德品质、前科等。

（4）老年人格改变：应考虑到是在老年发生病理改变基础上产生的，责任能力评定的考虑有别于原发性人格障碍。

民事案件中较多遇到的是离婚案及遗产继承案。离婚案多数出于嫉妒、妄想、幻听，怀疑老伴不忠实，此种情况，属于无行为能力。

老年人可由于记忆力和判断力损害而影响遗嘱能力（testament capacity），民事案件鉴定中经常遇到的是关于老人生前所立遗嘱的有效性及死后家属提出其所立遗嘱是在精神病状态下进行的，因此认为无效。后者涉及死后鉴定，需要通过调查，了解老人生前的精神状态及智能状态。有些老年者，虽未发展为老年性痴呆，但存在精神活动和记忆力衰退，同时易受暗示影响，而成为阿谀者的俘虏，因此通过欺诈、威胁或诏媚骗取信任等而获得的遗嘱，虽然司法精神鉴定结果被继承人并不一定丧失订立遗嘱的能力，人民法院亦将认定其无效。

第 7 节 反应性精神病
Section 7　Reactive Psychosis

反应性精神病指在急性或持久性的精神因素下起病，精神障碍严重程度已经达到精神病程度的一类疾病。

一、反应性精神病的临床表现及诊断
Clinical Manifestations and Diagnosis of Reactive Psychosis

（一）临床表现

（1）反应性意识障碍：起病较急，多发生在急剧而严重的精神创伤之后，疲劳、睡眠不足、营养不良等在某些患者起重要作用。精神症状呈现不同程度的意识障碍，或伴有强烈情感体验的精神运动性兴奋，常伴错觉、幻觉。有时表现精神运动性抑制，称为反应性木僵。发作后有不同程度遗忘。

（2）反应性兴奋状态：急性起病，表现为情绪兴奋，言语增多，动作增加，易激惹，控制能力减弱，其言语内容与精神创伤有关，病程较短暂。

（3）反应性抑郁症：遭受精神创伤后出现情绪低落，心境恶劣，兴趣缺失，无法摆脱痛苦体

验、哭泣、悔恨，常伴焦虑、紧张及易激惹，但没有思维及行为的抑制现象，愿意向人讲述不幸遭遇及痛苦心情，之后心情会有好转。尚伴失眠、多梦、厌食等。

(4) 反应性妄想症：多在持久的精神创伤后发生，以被害妄想、关系妄想、嫉妒妄想为主，对象较局限，不泛化，推理并不荒谬离奇，内容与精神创伤有联系，较接近于现实，易为人理解。可伴有幻觉，以幻听为多，内容与心理因素有关，称心因性幻觉（psychogenic hallucination）。情感反应较为协调，人格保持相对完整，行为无乖戾表现。此类患者病前多有敏感、多疑、心胸狭窄等性格特点。

(二) 诊断

(1) 精神障碍起源于明显的、具有足够强度的精神刺激，这种精神刺激可以是急性的，也可以是持久性的；

(2) 精神障碍的发生与精神刺激在时间上密切联系；

(3) 精神症状内容与精神刺激有联系；

(4) 精神症状随精神刺激的消除而消退。

二、反应性精神病的司法鉴定
Reactive Psychosis of Forensic Expertise

(一) 案件类型

本病在意识障碍、妄想幻觉、抑郁情绪等影响下，可发生自杀、杀人、伤害、纵火、妨碍社会治安等案件。与迷信相关精神障碍者受到类妄想意识支配，可发生残酷的凶杀行为。

(二) 法律能力评定及有关问题

1. 责任能力评定

(1) 反应性精神病状态下作案，受到精神病理症状支配，大多丧失辨认或控制能力，一般属于无责任能力，程度较轻者为限定责任能力。

(2) 非精神病性反应性精神障碍作案，由于疾病程度较轻，可根据作案对象、动机的现实程度、造成的社会影响、预谋及自我保护表现、前科、一贯品质，及对行为的辨认或控制能力状况等，评定为限定或完全责任能力。

(3) 与迷信相关精神障碍的责任能力相当复杂，原则上从严掌握，具体评定时应考虑如下因素：①精神障碍的程度，是否存在明显的意识障碍、妄想、幻觉等症状及影响社会功能的程度；②是单纯的迷信受害者，还是同时参与了迷信职业活动；③受害对象是宿怨者还是亲人；④有无前科；⑤以往的品质和道德表现；⑥原来的疾病基础。

2. 受审和服刑能力评定 拘禁性精神障碍发病阶段属于无受审能力，需要采取医疗措施和加强政策教育，待疾病缓解后再继续审理。在服刑期间出现拘禁性精神障碍时会影响继续服刑，需要采取积极医疗措施，必要时保外就医。

第8节 精神发育迟滞
Section 8 Mental Retardation

一、精神发育迟滞的临床表现与分类
Clinical Manifestation and Classifications of Mental Retardation

本病的核心是智能发育低下，同时伴有其他精神活动发育的不成熟，如思维简单、情感幼稚、行为不成熟、易冲动等，不同程度地影响工作、学习和生活能力。

临床上通常根据智商（intelligence quotient）水平分为 3 级（愚鲁、痴愚、白痴）。根据精神活动类型，可分为安定型与兴奋型。安定型表现安静、少动、和善、温顺、依赖性强，较少引起法律问题。兴奋型情绪多变，兴奋忙碌、易激惹、易与人发生冲突，如发生自伤、伤人、破坏等行为，管理较困难，也较多引起法律问题。

二、精神发育迟滞的司法鉴定
Mental Retardation of Forensic Expertise

（一）作案特点
（1）作案动机常与其平时的心理背景、思想道德品质有一定联系，但行为显得幼稚、单纯，对后果缺乏预见，动机与行为后果显得不相称。

（2）作案对象和目标具有一定选择性，以老幼体弱者多。

（3）案前一般缺乏严密预谋，即使有一定预谋，常显得不周密，有时漏洞百出。行为多冲动性，显得公开而粗鲁，当场被破获者多。

（4）案发后对产生后果有不同程度领会，大多表示愿意悔改，少数抵赖，但自我保护不严密，易被识破。

（二）法律能力评定

1. 责任能力

（1）智力水平：这是最重要的条件，也是大多数案例评定责任能力的主要依据。一般来说，重度及极重度者属于无责任能力，中度者属于无责任能力或限定责任能力，轻度者属于限定或完全责任能力。

（2）社会适应能力：有一部分案例智力水平与社会适应能力明显不相称，即其所测得的智商值虽然很低，但社会适应能力却相对良好，此时临床诊断的分级更需要注意到后者的状况，不要单凭智商值来进行分级。

（3）案件类型：作案类型反映了患者对事物的辨认能力，如本症患者一般能理解偷窃行为的性质和后果，而对伪造文书及政治性案件并不一定能充分认识其性质。

（4）作案次数：以偷窃来说，单次性作案和多次性、连续性作案，其责任能力评定应有所区别，第一次作案可能不理解行为对社会的危害性，那么以后同样作案反映了其对自己的放纵性，明知（knowledge）而故犯，应该从严掌握责任能力评定。

2. 行为能力 评定时除了注意智商水平，更要强调其对所涉事件的辨识能力和意识能力。

3. 作证能力 本病患者有时需要进行作证能力评定，一种情况是涉及对某一事件的作证，另一种情况，也是最常见的，当涉及性被害时，这种案件的原告常是患者家属，患者作为证人身份出现。本病患者由于判断理解力差，不能分辨是非，记忆力差而难以复述，表达意思能力障碍等而影响作证；也有容易受到别人指使和欺骗，或把自己作为想象中的"英雄"而诬告他人。

4. （性）自我防卫能力

（1）掌握全面、可靠的调查材料，被调查人要包括各方面对象，对所获得的材料还需要进行客观分析，不要偏听偏信。

（2）对被鉴定人的精神检查要在排除外界干扰下进行，要消除其顾虑，取得合作，检查要全面、深入；遇到不合作患者要多次进行。

（3）学术上统一认识，逐步研究可供操作的标准化工具。

第 9 节　神　经　症
Section 9　Neurosis

神经症又名神经官能症、精神神经症，属于非精神病性精神障碍或轻性精神病的代表性疾病，包括癔症、焦虑症、强迫症、疑病症、恐怖症、神经衰弱、抑郁性神经症等。

一、癔症
Hysteria

癔症又名歇斯底里，发病与特有个性和精神因素的关系密切，病程有反复发作特点。

（一）临床表现

1. 癔症性精神障碍 (hysterical mental disorder)

（1）癔症性朦胧发作：表现意识范围狭小，精神活动局限于引起发病的不快体验，行为、动作与这些体验相符合，情感反应鲜明生动，表情、动作富有戏剧性和幻想性。对周围定向不完整，常错认亲人，有时可出现错觉和幻觉，形象生动、具体，富幻想性。一般一次发作不超过几十分钟，发作突然终止，大多不能回忆。有的朦胧程度较轻的患者，发作持续时间可较久，动作、行为保持完整性，可外出流浪，称癔症性漫游症，其特征有：①从住处和常去的地方离开出走，不辞而别；②发生在白天醒觉时；③事先无任何目的和构想，开始和结束都突然；④在漫游过程中基本能保持生活自我照料（饮食、个人卫生等），及与陌生人的正常简单交往（如搭车、问路），一般短暂的接触不能发现明显的精神异常；⑤存在身份觉察障碍；⑥事后有遗忘。

（2）癔症性情感爆发 (hysterical emotional outburst)：常在精神因素作用下迅速发病，表现为哭笑、打滚、喊叫、吵闹、撕衣、毁物、咬人、殴打等，行为幼稚，表情夸张做作，言语内容反映内心的不快体验。一般发作时间较短，呈阵发性，人众时发作更频繁、严重，俗称"人来疯"。发作过后部分遗忘。

（3）癔症性身份障碍：在精神因素影响下急性起病，主要表现为自己身份的觉察障碍，即呈现双重或多重人格，常见形式为神鬼或死者的亡灵等附体，取代患者的原来人格，或不同时期内表现为两种以上的人格。发作时对周围环境不能充分觉察，注意和知觉限于周围人和物的某些方面，且与患者改变了的身份相联系。

（4）癔症性遗忘症 (hysterical amnesia)：遭受精神创伤后，通过强烈的情感体验而急剧发病，表现为阶段性遗忘或选择性遗忘 (selective amnesia)，对自己生活中某一段时间的经历完全不能回忆，或遗忘那段不幸遭遇及痛苦经历；也可以表现对既往的一切全部遗忘，甚至连自己的姓名、年龄和职业也不复记忆。虽然记忆完全丧失，但患者仍然能对周围环境应付自如，料理好生活，呈现矛盾现象。当深入观察和检查时，尚能发现实际上的记忆犹存迹象。遗忘的内容可以通过催眠暗示重新恢复记忆。

（5）癔症性假性痴呆 (hysterical pseudodementia)：是在强烈精神因素下导致的暂时性脑功能障碍，表现出痴呆症状，但并非器质性的，也非不可逆的。如对生活经历遗忘，不认识亲友，不知自己的姓名和年龄，说不出普通事物的名称，或给予荒谬回答，或近似回答，行为表现错误百出，情感幼稚。此种现象发生突然，逝去迅速，智能检查发现其严重程度与行为表现显得矛盾和不一致，例如对简单问题不能正确回答，而对较复杂问题反能正确回答；智能检查结果很差的人，却能作出复杂行为，或对外界应激作出适当的反应，给人以有意做作的印象。有的患者伴有意识障碍。

有的患者自称儿童，其讲话声调、内容、表情、动作都和儿童一样，显得十分幼稚，称为儿童样痴呆（puerilism），也是假性痴呆的一种表现。

持续时期一般较短，但也可长年累月地持续下去，甚至生活不能自理，可见于轻度颅脑外伤后。

（6）癔症性木僵（hysterical stupor）：在遭受强烈精神创伤后，表现缄默不语，不食，全身僵直，呼之不应，推之不动，大小便不能自理，对外界刺激无反应。但对光反应灵敏，双目紧闭，强行翻开眼皮时，可见眼球转动，伴有一定程度意识障碍，持续时间一般较短，数十分钟至数小时。个别患者持续时间较长。

2. 癔症性躯体障碍

（1）感觉障碍（abnormal sensation）：包括躯体感觉障碍、失明、弱视、复视、管样视野、耳聋、疼痛、咽喉部梗阻感等；

（2）运动障碍：包括肢体瘫痪、站立不能、步行不能、痉挛发作、舞蹈样动作、失音等；

（3）自主神经障碍：如呃逆、嗳气、呕吐、腹痛、尿频、尿急等。

（二）诊断

1. 诊断依据

（1）起病与精神因素有关，发作有利于摆脱困境，发泄情绪，获得别人同情、支持和补偿。

（2）病前有特殊个性，称癔症性人格，其特点为情感活动占优势，待人处事从感情出发，易激动；容易接受暗示和自我暗示；富有幻想性，有时混淆现实与幻想；自我中心。

（3）可模拟各种疾病的症状，但没有客观的阳性发现，不符合器质性疾病规律。

（4）病程有发作性特点，间歇期精神状态正常，或仅有某些主诉。

2. 与癔症诊断有关的几个概念

（1）癔症与反应性精神障碍同属于心因性疾病（psychogenic diseases）范围，但两种疾病在疾病基础、表现形式、病程发展等方面并不相同。

（2）传统观念认为，在排除了器质性疾病之后才可诊断为癔症（尤其是转换性障碍），这个概念现在认为并不全面，因为器质性疾病的诊断与转换性障碍并不是完全对立的。转换性障碍可以使原有躯体疾病的诉述加重，例如原来有二分器质性病变，现在有八分诉述，这其中的六分是具有癔症性质的。

（3）癔症的发生与疾病获益心理机制有关，但不是说患者一旦获得益处之后癔症就会立即消失。实际上，在法医学鉴定中常可遇到一些病情长久迁延的癔症患者，虽说已获得益处，但疾病并不就此结束，仍持续存在，这是由于长期疾病后形成的条件反射所致。具有运动障碍者，症状持续较长时间后还可能出现肌萎缩，也不能凭此否定癔症诊断。

（4）癔症性人格是癔症发作的人格基础，癔症性人格患者遇到心理挫折时，也会出现躯体诉述、情绪激动、冲动行为（impulsive behavior）等。但典型的癔症发作是非意识性的，而且有发作性的特点，与单纯的癔症性人格不同，不要把两者混淆起来。

（三）司法鉴定

1. 法律关系鉴定 遭受轻度颅脑外伤或精神刺激后，可出现癔症发作，常引起法律纠纷，要求追究对方的法律责任和索取赔偿。癔症是非器质性精神疾病，而且在精神医学分类中属于非精神病性精神障碍，不属于重伤范围，是否属于赔偿范围，要根据具体案件性质和被害人的特点，基本上要求掌握下列几点：①外界刺激的客观存在和强烈程度；②精神症状的严重程度；③被害人的素质基础（包括既往发作史、癔症性格的突出程度等）。

在这类案件中，疾病获益的心理机制起着重要作用，在判断时要重视这个特点。

一般来说，凡符合下列条件，对方当事人应承担责任，负责经济赔偿：①外界刺激对个体来说具有相当强度；②癔症症状明显存在，而非故意做作；③过去无癔症发作史；④癔症性格不十分突出。经济赔偿原则上一次性解决，以后如有自发性发作，不该再追究对方责任。

如果属于下列情况，则不宜追究对方当事人责任或承担经济赔偿：①外界刺激是微不足道的；②精神症状具有明显的做作性和自我暗示性；③癔症性格十分突出，疾病获益的心理机制明显；④过去有癔症发作史。

2. 责任能力评定 癔症属于非精神病性精神障碍，发病时一般仍保持辨认及控制能力，基本上评定为有责任能力。有些患者存在明显意识障碍，辨认和控制能力受到显著损害时，可评定为限定责任能力。癔症患者是否可评定为无责任能力，应特别慎重。

3. 行为能力评定 癔症属发作性疾病，一般不影响行为能力，在发作期间一般不会进行民事活动。发作期间较长者，可能影响行为能力。

4. 其他法律能力评定 发作间歇期具有受审能力和作证能力。发作期有意识、智能障碍时，无作证能力和受审能力。一般不影响服刑能力。

二、抑郁性神经症
Depressive Neurosis

（一）临床表现

（1）情绪症状：自感情绪低落，容易哭泣，兴趣减退，缺乏信心，对前途及自身疾病感到悲观失望，精神不振。无明显的精神运动抑制症状。当受人关心、同情、劝慰时，注意力集中于其他事物时，或在良好环境下，情绪会有暂时性好转。

（2）躯体症状：常伴有头痛、周身不适、疼痛、心悸、胸闷、肢体冷热感、睡眠障碍等。

（3）自感病情严重，痛苦，有主动治疗要求。

（4）社会适应能力一般不受影响。

（二）司法鉴定

在抑郁性神经症的不良情绪影响下可发生伤害、凶杀等行为，但其对象是有指向性的，心境恶劣状态下对所有事物都看不顺眼，在又怨又恨的情绪驱使下会对宿怨者或现实冲突的当事人进行攻击或报复。所以具有现实动机，辨认能力多无障碍，控制能力可有不同程度削弱，由于疾病性质属于非精神病性精神障碍，多数不排除责任能力，少数有控制能力明显削弱者，才评定为限定责任能力。其他法律能力都无影响。

三、其他神经症
Other Neurosis

1. 焦虑症（anxiety disorder） 以慢性焦虑或急性焦虑发作（acute anxiety attack），又名惊恐发作（panic attack）为主要表现，常伴有自主神经紊乱及运动性不安。严重焦虑时偶可发生伤害或凶杀行为。

2. 强迫症（obsessive compulsive disorder） 以强迫性观念或行为为主要表现，患者明知这些观念或行为不合理、无意义，力图摆脱但无能为力，由于有意识的自我强迫与反强迫的经常性冲突，导致出现抑郁、焦虑、紧张情绪，有强烈的求治愿望。病前常有强迫性格基础。偶可导致违法行为。

3. 恐怖症（phobia） 对某些客体（如动物、水、火、风、尖物等）或环境（如广场、高空、黑暗、人物等）有强迫性恐怖情绪，自知不合理、无必要，但无法控制，伴有回避反应。不引起法律问题。

4. 疑病症（hypochondriac） 表现对自身健康状况或身体某一部分功能过分关注，而怀疑自己患了严重疾病，虽经医师解释或客观检查未发现疾病，亦不足以消除患者的成见。可以继发焦虑、抑郁情绪，需与抑郁性神经症鉴别。偶可出现违法行为，多与抑郁情绪有关。

5. 神经衰弱（neurasthenia） 神经衰弱一般不引起法律问题，但需与抑郁症相鉴别。

第10节 人格障碍
Section 10 Personality Disorder

人格在发展和结构上明显偏离正常，影响社会适应的状况，称为人格障碍（personality disorder）。

一、人格障碍的形成原因
Causes of the Formation of Personality Disorder

多数人格障碍者的形成原因是多方面的，但主要原因有以下两种：

（1）生物学原因：遗传、染色体异常、幼年期的营养不良和疾病，以及一部分轻微脑损害（多动症）患儿长大后可能发展为反社会型人格障碍者。

（2）社会-心理学原因：幼年不良的家庭环境，不适当的学校教育、社会环境影响等也可能成为人格障碍的形成原因。

二、人格障碍的临床类型与表现
Clinical Types and Manifestations of Personality Disorder

1. 反社会型人格障碍（antisocial personality disorder） 又称悖德型人格障碍、社交紊乱型人格障碍，在罪犯中（尤其在累犯及惯犯中）占有一定比例，常对社会、他人以及自己造成麻烦。特点是感情冷酷，对人缺乏同情，对别人的痛苦漠不关心；情感不成熟，易激惹，常发生冲动或暴力行为；对人造成损害，但无内疚感，也不能从经历中吸取教训。具有以上人格特点的人常发生违反纪律、触犯法律行为。

2. 冲动型人格障碍（impulsive personality disorder） 又称暴发型或攻击型人格障碍，主要特点是行为和情绪的明显冲动性，常因细微精神刺激而出现强烈情感反应和攻击行为，事后感到后悔而决心改正，但遇事又难以控制自己的情绪与行为，有时情感暴发甚至指向自己而发生自伤、自残行为。

3. 偏执型人格障碍（paranoid personality disorder） 这类人格障碍的突出特点是对周围人失去基本信赖（包括配偶），猜疑、固执、敏感，总觉得周围人跟他过不去，故意刁难他，贬低和伤害他；不能体谅和原谅别人，有时把别人无意的或友好的行为也误解为恶意的，对周围过分警惕；过分自负，总认为自己正确，不允许别人批评自己的缺点；不信任客观证据，用一般的说理难以改变其想法或观念。

4. 分裂样人格障碍（schizoid personality disorder） 这类人情感冷淡，对人缺乏热情，难以与人建立感情联系，回避社交，喜欢沉思、冥想、胆怯、孤独、行为怪僻，较少与人发生冲突。

5. 强迫型人格障碍（obsessive-compulsive personality disorder） 这类人格障碍特点是做事过

分谨慎，过分刻板，追求完美无缺，行动前要反复考虑，唯恐疏忽或差错，事后易生后悔和内疚心情。

6. 癔症型人格障碍（histrionic personality disorder） 又名表演型人格障碍，是癔症发病的性格基础，情感过程占优势，肤浅易变，表情夸张，易接受暗示及自我暗示，自我中心，经常渴望表扬和同情，经常关心自己是否引人注意，富有幻想。

7. 边缘型人格障碍（borderline personality disorder） 情绪不稳定（emotional labile）是其突出表现，情绪极易发生变化，人际关系极不稳定，常有内心空虚感及被人遗忘的恐惧，容易出现冲动、自杀、自伤行为。

8. 特殊型人格障碍

（1）病理性纵火（pyromania）（纵火癖、纵火狂）：无明显动机、多次实施，或企图纵火烧毁财物或其他物品，对与火和燃烧有关的器材或事物有强烈的兴趣。纵火前有紧张感，纵火后有兴奋、愉快、满足及轻松感。

（2）病理性偷窃（kleptomania）（偷窃癖、偷窃狂）：反复出现无法克制的偷窃冲动，偷窃动机不是为了所窃之物的经济价值和本人使用需要，也不是为了报复别人，偷窃后往往将这些物品丢弃、送人或收藏。

（3）病理性谎言（pseudologia fantastica）（谎言癖）：无动机的经常说谎，不是为了诈骗或逃避处罚，仅通过谎言获得心理上的满足，常以虚构个人出身和经历为谎言的主要内容。

三、人格障碍的诊断和司法精神鉴定
Diagnosis of Personality Disorder and Forensic Psychiatric Expertise

（一）诊断

人格障碍诊断的确立必须符合下列条件：

（1）人格特征明显偏离正常，这种偏离开始于少年时期，年龄在18岁以上。

（2）具有特殊的行为模式，这种行为模式明显偏离了其所在文化区域所应有的心理体验和行为反应类型，并且表现在多个方面：①认知（cognition）：包括对自我、他人以及对事件的感知和解释方式；②情感：包括情感反应的范围、强度、脆弱性和适合性；③人际关系；④冲动控制：如行为受情感冲动和偶然动机驱使，对其行为后果不能作出正确估计。

（3）这种特殊行为模式是长期、持续存在且稳定不变的，没有明显的起始日期。

（4）由于特殊行为模式的存在，使社会适应不良，或使职业功能、正常生活受到明显影响。

（5）患者对特殊行为模式的态度有两种情况：①否认这种偏离的存在，不感到痛苦，也不期望治疗，后果损人害己，但不欲自拔；②主观上感到明显的痛苦烦恼。

（6）智能正常。

（二）案件类型

案件类型主要有凶杀、伤害、妨碍社会治安、无休止诉讼、违纪、盗窃、诈骗、纵火、流氓、性犯罪等。各型人格障碍的案型大致有下述规律：

（1）反社会型：流氓、偷窃、伤害、诈骗、性犯罪等，但凶杀少见；

（2）冲动型：凶杀、伤害、毁物等；

（3）癔症型：伤害、妨碍社会治安、诈骗、违纪等；

（4）偏执型：凶杀、伤害、诉讼等；

（5）强迫型及分裂样：少见违法行为；

(6) 特殊型：偷窃、纵火、诈骗、招摇撞骗等。

(三) 法律能力评定

1. 责任能力评定　可能出现分歧，人格障碍不属于精神病，因此不属于《刑法》第 18 条第 1 款所规定的对象，原则上属于有责任能力范围。但是，究竟是完全或部分责任能力（partial responsibility），在具体掌握上可能出现分歧，分析原因可能是：

(1) 人格障碍掌握标准不统一，主要是扩大化倾向。

(2) 分析的着眼点不同：有的偏重于医学概念，认为人格障碍是精神障碍的一种，在生物学检查上可能发现异常性改变，如一部分人格障碍者出现异常脑电图；有的偏重于社会学概念，认为这些人对社会危害大，而且迄今缺乏有效疗法，从宽处理后会造成严重社会问题。

因此，为了统一人格障碍者责任能力评定标准，严格诊断标准是首要条件。在此基础上应根据医学条件和法学条件来进行掌握，可参考以下因素进行权衡：

(1) 作案的动机：是出于满足个人欲求、报复的现实冲突，还是模糊不清、偏离现实的。

(2) 作案的对象：有明确选择性，还是任意的、偶然的、想象的。

(3) 作案的预谋：有行为计划、选择方式，还是出于偶然性的冲动。

(4) 案型：偶然性冲动可以发生伤害、毁物、偷窃、纵火等案件，但强奸、诈骗、盗窃等应从严掌握。

(5) 自我保护：与控制能力损害程度有关，轻度削弱者在一定条件下（如被人发现）会主动收敛，进行自我保护；严重削弱者发作时显得"不可收场"。

(6) 社会危害性：社会影响大，后果严重的，从严掌握责任能力评定。

(7) 屡犯情况：如屡教不改，明知故犯，从严掌握责任能力评定。

2. 其他法律能力　行为能力、受审能力、服刑能力等都无影响。如发生拘禁性精神障碍，影响受审能力和服刑能力，应采取治疗措施。

(四) 矫治

人格一旦形成之后是较难改变的，如果患者对自己的状态有体会，感到痛苦，有坚强的决心去改变它，矫治措施才能取得效果。

认知治疗与行为矫正疗法是主要方法，如适应环境能力的训练，选择适当职业的建议与行为方式的指导，最易产生矛盾冲突情境的剖析（以避免屡犯同样错误），人际关系的调整与改善，优点特长的发挥等。治疗的成败取决于患者的决心和毅力，取得进步时，应予以积极支持和鼓励。

某些家庭关系极为不良的患者，可以借住在其他亲友家或集体宿舍，同时要给予积极的帮助。少数威胁家庭与社会安全的患者（主要是反社会型人格障碍），可送入少年工读学校或成人劳动教养机构，边参加劳动，边进行心理矫治。

第 11 节　性 变 态
Section 11　Sexual Deviation

性变态（sexual deviation）又称为性心理障碍（psychosexual disorders）、性倒错等。性变态是一种精神疾病，但不属于严重精神障碍。性变态病因较复杂，包括生物学方面（例如遗传、内分泌等）及社会心理方面（例如幼年性心理发育异常、环境不良因素影响等），有的患者则是多方面原因的结果。

一、性变态的临床表现
Clinical Manifestations of Sexual Deviation

(一) 恋物癖（fetishism）

以某些异性的非生命物体作为性兴奋及性兴奋的刺激物，通过抚摸、闻嗅这类物体获得性满足。这类物体可为异性身体的一部分，如发辫；或为异性穿着的衣物，如内衣、胸罩、三角裤、丝袜、月经带等；或具有某类特殊质地的物体，如橡胶、塑料、皮革等。

所需物体多数通过偷窃获得，以曾用过的为特征，一般不偷商店内陈列的或未使用过的物体，物体本身并不具有昂贵价值，所窃之物仅以刺激性兴奋为用途，用后多数收藏起来，并不出售。

(二) 恋尸癖（necrophilia）

通过与异性尸体的性接触产生性兴奋，获得性满足，包括猥亵、奸尸及毁伤尸体。以毁伤尸体行为作为性满足方式的，又称为施虐恋尸癖。有的偷窃死者的部分衣物（或毛发等），通过对这些衣物的触摸作为达到性满足方式的，称为恋物恋尸癖。恋尸癖罕见，都为男性，以成年人居多。

(三) 异性装扮癖（transvestism）（异装癖）

通过穿戴异性服装引起性兴奋，主要是男性，女性即使有往往亦是同性恋或易性癖者。开始多在非公共场合穿戴部分异性服装，后来发展为全身异性打扮，如戴女性假发、制作假乳房等。

(四) 露阴癖（exhibitionism）

反复在陌生异性面前露出自己的生殖器，以达到引起性兴奋的强烈欲望和满足。男性占绝大多数。

(五) 窥阴癖（voyeurism）

见于男性，通过窥视异性裸露的身体或性器官，以达到性欲的满足。反复去厕所、浴室、居民卧室等场所，窥视女性排便、更衣、裸浴或性生活等。理解行为的违法性，但性冲动一来就难以控制。

(六) 易性癖（transsexualism）（易性别癖）

男女均有，心理上对自身性别的认定与真实性别相反，持续存在改变本身性别的解剖特征以达到转换性别的强烈愿望。患者从小就有异性打扮特点，模仿异性的一举一动，如声音、姿势、兴趣爱好等。易性手术虽已有开展，但对手术的意义，在医学上和法律上均存在着争议。

(七) 施虐癖（sexual sadism）**与受虐癖**（sexual masochism）

在性交前或同时，向性的对象施加肉体上或精神上的痛苦，以获得性快感或引起性冲动的，称为施虐癖（sexual sadism），或称虐待狂，见于男性。在性交前或同时要求性的对方对自己施加肉体上或精神上的痛苦，以获得性快感或引起性冲动的，称为受虐癖（sexual masochism），或称被虐待狂，见于女性。

虐待的方式包括捆绑、拧咬、抽打、针刺、火烫等，严重者损毁对象的性器官，甚至以见血为快，以致杀害对象或碎尸。

(八) 性窒息（sexual asphyxia）

只见于男性，患者通过自己造成的半窒息状态以获得性快感，如解救不及时或失控时会造成意外死亡。

二、性变态的司法鉴定
Forensic Expertise of Sexual Deviation

(一) 案件类型
某些性变态在法医鉴定中时有遇及，如性窒息。一部分性变态属于伤风败俗或影响社会治安，不触犯刑法。涉及刑事案件鉴定的有流氓罪、强奸罪、盗窃罪、虐待罪、凶杀罪等。

(二) 法律能力评定
责任能力的评定在原则上从严掌握，因性变态不属精神病范围，作案时辨认能力存在，但存在控制能力不同程度削弱，因此责任能力评定主要根据控制能力的状况进行考虑。

(1) 由于各种精神障碍引起的性变态行为，主要根据原来存在的疾病进行考虑。

(2) 性虐待癖、恋尸癖等，虽其性变态表现较为偏离，但属于社会危害严重的恶性性变态行为，评定为完全责任能力。

(3) 同性恋虽各国法律规定不一，但目前在我国是不受法律保护的。若鸡奸少年、儿童，或者以暴力、胁迫手段多次鸡奸，情节严重的，应追究法律责任。如属绝对型同性恋，作案时控制能力有明显削弱时，也可评定为限定责任能力。

(4) 露阴癖、窥阴癖及恋物癖的责任能力评定，有时会出现分歧，有的主张评定为完全责任能力，有的主张评定为限定责任能力。一般可有下列情况：①这些性变态表现是作为不能正常地满足性欲而采取的代偿性发泄方式，评定为完全责任能力；②受到不良环境影响，原来思想不健康，行为轻佻，带有流氓习气，工作和学习不求上进，实施行为时有时还口出淫言者，评定为完全责任能力；③平时作风正派，工作和学习都要求进步，对自己的性变态行为痛恨，控制能力削弱明显者，评定为限定责任能力。

第9章 Chapter 9

堕胎与虐婴
Abortion and Mishandled Newborns

第1节 妊 娠
Section 1 Pregnancy

一、概述
Overview

（一）概念

妊娠（pregnancy）是胚胎和胎儿在母体内发育成长的过程，卵受精是妊娠的开始，胎儿及其附属物从母体排出是妊娠的终止。临床将妊娠全过程共40周（平均280天）分为3个时期，妊娠12周末以前称早期妊娠，第13～27周称中期妊娠，28周以后为晚期妊娠。妊娠有时会涉及一些法律问题，所以需要对其进行法医学检验与鉴定。

（二）与妊娠相关的法律问题

确定一个妇女是否妊娠，可能涉及以下一些法律问题：

（1）为了判断强奸或其他性犯罪的女性受害者的后果，以及确定对犯罪嫌疑人的处罚轻重，需要对受害的女性（可能是年幼的青春前期的孩子）进行必要的检查，以确定她是否已经受孕并已经妊娠以及相应应该采取的措施，如人工堕胎、引产等。

（2）为了判断或证实有些民事离婚案件的男方对其妻子外遇而妊娠的指控是否属实，需要检查与判断该被指控的妇女是否已经妊娠和妊娠的经过时间。

（3）为了确定已经犯罪的妇女是否已经怀孕和是否应该依法得到延缓处理或减轻处罚的保护；为了判断作为证人的妇女是否已经妊娠和达到晚期妊娠的程度，而有权利不出庭作证。

（4）其他：如已经死去丈夫的妻子，确定其是否已经妊娠，可能涉及遗产分配的问题；又如某些妇女可能涉及杀婴或非法堕胎的指控，此时需要确定其是否近来有过妊娠而作为证据等。

二、妊娠的检查
The Examination of Pregnancy

（一）早期妊娠（early pregnancy）的诊断

1. 症状及体征

（1）有停经史；停经6周开始恶心，伴呕吐，即早孕反应；因子宫增大在盆腔内压迫膀胱而有尿频。

(2) 从妊娠第 8 周开始，乳房逐渐增大，乳头及乳晕着色加深。

(3) 妊娠后，阴道黏膜充血，呈紫蓝色或紫红色，孕 6~8 周时，子宫颈变软，随着孕期增长，子宫也相应增大，于妊娠 5~6 周时，宫体变为球形，以后逐周增大，3 个月宫底可达耻骨联合上缘。

2. 辅助检查

(1) 妊娠试验（pregnancy test）：采用生物学方法或免疫学方法测定血、尿中绒毛膜促性腺激素（hCG）含量，早孕者为阳性。用敏感的方法约在受精后 10 天左右即可从血或尿中测得，随胚胎的发育，hCG 逐渐增加，至妊娠 60~90 天时达高峰，以后逐渐下降，4 个月后即维持在低水平直至分娩。

(2) 黄体酮试验（progesterone test）：利用体内孕激素突然撤退引起子宫出血的原理，对疑为早孕的女子每日肌内注射黄体酮 10~20mg，连用 3~5 天，停药后 3~7 天内无阴道出血，早孕可能性大。

(3) 超声波检查（ultrasonic examination）：最早可在妊娠 5 周检测到胎心搏动和胎动。

（二）中晚期妊娠诊断

1. 症状及体征

(1) 有早期妊娠临床经过，并逐渐感到腹部增大及胎动；

(2) 妊娠 18~20 周可听到胎儿心音，20 周以后可经腹壁触到胎体；

(3) 子宫按妊娠周数增大，根据手测子宫底高度及尺测子宫长度，判断妊娠周数。

2. 辅助检查

(1) 超声波检查：明确显示胎体、胎头、胎盘及胎心；

(2) X 线检查：妊娠 18~20 周以后，X 线片可见到胎儿骨骼系统。

（三）异常妊娠

与法医学鉴定有关的异常妊娠包括以下几种：

1. 同期复孕（superfecundation） 同期复孕指两个成熟的卵在同一月经周期排出，在短时间内分别由两次以上的性交受精而双胎妊娠。如果是同两个男子分别性交而受精者，就涉及亲子鉴定问题。

2. 异位妊娠（ectopic pregnancy） 指受精卵在子宫外着床发育，包括输卵管妊娠、间质部妊娠、卵巢妊娠、腹腔妊娠。最常见的是输卵管妊娠，约占 95%。随着胚胎发育，向管腔膨出，由于其包膜组织脆弱，常在妊娠 6~12 周破裂出血，早期可通过超声波检查及 hCG 检测诊断，破裂出血后经剖腹探查可以发现。

3. 不自觉妊娠（unconscious pregnancy） 不自觉妊娠指虽然怀孕，但无妊娠感觉，如被强奸的幼女，妊娠后坚信自己未孕，但经有关妊娠检查不难诊断。

4. 伪装妊娠（fake pregnancy） 指无妊娠而诈称妊娠，多见于偷儿案件，还有女犯人为达到减刑或免刑目的而伪装妊娠，经检查无任何妊娠的客观征象和标志。

三、妊娠的法医学鉴定
Medicolegal Expertise of Pregnancy

1. 确定是否妊娠 早期妊娠的诊断是妊娠法医学鉴定的难点，必须根据临床症状，结合具有确诊意义的检查结果，如妊娠试验、超声波检查才能确定。

2. 推断妊娠时间 根据被检者月经周期、末次月经时间，结合检测子宫大小及子宫底高度推断妊娠月份，从而亦可确定受孕时间。

3. 异位妊娠的鉴定 如输卵管妊娠发生自行破裂,剖腹探查发现妊娠侧卵巢肿大,破裂口处可见胚胎绒毛结构。外伤可作为破裂的诱因,亦可能与外伤无关,是一种巧合,鉴定时除注重腹部外伤史外,必须结合腹部外伤具体的部位、外伤后发生破裂的时间、妊娠时间,综合分析外伤与输卵管妊娠破裂的关系。

另外,某些被强奸后怀孕者,常在做完人流后才来鉴定,如人流时间不长,仍可通过测尿液中绒毛膜促性腺激素阳性诊断(妊娠中止后可持续10天之久)。对于送检的宫内排出物,鉴定时除做病理学检查以确定正常胚胎组织外,必要时还得做亲子鉴定,以防止诬告、陷害。

第 2 节 堕 胎
Section 2 Abortion

堕胎(misbirth)指对妊娠不足月份的妇女,采用某种人为的手段终止妊娠的行为。各国对堕胎的法律标准,因为许多原因而有较大差异。有的国家对人工堕胎有严格的法律限制;有的国家对人工堕胎比较放松。但是无论哪个国家,都有合法与非法堕胎的问题,需要法医参与检查和鉴定。

一、合法堕胎
Legal Abortion

合法堕胎指法律允许的堕胎行为,分为自然堕胎和治疗性堕胎两类。

(一)自然堕胎(natural abortion)

自然堕胎又叫自然流产,指由于孕妇自身的某种疾病而引起的堕胎,多发生于妊娠28周以前,其发生率为15%~40%。还有一种发生在妊娠6周以内的亚临床自然流产,由于其发生在妊娠极早期,缺乏临床症状,未能被诊断,所以无法统计其发生率。自然流产或堕胎的原因很多:

(1)胚胎因素:孕卵或绒毛因多种原因发育不良引起死胎、畸形等,多见于妊娠12周以前的流产;

(2)母体因素:急、慢性全身性疾病,内分泌失调,内生殖器官病变,母婴血型不合等,不适宜于胚胎的继续发育时导致的流产或早产;

(3)外界因素:外伤、吸毒、酗酒、避孕药或抗肿瘤药物影响、电击、强烈的精神刺激、剧烈的运动等引起的流产。

有时妊娠妇女可能在受到外伤后一定时间内发生流产或早产,并因此引起诉讼纠纷。此时对外伤与流产或早产之间的关系认定应慎重,因为它们之间可能只是一种巧合。认定外伤与流产或早产有因果关系的必要条件:①外伤的部位应与子宫相符合;②外伤的程度要有足够大,一般应能检出外伤的征象,如皮肤挫伤出血、腹腔内出血、子宫壁挫伤出血等;③要有足够证据说明受伤妇女伤前确已受孕以及阴道内流出物系胚胎组织,且与妊娠时间一致;④要能排除由于母体和胚胎因素而发生的自然性流产或早产等。总之应严格掌握。

(二)治疗性堕胎(therapeutic abortion)

治疗性堕胎指为了治疗的需要而施行的人工堕胎,也包括计划生育政策容许或要求的人工堕胎。如孕妇患有重度妊娠高血压综合征(pregnancy-induced hypertension syndrome)、心脏病、糖尿病、肾脏疾病、传染性疾病、前置胎盘或胎盘早剥、羊水过多、死胎、胎儿畸形等;也包括未婚妇女或青春期前的少女因性犯罪(sexual crime)或性虐待(sexual abuse)而受孕时。治疗性堕胎可见于妊娠早期、中期或晚期,应由医师在医疗单位内用药物或器械处置。如果处置不当,可以引起不良后果,甚至死亡,可因而引起医疗纠纷。

二、非法堕胎(非法流产)
Illegal Abortion

(一) 概述

1. 概念 非法堕胎指在法律许可范围以外,用药物或机械性干预等人工方法,终止妊娠并使胎儿过早娩出,包括妊娠早期的非法流产和妊娠晚期的非法引产。往往是由于不正当的男女关系怀孕后,害怕暴露真相,由非医务人员或非妇产科专业人员,甚至由孕妇本人私自堕胎。有的专业医师利用自己的技术,暗自在没有防护措施的条件下,以赚钱为目的私自为孕妇做人工流产手术,也是违法的。非法流产造成孕妇严重的并发症,甚至危及生命或造成生殖器官损伤、继发感染的,必须追究其法律责任。非法堕胎多见于早期妊娠。

2. 非法堕胎的方法 常见的非法堕胎方法包括:

(1) 全身性暴力:在妊娠初期采用打击下腹部、跳跃、摔倒、抬搬重物等全身剧烈运动等方法,使下腹部强烈震动,引起子宫收缩而流产,但常造成不全性流产。此类方法堕胎者,法医临床学(forensic clinical medicine)检查常不易判断。

(2) 异物插入:用胶皮管、导尿管、筷子、玻璃棒、尿道探针、榆树皮、手指等插入子宫内,扩张子宫颈口,刺破羊膜而造成流产。

(3) 液体注入:向子宫内注入液体以终止妊娠,最常用的是肥皂水或热水,其次是苏打水、高锰酸钾溶液、高渗盐水。由于液体的压力作用,使子宫腔突然迅速扩张,药液浸入包蜕膜及子蜕膜之间,引起子宫肌强烈收缩而致胎儿娩出。

(4) 使用药物:引起子宫收缩或痉挛的药物(麦角、奎宁、催产素等);强烈的吐泻药或能引起盆腔充血及子宫内膜充血、出血的药物(巴豆、硫酸镁);引起胎儿中毒死亡的药物(黄磷、铅、汞等);还有利用引起子宫收缩的未经炮制的中草药采用局部用药的方法(牛膝根、瓜蒌)。

(5) 手术:由医务人员私自进行刮宫、引产或剖宫产术。

(二) 非法堕胎的后果

堕胎无论是否成功,大多数母体均受到一定程度的损害,严重者常出现一系列并发症,甚至死亡。

1. 大出血 采用异物插入非法刮宫,可造成阴道壁损伤、子宫颈裂伤、子宫壁穿孔,甚至伤及腹腔其他脏器或大血管,引起大出血。用注射高渗盐水与羊水交换的方法堕胎,由于高渗盐水可使血液成分改变,导致血小板和红细胞受损,引起 DIC,继而全身纤维蛋白溶解亢进,同时因分娩过程激活了子宫组织内存在的纤溶前活化因子,使纤溶酶原被激活为纤溶酶而出血不止。

2. 中毒 可因内服过量堕胎药,或宫腔、阴道用药而引起中毒,或阴道、宫颈管、子宫广泛腐蚀性坏死,进一步引起毒物吸收中毒甚至中毒死。例如某女 21 岁,因未婚早孕,在一药农指点下,用瓜蒌块根私自塞入阴道堕胎,致急性中毒 6 天后死亡,尸检见其阴道壁及子宫颈呈灰褐色大片凝固性坏死,子宫内膜亦有出血坏死。

3. 栓塞 宫腔内注入液体或含泡沫的肥皂水,将空气压入破损的静脉丛而引起空气栓塞;中晚期妊娠堕胎时,胎盘早剥并发羊膜早破,羊水可从胎盘的血窦进入孕妇血循环,引起羊水栓塞。

4. 感染 使用未经消毒的器械、异物致阴道、宫颈或子宫壁受损,或同时使用刺激性药物,特别容易发生感染,常因毒血症而死亡。

5. 神经反射性休克或死亡 宫颈分布有丰富的感觉神经末梢,暴力作用或机械刺激宫颈时,可引起高度敏感者的抑制性反射,导致神经反射性休克,或使心搏骤停而急性意外抑制性死亡。

(三) 非法堕胎的法医学鉴定

1. 妊娠和终止妊娠的鉴定 确定有否违法流产，首先应确定是否曾有妊娠和已终止妊娠。除了必要的调查以外，重点是对堕胎者的体格检查及宫内排出物的组织学检验。晚期妊娠后非法引产者，因母体妊娠征象和胎儿发育均已较明显，确证是否曾妊娠和堕胎并不困难。早期妊娠者堕胎鉴定时难度较大，因妊娠早期母体生殖器官变化小，流产后征象不明显，早期流产时的子宫出血与月经不易区别。然而，如在终止妊娠后不久即检查，仍可在母体上检出妊娠的一些变化，其尿液绒毛膜促性腺激素（hCG）试验阳性，可持续10天之久。妊娠8~12周常致不全流产，堕胎后子宫内尚有胎盘组织残留，取母体子宫内膜活检能检出绒毛或朗汉斯细胞及合体细胞。违法流产有的宫内排出物多已被抛弃，如能找到则可根据其形态学判断胎龄，同时检测其血型和做DNA检查，判定亲权。妊娠第2周末的胚胎长7.5~10mm，所有器官原基均已发育。

2. 堕胎方式和方法的判断 堕胎方式和方法的判断，完全有赖于对母体的检查。用机械性暴力堕胎者，腹部和阴道、宫颈常有明显的损伤；用液体或药物注入子宫堕胎者，生殖道内常可检见残留的药液成分，必要时可取材做药物或毒物分析。

3. 违法流产的后果鉴定 非法堕胎可能给堕胎者造成多种不良后果，导致程度不同的损伤、残疾。根据活体检查结果，对照国家有关轻、重伤评定标准和伤残评定标准，即可做出鉴定结论。大多在子宫留有一些损伤或损伤并发症，依其程度不同可进行损伤程度评定，如留有不可恢复的损伤，则应评定其残疾程度。少数违法流产致死者，则应进行系统尸体解剖，查明死因、死亡与流产的关系。

孕妇的死亡可发生在堕胎当时（如神经反射性心搏骤停、重度羊水栓塞）、堕胎后不久（如脏器破裂致急性大出血、药物中毒、药物过敏性休克）或经过长短不定的间隔（如感染性败血症）等。

第3节 虐待婴幼儿
Section 3 Infant Abuse

一、杀婴
Infanticide

（一）概述

杀婴指采用暴力手段，杀害正在分娩过程中或出生后不久具有生活能力的新生儿使其死亡的行为。杀婴是暴力性死亡，不包括由于母体、胎儿或胎盘原因所发生的自然性死胎和死产，同样也不包括由于自然原因所引起的新生儿疾病死亡。

杀婴的原因多见于重男轻女杀害女婴，也有因系非法性关系后的私生子或因婴儿患有难以治愈的疾患以及其他原因（如产妇精神或心理疾病）而杀婴的。所采取的暴力手段以机械性窒息和机械性损伤多见。

（二）杀婴的种类与手段

杀婴的种类可分为积极（作为）杀婴和消极（不作为）杀婴两种。

1. 积极杀婴 是采用机械或化学等各种暴力手段使婴儿受到致命性伤害、剥夺其生命的行为。杀婴与故意杀害成人的手段大致相同，也是使用机械性损伤、机械性窒息与投毒等，其中最常见的要属机械性窒息致死，例如用脐带或绳索绕颈将婴儿勒死；将婴儿抛入水缸、粪桶或江河中溺死；用纸团、布团塞入婴儿口腔或用手捂闷其口鼻致窒息死或扼死等。

2. 消极杀婴 指故意对新生儿不作任何保护措施，让其冻死、饿死；或断脐后不结扎，撕断脐带使婴儿流血死亡；或不清洗呼吸道黏液等让新生儿不能继续生存而死亡。由于婴幼儿对外界环境的抵抗能力甚差，一旦父母或他人不给予适当的保暖、喂奶及护理，会很快死亡。但是必须有充分证据能证明新生儿的母亲不是由于无知，而是由于其故意的行为导致的新生儿死亡，才可认定其为消极杀婴。

（三）杀婴与其他新生儿死亡的鉴别

在处理新生儿死亡案件时，常要求法医区分是杀婴还是因疾病或其他意外事故导致的非暴力死亡。

1. 杀婴与新生儿意外灾害死亡的鉴别 新生儿意外灾害死亡指由于疏忽大意造成的死亡。如母亲在睡眠时给新生儿喂奶，可因乳房堵住口鼻部窒息死亡；或大人熟睡中将手臂、大腿压在新生儿的胸腹部窒息死亡；或新生儿母亲由于太年轻、疾病或智力缺陷等原因，不懂护理新生儿，又无人帮助时。这类情况下的新生儿意外灾害死亡有时不容易与上述消极杀婴相鉴别，须结合母亲的具体情况综合考虑。

2. 杀婴与新生儿自然性死亡的鉴别 分娩障碍导致的新生儿死亡多见于未发育成熟的早产儿（preterm infant），或严重畸形儿，因缺乏生存能力或新生儿疾病而在分娩后不久自然死亡，或由于各种原因引起的胎儿宫内窘迫导致宫内羊水吸入窒息或胎粪吸入性肺炎等。此时多被怀疑为医疗过失而引起医疗纠纷。

3. 杀婴与分娩障碍导致的新生儿死亡的鉴别 可由于产前检查未做又头盆不称或分娩时处置不当等原因，引起出生时胎儿头部遭受强烈的压迫，发生颅骨骨折、颅内出血、小脑幕撕裂或羊水大量吸入死亡等。这类死亡有时易与杀婴相混淆，故应注意鉴别。

4. 杀婴与死产的鉴别 妊娠28周以后，在完全从其母体排出后不能呼吸或未显示任何生命征象者，称为死产。死产时胎儿的死亡发生在分娩过程中，或者在分娩前不久。死产绝大多数是由于疾病等自然原因，如子宫收缩过强、胎儿宫内缺氧窒息、产程延长、胎儿颅脑损伤、胎儿失血、胎儿呼吸道堵塞、药物应用不当等；偶尔也可见于某些外因的作用，如临产期的产妇腹部受到较重的外伤，包括足踢、拳击、棒打、车祸、坠落或摔跌，都可能导致胎盘早剥，甚至子宫破裂，从而引起死产。因分娩过程中胎儿死亡，往往会引起医疗纠纷，法医鉴定中主要解决的问题是死产的原因。包括详阅分娩过程的全部病历资料、对死产儿做全面尸检、仔细检查胎盘及脐带等。

二、虐待儿童综合征
Child Abuse Syndrome

父母或儿童的其他监护人（guardian），经常故意对儿童施以暴力或精神上的摧残，造成儿童生理上和心理上的伤害，甚至死亡，称虐待儿童（child abuse）。儿童因为长期受虐待而出现的身体和心理精神伤害的系列表现，被称为虐待儿童综合征（child abuse syndrome）。虐待儿童综合征是一个正越来越受到重视的世界性的问题。

（一）概述

虐待儿童长期以来是人类社会普遍存在的现象，对儿童虐待进行系统科学的研究已有近50年的历史，公众对其也有了普遍的认识，并进行了干预，其中立法是最重要的干预措施。如美国、荷兰等国建立了儿童虐待登记报告制度，1974年美国颁布了世界上第一部针对虐待儿童制定的法律《虐待儿童治疗和预防方案》，日本在《儿童福利》和《民法》中列有保护儿童免于虐待的内容。1991年我国制定了《中华人民共和国未成年人保护法》，为维持儿童或未成年人的合法权益，保护他们的身心健康提供了法律保障。

虐待儿童多见于欧美等国家，据统计，美国婴幼儿急诊中10%是虐待伤。每年至少2000例儿童因虐待死亡。近年来，因儿童被虐待致伤、致残、致死的案例，在我国各地均有不少报道。虐待儿童大多数发生在3岁以下，尤以女童、弱智儿童、残疾儿童和再婚夫妇的非己生儿童多见。

儿童被虐待原因多种多样，如家庭贫困或父母离异，由于其父母性格或心理异常；粗暴教育方法；由于儿童某些生理缺陷，如弱智、残疾，被父母视为负担而遭受虐待；对女童的歧视。

(二) 虐待儿童综合征的特征性身体损伤

因虐待手段及致伤方式不同，表现有各种类型的身体损伤，多数为反复发生的非致命性损伤，10%的损伤将会最终导致死亡，是反复损伤积累的结果。虐待一般不使用工具，大多只是利用手足致伤。它不同于一般意义上的谋杀，谋杀往往是单次暴力作用的结果，而且多使用某种工具为致伤物。

1. 皮肤黏膜软组织损伤

(1) 头面部损伤：表现为头皮血肿，头皮裂伤，面部青紫肿胀，尤以眼眶部位明显，眶周皮下出血、肿胀。掌击面部可致外伤性鼓膜穿孔，感染后可并发外伤性中耳炎。口腔、唇部黏膜损伤，挫裂伤，牙齿脱落、冠折，牙龈撕裂等。

(2) 四肢关节损伤：表现为关节处附近的挫伤，尤其是类圆形的挫伤或已有颜色改变的陈旧性挫伤，往往可怀疑是反复虐待的结果，对判断虐待儿童尤有意义。针刺者在其四肢、肩背部、手掌、足底可见针眼，也有将针遗留于皮内或腹腔者。

(3) 咬伤 (bite mark)：多见于儿童的面颊部，也可见于肩、腹、四肢及臀部，常为多发且新旧不等，可有重叠，常是女性虐待所致。

(4) 烧灼伤：用烟头烧灼者多见于四肢，局部呈大小与烟头相似的圆形皮肤烧伤，表现为红斑、水疱，组织坏死并发感染，痊愈后局部遗留瘢痕。此外，开水、熨斗等烫伤、烧伤也不少见。

2. 骨关节损伤 骨关节损伤是虐待性损伤的重要征象，尤其当新旧骨折同时存在时，更有价值。

(1) 管状骨：常为长骨干螺旋形或横形骨折，干骺端的角状撕脱骨折和"桶柄状"的横形骨片脱落，以及干骺端碎裂和骨骺移位等，常表现为多发性和新旧不一的骨折伴大量骨痂现象。此外骨膜下创伤出血时，可见广泛的骨膜反应。

(2) 脊椎：腰背部受到暴力或脊柱屈曲性创伤，可引起椎体前部损伤和椎间盘狭窄，甚至脊髓损伤。

(3) 肋骨：肋骨的骨折常见于肋骨的后侧靠近脊柱的部位，以双侧受累为多见，多因暴力直接作用于肋骨所致。多见于小龄儿童，其脊柱旁多发性骨痂在X线片上呈串珠状的特征性改变，被认为是成人用手挤压儿童胸部所致。如胸廓前后方向受压，可在腋中线处发生肋骨骨折，肋骨骨折可并发气胸 (pneumothorax)、纵隔皮下气肿。

(4) 关节：主要是关节脱位，上肢多于下肢，尤其是肘关节、肩关节。

3. 眼损伤眼损伤 见于约70%的被虐待儿童，多为拳击所致。表现为眶周青紫肿胀、眶骨骨折；严重者有眼内损伤，如玻璃体、视网膜，视神经出血而致视力障碍；另外，如受虐儿童的头部受到猛烈摇晃，产生的剪切力使软脑膜间的桥静脉局部破裂，导致视网膜静脉血压急剧升高，引起视网膜出血，常为双眼发生，因此，有人认为，双眼视网膜出血是受虐儿童遭受此种间接暴力伤害的特征。

4. 硬脑膜下出血 (subdural hemorrhage) 硬脑膜下出血是虐待儿童综合征最常见的损伤之一。被认为是虐待儿童死亡的重要原因，即使未死，也多遗留严重持久的神经系统功能性障碍。大多是暴力直接作用头部所致，重者可并发头皮外伤或颅骨骨折、脑挫伤、脑水肿和弥散性轴索损伤。还有一少部分是头颈部被反复剧烈摇晃，脑因惯性而移动及扭转，桥静脉破裂所引起的。此时，除了硬脑膜下血肿（subdural hematoma）之外，可以没有其他头部损伤，检查时应予以注意。国外有人称其为"摇晃综合征"。

5. 腹腔脏器损伤 腹腔脏器损伤较为常见，均为闭合性损伤。以肠、肠系膜和肝损伤（injuries of the liver）常见。肠破裂可引起腹膜炎，肠系膜损伤或肝破裂可致腹腔内出血，甚至急性失血性休克。脾破裂少见。

（三）虐待儿童的法医学鉴定

由于我国对家庭暴力（domestic violence）所导致的伤病开始重视还是不久以前的事，虐待儿童的伤病可能最先在临床医院就诊。接诊医师不要以为这些损伤看起来大多轻微而忽视，甚至不在病历上给予记录，而应想到是否有虐待儿童问题。如能确认是虐待儿童，应及时向有关部门反映。法医检查的对象可以是活体，也可能是怀疑虐待儿童的尸体。其检验目的是确定是否虐待儿童，并与其他类似情况鉴别。由于大多数虐待儿童的家长都会说只是偶然的意外受伤，所以最为重要的鉴别是偶然意外还是虐待儿童问题。

（1）鉴定时如有可能，应首先认真听取伤者的自诉，为了打消其对家长的恐惧心理和害怕情绪，最好能单独与之交谈，同时观察其精神心理状态。受虐儿多见于女童或有残疾的男童，多表现为营养不良、淡漠寡情、畏缩恐惧或不敢说话。

（2）全面、细致的身体外表检查无疑更为重要，尤其注意有无前述虐待儿童综合征的特征性身体损伤，如在机体隐蔽部位或多部位、多发性的新旧不一的皮肤挫伤、咬伤和烧灼伤（多为烟头烧伤）等损伤痕迹。

（3）对外表检查不能确认的活体伤者，还应进行眼科专科检查，有的还需做B超、X线片、CT等特殊检查，以判断内脏损伤情况。

（4）对怀疑因虐待而死亡的儿童尸体，除系统、全面的尸体解剖外，要重视案情的调查和对现场的勘查，以判断有无意外受伤的可能。

三、性虐待儿童
Childhood Sexual Abuse

性虐待儿童（childhood sexual abuse，CSA）指对处于依赖地位、发育期间未成熟的儿童，进行他（她）们不能理解、不能抵抗、违反社会公德或家庭伦理的性活动。任何年龄的儿童都有可能成为性虐待的牺牲者，最多见于年龄7～13岁者。近几年的报道，被虐待儿童的年龄有所下降，女孩比例明显大于男孩。性虐待的方式包括对生殖器或肛门的窥视、手淫、性交、口-生殖器接触、口-肛门接触、鸡奸等。受性虐待儿童身体损伤的临床表现主要是生殖器或肛门的损伤，以及由此引起的性传播疾病两个方面。女童外生殖器的损伤包括阴唇皮肤增厚、色素沉着、阴道口松弛或撕裂伤、出血、阴道分泌物增多、反复尿道感染。男童肛周损伤包括肛门括约肌松弛、反射性扩张。儿童的性传播疾病中，除了极少见的先天性感染外，一般一旦确诊可被认为是性虐待的诊断指标。如尿道、直肠或阴道的淋球菌、衣原体感染、尖锐湿疣、梅毒、滴虫病等都是性虐待所造成的结果。此外，不能忽视对受性虐待儿童的精神心理损伤。

法医学检查时，注意对年龄较小的儿童（小于7岁者），只需要仔细地视诊生殖器；对年龄较大的儿童（大于7岁者），可做相应的体格检查或妇科检查。某些体检表现可诊断为性虐待，如无正当理由证实为意外伤害的急性生殖器或肛门损伤、肛门处或阴道内发现精子或精液、感染淋病或尖锐湿疣、梅毒等。

法医物证检验
Forensic Physical Evidence Examination

第 1 节 法医物证概述
Section 1 Forensic Physical Evidence Overview

血痕（blood stain）、精斑（seminal stain）、唾液斑（saliva stain）、毛发（hair）、骨骼（ossature）均为生物物质，属法医物证范畴。法医物证指与案件有关的人体组织（human tissue）、体液（body fluid）、分泌物（secreta）、排泄物（excreta），是物证中的生物性部分。动物的血痕、毛、骨等与案件有关需要检验时，也属法医物证范围。

一、法医物证的发现
Discovery of Forensic Physical Evidence

凡是杀人、碎尸、强奸等案件都可能有法医物证检材（examination of physical evidence）。法医物证检材大部分是在现场勘查时发现的，也有在搜查犯罪嫌疑人或检查被害人时发现，有时当事人及其亲属也提供法医物证。大多数物证都分散、隐蔽于各处，没有固定的地方，我们要利用各种技术手段，细致、认真地寻找发现。

血痕多附着在物体表面，如现场的地面、墙壁、衣帽、被褥、凶器或人体头发间、指甲缝里，以及作案人来去的通道、门窗上或室外的砖石、草丛、树木上。有的犯罪嫌疑人为了掩盖罪行或转移视线，故意破坏现场，伪造或销毁物证，勘查人员必须全面、细致地反复检验，必要时可将地板、凶器或衣物等物品拆开检查，不要放过任何微小痕迹。

精斑多附着在衣裤、被褥、毛巾、纸张和草丛等处，也有附着在被害人腹壁、大腿内侧和阴毛上。因载体不同，形态各不相似，一般呈灰白色不规则斑痕或结痂状，触之有硬感。必要时，可用紫外线或多波段光源寻找。

毛发生长于身体表面，易受外力拔脱或自然脱落。在凶杀、抢劫、强奸等案件中，常有毛发遗留在现场，如地面、草丛、家具、被褥上；也见于死者的手中，衣裤上或身体表面；有时也黏附于凶器上。寻找毛发应在强光线斜照下进行，需认真观察、寻找才能发现。

唾液斑主要附着在香烟头上，果核、瓜子皮上，咬痕或水杯上缘等。唾液斑无色，用肉眼观察很难发现，因此，在现场上只能寻找可能附有唾液斑的载体。

二、法医物证检材的提取
Extract of Forensic Physical Evidence

提取检材前,应先摄影、绘图,测量、记录斑痕等可疑物证的位置、形态、大小及与周围物品的毗邻关系。对附有斑痕的小件物品可整件提取;笨重或不能移动的物体,根据附着物的性质,采取刮、擦、挖、锯、凿等方法提取,并尽可能少破坏载体。同时注意提取部分载体做空白对照检材;各种液体性生物检材,宜用干净纱布提取,在室温中自然晾干;现场上的新鲜血液应用滴管吸取,盛于试管内,尽快送检;提取尸体血液,以采集末梢血为宜,因心血易受细菌的污染;怀疑被强奸或强奸被杀的女性尸体,至少应取两个阴道拭子(vaginal swab)。提取过程中,忌用手直接触摸检材,只能用镊子或戴手套提取;详细记录检材提取的时间、地点、部位、数量、物主;现场提取物品时应征得事主同意,并开具收据,用后及时归还。

三、法医物证检材的包装
Preservation of Forensic Physical Evidence

生物检材的包装直接关系到检验结果的准确性,正确的包装能保证检材完好无损利于检验。不正确的包装有时能使很有价值的物证检材丧失检验条件,造成不可挽回的损失,甚至影响整个案件的侦破。因此,必须引起足够重视。

检材包装时应注意下列各点:①包装物必须清洁,无其他物质污染。②分别包装,不能互相混淆。③及时记录,贴好标签,注明标志。④防止腐败、变质可冰箱保存,不得加防腐剂;潮湿的检材,如不能尽快检验,应晾干后包装。

四、法医物证检材的送检
Sent of Forensic Physical Evidence

现场勘查或搜查中提取的生物检材,应当送专门实验室或上级机关专门实验室进行检验。送检时应注意以下各点:①取得检材后要尽快送检;②必须有相应的对照检材同时送检;③防止检材腐败变质应冻存,置于冰壶内送检;④参加案件侦查的法医为最适送检人,其他人送检时应详细了解案情,尤其是与提取物证检材有关的案情;⑤送检物证时,应填写委托鉴定登记表,写明委托单位、委托人、案情、检材件数、送检目的及鉴定书寄发单位与地址等。

五、法医物证检验的程序和要求
Procedure and Matters need Attention in Forensic Physical Evidence Examination

法医物证检验必须严格遵守有关法律规则,按照操作程序办理。

法医物证检材提取后,应根据侦查工作的需要及时检验。如本部门无条件检验,应及时送有关部门进行检验。

接受委托检验,应详细了解案情和勘查情况,再和送检人共同核实检材,并了解检验要求。如检材不足,应及时要求送检单位补充检材。

检验前要根据送检要求和物证的不同类型制订检验方案和步骤。一般先用肉眼直接观察、物理检验等不破坏检材的检验,然后再行物理学、化学检验或生物学检验。所耗检材一般不超过原检材的1/3,其余检材留待复核或再鉴定时使用。一个案件的检验需两个人参加。检验过程中如出现各种矛盾和疑难问题,应组织有关专家共同解决。

法医物证检验应按现行通用的方法或将要通过的标准化方法进行，在检材条件允许时应进行系统的检验。

检验过程中需及时、准确地记录结果，检验完毕和复核无误后要写出鉴定书，送交或寄发送检单位。关于剩余检材的处理，应在鉴定书的最后注明或另发公函说明。

第 2 节 血 痕
Section 2　Blood Stain

血是最重要的生物物证。在鉴定中除有新鲜的血液，更多的是血痕，如在凶杀、斗殴、抢劫、灾害事故等现场，致伤物、受害人与嫌疑人的衣物上常能发现血痕，因此，血痕检验具有重要的意义，可为案件调查提供线索，为审判提供依据。

血痕检验要解决以下问题：①送检检材是否为血；②是人血还是动物血，是何种动物血；③血痕的个人识别；④其他检验，如出血部位、出血时间及出血量的推断等。

血痕检验一般遵循以下步骤：①肉眼检查；②预试验；③确证试验；④种属鉴定；⑤遗传标记测定；⑥性别鉴定；⑦其他，如出血部位、出血时间、出血量等的推断（图 10-1）。

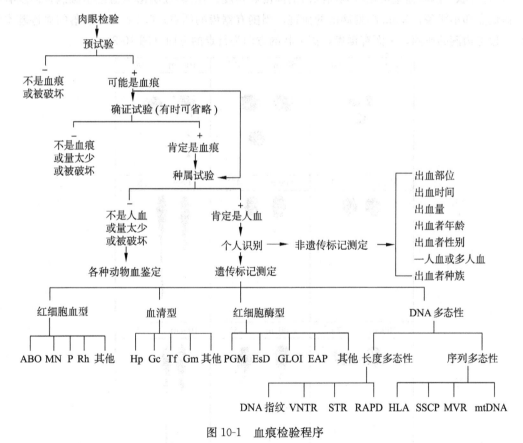

图 10-1　血痕检验程序

一、血痕的肉眼检查
Macrography of Blood Stain

肉眼检查是血痕检验的第一步，观察的内容为血痕存在的部位、颜色、数量、形态及范围等，借以推测案件的性质、发案时间、案件发生的过程、被害人与加害人双方的搏斗情况、尸体被移动情况、加害方式以及加害人的行踪等，帮助调查人员重构案件的发生过程，为案件的侦破提供线索。无论是现场上发现血痕还是送检均要作详细的记录、绘图、照相等，以便备案。

（一）血痕的部位

血痕的部位指血痕存在于现场的哪一位置及载体的什么部位。血痕存在的部位是多种多样的，应根据案情分析对可能留有血痕的部位进行仔细的查找。

（二）血痕的颜色

新鲜的血液呈鲜红色，干燥后因形成正铁血红蛋白而呈暗红色，有光泽。随后正铁血红蛋白逐渐变成正铁血红素，血痕逐渐呈暗褐色、褐色、灰色。在一定条件下血痕颜色能反应血痕形成的时间。

许多物质的颜色，如油漆、颜料、酱料、铁锈、泥土等和血痕颜色很相似，也可在衣物上染成暗褐色斑迹，易与血痕相混淆。对疑似血痕的物质也要提取，待实验证实或排除。

（三）血痕的形状

不同情况下形成的血痕的形状各有差异，研究血痕形状有助于对有关案情进行分析。血痕的形状与出血者的体位、行走方向及出血部位有关。

1. 滴落状 滴状血迹可据以判断滴落的高度和角度。1m高处滴落的血迹呈圆滴，周围有喷溅小血痕点和小线条；0.5m高处滴落的血迹，周围有锯齿的圆点；0.1m高处滴落的血迹基本呈圆形；边走边滴的血滴，一面有锯齿，锯齿状的方向为行走的方向（图10-2）。

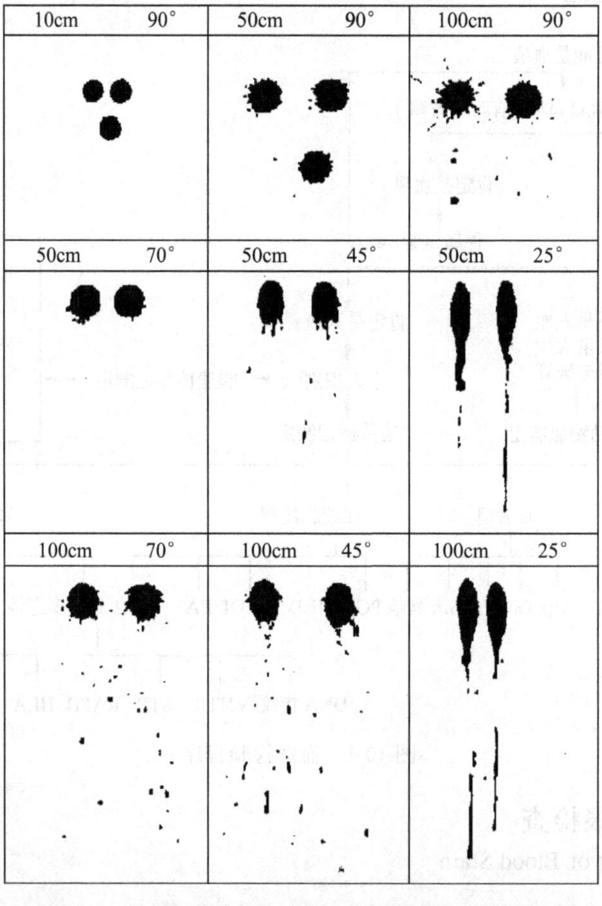

图10-2 血液从不同角度与不同高度滴落形成的形状

2. 流柱状 流柱状血迹是由于机体受伤后，血液沿支持物（床栏、墙壁、身体等）从高位向低位流淌时形成。流柱状血迹可帮助分析受伤时的体位，当血滴落在某物体上，再从高往低流淌，均形成下端血滞留变粗线球形的流柱，尸体上的流注状血迹可表明受伤时的体位。

3. 喷溅状 喷溅血常提示伤及动脉，血从动脉喷射出。从动脉喷出的血迹形状似惊叹号，其尖端指向喷溅方向，血滴大小较均匀、密集。重复或大力打击受伤部位，血液可因凶器的撞击而溅出；挥动沾有血液的凶器，血滴溅落在物体上也呈喷溅状，但这两种情况喷溅的血滴大小不等，形状不一，比较分散。

4. 擦拭状 染血物体与其他物体平面摩擦，可形成面积较大，浓淡不一，境界不清，有时呈平行条状的擦拭血痕。如受伤死亡后的尸体被拖拉都可形成大面积擦拭状血痕。

5. 血印痕 染血物体与其他物体垂直接触而形成血印痕，其形状可因染血物接触面不同而异。凶手手指沾染血液可在门框、门把手、凶器柄上形成血手印；鞋上沾血可形成血鞋印；凶器上沾血抛于别处（如衣服、地面、家具等）可形成凶器印；移尸时有时可见到血的头印痕、臀印痕或四肢印痕等。

6. 血泊 大量血液汇集形成血泊，血泊处表明受伤出血后曾在此处停留一定时间。常见于现场尸体躺卧处，也见于移尸过程停留处。根据血泊大小可估计出血量。

另外，现场上有时还见到一些特殊形状的血，对于分析案情具有特殊的意义。

二、血痕的预试验
Preliminary Test of Blood Stain

血痕预试验又叫筛选试验，目的是对现场收集来的可疑血痕进行筛选，留下可能是血痕的部分作进一步检验。血痕预试验的方法有联苯胺试验（benzidine test）、四甲基联苯胺试验（tetramethyl benzidine test）、酚酞试验（phenolphthalein test）、氨基比林试验（aminopyrine test）、无色孔雀绿试验（leucomalachite green test）、血卟啉试验（hematoporphyrin test）、鲁米诺试验（luminol test）等。

（一）联苯胺试验（benzidine test）

根据血红蛋白或正铁血红素的过氧化物酶活性能使过氧化氢释放出新生态氧，将无色联苯胺氧化成蓝色的联苯胺蓝的原理，用滤纸擦拭检材或剪取少量斑迹（肉眼可见即可，置于干净滤纸上），依次加入冰醋酸、联苯胺无水乙醇饱和液、3％过氧化氢各1滴，立即出现翠蓝色的为阳性反应，表明检材可能是血；不变色为阴性，表明检材不是血或已变质。

本试验灵敏度极高，稀释50万倍的血痕仍呈阳性反应，故在试验时应避免各种污染。

预试验试剂对血痕有较大破坏作用，经过预试验的血痕不能再作血痕的其他试验，故不能将试剂直接加在有斑迹的检材上。

（二）四甲基联苯胺试验（tetramethyl benzidine test）

四甲基联苯胺试验的原理基本同联苯胺试验，不具有致癌作用，其灵敏度接近于联苯胺，可达10万倍以上。因此，是目前替代联苯胺试验较理想的方法。

其他试验因灵敏度低于联苯胺试验，目前各法医物证实验室已较少应用，在此不作介绍。

三、血痕的确证试验
Conclusive Test of Blood Stain

确证试验是对预试验阳性的检材进一步确证是否是血痕。一般通过检验血痕中的血红蛋白及其衍生物来确定,阳性反应可以认定是血痕。但由于试验的灵敏度较低,微量血痕不易检出。血痕条件较差,受污染、日晒、雨淋、腐败等影响也难以检出。因此,阴性反应并不能排除血痕。确证试验的主要方法有以下几种。

1. 血色原结晶试验(hemochromogen crystal test) 血红蛋白在碱性溶液中分解为正铁血红素和变性珠蛋白,正铁血红素在还原剂的作用下还原成血红素,血红素与变性珠蛋白及其他含氮化合物结合,生成在显微镜下可见的樱红色针状、菊花状等血色原结晶即为阳性,否则为阴性。

2. 氯化血红素结晶试验(teichmann crystal test) 原理、方法基本同血色原结晶试验,只是试剂和结晶形态不同,不再详述。

3. 显微分光镜检查(micro spectroscope test) 血红蛋白及其衍生物对光线具有很强的选择性吸收特性,在分光镜下检查是否有特定的吸收光谱,就可确定是否是血痕。这种方法简单、灵敏、可靠。

四、血痕的种属试验
Species Test of Blood Stain

当可疑斑迹经确定为血痕后,需进行种属试验,进一步确定血痕是人血痕还是动物血痕,必要时还需鉴定是何种动物血痕。

种属试验的方法较多,主要有免疫学方法、生物化学方法、分子生物学方法等,但一般实验室主要是应用免疫法。下面介绍几种目前较为常用的方法。

(一)环状沉淀试验(ring precipitation test)

环状沉淀试验是经典的血痕种属试验方法之一,因其操作方法简便、可靠,不需贵重仪器,至今仍广泛应用。

沉淀环试验的基本原理是用抗人血红蛋白(抗人血红素)血清与其对应的血痕中可溶性抗原发生特异性的抗原抗体反应,形成大分子抗原抗体复合物,呈肉眼可见的乳白色沉淀物。本试验在沉降管中进行,在抗原抗体两液接触面出现白色沉淀环的,为阳性反应,表明检材是人血;不出现白色沉淀环的为阴性反应,表明检材不是人血。

(二)琼脂糖凝胶扩散试验(agarose gel diffusion test)

可溶性抗原和抗体在半固体状态琼脂糖凝胶介质内进行扩散并相遇,在相遇处形成特异性复合物而出现白色沉淀线者为阳性反应。本试验方法简便、灵敏度高,所用检材微量,不需进行特殊处理。

(三)酶联免疫吸附试验(enzyme linked immunosorbent assay,ELISA)

酶联免疫吸附试验是一种固相酶免疫分析法,通常以聚苯乙烯为固相载体,将抗原或抗体耦合到固相载体上,使免疫反应在载体上进行,然后借助标记抗体上的酶活性显色或测其含量进行结果的判定。常用的酶联免疫吸附试验有标记第一抗体的直接法,标记第二抗体的间接法,双抗体夹心法及在第二抗体上结合生物素与亲和素的 ABC 法。

(四)酶联免疫斑点法(enzyme-linked immune spot assay,ELI SPOT)

其基本原理是将已知抗体吸附于固相载体硝酸纤维膜上(称为包被抗体),再加待检抗原,使其与包被抗体结合吸附于硝酸纤维膜上,洗去未结合的抗原,再加酶标抗体,使其与已结合在包被抗体的被检抗原结合,水洗除去未结合的酶标抗体,加入相应酶的底物显色,根据颜色反应,判定被检抗原的存在。

该方法省时、灵敏、特异性好,实验结果可以保存,以试剂盒的形式得到较广泛使用。

(五)金标记分析试验法

带负电荷的疏水性胶体金可与检材中的抗原蛋白质结合,形成带颜色的胶体金-蛋白质复合物,该复合物在层析膜上展开至已加入特异性抗体的部位,抗原抗体相结合并停下来在膜上形成一条紫红色的区带。如样品中不含抗原蛋白质,则这条区带不能形成。金标技术灵敏度高,特异性好,使用已制备好的金标记板操作方便,只需将检材浸出液滴加在加样孔内,5分钟内即可判定结果,尤其适合现场操作。

(六)其他种属试验方法

对流免疫电泳法(counter immune electrophoresis)、等电聚焦法(isoelectric focusing,IEF)、核素标记分析试验法等也应用于血痕的种属试验。

五、血痕的血型检验
Grouping of Blood Stain

确证人血痕后,便可进行血型测定,以作个人识别。

血型是人类血液中由遗传控制的个体特征之一,狭义的血型指红细胞表面抗原的类型,即红细胞血型;广义的血型则包括白细胞抗原、血清蛋白和各种酶蛋白的类型,即白细胞血型、血小板型、血清型和酶型等,其终生不变的特征是进行个人识别的依据。每一种标记根据其基因分布频率的不同而具有或高或低的识别能力,并且对一份样品检验的标记系统越多,累积识别能力越高。在实际应用中要首选分型明确、在较复杂的外部环境中能较稳定存在、检验方法标准化并具有很好的识别能力的系统。

新鲜血液的血型检验较血痕容易得多,但在刑事案件中,所遇到的多是血痕,其中较新鲜或仍潮湿者,可立即用盐水浸出,按新鲜血液的血型测定法去检验。但大部分检材中的血痕是干燥、陈旧或受到一定程度污染的血痕,许多血型物质已破坏,新鲜血液能检出的血型,在血痕中往往难以检出。血痕越陈旧,能检出的血型越少。检出血型的多少,也与血痕量有关。目前新技术的不断建立和应用,使血痕的血型鉴定项目不断增加,个人识别能力也有了大幅度提高。

(一)ABO 血型(ABO blood group)的测定

ABO 血型抗原性强、稳定,对高温有一定耐受性,是血痕个人识别的首选检测项目。血液 ABO 血型测定可直接用待测血的红细胞或血清与已知型别的标准血清或红细胞反应,观察红细胞凝集反应而判定血型的类型。用抗 A 与抗 B 两种血清来鉴别受检者红细胞膜上的抗原,称凝集原检出法;用已知 A 型与 B 型红细胞来鉴别受检者血清中的抗体,称凝集素检出法(表10-1)。

表 10-1 根据凝集素法判定 ABO 血型

加 A 红细胞	加 B 红细胞	加 O 红细胞	检出凝集素血	血型判定
+	−	−	抗 A	B 型
−	+	−	抗 B	A 型
+	+	−	抗 A、抗 B	O 型
−	−	−	无	AB 型

由于凝集素不稳定,陈旧血痕凝集素破坏测不出来,只能测 ABH 凝集原。常用的方法有吸收试验、解离试验、混合凝集试验。

1. 吸收试验(absorption test) 吸收试验又称凝集抑制试验,是检验血痕血型的一种传统经典方法,其优点是准确性较高,操作简便,不需特殊设备且能检出抗原量的差异,其缺点是检材用量较大，试验时间较长，不适合微量血痕的检验。

原理：被检血痕中的 A、B、H 抗原能与相应的抗 A、抗 B、抗 H 抗体发生特异性反应，使血清中的游离抗体减少（效价降低）乃至消失，不再与相应的 A、B、O 型指示红细胞发生凝集反应或凝集反应明显减弱。根据抗血清与血痕反应前后效价改变的情况，判定血痕中凝集原的类型。实验证明，一般血痕中凝集原的效价为 16~32，故所用抗血清效价也应调整为 16~32。以抗血清稀释 1 倍为 1 级，吸收后的抗血清效价下降 3 级为吸收试验阳性反应。其实验原理见图 10-3，操作步骤和结果判断见表 10-2。

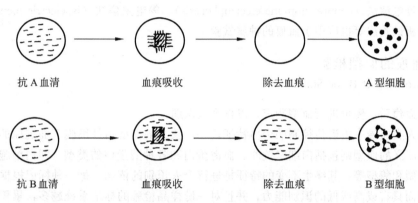

图 10-3　吸收试验

表 10-2　吸收试验测定血痕的 ABO 血型

	抗血清稀释倍数			血型判定
	抗 A＋A 红细胞	抗 B＋B 红细胞	抗 H＋O 红细胞	
	2　4　8　16　32　64	2　4　8　16　32　64	2　4　8　16　32　64	
未吸收的抗血清	＋　＋　＋　＋　＋　－	＋　＋　＋　＋　＋　－	＋　＋　＋　＋　＋　－	
A 血痕	－　－　－　－　－　－	＋　＋　＋　＋　＋　－	＋　－　－　－　－　－	对照
B 血痕	＋　＋　＋　＋　＋　－	－　－　－　－　－　－	＋　－　－　－　－　－	正确
O 血痕	＋　＋　＋　－　－　－	＋　＋　＋　－　－　－	－　－　－　－　－　－	
检材 1 无血部位	＋　＋　＋　＋　＋　－	＋　＋　＋　＋　＋　－	＋　＋　＋　＋　＋　－	O 型
有血部位	＋　＋　＋　－　－　－	＋　＋　＋　－　－　－	－　－　－　－　－　－	
检材 2 无血部位	＋　＋　＋　＋　＋　－	＋　＋　＋　＋　＋　－	＋　＋　＋　＋　＋　－	A 型
有血部位	－　－　－　－　－　－	＋　＋　＋　－　－　－	－　－　－　－　－　－	
检材 3 无血部位	＋　＋　＋　＋　＋　－	＋　＋　＋　＋　＋　－	＋　＋　＋　＋　＋　－	
有血部位	＋　＋　＋　－　－　－	－　－　－　－　－　－	－　－　－　－　－　－	B 型
检材 4 无血部位	＋　＋　＋　＋　＋　－	＋　＋　＋　＋　＋　－	＋　＋　＋　＋　＋　－	AB 型
有血部位	－　－　－　－　－　－	－　－　－　－　－　－	－　－　－　－　－　－	

2. 解离试验（elution test）　又称吸附-洗脱-解离试验。此方法操作简便，快速、准确，使用检材微量，可重复检验，适用于微量血痕的血型测定，已为我国法医界广泛应用。

原理：血痕中的 A、B、H 抗原，在一定条件下能特异地与抗血清中相应的抗体结合，形成抗原抗体复合物，56℃加热，解离下来的抗体与相应的指示红细胞发生凝集反应，以此判断被检样品中有无相应抗原存在，以确定血痕的 ABO 血型。解离实验原理见图 10-4，解离实验结果判断见表 10-3。

图 10-4 解离试验

解离试验的方法有试管法、玻片法、凹玻板法,目前广泛应用的方法为蛋清粘片法。ABO 血型结果判断见表 10-3。

表 10-3 解离试验血痕的 ABO 血型判断

	已知血痕			检材 1		检材 2		检材 3		检材 4	
	A 血痕	B 血痕	O 血痕	无血部位	有血部位	无血部位	有血部位	无血部位	有血部位	无血部位	有血部位
抗 A+A 红细胞	+	−	−	−	−	−	+	−	−	−	+
抗 B+B 红细胞	−	+	−	−	−	−	−	−	+	−	+
抗 H+O 红细胞	+	+	+	−	+	−	+	−	+	−	+
血型判定	对照正确			O 型		A 型		B 型		AB 型	

3. 混合凝集试验(mixed agglutination test) 又称型的双重合反应,其反应原理同解离法,只是检材(抗原)加入抗体后形成的复合物不进行解离,而直接加入指示红细胞,形成抗原-抗体-指示细胞三结合复合物,显微镜下观察,指示细胞黏附于血痕上为阳性反应,反之为阴性。该方法具有灵敏度高、结果准确、操作简便、节省时间的优点,但要求抗体效价高,亲和力强,操作技术严格。混合凝集试验的原理见图 10-5。

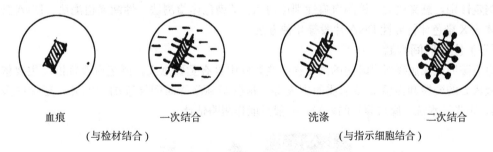

图 10-5 混合凝集试验

ABO 血型凝集原的检测尚有另外一些方法,如斑点 ELISA 法、荧光抗体法等。许多研究证实,动物血以及植物、细菌含有类 A、B 型物质,动物血及细菌污染的血痕,由于类人 A、B 物质的干扰,会影响人血型检测结果。应用特异性好的单克隆抗 A、抗 B、抗 H 抗体,代替常规的人血清抗体检验,可排除类人 A、B 物质干扰,得出理想的人血痕血型检验结果。

(二)血痕的 MN 血型测定

MN 血型抗原是位于红细胞膜上的一种非水溶性的糖蛋白,虽较 ABO 血型抗原弱,但对热及干燥也有相当抵抗力(100℃加热或经过 6 个月的血痕仍可检出),因此它也是血痕检验中的一个重要血型系统。正常人血清一般无抗 M、抗 N 抗体,故 MN 血型的鉴定只能检查 MN 抗原。由于 MN 抗原量少,与抗体的反应弱,检测血痕 MN 血型一般需要较多的检材,故应用受到限制。

检测血痕 MN 型的方法与 ABO 血型测定基本相同，有吸收试验、解离试验等。

(三) 血痕 Gm 型测定

Gm 是免疫球蛋白 IgG 上的遗传标记，亦称因子。血清中能使抗 D 致敏红细胞凝集的因子称为 Gm（-）；而具有抑制凝集作用的因子称为 Gm（+）。Gm 抗原具有高度的稳定性，在血痕中的浓度较高，检验 Gm 型所需要的血痕量极少，因此，血痕 Gm 型检测的优越性是显而易见的。Gm 系统具有很高的个体识别能力，Gm 抗原的高度稳定性及其检测的高灵敏度，使得这一血型系统受到法医界的关注。

(四) 血痕的其他血型测定

血痕还可测定其他血型，如红细胞血型的 Rh 血型、P 血型、Lewis 血型等，血清蛋白型的 Hp、Km、Gc 型等，红细胞酶型的 PGM1、EsD、GLOI 等。

六、血痕的其他检验
Other Tests of Blood Stain

(一) 出血部位的测定

在血痕检验中，判定出血部位有时有重要意义。根据血痕中含有的人体组织细胞可判断出血部位，如血痕中混有食物残渣、胃黏膜上皮可能是胃出血；若发现血痕中有鼻毛、纤毛柱状上皮细胞，可能是鼻出血；血痕中查见口腔脱落上皮及淀粉酶可能是口腔出血；血中有呼吸道黏膜上皮、结核杆菌可能是肺结核病咯血；血痕中有阴道脱落上皮、阴道滴虫等，可能是阴道出血；血痕中有子宫内膜上皮及较多的纤溶酶和纤维蛋白降解产物，可能为月经血。检验方法可利用血痕盐水浸液残渣涂片作 HE 染色镜检，也可应用膨胀剂，使血痕中干燥的血细胞及其他细胞恢复原状，然后镜检。

(二) 血痕的性别检验

测定血痕性别也是血痕个人识别的手段之一。如作案人与被害人性别不同，而血型相同时，若能测定性别，意义更大。检测血痕性别可用 X、Y 染色体检测法，性激素检测法，DNA 分析 Y 染色体或 X 染色体特异性 DNA 片段等几种方法。

(三) 出血时间判断

血痕陈旧度或血痕形成时间的测定在某些案件中具有重要意义。测定血痕陈旧度主要依靠各种血液成分的变性和血清氯渗基质的宽度等，这些指标除受时间推移的影响外，还受许多因素（如热、阳光、水洗、腐败等）的影响，一般只能作粗略估计。

第 3 节 精 斑
Section 3　Seminal Stain

精液及精斑是仅次于血痕的常见的物证，民事和刑事案件中都经常遇到。亲子鉴定、离婚等案件有时需做精液检查，强奸或猥亵行为需检验精斑。

对疑为精斑的检材需解决下列问题：可疑斑痕是否为精斑？若是人精斑其血型是什么？检验步骤是预试验、确证试验、精斑的个人识别。

一、精液的组成及理化性质
Component and Physicochemical Properties of Semen

精液由精子等固体成分及精浆组成。固体成分除大量精子外，还有睾丸细胞、白细胞、脱落柱状上皮细胞、前列腺卵磷脂小体、各种形状的精胺结晶、色素颗粒、脂肪球等。精浆主要由精囊液、前列腺液、尿道球腺液、尿道旁腺液等组成，精浆还含有很多蛋白、酶、游离氨基酸、糖类、胺类、血型抗原、无机盐类和其他因子。

精液为乳白色浑浊的黏稠液体，有特殊的腥臭味，呈弱碱性，pH值7.2~8.9，比重1.021~1.040。

正常男性一次射精量为2.5~5ml，1ml精液中有精子1亿~1.5亿个，一次射精排出的精子总数为4亿~6亿个。

正常精子分头、体、尾3部分，长50~60μm，外形似蝌蚪。头部正面观呈卵圆形，侧面观呈扁平形，主要由致密的精子细胞核和顶体组成，长3~5μm，宽2~3μm，厚1~2μm。颈部呈圆柱形，长约6μm，内有中心原纤维及轴丝通过，外包有胞鞘。尾部细长而弯曲，长达40~50μm。HE染色，精子核呈蓝色，头前半部不着色或浅染，尾部呈红色。

二、精斑的肉眼检验
Macrography of Seminal Stain

肉眼检验的目的是发现可疑精斑。对送检的可疑精斑应首先仔细观察，注意精斑附着的部位、形状、颜色、数量等，以便准确取材，提高检出阳性率。

检查精斑时，需记录斑痕的数目、位置、形状、大小、颜色等，并依次编号。

三、精斑的预试验
Preliminary Test of Seminal Stain

精斑预试验是一种指向性试验，其目的是筛选可疑精斑。预试验方法都比较简单、灵敏度高，预试验阳性结果仅提示斑痕可能是精斑。常用的预试验方法有以下几种。

（一）紫外线检查

精斑在紫外线光照射下呈现银白色荧光，斑痕边缘呈紫蓝色，可为肉眼观察不明显时指示出所在的部位及范围。精斑过于陈旧或淡薄，或受其他物质污染，也可无荧光发生，故阴性结果不能轻易否定精斑。阴道分泌物、尿液、鼻涕、植物汁液、含荧光素的各种载体等在紫外线下也能发出与精斑类似的荧光，故紫外线检查阳性结果仅提示斑痕可能是精斑，必须进一步检查。

（二）酸性磷酸酶（acid phosphatase，ACP）检验

精液中含有大量酸性磷酸酶，每毫升540~4000U，较其他体液、分泌液及脏器中高100倍以上，精斑中酸性磷酸酶相对稳定，对腐败及高热有较强的抵抗力。检验酸性磷酸酶的方法很多，常用磷酸苯二钠试验（King-King test）。磷酸苯二钠试验的原理为酸性磷酸酶可分解磷酸苯二钠，产生萘酚，后者经铁氰化钾作用与氨基安替比林结合，产生红色醌类化合物。

酸性磷酸酶检验灵敏度很高，稀释2万倍的精液或含有少量酸性磷酸酶的物质均可呈阳性反应，被水洗过的淡薄精斑仍可呈阳性反应，10余年的陈旧精斑也可被检出。本试验对精斑特异性较差，所以弱阳性反应必须排除是其他物质的可能。

（三）碘化钾结晶试验（florence test）

精斑中的卵磷脂逐步分解析出胆碱，胆碱遇碘试剂可形成过碘胆碱结晶，显微镜下可观察到黄褐色针状或棱状结晶。

（四）锌离子检出法

在绝大多数哺乳类的各种组织液和体液中，人精液中的含锌量最高，每克干燥精斑中含锌量约1.998mg。精液中的锌主要来源于前列腺。可利用锌的检出以证明精斑的存在，本方法可检出

室温存放 25 年的精斑。

精斑中锌的检验方法很多，常用的方法有 PAN 法和双硫腙法，阳性反应均呈粉红色。锌离子检出法对精斑特异性、灵敏度较高，对被锌污染的检材不适用。本方法检验时，需同时做已知精斑、空白检材对照试验。

四、精斑的确证试验
Conclusive Test of Seminal Stain

精斑确证试验是检验精液中的特有成分，其阳性结果可以确证精斑。精斑确证试验方法很多，常用的方法有 3 类：精子检出、免疫学检验及生物化学检验。

（一）精子检出法

检出精子是认定精斑最简便、最可靠的方法。精子具有典型的形态，如果在显微镜下检见精子，便可确定为精斑。精液中的精子是相当稳定的，陈旧精斑也能查见精子，最长可达 10 多年。因为精子无色，头部有折光，尾部很细且易断离，在精子数量少时，有时也难以根据少数不完整精子确证精斑。因此，在实际工作中，通过选择合适浓度的浸液及适当的染色方法，可提高精子的检出率。

精子检出的染色方法很多，通常选用酸性复红亚甲蓝染色和苏木素、伊红染色法。前法将精子头部染成红色，尾部呈紫蓝色，头部镜下可见折光区。后法将精子头后半部染成蓝色，前半部则淡染，尾部呈红色。

由于存在无精子精斑，故精子检出阴性结果亦不能否定精斑存在，需结合其他方法检验以确定是否有精斑存在。

（二）免疫学试验 (immunologic tests)

精斑的免疫学检验法是根据血清学抗原抗体反应原理设计的，制备各种抗人精液特殊成分的抗血清，检测可疑精斑中相应抗原，以确定人精斑。抗血清的特异性及效价直接影响实验结果的准确性和灵敏度。免疫学试验特别适用确证输精管结扎术和精子缺乏患者的精斑。

1. 抗人精血清沉淀试验 用特异性抗人精液血清与可疑精斑检材浸液在沉降管中重叠，出现白色沉淀线为阳性反应，证明检材含有人精斑。实验同时应设置已知精斑及检材空白对照。

抗人精液血清与检材浸出液作环状沉淀反应、琼脂双扩散试验、对流免疫电泳、金标记检测技术，均用于鉴别待测检材是否人精斑，具体操作同血痕种属鉴定。

2. P30 检测试验 精浆特异性蛋白 P30 是人精浆特异抗原成分，是由前列腺细胞分泌的糖蛋白，相对分子质量为 30kD，故称其为 P30。P30 抗原性较强、性质稳定。用从多人份混合精液中分离纯化出的 P30 抗原免疫动物，获得抗 P30 血清，也可制备出抗 P30 单克隆抗体，均具有良好的种属特异性和器官特异性，与人体的其他体液无交叉反应，无精子精斑亦呈阳性反应。

用抗 P30 抗体检测精斑中的 P30 抗原，常用的方法是斑点酶联免疫试验法，操作简便，结果可长期保存。

（三）生物化学检验法

主要检测一些在精液中含量高、活性强、有特征性的酶。确定人精斑的生物化学方法一般是采用电泳法对人精液或精子的某些特有的同工酶（如乳酸脱氢酶-X、亮氨酸肽酶等）进行检验以确定精斑的存在。

五、精斑的血型检测
Blood Typing Test of Seminal Stain

(一) ABO 血型检测

ABH 血型物质是体液、分泌液中的糖蛋白。分泌型精液中的 ABH 血型物质含量远比红细胞中多，且耐热，常用中和试验、解离试验、混合凝集试验等方法检测；非分泌型精斑血型物质含量少，需用灵敏的解离试验、ELISA 法检测。

1. 中和试验　精斑中的水溶性 A、B、H 物质能特异地与相应的抗体结合，使抗体与指示红细胞的凝集反应能力降低或完全消失，红细胞不凝集为中和试验阳性反应，证明精斑中含有与抗体相对应的抗原。精斑检材分别与抗 A、抗 B、抗 H 中和试验，综合三者反应结果，判定为分泌型精斑的 ABO 血型。

做中和试验时，检材浸出液要做多级倍量稀释，从凝集抑制的级数推测所含各种血型物质的量，判定分泌型强弱，并能准确区分分泌型和非分泌型；做中和试验时，抗血清效价一定要标化，以 1∶4 或 1∶8 为好。中和试验准确性较高，操作简便、快速省时，得到广泛应用。

2. 酶标抗体免疫测定法　精斑的 ABO 型测定常用直接斑点 ELISA 法、间接斑点 ELISA 法及双抗体夹心法，原理操作步骤同血痕、精斑的种属试验。只是测定精斑浸液中的血型抗原，抗体改为抗 A、抗 B、抗 H 单克隆抗体或过氧化酶标记抗 A、抗 B、抗 H 单克隆抗体。

3. 解离试验和混合凝集试验　测定精斑的 ABO 血型还可用解离试验、混合凝集试验等方法，其原理与方法同血痕的 ABO 血型测定。

(二) 精斑酶型检验

精液中含有一些具有多态性的酶，可分为两类，第一类精液与血液酶的表型一致，主要有 PGM1、GLOI、PePA、α-L-岩藻糖苷酶（Fu）等，其中以 PGM1 和 Fu 较稳定；第二类为精液特有的酶，主要有黄递酶（diaphorase 3，DIA3）和 α-谷氨酰转肽酶（GGT）等，这类酶不易受阴道液的干扰，在混合斑的个人识别中有重要意义。精斑同工酶的检测方法一般用电泳法。

(三) 精斑血清型检验

精斑中含有一些具有多态性表现的血清蛋白成分，这些蛋白成分在精斑中较稳定，有些蛋白含量较高，对精斑分型检验较重要，其中较多应用的有型特异性组分 Gc、Gm、km、血清糖蛋白 ORM 等，这些血清型检验法一般与血斑分型检验法相同或类似。

(四) 精斑的 DNA 分析

精液中的精子含有 DNA，故可从有精子的精斑中提取精子 DNA，利用 DNA 指纹分析方法或聚合酶链反应（polymerase chain reaction，PCR）方法检测其多态性。这是对精液或精斑进行个人识别的最可靠技术。

六、精液与阴道分泌液混合斑的检验
Examination of Mixed Stain of Semen and Vaginal Secretion

通常混合斑指精液与阴道分泌液混合形成的斑迹。由于阴道液也含有血型物质或其他遗传标记，故从混合斑中测出的遗传标记是两者的总和，并不只是精液的遗传标记。因此，在性犯罪案件中的混合斑鉴定，应取受害者和嫌疑人的血液、唾液（斑）等检材同时检测。在确证检材是混合斑时，应采取对比判断，分离各成分检验等方法，以确定混合斑中精液的遗传标记。

DNA 技术能够不受女性物质的影响，通过提取混合斑中精子细胞核 DNA，用 DNA 指纹分析方法或 PCR 技术进行分析，与嫌疑人 DNA 比较，可确认混合斑中精子是否嫌疑人所留。如果混合斑中无精子，则不能用该法鉴定。

第 4 节 唾 液 斑
Section 4　Saliva Stain

唾液斑是唾液干燥后形成的斑痕，唾液斑检验是法医物证检验中经常遇到的。唾液中含有大量血型物质及上皮细胞，在斑痕干燥后血型物质及细胞中的 DNA 能长期保存，以进行个人识别。因此，现场勘验时，必须仔细寻找、收集，妥善提取和保存，同时要收集被害人及嫌疑对象的唾液作对照之用。在强奸案件中，采集被害人阴道涂物及可疑精斑的同时，也应采集被害人和嫌疑人的唾液，检查其是否属分泌型。

一、唾液的组成
Component of Saliva

唾液是由唾液腺分泌的液体，水分约占 99.4%，其余为固体物。其有机成分有黏蛋白、球蛋白、氨基酸、尿酸、酶类以及血型物质，无机物包括钠、钾、钙、氯、胺、磷酸盐、碳酸盐及硫氰酸盐等。唾液中还有口腔黏膜脱落上皮细胞以及食物残渣等。

二、唾液斑的定性试验
Qualitative Test of Saliva Stain

(一) 唾液淀粉酶 (salivary amylase) 的检验

唾液中含有大量的淀粉酶，可将淀粉水解成单糖，单糖遇碘不显蓝色，而未水解的淀粉遇碘则呈蓝色。根据此原理将检材在 37℃ 条件下与淀粉作用后，加入碘试剂，如检材中含有唾液，其反应结果无色，反之则试验结果呈蓝色。经淀粉酶作用生成的单糖可与氯化三苯基四氮唑液作用出现红色反应，如无单糖生成则不出现红色反应。经此两步反应以判断检材中是否含有唾液。

(二) 口腔黏膜脱落上皮细胞的检查

唾液中含有口腔黏膜脱落上皮细胞。将检材用生理盐水充分浸泡，弃去载体，离心取沉渣涂片，作 HE 染色，显微镜下检见鳞状口腔黏膜上皮细胞及食物残渣者可以帮助推断唾液斑的存在。

(三) 免疫学试验

采用抗人唾液沉降素血清、抗人腮腺素血清沉淀试验，也可用单克隆抗体采用 ELISA 法进行检验，试验阳性者可确定人唾液存在。

三、唾液斑的血型检验
Blood Typing Test of Saliva Stain

(一) ABO 血型

唾液斑和精斑同样，含有水溶性 A、B、H 血型物质，两者含量大致相同，其测定方法同精斑，可用吸收试验、中和试验、解离试验和混合凝集试验等。新鲜唾液中有血型分解酶，一般应煮沸 10 分钟以破坏此酶或直接制成唾液斑，晾干保存。

(二) 唾液斑酶型及血清型检验

唾液斑中的蛋白含量较低，具有多态性的同工酶及血清蛋白型的检出较为困难。近年来由于高灵敏度技术的应用使唾液中一些同工酶及血清蛋白型也得以检出，如富含脯氨酸蛋白（Pr）、唾液酸性蛋白（Pa）、唾液碱性蛋白（Pb）、腮腺唾液中带蛋白（Pm）、腮腺唾液中性蛋白（Pn）等。

四、唾液斑的性别检验
Gender Examination According to Saliva Stain

通过对唾液斑中口腔黏膜上皮细胞的 X 或 Y 染色体的检验，可以判断被检唾液斑的性别，检测方法基本同血痕 X、Y 染色体检验法；也可以利用 DNA 技术进行性别判定。

五、利用唾液分析鉴定死者的年龄
Age Examination According to Saliva Stain

尽管现代科技提供了先进的法医学手段，但是人们却仍然无法准确判定一名死者在死亡时的具体年龄，DNA 似乎并没有办法给出死者的年龄信息。但是近年来的情况似乎开始有了转机，美国加州大学洛杉矶分校的科学家们对唾液开展研究，他们发现对唾液遗传成分的分析或许将能够帮助法医获得死者去世时的年龄信息。

研究人员搜集唾液样本，并对其中 DNA 上所发生的外因变化进行观察。所谓的外因变化就指由于外界因素对 DNA 造成的影响痕迹，如一个人的饮食习惯、压力状况、晒日光的时间、接触致癌物质甚至有毒物质的程度等。这些"暴露"经历并不会导致 DNA 本身发生变化，但是它们都会在染色体表面留下痕迹，影响基因的开启和关闭。在染色体的某些特定位置上，科学家们发现这种痕迹会呈现几乎像是年轮般的叠加或削减，这一特征将有望帮助专家以误差不超过 5 年的精度判断死者的年龄。

但是也别指望这种唾液检查能很快应用于罪案现场调查，科学家们还需要更多的实验来验证这一理论，但它至少提供了一种新的可供破案选择的检验手段。

第 5 节　毛　发
Section 5　Hair

人类毛发是一种富有弹性的角质体，由表皮演化而来，具有在人体上分布广、特征多、抗腐败的特点。毛发在凶杀、强奸、抢劫等案件中易脱落遗留在现场，因此毛发是重要的法医物证检材。

不同种属的动物毛各异，人体不同部位的毛发各有特征。根据毛发可以判定性别，测定血型，毛发中的元素组成及含量具有个体差异，是个人识别的重要依据。

一、毛发的结构及理化性质
Structure and Physicochemical Properties of Hair

（一）毛发的结构

毛发分为毛干、毛根、毛球、毛乳头和毛囊。毛发露在皮肤外面的部分称为毛干，毛干从轴心向外由毛髓质、毛皮质和毛小皮 3 层组成。

毛髓质在毛干的中央，占毛干直径的 1/4 左右，由退化的形状不同的上皮细胞组成，排列松弛，有含空气的气室；毛皮质位于毛干的中层，包绕毛髓质周围，由多层长梭形角化细胞组成，细胞沿毛发纵轴排列，细胞内有角化的纤维束和色素颗粒；毛小皮位于毛发的最外层，由薄而透明无核的高度角化的细胞组成，呈叠瓦状排列，细胞的游离缘指向毛尖，形成独特的锯齿状纹理。

毛根是在皮肤内的部分,位于毛囊中,终止于毛球。毛球呈球状,其底部凹陷,形成毛乳头。该部位细胞具有正常的细胞核与细胞质,富于生长力,为毛囊、毛干的生长点。毛囊包围毛根,由表皮和真皮的结缔组织演化而成。

(二) 毛发的理化性质

毛发富含角蛋白,其性质稳定,耐酸,但抗碱性能弱,抗腐败,可长时间保存。

毛发的角蛋白含有 18 种氨基酸,其中含量较多的有胱氨酸、谷氨酸、亮氨酸、精氨酸、丝氨酸等。毛发中含有多种微量元素,微量元素的多少因个人的生活习惯、环境、性别、年龄、身体状况和疾病等因素而有差异。

二、毛发的一般检验
General Examination of Hair

毛发的一般检验指对毛发外观形态的观察,包括毛发检材的根数、毛发的长度、色泽、形状以及有无毛尖、毛根等。

三、毛发的鉴定
Identification of Hair

(一) 毛发与其他纤维的鉴别

大部分纤维与毛发从外观上存在明显的差异,较易区分。差异不明显的纤维需通过显微镜下观察等方法进行鉴别(表 10-4)。

表 10-4 毛发与其他纤维鉴别

	毛发	毛发织物、化学、矿物纤维
结构	(1) 有特殊毛小皮纹理,有皮、髓质结构 (2) 用手指沿毛发纵向捻搓,毛根移向手指远端	(1) 只有纵向皱襞结构,无毛发相应结构; (2) 用手指捻搓不移行
燃烧	燃烧时卷缩,有特殊臭味	易燃、无味(植物)或特殊化学气味(化纤)
化学反应	10% NaOH 中溶解,加苦味酸,易换色	1:1 硫酸中溶解,加 α-苯萘酚醇溶液呈深紫色(植物纤维)

(二) 人毛与动物毛发的鉴别

1. 毛发形态及结构的鉴别 人与动物的毛发在形态、结构上有明显的差异,显微镜下可明显地观察到,见表 10-5。

表 10-5 人毛与动物毛发的鉴别

毛的结构	人毛	动物毛发
毛小皮	鳞片小、薄,纹理呈波浪状,小皮缘呈细锯齿状	鳞片大而厚,纹理粗大,小皮缘呈粗锯齿状
皮质	宽、占毛干 2/3 以上,色素颗粒多在皮质的外围	窄、占毛干 1/2 以下,色素颗粒多并靠近髓质
髓质	窄、不连续、占毛干 1/2 以下	宽、连续、占毛干 1/2 以上

2. 其他鉴别法 人与动物的毛发角蛋白电泳分型谱带有差异,采用 IEF 电泳法可以区分人与动物的毛发。此外人与动物毛发的角蛋白结构不同,以人毛发角蛋白提取物为抗原免疫动物,制备出抗人毛角蛋白血清,用此种血清做沉淀试验也可以鉴别人与动物毛发。

(三) 人体各部位毛发的鉴别

根据毛发的长短、粗细、色泽、末端特征、横断面的形状、髓质的位置、表面附着物等特点加以判断。

1. 头发 一般较长，中国人以直发、黑色或黑褐色居多，但可由于年龄变化、染发、烫发等因素而变化；头发直径 $25\sim125\mu m$，断面为圆形或类圆形，髓质居中。

2. 胡须 是人体最粗的毛发，直径 $125\sim159\mu m$，断面呈三角形；颜色变化因年龄而异。

3. 阴毛 呈弯曲状，多为 S 形或螺旋形，长度 $3\sim7cm$，中国人以黑色或黑褐色居多；直径男性 $99\sim125\mu m$，女性 $105\sim150\mu m$；断面呈椭圆形，髓质偏心，连续。

4. 腋毛 直状或弯曲状，长度 $1\sim5cm$；直径男性 $79\sim102\mu m$，女性稍细；断面椭圆形，髓质宽。

5. 眉毛和睫毛 短而粗，长度 $1cm$ 左右，直径 $42\sim120\mu m$，毛尖细，弯曲。

四、毛发的血型检验
Blood Typing Test of Hair

毛发中含有血型物质，也含有部分具有多态性的同工酶，毛发角蛋白也具有多态性，这些遗传性标记都可进行分型检验。

1. 毛发 ABO 血型检验 毛发 ABO 血型检验采用解离试验，试验原理与血痕检验法相同，但毛发在检验前须经清洗，用乙醚或乙醇脱脂、脱水，并将毛发压扁，使髓质充分暴露后检验，同时取已知血型的毛发做对照。

2. 毛发的酶型检验 带毛根球的毛发可以做一些酶型检验，常做有 PGM1、ESD、GLOI 等。处于生长期的毛发，毛囊部组织细胞的酶活性较强，休止期的毛发，其酶型活力较弱。检验方法与血痕酶型检验法相同。

3. 毛发角蛋白分型检验 角蛋白是毛干的主要结构蛋白，采用电泳分析法得到的谱带可以分型。

五、毛发的 DNA 多态性分析
DNA Polymorphic Analysis of Hair

提取其毛根和毛囊组织进行 DNA 分析，可认定是否某人的毛发。另外，可用毛干做线粒体 DNA（mtDNA）分析进行个人识别。

六、毛发的其他检验
Other Examinations of Hair

根据毛发的生长及随之而发生的毛发外形和组织结构的差异，可对毛发的年龄加以推断。检验毛发细胞的 X、Y 染色体，可以判断被检毛发的性别。对毛发中的各种微量元素进行检验分析，可为毛发的个人识别提供一些线索。对毛发的附着物的检验也可帮助推断个体的职业和生活环境等。根据毛根和毛囊的情况、毛发断裂和变形的情况，可进行毛发损伤的鉴定。

第 6 节　骨　骼
Section 6　Bones

案件中尸体白骨化、碎尸、高度腐败尸体需进行骨骼检验，新鲜的无名尸体有时也需进行尸骨检验。

法医骨骼检验一般包括如下内容：是否骨骼，是人骨还是动物骨，一人骨还是多人骨，骨的性别、年龄、身高的推断，血型测定，DNA 分析，必要时还要检验骨的损伤，推断死亡时间，判断死因，为侦查破案提供重要的线索和证据。上述检验内容，大部分属法医人类学研究范围，本节主要介绍法医物证实验室检验的有关内容。

一、骨的确定
Determination of Bones

大块骨的检验，根据形态学观察即可确定为骨骼；碎小骨片肉眼观察有时很难区别，需进一步将其制成骨磨片，进行组织学检查或利用化学方法进行骨的确证。

1. 组织学检验 根据有无骨的组织结构确定是否为骨质，其方法是将可疑骨块锯成小片，用细磨石仔细磨成薄片，用70%乙醇清洁和二甲苯透明处理后，置显微镜下检查，如系骨组织，则可见骨外板、间质骨板、骨陷窝、哈佛管、伏氏管、环层骨板、骨内板等结构。

2. 脱钙试验 骨的化学成分主要是骨胶和钙，钙在酸性液体中能从骨中解离，使骨脱钙变软。取可疑骨块置于5%硝酸中浸泡24小时，若系骨质则因脱钙质地变软，富于弹性，用针可以刺入。

3. 化学分析 用化学方法，如检出大量羟基磷灰石，并含有骨胶等有机物，则说明为骨。

二、骨的种属检验
Species Examination of Bones

人骨与动物骨除大体形态上不同外，在组织微细结构上也有差别。检验方法是将骨骼磨成骨薄片，置显微镜下观察（表10-6）。

表10-6 人骨与动物骨的区别

人骨	动物骨
哈佛管形态规则，横断面多呈圆形或椭圆形，平均直径比动物大2～3倍	哈佛管形态不规则，横断面多呈长圆形或条形，管径比人骨小
同心环层骨板排列整齐，骨单位之间界线清楚	同心环层骨板排列不整齐，有的缺如，骨单位间界线不清楚
哈佛管数量少，长骨横断面上，在180倍镜下，平均每视野7～9个	哈佛管数目多，长骨横断面上，在180倍镜下，平均每视野羊骨17～18个、猪骨15～17个、牛骨10～12个、狗骨14～16个、鸡骨34～36个、鸭骨24～27个

骨质中含有蛋白质成分，蛋白质具有种属间差异，因此可用抗人蛋白免疫血清做沉淀试验区别人骨动物骨。

三、人骨的血型及DNA分析
Blood Typing and DNA Analysis of Human Bones

1. 人骨的血型测定 骨组织与人体其他组织一样含有ABH血型物质，且比较稳定。将骨锯成骨粉，用乙醚脱脂干燥后，用蛋清粘片法做解离试验，或做吸收试验均可检验其ABO血型。较新鲜的人骨髓可测定PGM1、ESD和Gm型等，以进行个人识别。

2. 人骨的DNA分析 从骨细胞核中提取DNA，进行DNA指纹分析或用PCR方法检测，进行骨的个人识别；也可以从骨骼中提取线粒体DNA进行身源鉴定。

四、根据骨髓细胞性染色体判定骨的性别
Determining the Gender of Bones According to the Myeloblastic Chromatin

骨细胞、骨髓细胞及骨表面附着的软组织细胞，其细胞核内均可检出性染色体。检出Y染色体为男性，X染色体为女性。具体方法参见血痕性别检验。

第11章 Chapter 11

DNA 检验技术
DNA Examination Technique

第1节 Section 1 DNA 检验 DNA Examination

一、DNA 基础知识
Basic Knowledge of DNA

生物个体都是由细胞构成的，高等生物的细胞中含有细胞核（nucleus），每个个体都是独特、唯一的，这种独特性是由细胞核中的遗传物质决定的，这种遗传物质就是构成染色体的脱氧核糖核酸（deoxyribonucleic acid，DNA），它控制着生物体的遗传性状。

生物体细胞核内的 DNA 与蛋白质等构成染色体（chromosome），因此称染色体 DNA。人类体细胞中含有 46 条染色体，每条染色体含有一个由互补双链构成的 DNA 分子。线粒体（mitochondria）上也有少部分的 DNA 存在，称为线粒体 DNA 或核外 DNA。通常所讲的 DNA，指染色体 DNA。

基因指具有一定遗传效应的 DNA 片段。个体间的差异就是由这种基因构成的多态性差异决定的。基因在染色体上所占据的位置称为位点或基因座，一对染色体的对应基因称等位基因（allele）。在一个配子细胞中（精细胞或卵细胞）所包含的全套基因称为基因组。

二、DNA 检验的法医学意义
Significance of DNA Examination in Forensic Medicine

DNA 技术可以为各类涉及生物检材的案件提供证据，这些案件包括凶杀案、强奸案、碎尸案、尸源鉴定、亲子鉴定、性别鉴定、交通肇事案、移民案、拐骗儿童案等。

DNA 检验与常规法医物证检验相比较，两者所涉及的案件类型及所分析的生物检材是类似的，但是针对的微观现象不相同。常规法医物证检验大多针对细胞中的蛋白质，而 DNA 检验是针对细胞核或细胞器中的 DNA。同一个体的 DNA 都相同，除同卵双生兄弟或姊妹外，每个个体的 DNA 都不相同，因而法医学 DNA 检验能达到认定个人的目的。另外 DNA 更具备环境耐受性和持久性，一些失去常规法医物证检验条件的检材，经 DNA 检验可得出理想的结果。

第 2 节　DNA 检验的基本方法
Section 2　Basic Methods of DNA Examination

一、DNA 指纹图技术
DNA Fingerprint Map Technique

DNA 指纹图技术又称限制性片段长度多态性分析技术，简称 RFLP 技术。

1. DNA 指纹图技术的基本原理　主要是利用限制性内切酶具有能识别双链 DNA 上特异核苷酸序列，并在所识别的序列内切割 DNA 分子的特异部分的作用。因基因组 DNA 很大，对任何酶均会有很多识别序列的切点，酶切结果便可产生长度不等、数量不一的 DNA 片段。限制性片段长度多态性（restriction fragment length polymorphism，RFLP）指用同一种限制性内切酶，酶切不同个体的基因组 DNA 所产生的 DNA 片段长度和数量的差异。不同个体之间的差异在图谱中主要表现在谱带数目、谱带位置以及谱带曝光强度上的差异。

DNA 指纹图的信息量取决于以下 3 个因素：一是所用限制酶的识别序列特异性，二是探针的特异性，三是杂交强度。特别是依据杂交强度的高低，可以只检出单个 VNTR 位点的多态性片段，也可以同时检出多个位点的多态性片段，前者称单位点 DNA 图谱，亦称 DNA 纹印；后者称多位点 DNA 图谱，亦称 DNA 指纹。

DNA 指纹图技术就是应用同种酶类对案件中生物检材和对照检材所提取的 DNA 进行酶切，再通过一系列专门技术使酶切后的 DNA 片段按长度不同排列并显现出来，形成图谱，使鉴定者能直观地比较其异同及其是否有遗传关系。

2. DNA 指纹图技术的实验步骤

（1）DNA 的提取：从生物检材（如血液、精斑、毛囊、皮肤、脏器、胚胎组织等）中提取并纯化 DNA，尽可能保持 DNA 分子的完整性，尽可能地除去检材中的蛋白质、多糖和脂类等成分。

（2）限制性核酸内切酶（restriction endonuclease）酶切：将由生物检材中提取到的 DNA 分子，用限制性核酸内切酶酶解为片段。

（3）DNA 酶解片段的电泳分离：酶切后的 DNA 片段在琼脂糖凝胶板上电泳分离，再将胶板加热，使 DNA 片段双链分离成单链。

（4）萨森（Southern）印迹转移：利用萨森印迹转移技术，将胶板上的 DNA 转移到硝酸纤维膜上。

（5）DNA 分子杂交：与探针（序列为与目的 DNA 区段互补的 DNA 片段，并用放射性核素 P32 或非放射性物质辣根过氧化物酶-HRP 标记的）进行分子杂交，通过放射自显影便可在感光胶片上显现出 DNA 片段经电泳后排列形成的谱带，称 DNA 指纹图。

二、聚合酶链反应技术
PCR Technique

聚合酶链反应（polymerase chain reaction，PCR）分析技术，是一种体外扩增目的 DNA 片段的新技术，亦称 DNA 体外扩增技术。

PCR 技术的基本原理类似于体内 DNA 复制过程，是依赖于模板 DNA 侧翼上所结合的两个引物，在耐热 DNA 聚合酶作用下，以一对特异性序列 DNA 短片段作为引物，利用加热和冷却交替的循环程序，有选择地放大基因组内某一小区段，以达到提供足够的靶 DNA 量供各种方法进行分析使用。PCR 技术因其方法灵敏，为解决微量陈旧和腐败生物检材提供了极其有效的手段，在法医学鉴定中应用日益广泛。

1. 个人识别　无论是强奸案、凶杀案或碎尸案，只要能从生物检材（血痕、毛发、精斑、唾液斑、组织碎块、骨碎片等）中抽提出 DNA，均可用 PCR 技术作 DNA 分型，解决个人识别问题。

2. 亲子鉴定　无论是基因的多态性，还是 VNTR 扩增片段长度多态性都严格按照孟德尔遗传规律，从亲代传给子代。子代必定具有父母的基因或 DNA 片段。通过检测有争议的父、母、子中的基因型别，就可以判断他们之间是否亲生关系。PCR 技术可有效地用于孕早期胎儿亲子鉴定、对微量检材或陈旧检材进行亲子鉴定、以及无双亲存在时对兄弟姐妹进行亲缘关系鉴定。

3. 种属鉴定　由于各种生物在进化过程中产生的 DNA 序列不同，因此可通过 PCR 技术确定其生物的种属。

4. 性别鉴定　生物检材的性别检验，以往是依靠检查性染色体 X 和 Y 小体，操作不复杂但灵敏度及正确率不高，利用 PCR 技术测定生物检材性别的方法已逐步取代了传统的性染色体荧光染色技术。

第 3 节　DNA 检验技术的现状
Section 3　Current Conditions of DNA Examination Technique

　　DNA 检验技术基础理论的突破在于 1980 年 Wyman 等人在研究基因组文库时发现了可变数目串联重复序列（VNTR），具有高度多态性。1985 年英国遗传学家 Jeffreys 等人利用当时已成熟的 Southern 杂交技术创立了 DNA 指纹技术，并首先应用于一起移民案的检验，又于 1986 年首次用于一起强奸杀人的刑事案件中，从数千人中查找并认定了犯罪嫌疑人，从而使生物物证技术有了迅猛的发展，极大地提高了生物物证的证据价值。

　　DNA 检验技术经历了 10 余年的研究发展，在许多方面取得了突破，具有划时代意义的三代技术是多位点 DNA 指纹、单位点 DNA 纹印、VNTR-PCR 与 STR-PCR，另外还有针对特殊需要建立的 mtDNA 序列和 Y 染色体单倍型检验技术。2000 年 6 月 26 日宣布的人类基因组草图绘制完成的新闻，又把全世界的目光转移到了人类基因组这一神奇的科学领域，同时也标志着生物技术研究已进入后基因时代，可为人们的研究应用提供更多信息与技术手段。

（一）多位点 DNA 指纹与单位点 DNA 纹印技术

　　多位点 DNA 指纹技术 20 世纪 90 年代前后在案件检验中得到了广泛应用，其突出优势在于具有极大的信息量，其局限性在于技术方法与操作复杂、周期长、对检材要求高、片段长度呈连续分布、无法实现统一标准对比与检验分析的自动化。单位点 DNA 纹印在技术方法上与多位点 DNA 指纹类似，也同样存在片段长度呈连续分布等方面的问题。这些局限性限制了这两种技术的应用。

（二）VNTR-PCR 与 STR-PCR

　　PCR 技术早期的研究应用重点是对 VNTR 目的片段的检验分析，如 pMCT118、apoB、p33.6、p33.4 等，在一定程度上解决了多位点 DNA 指纹与单位点 DNA 纹印技术中存在的问题，但也存在着对检材要求高、扩增不平衡、微变异过多、统一标准命名困难等方面的问题。STR-PCR 为解决上述问题提供了技术手段，其优势在于对降解检材进行成功检验、灵敏度高、扩增平衡、大多数位点的扩增片段长度呈离散分布可实现统一标准命名等。STR 位点数目众多，可筛选扩增反应条件近似的位点建立复合扩增体系，大大提高了检验效率。

（三）线粒体 DNA 序列测定

　　DNA 序列测定是人类基因组计划的核心技术。线粒体 DNA 测序也存在着技术复杂、耗费大、限制了推广应用；易受生物性检材污染，影响结果判断；群体调查的资料有限；母系遗传无法同一认定等缺点，故在法医学应用中局限在特殊检材、特殊需求方面，目的片段是线粒体 DNA 的高变区（HVⅠ、HVⅡ）。基于线粒体 DNA 呈母系遗传的特征，在人类起源、进化、迁移、考古等方面都得到了广泛应用。法医学借鉴引用了生物学领域的成熟技术，应用于案件检验鉴定，其优点在于：线粒体 DNA 为多复制，具有更高的灵敏度；对于 DNA 降解不敏感，可对降解 DNA 及角质化、骨化检材中 DNA 进行成功检验。

（四）Y 染色体特异性 STR 检验技术

Y 染色体特异性 STR 检验的研究在原理与技术操作上与 STR 检验技术类似。不同的是人类 Y 染色体除了拟常染色体区之外，其他部分在减数分裂时不参与染色体重组，具有 Y 染色体特异性，呈父系遗传。这一特性在法医学检验中具有重要的应用价值，一是可以解决男女混合样本的检验问题；二是可对父系单亲亲子鉴定进行判定；此外，也被应用于人类起源、进化、迁移、考古等方面的研究，是一个新领域。

长期以来，DNA 检验技术为一大批疑难案件的成功侦破提供了直接的科学证据。如山东一起杀人案，在无任何线索的情况下，公安机关展开了地毯式排查工作，排查数千人，经有关技术鉴定鉴别，仍然有 68 名嫌疑人无法排除，而经 DNA 检验认定了其中一人为罪犯。在河南省焦作发生一起重大火灾事故的 74 具尸体中有 47 具无法判定尸源，经 DNA 检验，有 43 具尸体得以确认。又如一起拐卖儿童案件中，被解救的 30 名儿童因离开父母时间长，使得父子、母子相见而不能相认，经 DNA 检验，使其中的 20 名儿童找到了亲生父母，让离散的骨肉得以团聚。

第 4 节　DNA 检验技术的发展趋势
Section 4　Developing Tendency of DNA Examination Technique

（一）DNA 芯片技术

DNA 芯片技术是近年来新开发的一种 DNA 序列变异检测工具。DNA 芯片（DNA chip）也称生物芯片（biochip），其概念来自计算机芯片，其大小与计算机上的 CPU 芯片相似。该技术是把各种探针整齐而有序地排列在以玻璃、硅、聚丙烯等作为载体的基片上，形成二维的 DNA 探针微阵列。然后利用芯片与荧光标记的样品进行分子杂交，再通过激光共聚焦显微镜对芯片 DNA 的杂交结果进行扫描，并配合计算机系统对每一个探针上的荧光信号做出比较和检测。DNA 芯片技术一次检测的信息量大，实现了对生物样品的快速、并行、高效地检测，对于法医学个人识别和亲子鉴定将具有重要的现实意义和应用价值。

（二）建立全国 DNA 数据库

法医 DNA 数据库（DNA database）有两层含义，一是 DNA 基础数据库，包括位点染色体定位、各个人群等位基因频率、人群比较研究以及同一条染色体上不同位点之间是否有连锁关系等，是法庭科学同一认定及亲子鉴定合理应用 DNA 检验的基础；二是 DNA 罪犯（犯罪）数据库，即把"罪犯"及现场检材等相关资料尤其是 DNA 数据存储于计算机，便于比对查找。国际上发达国家正在或者已经建立了罪犯数据库。

以往单纯应用 DNA 技术进行办案的方法，完全依赖于物证检材与针对特定案件所提取嫌疑人样本的人工对比。这一方法存在很大的局限性，一方面若罪犯不在特定案件的侦察范围内或未提取样本，就根本无从认定罪犯；另一方面物证检材、嫌疑人的检验信息局限在单一实验室或鉴定人，使得即便某一案件的物证检材与罪犯样本都已做过检验，若侦察未能将两者作为一个案件要求对比，也因这种局限性无法进行认定，这大大降低了 DNA 检验技术的应用价值。

因此，建立全国 DNA 数据库，储存、检索、对比物证检材及特定人群的检验结果，使入库的任何个体一旦犯罪，通过网络查询即可直接认定；做到实验室间、鉴定人员间信息共享，使有关信息资源得到最大限度的应用；特别在解决流窜作案、串并案、异地查询以及提高工作效率等方面都将是现有技术所无法取代的。西方发达国家的实际应用情况已充分证明了这一点，并已成为发达国家物证信息系统的核心组成部分。更为突出的是与指纹、影像、证件等数据库相比，信息 DNA 数据库具有更加突出的优势，如国际统一的数据格式、数据的唯一性、终生一致性、不可更改性以及判定血缘关系的特性等。这一综合技术手段极大地拓展了排查范围，节省了人力、物力，提高了工作效率，有着巨大的发展潜力和极其广阔的应用前景。

目前，多人份样品混合检材的个体基因型确定仍为法医 DNA 检验的难题，随着 DNA 检验技术的发展，是否可通过定量分析峰面积、测序等技术来区别不同个体的等位基因，还有待于实验研究。这一问题国外已有人在探索，相信不久的将来会得到解决。另外，随着人类基因组计划的完成，可能会找到多态性程度更高的 DNA 片段，使法医 DNA 种属检验、个体识别及亲子鉴定等翻开新的一页。

医疗纠纷与医疗过错鉴定
Identification of Medical Tangle and Medical Fault

第1节 概述
Section 1 Overview

一、医疗纠纷的概念与分类
Definition and Classification of Medical Tangle

医疗纠纷（medical tangle）指患者或其家属与医疗机构之间，因对诊疗护理过程中发生的不良后果及其产生的原因认识不一致而导致的分歧或争议，主要表现在双方对某一不良后果是否应定为医疗事故或差错，是否须承担法律责任有不同的看法。

以导致纠纷的不同原因为标准，可以将医疗纠纷分为医源性纠纷（iatrogenic medical tangle）和非医源性纠纷（noniatrogenic medical tangle）两种。本章重点介绍医源性纠纷。

医源性纠纷指主要由于医务人员方面的原因引起的纠纷，可分为由医疗过失而引起的纠纷和由其他原因而引起的医源性纠纷两种。

（一）医疗过失纠纷（tangle from medical fault）

医疗过失，通常指医师或护士在诊疗服务中有过错或失误，并由此造成患者不同程度的机体损伤。此类纠纷具体情况相当复杂，主要包括以下几种。

1. 手术方面的医疗过失纠纷 此类纠纷在整个医疗纠纷中所占比重较大，造成过失的原因也多种多样。包括因术前查体失误导致的开错手术部位，因未排除手术禁忌证而导致不良后果，因术前血源准备不足而导致术中血液循环衰竭而死亡，因疏忽大意导致的错切脏器，因技术上的不胜任导致的手术操作失误，由于粗心而将手术器物遗留患者体内，等等。

2. 用药方面的医疗过失纠纷 用药是医务人员对患者进行治疗的主要手段，因使用药物过失对患者造成不良后果而引起的医疗纠纷是最常见的，情况也是多种多样的。归纳起来大致有以下几种。

（1）用药原则方面的过失：此类过失多是由于医务人员医学基础差，医疗技术水平低，违背用药原则或禁忌证，不但没医好病反倒加速了病情的恶化。

（2）用药剂量上的过失：包括用药剂量过大，时间过长，使患者发生药物毒性反应、中毒死亡或发生其他中毒后遗症等，也包括药量不足，不能达到医疗效果，导致不良后果的发生。

（3）用错药物的过失：即错误地将毒药或非药物当作治疗用药给患者服用，多由于护士或药剂人员不遵守核对制度所致。

（4）药物过敏反应方面的过失：包括因未做皮试便注射而发生过敏死亡等。

3. 护理方面的医疗过失纠纷　护理方面的过失常见的有护士责任心淡薄，不严格执行核对、交接班、巡视病房等规章制度，造成打错针、发错药、患者坠床、婴儿错抱等事故。

4. 诊断方面的医疗过失纠纷　正确的治疗首先取决于正确的诊断，诊断出现了失误，轻则延误治疗时机，重则造成死亡或伤残。诊断方面的过失主要表现为以下情况。

（1）漏诊：由于责任心不强或技术水平有限，对于已经出现的阳性体征未加重视，结果导致疾病诊断上的遗漏和治疗上的延误。

（2）诊断错误：如把恶性肿瘤误诊为良性肿瘤，贻误病情，失去早期治疗的时机。除上述情形外，将标本张冠李戴交叉误投误检，结果导致医师根据错误报告做出错误的诊断，并且由于同时牵涉两人，后果多较严重，也是常见的纠纷原因。

5. 输血方面的医疗过失纠纷

（1）由于验血送血等环节疏忽，给受体（患者）输入了血型不合的血，引起严重的输血反应。

（2）输入有污染的血：造成血液污染的原因有3个，一是在采血过程中，采血器械或存放血液的器皿本身有污染；二是在采血后，对所采血液放置、保管不当或在运输、储存中污染；三是在输血过程中，输血器械没有在24小时以内或输4个单位血以后进行更换，使血液受到污染。

（3）输入有传染病源的血液：血液中含有传染病源，通常是由于采血者的原因，如工作疏忽，没有在体检中检出献血员经血传染病携带情况，或接受血头血霸的贿赂，明知献血者可能存在问题而不经体检即采血，等等。

6. 麻醉方面的医疗过失纠纷

（1）局部麻醉时麻醉药物误入血管引起全身中毒反应；

（2）麻醉时误注药物，造成患者脊髓麻醉或永久性运动功能和感觉功能障碍等；

（3）药量过大，麻醉过深，造成不可逆性的损害等。

7. 医院管理方面的过失纠纷　主要表现在：①后勤管理松懈，导致手术时突然断电、患者大范围食物中毒等；②机械执行先交费、再治病的制度，背离救死扶伤精神，导致患者因延误救治而死亡等。

8. 化验方面的医疗过失纠纷　化验检查是临床医师对患者采取治疗手段的客观依据，也是患者病情是否转归的标志，是现代医疗过程不可缺少的一个重要环节。但有个别的化验人员轻视化验工作，不安心化验工作，化验中不负责任，从而导致事故，引发医疗纠纷。化验方面的过失常见的有：①工作疏忽误填报告单，造成患者之间交叉错治的不良后果；②配制的化验试剂不符合标准，致使化验失真；③未实际化验而凭感觉直接填写报告单，导致临床医师错诊、错治；④随意简化操作程序，使化验结果误差较大，导致医师误诊等。

（二）医方其他原因引起的纠纷

医源性纠纷的另一种情况是由医方的其他原因而引起的纠纷。通常有如下情形。

1. 因服务态度粗暴、恶劣引起的纠纷　有些医务人员在诊疗服务过程中，态度冷漠，解答问题语言生硬，有的甚至出言不逊、恶语伤人、粗暴蛮横，使患者及家属失去了对其的尊敬和信赖，如果恰逢医疗中有意外事件发生，就难免使早已气愤的家属对医疗意外产生误解，认为那是因为医务人员不负责任，甚至可能误认为是有意拿患者出气，从而导致更强烈的愤怒或不满，促使其做出过激行为，如毁坏医院设施，殴打医务人员等。

2. 医务人员故意挑拨或语言不当引起的纠纷　在诊疗护理过程中，由于各个医疗机构的条件、设备和医务人员的个人技术水平各不相同，加之疾病的发生和发展都有一个过程，因此，不同的医院和医师对同一种病症的认识和诊断治疗效果就必然会有一定的差异，尤其是当某些疾病在发病初期典型症状不明显，或者表现出的症状与其他疾病相类似时，这种差异会更明显。此时，如果患者从一个医院转到另一个医院或者改变经治医师，后来的经治医师如挑拨是非或说话不注意，就容易引发医疗纠纷。

3. 违反制度开假诊断书引起的纠纷　诊断证明书是医师代表医疗机构出具的一种书面证明，它不仅是对患者所患疾病的性质及其对工作、生活影响程度的证明，而且具有一定的法律效力，成为司法机关认定某种事实的证据。可是有的医师收受非法利益，为使患者达到长期"病休"以便既不失去公职又可从事其他职业捞钱，或讹诈他人打击陷害无辜者等不法目的，而将伤情或病情实轻而伪作"重"；或者因患者与自己的亲友存在"积怨"，在为患者作诊断证明时，便无视伤、病的真实情况，而将重伤重病伪作"轻"。这种不真实的诊断证明书不仅给司法机关办案带来了干扰，而且也常常会给医疗机构带来不应有的纠纷。

二、医疗过错的概念与分类
Definition and Classification of Medical Fault

医疗过错通常指医护人员在诊疗服务过程中的过失或者错误，其中应当预见某种医疗行为可能对病患产生危害结果，但因为疏忽大意而没有预见的为疏忽大意的医疗过错；已经预见到某种医疗行为可能对病患产生危害结果而轻信能够避免的为过于自信的医疗过错。

根据损害后果的不同，医疗过错可以分为以下两类。

（一）重大医疗过错

重大医疗过错指造成病员死亡、残疾、组织器官损伤导致功能障碍以及其他严重危害后果的行为。由于重大医疗过错均已构成医疗事故（medical negligence），所以，对这类过错的详细分级按《医疗事故处理条例》的分级标准进行。

1. 一级医疗事故　一级医疗事故指直接造成病员死亡、重度残疾的事故。其中重度残疾包括：重要器官缺失或功能完全丧失，其他器官不能代偿，存在特殊医疗依赖，生活完全不能自理。如造成患者植物人状态；极重度智能障碍；临床判定不能恢复的昏迷；临床判定自主呼吸功能完全丧失，不能恢复，靠呼吸机维持；四肢瘫，肌力0级，临床判定不能恢复等。导致患者死亡的一级医疗事故很容易判定，如某患者，男，30岁，阵发性呕吐、恶心，腹痛达10小时，大便4次，量均少。到医院急诊时，血压12/9.33kPa（90/70mmHg），脉搏140次/分，烦躁不安，脱水，腹胀痛，脐周压痛明显，疑似气过水声。X线腹透，见肠管内大量充气。血常规示白细胞24×10^9/L。肛诊血样便，镜检脓细胞15~20个。接诊医师诊断为"细菌性痢疾、休克"，未经任何处理于1小时后转传染病院。转出1个半小时后，传染病院以"不是细菌性痢疾"的诊断又转回初诊医院。此时，血压已测不到，脉数不清。请上级医师会诊后，以绞窄性肠梗阻、肠坏死、休克诊断入院。剖腹探查发现肠管高度膨胀，小肠顺时针扭转3圈，肠壁暗紫色，无光泽，内有蛔虫团，腹腔内大量血性液体。原接诊医师将小肠扭转复位，肠减压并取出蛔虫团。手术过程中，患者心跳、呼吸停止，经抢救无效死亡。本案中接诊医师对疑难重症患者不向上级医师请示，就错误地做出诊断；接诊时患者已经休克，本应在检查后采取抗休克治疗措施，待病情缓解再予以转院，但当事医师却在未做任何处置的情况下，便予以转院，以致延误了治疗，加重了病情并丧失了抢救时机，属于明显的一级医疗事故。

2. 二级医疗事故　二级医疗事故指造成患者中度残疾、器官组织损伤导致严重功能障碍的事故。二级医疗事故分甲、乙两等。

(1) 二级甲等医疗事故：器官缺失或功能完全丧失，其他器官不能代偿，可能存在特殊医疗依赖，或生活大部分不能自理。例如造成患者双眼球摘除或双眼经客观检查证实无光感；小肠缺失 90% 以上，功能完全丧失；双侧有功能肾脏缺失或孤立有功能肾缺失，用透析替代治疗；四肢肌力Ⅱ级（二级）以下（含Ⅱ级），临床判定不能恢复；上肢一侧腕上缺失或一侧手功能完全丧失，不能装配假肢，伴下肢双膝以上缺失等。

(2) 二级乙等医疗事故：存在器官缺失、严重缺损、严重畸形情形之一，有严重功能障碍，可能存在特殊医疗依赖，或生活大部分不能自理。例如造成患者重度智能障碍；单眼球摘除或经客观检查证实无光感，另眼球结构损伤，闪光视觉诱发电位（VEP）P100 波潜时延长>160ms，矫正视力<0.02，视野半径<5°；双侧上颌骨或双侧下颌骨完全缺失；一侧上颌骨及对侧下颌骨完全缺失，并伴有颜面软组织缺损大于 30cm²；一侧全肺缺失并需手术；肺功能持续重度损害持续性心功能不全，心功能四级；持续性心功能不全，心功能三级伴有不能控制的严重心律失常；食管闭锁，摄食依赖造瘘；肝缺损 3/4，并有肝功能重度损害；胆管损伤致肝功能重度损害；全胰缺失；小肠缺损大于 3/4，普通膳食不能维持营养；肾功能部分损害不全失代偿；两侧睾丸、附睾丸缺损；阴茎缺损或性功能严重障碍；双侧卵巢缺失；未育妇女子宫全部缺失或大部分缺损；四肢瘫，肌力Ⅲ级（三级）或截瘫、偏瘫，肌力Ⅲ级以下，临床判定不能恢复；双上肢腕关节以上缺失、双侧前臂缺失或双手功能完全丧失，不能装配假肢；肩、肘、髋、膝关节中有 4 个以上（含 4 个）关节功能完全丧失；重型再生障碍性贫血（Ⅰ型）等。

(3) 二级丙等医疗事故：存在器官缺失、严重缺损、明显畸形情形之一，有严重功能障碍，可能存在特殊医疗依赖，或生活部分不能自理。例如造成患者面部重度毁容；单眼球摘除或客观检查无光感，另一眼球结构损伤，闪光视觉诱发电位（VEP）>155ms，矫正视力<0.05，视野半径<10°；一侧上颌骨或下颌骨完全缺失，伴颜面部软组织缺损大于 30cm²；同侧上下颌骨完全性缺失；双侧甲状腺或孤立甲状腺全缺失；双侧甲状旁腺全缺失；持续性心功能不全，心功能三级；持续性心功能不全，心功能二级伴有不能控制的严重心律失常；全胃缺失等 23 种情况。

(4) 二级丁等医疗事故：存在器官缺失、大部分缺损、畸形情形之一，有严重功能障碍，可能存在一般医疗依赖，生活能自理。例如造成患者吞咽功能严重损伤，依赖鼻饲管进食；肝缺损 2/3，功能中度损害；肝缺损 1/2 伴有胆管损伤致严重肝功能损害；胰缺损，胰岛素依赖；肾上腺功能明显减退；大、小便失禁，临床判定不能恢复；女性双侧乳腺缺失；单肢肌力Ⅱ级（二级），临床判定不能恢复；一侧膝以下缺失，另一侧前足缺失，不能手术重建功能或装配假肢；双足全肌瘫，肌力Ⅱ级（二级），临床判定不能恢复等 30 种情况。

3. 三级医疗事故 系指造成患者轻度残疾、器官组织损伤导致一般功能障碍。

(1) 三级甲等医疗事故：存在器官缺失、大部分缺损、畸形情形之一，有较重功能障碍，可能存在一般医疗依赖，生活能自理。例如造成患者不完全失语并伴有失用、失写、失读、失认之一者，同时有神经系统客观检查阳性所见；不能修补的脑脊液瘘；尿崩，有严重离子紊乱，需要长期依赖药物治疗；面部轻度毁容；面颊部洞穿性缺损大于 20cm²；单侧眼球摘除或客观检查无光感，另一眼球结构损伤，闪光视觉诱发电位（VEP）>150ms，矫正视力 0.05~0.1，视野半径<15°；鼻缺损 1/3 以上；上唇或下唇缺损大于 1/2；肺功能中度持续损伤；不能修复的Ⅲ度（三度）会阴裂伤；四肢瘫，肌力Ⅳ级（四级），临床判定不能恢复；单肢瘫，肌力Ⅲ级（三级），临床判定不能恢复；肩、肘、腕关节之一功能完全丧失；利手全肌瘫，肌力Ⅲ级（三级），临床判定不能恢复；一手拇指缺失，另一手拇指功能丧失 50% 以上；一手拇指缺失或无功能，另一手除拇指外 3

指缺失或无功能,不能手术重建功能;双下肢肌力Ⅲ级(三级)以下,临床判定不能恢复;大、小便失禁;下肢双膝以上缺失伴一侧腕上缺失或手功能部分丧失,能装配假肢;一髋或一膝关节功能完全丧失,不能手术重建功能等38种情况。

(2) 三级乙等医疗事故:器官大部分缺损或畸形,有中度功能障碍,可能存在一般医疗依赖,生活能自理。例如造成患者不完全性失语,伴有神经系统客观检查阳性所见;头皮、眉毛完全缺损;一侧完全性面瘫,对侧不完全性面瘫;面部重度异常色素沉着或全身瘢痕面积达60%~69%;面部软组织缺损大于20cm²;双眼球结构损伤,较好眼闪光视觉诱发电位(VEP)>150ms,矫正视力0.05~0.1,视野半径<15°;双耳经客观检查证实听力损失大于71dB;双侧前庭功能丧失,睁眼行走困难,不能并足站立等27种情况。

(3) 三级丙等医疗事故:器官大部分缺损或畸形,有轻度功能障碍,可能存在一般医疗依赖,生活能自理。例如造成患者不完全性失用、失写、失读、失认之一者,伴有神经系统客观检查阳性所见;全身瘢痕面积50%~59%;双侧中度周围性面瘫,临床判定不能恢复;双眼球结构损伤,较好眼闪光视觉诱发电位(VEP)>140ms,矫正视力0.01~0.3,视野半径<20°;双耳经客观检查证实听力损失大于56dB;喉保护功能丧失,饮食时呛咳并易发生误吸,临床判定不能恢复;未育妇女单侧卵巢缺失;育龄已育妇女双侧输卵管缺失;育龄已育妇女子宫缺失或部分缺损;阴道狭窄不能通过二横指;单肢两个大关节(肩、肘、腕、髋、膝、踝)功能部分丧失,能行关节置换;一侧肘上缺失或肘、腕、手功能部分丧失,可以手术重建功能或装配假肢;一手缺失或功能部分丧失,另一手功能丧失50%以上,可以手术重建功能或装配假肢等37种情况。

(4) 三级丁等医疗事故:器官部分缺损或畸形,有轻度功能障碍,无医疗依赖,生活能自理。例如造成患者双眼结构损伤,较好眼闪光视觉诱发电位(VEP)>130ms,矫正视力0.3~0.5,视野半径<30°;双耳经客观检查证实听力损失大于41dB或单耳大于91dB;耳廓缺损2/3以上;器械或异物误入呼吸道需行肺段切除术;一侧肾上腺缺失伴轻度功能障碍;一侧睾丸、附睾缺失伴轻度功能障碍等18种情况。

(5) 三级戊等医疗事故:器官部分缺损或畸形,有轻微功能障碍,无医疗依赖,生活能自理。例如造成患者脑叶缺失后轻度智力障碍;双眼结构损伤,较好眼闪光视觉诱发电位(VEP)>120ms,矫正视力<0.6,视野半径<50°;泪器损伤,手术无法改进溢泪;双耳经客观检查证实听力在原有基础上损失大于31dB或一耳听力在原有基础上损失大于71dB;双小腿肌力Ⅳ级(四级),临床判定不能恢复;大、小便轻度失禁;手术后当时引起脊柱侧弯30°以上,手术后当时引起脊柱后凸成角(胸段大于60°,胸腰段大于30°,腰段大于20°)等15种情况。

4. 四级医疗事故 四级医疗事故指造成患者明显人身损害的其他后果的医疗事故。例如造成患者双侧轻度不完全性面瘫,无功能障碍;面部轻度色素沉着或脱失;一侧眼睑有明显缺损或外翻;拔除健康恒牙;器械或异物误入呼吸道或消化道,需全麻后内窥镜下取出;口周及颜面软组织轻度损伤;非解剖变异等因素,拔除上颌后牙时牙根或异物进入上颌窦需手术取出;组织、器官轻度损伤,行修补术后无功能障碍;一拇指末节1/2缺损;一手除拇指、示指外,有两指近侧指间关节无功能;一足拇趾末节缺失;软组织内异物滞留;体腔遗留异物已包裹,无须手术取出,无功能障碍;局部注射造成组织坏死,成人大于体表面积2%,儿童大于体表面积5%;剖宫产术引起胎儿损伤;产后胎盘残留引起大出血,无其他并发症等16种情况。

(二) 一般医疗过错

一般医疗过错指除上述四级医疗事故之外的其他医疗过错。从范围上来说,它应该包括内、外、妇、儿、五官科以及辅助科室等一切医疗科室在患者诊疗过程中的过错。从危害程度上,它应该较任何级别的医疗事故都轻,如手术导致一侧眼睑有缺损或外翻,但不足以构成医疗事故的;一拇指末节缺损,但不足以构成医疗事故的,等等,都可认定为一般医疗过错。

第 2 节　医疗过错的构成
Section 2　Component of Medical Fault

一、医疗过错的主体
Subject of Medical Fault

(一) 医务人员

所谓医务人员,指经过考核和卫生行政部门批准或承认,取得相应资格及执业证书的各级各类卫生技术人员。在我国,根据卫计委的有关规定,医务人员按其业务性质可分为4类:①医疗防疫人员(包括中医、西医、卫生防疫、地方病及特种病防治、工业卫生、妇幼保健等技术人员);②药剂人员(包括中药、西药技术人员);③护理人员(包括护师、护士、护理员);④其他技术人员(包括检验、理疗、病理、口腔、核医学、放射、营养等技术人员)。属于上述4类医务人员之一,在从事医疗活动中造成病员严重不良后果的,才属于医疗事故。未经卫生行政部门批准,私自开业非法行医人员,在诊疗、护理过程中造成病员死亡、残疾、功能障碍等不良后果的,就不能作为医疗事故处理。

(二) 医疗机构

2002年9月1日起施行的《医疗事故处理条例》改变了原《医疗事故处理办法》只有"医务人员"这一单一主体的规定,将"医疗机构"也列为医疗事故的主体,从而将因医疗管理、后勤服务等方面的过错而给患者造成的身体健康损害也包括在了医疗事故的范畴。这一规定在现实中的意义在于:不仅医师、护士等直接为患者服务的人给患者造成不良后果的要承担责任;管理人员、后勤人员的过错行为给患者造成不良后果的也应承担责任。这不仅更加有利于患者合法权益的保护,而且有利于医院内部的行政管理。

二、医疗过错的主观方面
Subject Aspect of Medical Fault

过错是行为人实施某种行为时的一种主观心理状态,与其并列的另一种心理状态是故意。但在医疗事故中是没有故意的,如果医师在实施诊疗行为时故意造成患者的死亡、残疾等不良后果,就不再是医疗事故,而应按故意杀人或故意伤害来处理。可见,医疗事故的行为人在其实施诊疗行为时,其主观心理状态只能是过错的,包括疏忽大意的过错和过于自信的过错两种情况。

三、医疗过错的客观方面
Object Aspect of Medical Fault

(一) 必须有违法违规行为或技术上的失误

1. 违法违规行为　违法即违反国家的法律法规;违规即违反卫生行政部门和医疗单位制订的规章制度和技术操作规程。在实践中,因医疗事件而承担民事责任,绝大多数情况下是由于医务人员违反规章制度或技术操作规程,而不是违反国家的法律法规。

2. 技术上的失误　医疗过错承担民事责任的行为要件中,有一与其他民事责任的行为要件不同之处，那就是，当事医师只要存在技术上的失误，比如，手术医师因对脏器认识不清而误摘，此时，即使医师没有违法行为，即他是完全按照规章制度和技术操作规程操作的，也要承担民事赔偿责任，这是由医师这一特殊职业所决定的。医师是直接与人的生命健康相关联的专业技术人员，为此，国家对医师的执业资格规定了严格的条件，医师执业时，不仅必须具备相应的资格，还必须对自己的诊疗行为给予超乎其他职业的特别注意。只有对医师的行为提出这样的高要求，才能充分保障人的生命健康安全。如果对应尽的特别注意没有尽到，并由此产生了技术上的失误，医师就要对此负责。所以，医师承担民事责任并非必须有违法行为，技术失误与违法行为是并列的承担赔偿责任的行为要件。

（二）必须有危害后果

损害事实指某种行为致使受害人财产权或人身权受到侵害，造成财产或非财产减损的客观事实。既包括物质上的损失，也包括精神上的损失，具体表现为受害人死亡、残疾、增加病痛、延长治疗时间等所造成的财产上的减损以及由上述情况导致的受害者及家属精神上的焦虑、忧愁、苦恼等实际损害。目前，对医疗纠纷中的精神损害是否赔偿，各种有关的法律规范尚无明文规定，但司法实践中已出现对精神损害进行赔偿的案例，而且从发展趋势上看，精神损害赔偿将日益受到重视。

作为侵权民事责任构成要件的损害事实，应具有以下特征：

1. 被损权益的合法性　即侵权行为人所侵害的是他人受法律保护的合法权益；对法律不予保护的"权益"，即使"侵犯"并造成一定后果，也不是应承担民事赔偿责任的损害事实。

2. 损害行为的补救性　一是补救的必要性，即损害结果对受害人造成了较大的影响，确有必要进行补救，不补救将损及《民法通则》中的某些基本原则如公平原则等；二是补救的可能性，即必须是法律允许补救的损失方能补救，超出法律规定范围的损失，即使真的有，也不能补救。

3. 损害后果的客观实在性　一切构成医疗纠纷民事责任的损害事实，必须是已经发生的、确实存在的，而臆想的、捏造的、没有科学根据的结果都不是损害事实。

（三）危害后果与违法违规行为之间必须有因果关系

因果关系是确定医疗纠纷民事责任的必要条件之一，如果医师的违法行为与病员的损害事实之间没有因果关系，那么，不管其他条件是否具备，医师和医院都不承担责任。因果关系问题从理论上讲很容易理解，但在实践中却相当复杂。因为现实中，原因和结果并不总是只有一个，因果关系有多种类型。

1. 一因一果　即一个损害结果由一个违法行为所造成的。这是最简单的一种因果关系，在这种因果关系中，侵权责任的承担者和侵权责任的范围都比较容易确定。

2. 一因多果　即一个违法行为同时引起多种损害结果。所谓多种损害结果，可以是多个受害人受损，也可以是一个受害人出现数种损害。

3. 多因一果　即一个损害结果是由数个违法行为造成的。这种类型的因果关系又包括多种具体情形。

（1）数个医务人员的行为共同导致一个损害结果发生；

（2）医务人员的行为与病员及家属的行为共同导致一个损害结果发生；

（3）第三人的行为与医务人员的行为共同导致一个损害结果发生；

（4）客观原因与医务人员的违法行为结合导致损害结果；

（5）上述各种情况结合在一起导致损害结果。

4. 多因多果　即几个违法行为共同造成几个损害结果。这里的"多因"，与多因一果中的"因"在具体内容上完全相同；"多果"与一因多果中的"果"在具体内容上完全相同。实践中，多果通常表现为对多个不同的病员造成损害，因此，多因多果可以看作多因一果的特殊表现形式。

因果关系问题作为认定民事责任的必要条件，是处理医疗纠纷时必须明确认定，而在实践中又是认定起来相当困难的问题。这就要求纠纷的处理者和纠纷当事人，既要掌握因果关系的基本知识，又要了解因果关系在实践中的各种类型以及应当注意的问题，以保证公平、合理地解决纠纷。

第3节 医疗过错的鉴定
Section 3 Identification of Medical Fault

一、医疗事故鉴定
Identification of Medical Accident

医患纠纷发生后，如果双方对纠纷的性质（即是否属于医疗过错）或解决结果（即医院应否赔偿，赔偿多少）不能通过协商达成一致，就需要由法定人员组成的机构通过调查研究、讨论分析、判定性质，做出科学的、客观的结论。这一过程称为医疗事故技术鉴定，其组织机构称为医疗事故技术鉴定委员会。由于《医疗事故技术鉴定暂行办法》第二十一条规定，"涉及死因、伤残等级鉴定的，应当按照规定由双方当事人各自随机抽取一名法医参加鉴定组"，所以，法医工作者对此应有所了解。

（一）鉴定机构

1. 机构设置 按照自2002年9月1日起施行的《医疗事故技术鉴定暂行办法》的规定，医疗事故技术鉴定工作由医学会负责组织，该学会可以设立医疗事故技术鉴定工作办公室，具体负责有关医疗事故技术鉴定的组织和日常工作。

医疗事故技术鉴定分为首次鉴定和再次鉴定。设区的市级和省、自治区、直辖市直接管辖的县（市）级地方医学会负责组织专家鉴定组进行首次医疗事故技术鉴定；省、自治区、直辖市地方医学会负责组织医疗事故争议的再次鉴定工作；必要时，对疑难、复杂并在全国有重大影响的医疗事故争议，省级卫生行政部门可以商请中华医学会组织医疗事故技术鉴定。

医疗事故技术鉴定由医学会组织专家鉴定组独立进行，任何其他的组织和个人均不得干涉。

2. 专家库的建立 医学会应当依据学科专业组名录设置学科专业组，并将其输入专家库。根据本地区医疗工作和医疗事故技术鉴定实际，医学会可以对本专家库学科专业组设立予以适当增减和调整。有良好的业务素质和执业品德、健康状况能够胜任医疗事故技术鉴定工作的法医可以受聘进入专家库；具备上述条件，且受聘于医疗卫生机构或者医学教学、科研机构并担任相应专业高级技术职务3年以上的医疗卫生专业技术人员可以成为专家库候选人。

负责首次医疗事故技术鉴定工作的医学会原则上聘请本行政区域内的专家建立专家库；当本行政区域内的专家不能满足建立专家库需要时，可以聘请本省、自治区、直辖市范围内的专家进入本专家库。

负责再次医疗事故技术鉴定工作的医学会原则上聘请本省、自治区、直辖市范围内的专家建立专家库；当本省、自治区、直辖市范围内的专家不能满足建立专家库需要时，可以聘请其他省、自治区、直辖市的专家进入本专家库。

医疗卫生机构或医学教学、科研机构、同级的医药卫生专业学会应当按照医学会要求，推荐专家库成员候选人；符合条件的个人经所在单位同意后也可以直接向组建专家库的医学会申请。

医学会对专家库成员候选人进行审核。审核合格的，予以聘任，并发给中华医学会统一的聘书。专家库成员聘用期为4年。在聘用期间因健康原因不能胜任医疗事故技术鉴定的；变更受聘单位或被解聘的；不具备完全民事行为能力的；受刑事处罚的；省级以上卫生行政部门规定的其他情形的，应当由专家库成员所在单位及时报告医学会，医学会应根据实际情况及时进行调整。聘用期满需继续聘用的，由医学会重新审核、聘用。

医学会应当根据医疗事故争议所涉及的学科专业，确定专家鉴定组的构成和人数。

3. 专家鉴定组的组成 专家鉴定组组成人数应为3人以上单数。医疗事故争议涉及多学科专业的，其中主要学科专业的专家不得少于专家鉴定组成员的1/2。专家鉴定组组长由专家鉴定组成员推选产生，也可以由医疗事故争议所涉及的主要学科专家中具有最高专业技术职务任职资格的专家担任。

医学会应当提前通知双方当事人，在指定时间、指定地点，从专家库相关学科专业组中随机抽取专家鉴定组成员。医学会主持双方当事人抽取专家鉴定组成员前，应当将专家库相关学科专业组中专家姓名、专业、技术职务、工作单位告知双方当事人。当事人要求专家库成员回避的，应当说明理由。医学会对当事人准备抽取的专家进行随机编号，并主持双方当事人随机抽取相同数量的专家编号，最后一个专家由医学会随机抽取。双方当事人还应当按照上款规定的方法各自随机抽取一个专家作为候补。涉及死因、伤残等级鉴定的，应当按照前款规定由双方当事人各自随机抽取一名法医参加鉴定组。随机抽取结束后，医学会当场向双方当事人公布所抽取的专家鉴定组成员和候补成员的编号并记录在案。现有专家库成员不能满足鉴定工作需要时，医学会应当向双方当事人说明，并经双方当事人同意，可以从本省、自治区、直辖市其他医学会专家库中抽取相关学科专业组的专家参加专家鉴定组；本省、自治区、直辖市医学会专家库成员不能满足鉴定工作需要时，可以从其他省、自治区、直辖市医学会专家库中抽取相关学科专业组的专家参加专家鉴定组。从其他医学会建立的专家库中抽取的专家无法到场参加医疗事故技术鉴定，可以以函件的方式提出鉴定意见。

（二）鉴定程序

1. 鉴定的提起 双方当事人协商解决医疗事故争议，需进行医疗事故技术鉴定的，应共同书面委托医疗机构所在地负责首次医疗事故技术鉴定工作的医学会进行医疗事故技术鉴定。

县级以上地方卫生行政部门接到医疗机构关于重大医疗过错行为的报告，或者医疗事故争议当事人要求处理医疗事故争议的申请后，对需要进行医疗事故技术鉴定的，应当书面移交负责首次医疗事故技术鉴定工作的医学会组织鉴定。协商解决医疗事故争议涉及多个医疗机构的，应当由涉及的所有医疗机构与患者共同委托其中任何一所医疗机构所在地负责组织首次医疗事故技术鉴定工作的医学会进行医疗事故技术鉴定。医疗事故争议涉及多个医疗机构，当事人申请卫生行政部门处理的，只可以向其中一所医疗机构所在地卫生行政部门提出处理申请。

2. 鉴定的受理 医学会应当自受理医疗事故技术鉴定之日起5天内，通知医疗事故争议双方当事人按照《医疗事故处理条例》第二十八条规定提交医疗事故技术鉴定所需的材料。当事人应当自收到医学会的通知之日起10天内提交有关医疗事故技术鉴定的材料、书面陈述及答辩。对不符合受理条件的，医学会不予受理，但需要说明理由。

当事人一方直接向医学会提出鉴定申请的；医疗事故争议涉及多个医疗机构，其中一所医疗机构所在地的医学会已经受理的；医疗事故争议已经人民法院调解达成协议或判决的；当事人已向人民法院提起民事诉讼的（司法机关委托的除外）；非法行医造成患者身体健康损害的，医学会不予受理医疗事故技术鉴定。当事人未按规定提交有关医疗事故技术鉴定材料的；提供的材料不真实的；拒绝缴纳鉴定费的，医学会中止组织医疗事故技术鉴定。

3. 鉴定前的准备　医学会应当在医疗事故技术鉴定 7 天前，将鉴定的时间、地点、要求等书面通知双方当事人。专家鉴定组成员接到医学会通知后认为自己应当回避的，应当于接到通知时及时提出书面回避申请，并说明理由；因其他原因无法参加医疗事故技术鉴定的，应当于接到通知时及时书面告知医学会。专家鉴定组成员因回避或因其他原因无法参加医疗事故技术鉴定时，医学会应当通知相关学科专业组候补成员参加医疗事故技术鉴定。如专家鉴定组成员因不可抗力未能及时告知医学会不能参加鉴定或虽告知但医学会无法按规定组成专家鉴定组的，医疗事故技术鉴定可以延期进行。

当事人各方参加医疗事故技术鉴定的人数均不得超过 3 人。任何一方当事人无故缺席、自行退席或拒绝参加鉴定的，不影响鉴定的进行。

医学会应当自接到双方当事人提交的有关医疗事故技术鉴定的材料、书面陈述及答辩之日起 45 天内组织鉴定并出具医疗事故技术鉴定书。

4. 鉴定会的程序　鉴定会由专家鉴定组组长主持，并按照以下程序进行：

（1）双方当事人在规定的时间内分别陈述意见和理由；陈述顺序先患方，后医疗机构。

（2）专家鉴定组成员根据需要可以提问，当事人应当如实回答。必要时，可以对患者进行现场医学检查。

（3）双方当事人退场。

（4）专家鉴定组对双方当事人提供的书面材料、陈述及答辩等进行讨论。

（5）经合议，根据半数以上专家鉴定组成员的一致意见形成鉴定结论。专家鉴定组成员在鉴定结论上签名。专家鉴定组成员对鉴定结论的不同意见，应当予以注明。

5. 鉴定书的内容　鉴定书应当包括以下内容：① 双方当事人的基本情况及要求。② 当事人提交的材料和医学会的调查材料。③ 对鉴定过程的说明。④ 医疗行为是否违反医疗卫生管理法律、行政法规、部门规章和诊疗护理规范、常规。⑤ 医疗过错行为与人身损害后果之间是否存在因果关系。⑥ 医疗过错行为在医疗事故损害后果中的责任程度：其中医疗事故损害后果完全由医疗过错行为造成的为完全责任；医疗事故损害后果主要由医疗过错行为造成，其他因素起次要作用的为主要责任；医疗事故损害后果主要由其他因素造成，医疗过错行为起次要作用的为次要责任；医疗事故损害后果绝大部分由其他因素造成，医疗过错行为起轻微作用的为轻微责任。⑦ 医疗事故等级。⑧ 对医疗事故患者的医疗护理医学建议。

6. 鉴定书的签发　医疗事故技术鉴定书根据鉴定结论作出，其文稿由专家鉴定组组长签发，并加盖医学会医疗事故技术鉴定专用印章。

医学会应当及时将医疗事故技术鉴定书送达移交鉴定的卫生行政部门，经卫生行政部门审核，对符合规定作出的医疗事故技术鉴定结论，应当及时送达双方当事人；由双方当事人共同委托的，直接送达双方当事人。

7. 重新鉴定　医学会对经卫生行政部门审核认为参加鉴定的人员资格和专业类别或者鉴定程序不符合规定的，应当重新组织鉴定。其中参加鉴定的人员资格和专业类别不符合规定的，应当重新抽取专家组织专家鉴定组进行重新鉴定；鉴定的程序不符合规定而参加鉴定的人员资格和专业类别符合规定的，可以由原专家鉴定组进行重新鉴定。重新鉴定时不得收取鉴定费。

（三）鉴定异议的提出

按照《医疗事故处理条例》第四十条的规定："任何一方当事人对首次医疗事故技术鉴定结论不服的，可以自收到首次医疗事故技术鉴定书之日起 15 天内，向原受理医疗事故争议处理申请的卫生行政部门提出再次鉴定的申请，或由双方当事人共同委托省、自治区、直辖市医学会组织再次鉴定。"

按照这一规定，当事人对鉴定结论有异议，既可以向同一鉴定委员会申请再鉴定，也可直接向上一级鉴定委员会申请再鉴定，但无论是向哪一级申请再鉴定，都应符合下列条件之一：①鉴定程序不符合规定：比如应当回避的鉴定人没有回避，或确有必要当面陈述意见并提出请求而且获得准许，但实际上却未得到陈述意见的通知，没能当面陈述意见，等等。②鉴定结论依据不足或定性定级明显欠准确：比如鉴定结论不是依据原始书面材料而是依据当事医师的口头陈述作出，或虽依据书面材料，但该书面材料是伪造的或被篡改的等。③鉴定结论明显错误：主要指鉴定时所做的分析、判断违背医学科学原理等。

当事人提出再次鉴定申请的，负责组织首次医疗事故技术鉴定的医学会应当及时将收到的鉴定材料移送负责组织再次医疗事故技术鉴定的医学会。

二、医疗事故的司法鉴定
Judicial Identification of Medical Accident

由于按照《医疗事故处理条例》组建的医疗事故技术鉴定委员会只鉴定那些构成严重医疗过错的医疗事故，所以，对于那些尚不构成医疗事故的一般医疗过错，可以申请司法鉴定。另外，事故发生后，有的患者放弃追究医护人员的行政责任，只希望获得民事赔偿的，也可以不经过医疗事故鉴定程序，而直接申请司法鉴定。目前，从事司法鉴定工作的绝大多数都是法医工作者。

（一）司法鉴定的启动

司法鉴定程序可以因当事人的申请而启动，也可以因受诉法院的直接委托而开始。医患纠纷的双方当事人，都可以申请司法鉴定，但在实践中，司法鉴定多由患方提起。提起司法鉴定的原因多是由于患方对医疗事故鉴定不服，提起的时间常为诉讼阶段，多由患方向法庭提出司法鉴定的申请，法庭准许后，即进入司法鉴定程序。也有少数当事人不经法庭许可，而是自行委托司法鉴定。这种自行委托的司法鉴定，被对方当事人认同的可能性较小，而在对方有异议的情况下，法庭也往往不将其作为定案的依据。

（二）司法鉴定的准备

1. 情况调查 必须了解患者的全部治疗经过，听取患者（未死者）、家属、经治医师、护士、病友及有关人员的介绍。若涉及几个医疗单位，必须一一详细调查，以便在活体或尸体检验时做到心中有数，有的放矢。对被调查的人员，事先要做好深入细致的思想工作，消除顾虑，积极配合，实事求是地反映情况。

2. 活体检验 对遗留有后遗症或残疾的患者，要请与纠纷无关的经验丰富的医师协同进行临床检验，分析造成不良后果的原因，与医务工作有何关系，并评定不良后果的程度，有时还要作劳动能力丧失程度的鉴定。

3. 尸体检验 对死亡病例要进行全面细致的尸体检验，尸体检验应在死后48小时内进行。医疗单位或患者家属如拒绝进行尸体检验或拖延尸体检验的时间，影响了对死因的判断，由拒绝或拖延的一方负责。通过尸体检验，弄清疾病诊断和死亡原因。对怀疑中毒或药物治疗事故的尸体，需对胃内容、血液、尿以及有关物证（如剩余药品，用过的容器、安瓿、注射器、针头、输液瓶、输液皮管等）进行毒物化验。

4. 书证及物证审查 调阅、审查全部病历，包括门诊病历、住院病历、各种辅助诊断报告（包括化验单、心电图、脑电图、B超、X线片、CT片等）、手术记录、处方、交接班记录、护理记录、重症监护记录、抢救记录及各种登记本等。如有手术中的切除组织、剩余药物、药品包装袋、输液器及剩余液体，也应一并调取、审查。

在运用鉴定材料时，必须保证其真实性，应派专人保管有关的各种原始材料，特别要注意病历是否有伪造、涂改、销毁、隐匿等。

（三）鉴定会的程序

司法鉴定会由法医学鉴定人负责主持，并按照以下程序进行：

(1) 双方当事人在规定的时间内分别陈述意见和理由。
(2) 法医以及聘请的专家根据需要进行提问；必要时，可以对患者进行现场医学检查。
(3) 双方当事人退场。
(4) 受聘专家对双方当事人提供的书面材料、陈述及答辩等进行讨论。法医对此意见进行整理、记录。

（四）鉴定结论

法医学鉴定人根据调查材料、法医学检验情况，以及受聘专家的意见，进行综合分析判断，得出符合医学科学原理的鉴定结论。鉴定结论应明确患者伤残或死亡的原因；医疗单位有无过失，过失和危害后果之间有无因果关系，等等。最后，由负责本案的法医学鉴定人签名，并加盖该鉴定机构章。

目前，由于司法鉴定的范围较宽，以及患方对司法鉴定机构的信任度较高等缘故，医患纠纷发生后，申请进行司法鉴定的案件日益增多，且有继续增长的趋势。

Chapter 13

法医学尸体检验
Postmortem Examination in Forensic Medicine

应用法医学理论与技术，对暴力性死亡或死因不明的尸体进行检验，称为法医学尸体检验。法医学尸体检验可以明确死亡原因、推断死亡时间或损伤经过时间、推断和认定致伤工具、分析死亡方式或案情性质、进行个人识别等，从而为刑事案件的侦察提供线索，为司法审判和民事纠纷的解决提供科学依据。

第1节 法医学尸体检验的对象和类型
Section 1　Objects and Types of Postmortem Examination in Forensic Medicine

一、法医学尸体检验的对象
Objects of Postmortem Examination in Forensic Medicine

法医学尸体检验的对象包括：
(1) 凶杀、伤害、投毒、抢劫、盗窃、强奸、报复等案件中的尸体；
(2) 医院外的猝死、病死、自杀及意外事故灾害中怀疑为他杀的尸体；
(3) 重大事故或灾害中必须进行尸体检验才能明确死亡原因和性质的尸体；
(4) 怀疑为暴力死亡的无名尸体；
(5) 涉及医疗纠纷、人身保险需尸体检验判明死因及死亡方式的尸体；
(6) 监狱、拘留所、收容所、劳改所内的被监管人员发生死亡，死因和死亡方式不清的尸体；
(7) 怀疑为烈性传染病死亡，有关部门认为需进行法医学检验的尸体等。

二、法医学尸体检验的类型
Types of Postmortem Examination in Forensic Medicine

(一) 尸表检验 (examination of cadavers surface)

尸表检验指不解剖尸体仅对包括衣着在内的尸体外表进行检查的一种检验方法。这种方法一般只适用于现场尸体的初步检验，案情十分清楚的案件，有几名目击证人的自杀，一般的工伤、交通事故中的尸体，由于宗教信仰或少数民族的风俗习惯不允许解剖尸体的情况。

(二) 系统解剖 (systematic anatomy) 检查

系统解剖检查指解剖开尸体的颅腔、颈部、胸腔和腹腔（包括盆腔），肉眼观察这些部位及其内部脏器的病变，再提取重要脏器的组织块进行病理组织学切片、显微镜检查，及必要的辅助理化检查。这是适用于所有尸体的法医学尸体检查方法，尤其是当案情不太清楚、损伤与疾病同时存在、损伤轻微或未检出有明显外伤而死亡时，这种系统全面的尸体解剖非常必要。

（三）局部分层解剖

局部分层解剖指在某些部位，按解剖层次，由外向内逐层解剖观察的一种检查方法。这种方法常是系统尸体解剖方法的补充，适用于能致命的重要部位（如头、颈）或致命性损伤，能用以推断和认定致伤物。需要注意的是这种局部分层解剖的方法不能取代系统全部的尸体解剖，应避免只对怀疑有损伤或病变的局部进行分层解剖，而忽略系统全面解剖的现象出现。

（四）特殊情况下的尸体检验

特殊情况下的尸体检验包括对无名尸体、碎尸、掩埋后挖掘出的尸体及新生儿的尸体检验等。由于情况特殊，所以对这些特殊情况下的尸体检验往往也有一些特殊的要求。

三、法医学尸体检验时的注意事项
Considerations of Postmortem Examination in Forensic Medicine

（一）了解案情和现场情况

由于客观案件的千变万化、犯罪手段的日益智能化，以及影响尸体变化的因素复杂，即使一个水平很高、经验很丰富的法医，做出鉴定时都必须充分结合有关的案情和现场情况综合分析，才能得出一个正确的鉴定结论。

首先，在检查尸体前应采取一切可以利用的方式向有关人员了解案情，包括发案经过、时间和地点；死亡前表现，如曾经过治疗或抢救，应查看有关病历资料；死者的职业、文化程度、婚姻状况、家庭及社会关系等。

其次，尸检前应尽可能到现场进行观察，了解现场的地理环境和尸体在现场的位置，发现和提取能用于进一步检验的血迹、精斑、毛发、死者的呕吐物、遗留的可疑药品、饮食及嫌疑致伤物等，并做好相应的提取记录。

（二）规范的文字和影像记录

在进行检查的同时，应规范地将尸体检查的过程和主要检查结果用文字和影像形式真实记录下来。这些原始的尸检记录和照片、录像是十分重要的文证，它不仅可以作为证据提供给司法机关或向法庭举证，而且也是法医学鉴定和再鉴定时的根据。因此这些文字和影像记录必须符合一定要求和规范，并妥善保存。正规的尸检记录应有专门的记录纸或表格，系统、全面地记录尸体检查的过程，重要的阳性和阴性发现，其中重要的阳性发现（病变和损伤）应详细描述，并仔细测量其大小和重量。检查结束后，主检人、助手、记录、照相人、在场见证人，都应亲手签名，以示负责。尸检照片和摄像一般分概览和细目照相或摄像两种，概览照相或摄像的目的是将损伤或病变的基本全貌记录下来，包括部位、大小、形状、方向、损伤或病变相互之间的关系等。因此概览照相或摄像应包括身体外表明显的解剖标志，使人看后对上述情况一目了然。细目照相或摄像则主要要求反映出重点损伤或病变的细微特征，因此拍照的距离要近，要放置比例尺，做到重点突出、特征鲜明。

第2节 尸体的外表检验和解剖检验
Section 2 Appearance Inspection and Anatomy Examination

一、尸体的外表检验
Appearance Inspection

（一）死者衣着检查

死者衣着检查是尸体外表检查的第一步。检查的内容包括：衣着的特征；衣着上有无破损及附着物（如血液、精液、呕吐物、化学药品、粪便等），如有应仔细检查并记录其部位、数量和特点；衣服口袋内有无证件、信函、票据、现金等。有时死者衣着已被脱掉或换上新的衣着，应将其寻回检查。因机械性损伤而死亡者，应高度注意衣着上破损情况的检查，以明确致伤物。

（二）尸体外表各部位的检查

首先，应检查尸体的一般情况，包括死者身体发育和营养状况，尸斑和尸僵的部位和强弱程度，全身皮肤有无黄疸、贫血、出血点或紫癜、瘢痕、文身、注射痕等，尤其注意有无损伤及隐蔽部位的检查。如有损伤则按机械性损伤检查的要求专门检查。

随后，按人体解剖部位从头至足、从前向后进行系统的检查。头部应从头发及头皮开始，如怀疑有损伤时应将头发剃光后检查；然后检查颜面及五官，注意眼结膜有无出血斑点、两侧瞳孔的大小与形状，外耳道、鼻腔、口腔内有无血液、分泌物和异物等。颈部尤其要注意有无扼痕、索沟，以及它们的部位、数目和方向，检查时不能忽略项部和耳后。胸腹部检查首先注意外形有无异常变化，再按摸两侧肋骨和胸骨，检查有无骨折征象、皮下气肿等。腰背部检查同胸腹部，但要注意臀部有无注射针眼。四肢检查除了注意骨折等损伤外，也应注意有无注射针眼，手中是否抓握异物，指（趾）甲的色泽，以及指甲内是否嵌有血液、组织块等。外生殖器及肛门的检查应注意有无损伤、分泌物及异物，女性尸体尤其需要注意检查阴道和处女膜的情况，怀疑有强奸情况时，应用棉拭子取阴道分泌物，检查有无精斑或精子。

腐败或严重毁坏的尸体，检查的步骤和方法与上述相同，只是要注意将腐败色斑、腐败气泡和水泡、腐败肿胀和表皮脱落等尸体腐败的正常改变，与损伤或病变区别开来。

二、尸体的解剖检验
Anatomy Examination

尸体外表和内部检查没有明显损伤的尸体，胸、腹、颅腔及颈部等所有器官，包括肾上腺、甲状腺、垂体等都应全面检查并取材做病理组织学检查，必要时还应做有关理化检查；机械性损伤死亡的，对重要部位和重点损伤还应做局部分层解剖；怀疑机械性窒息死的尸体，在解剖检查胸腹脏器和颅脑后，仔细分层解剖颈部组织和器官；怀疑中毒死的尸体，应根据毒物进入机体的途径不同，提取胃和胃内容、注射部位组织和心血，同时也要检查其他脏器和提取其他组织、体液做毒物分析和病理切片检查；水中发现的尸体常因尸体腐败而尸表的生前溺死征象多已消失，必须做尸体解剖，观察呼吸和消化系统等有无生前溺死征象，并提取适当的检材做硅藻检查（diatom test）。还有许多较为特殊的死亡，都有一些相对特殊的解剖检查方法，如空气栓塞（air embolism）、肺动脉栓塞（pulmonary embolism）、脂肪栓塞（fat embolism）等的检验，应根据情况选择使用。

尸体解剖检查除了肉眼观察各体腔脏器和组织的外观变化，还应剖开脏器和组织观察剖面的变化。不少损伤和病变在外表是观察不到或难以观察到的，如脑挫伤、脑干损伤、脑内血肿、冠状动脉粥样硬化病变等。此外，还有不少损伤或病变，甚至致死性损伤或病变，用肉眼是观察不出来的，必须做成病理切片在显微镜下观察，如弥散性轴索损伤、轻度的脑干损伤、小的脑血管瘤或血管畸形、心传导系统的疾病或损伤、心肌的炎症或一些缺血性病变等。因此，不做病理组织学检查的尸体解剖，不能算是系统全面的尸体解剖，也难免遗漏某些重要的病变或损伤，从而可能导致鉴定结论的不科学性或错误，也容易使人怀疑结论的可靠性。

在尸体解剖中发现的、能作为鉴定依据和证据的损伤或病变标本，应提取后用固定液浸泡保存，一般应保存到案件终结，以便日后复查时能利用。

送作病理组织学检查的组织标本应及时固定以防自溶腐败，影响观察和结果的判断。所取脏器和组织应包含所有重要的脏器和内分泌腺器官，尤其是心、脑和肺，并且应有足够的数量，以免给病理诊断和鉴定结论的确定带来困难。

第3节 特殊类型的尸体检验
Section 3　Postmortem Examination of Special Types

一、无名尸体的检验
Examination of Unknown Dead Body (Examination of Jane Doe)

检验这类尸体时除了应遵循一般尸体检查的要求外，还应特别注意个体特征的检查和记录，以便为查找尸源和最后认定死者提供线索和证据。首先应注意检查死者衣着特征及随身所带物品，这对于高度腐败或毁坏的尸体尤为重要。体表检查时应仔细测量其身长、发长；提取指纹；记录其生理性和病理性特征，如肤色、发型、脸型、痣、疣、肿块、手术瘢痕、畸形等；尸体解剖时检查其内脏病变特点，提取耻骨联合等有利于性别、年龄判断的检材；女性尸体还应注意乳房与生殖器的特征，包括是否处女、是否怀孕、腹部有无妊娠纹等。

二、碎尸的检验
Examination of Dismembered Body

完整的尸体分离成数段，或使头、肢体与躯干分离称为碎尸。碎尸可见于多种情况，如水中尸体被螺旋桨切削，野外尸体被大型动物撕咬，严重交通事故中身体被汽车、火车碾压，飞机坠落后的机上人员，爆炸损伤中位于爆炸中心及附近的人，从很高处坠落的人，地震、高楼崩塌等重大意外灾害中受伤的人等。但在法医实际工作中更多见的是罪犯为了掩盖罪行移尸灭迹而肢解尸体所形成的碎尸。碎尸的尸块有时从不同的地点、不同的时间被发现，不同尸块被发现的地点有时可能很远，甚至在不同的城市或省区；不同尸块被发现的时间也可能先后相隔较长的时间，从几天到几个月。这就给碎尸的法医学检查增加了困难。

碎尸法医学检验的任务主要有以下几点：①碎尸的同一认定，即判断从不同地点和不同时间，或同一地点、同一时间所发现的碎尸，是否是同一个人的尸体；②碎尸的个人识别，即在确认碎尸是同一人的尸体后，判断该死者的性别、身高、年龄、职业等，并提取血液检测血型和进行DNA指纹分析，从而为寻找尸源提供线索，及与已知嫌疑死者进行比较，判断是否为同一个人；③确定死因和死亡时间、碎尸时间；④推断致死方式、致伤和碎尸的工具等。

检验时，首先检查盛装或包裹尸块的材料或包装物，以便分析罪犯的职业、居住地区等特点；再检查碎尸上可能黏附的物质，有助于寻找分尸的现场；检查尸块是否为同一人时，可根据解剖学形态特征、断面特征、皮肤色泽、毛发等；当确定为同一人尸块后，可根据外及内生殖器官判断性别，根据耻骨联合面的特点等推断年龄，根据血型及DNA指纹检测结果进行个人识别；根据尸体现象、死后变化、胃肠内食物的消化程度及发现时间，推断被碎尸的时间；根据断端组织生活反应，推断被肢解与死亡间的经过时间；根据断端损伤特点，推断碎尸工具；根据尸块上损伤部位、程度，结合病理组织学和毒物分析结果，推测死亡原因；有的还可以尸体离断的部位和断端特征推测凶手的职业等。当碎尸不是同时发现，或一时仅发现部分碎尸块时，应在检查完尸块后用药水固定防腐，以便尸块找齐后进一步比较检查。

三、挖掘尸体的检验
Examination of Excavated Corpse

在法医实际工作中,有时需对已经埋葬的尸体进行挖掘后检验,也称开棺检验。开棺检验的尸体被埋葬的时间长短不一,短者几天,如果此时气温不高,尸体可能仅轻度腐败;如果气温较高,则可能已高度腐败;长者可为几个月、几年、十几年,甚至更长的时间,而仅留下尸骨。即使是高度腐败的尸体或白骨化的尸体,当需要检查时,法医也不能拒绝检查或简单从事。因为这类尸体仍可能为问题的解决提供有力的证据。当尸体高度腐败而软组织和内脏尚未完全破坏时,尸检时仍可观察到有些损伤和病变,如皮肤创口、挫伤、内脏破裂、体内积血、肿瘤、脓肿、积脓或积液等;骨质上的损伤能保存很长时间不被破坏;重金属类毒物及有些稳定的化合物(如马钱子碱或番木鳖碱、阿托品、雷公藤生物碱等)也能在尸体内保留较长时间而能被检出。

尸体挖掘检查时,首先应在死者亲属和有关知情人的指引下确认埋葬地点及尸体无误;再观察和记录埋葬地的一般情况,如有无棺木、棺木是否倒塌或曾被挖掘过;然后检查尸体,依尸体状况不同而定,如尚未液化或骨化,基本同一般尸体检验,如已液化或白骨化,则重点检查骨质。检出有证据价值的检材应及时提取留作物证。需做毒物分析时,提取检材时除了尸体检材外,还应提取死者随葬衣物、棺外的泥土以作对照化验。因为这些物质内有的可能含有有毒的物质,而随水或其他方式混入尸体检材中,如不注意作对照化验,有可能得出错误的结论。

如在白骨化的尸体检查中检出骨质损伤,应想到有无可能是在死后尸体被搬运、掩埋过程中,或被掩埋后因棺木塌陷、动物破坏所形成。骨质上损伤是生前或死后伤的鉴别相当困难,常需做多项特殊检查综合判断,单凭肉眼观察和切片检查,都难以准确鉴定。

需要注意的是,挖掘尸体的检验需要注意尊重当地以及各少数民族的风俗习惯,避免不必要的纠纷发生。

法医学活体检验
Biopsy in Forensic Medicine

活体检验是法医临床学的主要内容之一。近年来，随着我国法制逐步健全及公民法制观念的增强，刑事犯罪、民事纠纷、交通事故、工伤等造成的活体损伤案件越来越多地进入诉讼程序。因此科学而准确地对活体损伤进行法医学检验与鉴定，不仅能为刑事侦察和法院审判服务，也可以为民事纠纷的合理调解和赔偿提供科学依据。

第1节 损伤程度鉴定
Section 1 Assessment of Injury Severities

损伤程度鉴定指法医工作者受有关部门委托对被鉴定人的非致命伤进行检验，再依据我国现行公布的人体损伤程度鉴定标准进行评定，做出此非致命伤是重伤、轻伤或者是轻微伤的判断过程。损伤程度鉴定包括检查和评定两个过程，全面、细致的活体损伤检查是做出科学鉴定的前提和保证，正确引用人体损伤程度鉴定标准的有关条款进行评定，是科学鉴定的关键。损伤程度鉴定的依据，主要来自案情、病历资料、临床检查及必要的实验室检查和特殊仪器检查。

一、损伤程度的分类
Classification of Injury Severities

依据损伤对人体损害的程度不同，损伤程度分为重伤、轻伤和轻微伤。

1. 重伤（grave injury） 从医学的角度讲，重伤指有危及生命或者并发症危及生命的损伤，损伤造成了重要器官的破损或严重的功能障碍。按照最高人民法院、最高人民检察院、司法部、公安部（简称两院两部）公布的《人体重伤鉴定标准》，重伤指使人肢体残废、毁人容貌、丧失听觉、丧失视觉、丧失其他器官功能或者其他对于人体健康有重大伤害的损伤。因此，致伤因素作用于机体出现下列情况时，都应该评定为重伤：① 直接危及生命的损伤；② 直接引起危及生命严重并发症的损伤；③ 直接引起严重后遗症的损伤；④ 引起重要器官严重丧失功能的损伤；⑤ 引起肢体残废的损伤；⑥ 引起毁容的损伤。

2. 轻伤（flesh injury） 按照两院两部公布的《人体轻伤鉴定标准（试行）》，轻伤指物理、化学及生物等各种外界因素作用于人体，造成组织、器官结构的一定程度的损害或者部分功能障碍，尚未构成重伤又不属于轻微伤的损伤。

3. 轻微伤（slight injury） 按照中华人民共和国公共安全行业标准（GA/T 146—1996）《人体轻微伤的鉴定》，轻微伤指造成人体局部组织器官结构的轻微损伤或短暂的功能障碍。轻微伤恢复后一般不遗留明显后遗症。

二、损伤程度鉴定的意义及注意事项
Significance and Considerations of Assessment of Injury Severities

（一）意义

活体损伤程度鉴定为司法审判提供定罪量刑和经济赔偿的医学证据，是确定罪与非罪的重要依据。《中华人民共和国刑法》第二百三十四条规定，故意伤害他人身体致人重伤的，处 3 年以上 10 年以下有期徒刑；致人死亡或者以特别残忍手段致人重伤造成严重残疾的，处 10 年以上有期徒刑、无期徒刑或者死刑。《中华人民共和国刑法》第二百三十五条规定，过失伤害他人致人重伤的处 3 年以下有期徒刑或者拘役。《中华人民共和国治安管理处罚条例》第二十二条规定：殴打他人，造成轻微伤害的，属于尚不够刑事处罚的，处 15 日以下拘留、200 元以下罚款或者警告。根据上述规定，故意伤害他人造成轻伤者，可以处 3 年以下有期徒刑，造成轻微伤者处 15 日以下拘留。

（二）注意事项

（1）必须坚持实事求是的原则，以客观病变及各种检查结果为依据，不能盲目轻信当事人一方的陈述，也不能被伤者体表的损伤所蒙蔽。

（2）必须坚持以致伤因素对人体直接造成的原发性损伤及由损伤引起的并发症或者后遗症为依据，全面分析，综合评定。对原发性损伤及并发症应以损伤当时伤情为主；对损害、毁损容貌的，影响、丧失器官功能的应以损伤的后果或者结局为主。

（3）活体的损伤必须由法医鉴定人亲自检查，明确是否有损伤，确定是真伤、诈伤或造作伤，仔细检查微小的损伤，以免遗漏可能存在的严重损伤。

（4）在引用临床资料时通常以原有病历和全面的临床检查为基础，切忌不加分析地引用"疾病证明书"或病历记载等资料做出损伤程度的评定。

（5）鉴定时间应根据不同情况在伤后立即进行或在临床治疗终结后进行。损伤当时情况可反映损伤后果者，验伤后可即时作出鉴定，否则，需待治疗终结后进行鉴定。

（6）鉴定时，对标准未作具体规定的损伤，可以遵循损伤程度划分原则，参照标准相近的条文做出相应损伤程度的评定。

（7）注意防止有人利用 X 线片弄虚作假，鉴定时要认真核实，必要时亲自带被鉴定人重拍同一部位的 X 线片进行对照。

（8）临床特殊仪器检查中应以客观检查为主要诊断依据，如眼耳部损伤时不能单凭视力表或电测听检查结果做出视力或听力丧失的诊断，而应以视（听）觉诱发电位等客观检查结果为准。

（9）慎重鉴定损伤的并发症及后遗症。损伤所致的并发症都有相应的症状和体征，其发生、发展和消失都有一定的规律，要以客观体征为基础，按照鉴定标准进行评定。后遗症反映了损伤的转归和结局，在原发性损伤恢复后，遗留有不可逆的畸形或功能障碍才能认定为后遗症。

第 2 节　劳动能力鉴定
Section 2　Identification of Labor Capacity

一、劳动能力和劳动能力丧失
Labor Capacity and Labor Incapacity

（一）劳动能力（labor capacity）的概念

劳动能力指人类进行劳动工作的能力，包括体力劳动和脑力劳动。劳动能力往往是判断一个人各器官功能是否正常的最低指标。劳动能力可分为一般性劳动能力和职业性劳动能力两种，其中一般性劳动能力多指日常所需的劳动能力，包括为自己服务和为他人服务的简单体力及脑力劳动，如独立行走、吃饭、穿衣、保持环境卫生等；职业性劳动能力，指经过专业训练，具备专门知识的劳动能力，如教师、工程师的脑力劳动，工人、农民的体力劳动，画家、舞蹈家、钢琴师的专门性劳动能力等。

（二）劳动能力丧失的分类

劳动能力丧失（labor incapacity）指损伤、疾病、衰老等原因引起的原有劳动能力减弱或消失，使机体与所从事劳动工作之间的不相适应。劳动能力的丧失有两种分类方法。

1. 按劳动能力丧失持续的时间分类

（1）暂时性劳动能力丧失：机体继续完成本职工作的能力受到暂时的影响，但功能障碍恢复后仍可完成其工作。暂时性劳动能力丧失根据医师签署的诊断证明书确认，一般不需再做法医学鉴定。

（2）永久性劳动能力丧失：伤病治疗终结后劳动能力仍不能恢复，以致不能完成其本职工作或需改变其原有工作。永久性劳动能力丧失者，应当进行伤残的劳动能力鉴定，作为法庭判决或保险公司处理伤害事件的法律依据。

2. 按劳动能力丧失的程度分类

（1）部分劳动能力丧失：指不能从事通常的本职工作，但能履行其他无损于健康的较轻的工作；

（2）大部分劳动能力丧失：丧失任何职业性劳动能力，但生活尚可自理；

（3）完全劳动能力丧失：指不能继续从事本职工作，也不能从事任何职业性劳动，且生活完全不能自理。

二、劳动能力鉴定的标准
Standard of Identification of Labor Capacity

目前，我国只有对工伤与职业病及交通事故致残的劳动能力鉴定有全国统一的标准，工伤与职业病致残按中华人民共和国国家标准（GB/T 16180—1996）《职工工伤与职业病致残程度鉴定》评定，交通事故致残按中华人民共和国国家标准（GB 18667—2002）《道路交通事故受伤人员伤残评定》评定。除此之外，某些行业管理部门还先后制订并颁布了适用于各自行业的劳动能力丧失程度鉴定标准，包括民政部1989年公布的18号文件《革命伤残军人评定伤残等级的条件》、中国人民保险公司1986年12月公布的《人身保险伤残程度分类表》等。

第3节 诈病及造作病（伤）的鉴定
Section 3　Identification of Fictitious Diseases and Artificial Diseases

在活体损伤检验鉴定过程中，有时会遇到被鉴定人伪装伤病、夸大病情或故意造作某种损伤或疾病的病史、症状和体征，以达到骗取病假或疗养机会；掩盖犯罪行为或企图减刑、缓刑，甚至逃避刑事责任；要求赔偿或获得优厚的劳保福利；要求调换工种或不值夜班等目的。因此，在这类案件的鉴定中应注意分析其病史和有关资料的可靠性，详细检查损伤（或疾病）的特征及部位，依据客观检查结果作出实事求是的鉴定。

一、诈病(伤)
Malingering or Fictitious Injuries (Disease)

健康无病的人假装患有某种疾病，称为诈病。例如故意装作头痛、卧床呻吟、恶心欲呕状；或诈瘫痪，装作不能站立行走；有的人装成精神病。这些都是有意识、有目的通过主观意志，控制自身某些部位器官功能，伪装症状的欺诈行为。有些诈病者可能也的确患有轻度疾病，但却故意夸大原有疾病的病情和症状，装成重病，否定医疗效果，否定病情好转等。

(一) 诈病的常见表现及特征

1. 常见表现

(1) 假装疼痛：这是最多见也最难确诊的，"患者"常常自诉全身或某部位疼痛，例如假装头痛、胸痛、心绞痛、胃痛、腹痛、关节痛、坐骨神经痛等。

(2) 假装发热：为获取数天休假，"患者"常常用人工办法伪装正在发热。例如事先在腋窝夹个暖水袋等，使腋窝温度升高；或用食盐、乙醇、姜等刺激性的物质摩擦腋窝皮肤，使温度升高。检查时应仔细注意全身症状及体征。

(3) 伪盲：假装一目或双目视力极度减退或完全失调。

(4) 伪聋：自述一侧耳聋或全聋，也有伪装听力减低者。通常伪聋者常伴有伪装失语。

(5) 伪装呼吸系统疾病的个别症状：如呼吸障碍、嘶哑、咳嗽、呼吸频数或伪装结核病的个别症状。

(6) 伪装心脏病：如心脏活动功能失调、心动过速。

(7) 伪装神经系统疾病症状：如头痛、神经根炎、坐骨神经痛、三叉神经痛等。

(8) 伪装失语：一语不发，只用手势或笔谈，其听觉并未丧失，发音器官正常，咳嗽及喊叫时能照常发音。

(9) 伪装精神病：一般多装作重精神病，表现为突然胡言乱语，情绪骚动，装疯作傻，动作怪异，或模仿木僵状态，拒绝饮食等，但在夜深人静或无人看见时，一切恢复正常，或偷偷大吃大喝。

此外，还有伪装呕吐、肠炎、血便、肾炎、血尿、遗尿、跛行等。

2. 诈病的特征

(1) 过分夸大症状：为了使人们相信其确实患有某种疾病，伪装者必然会过分地夸大自己的症状，如看得比瞎子还差，听得比聋子还糟，震颤得比帕金森病患者还厉害，等等。殊不知这反而暴露了他的伪装。

(2) 症状混乱而矛盾：因诈病者缺乏医学知识，往往把一种病的症状和另一种病的症状加在一起表现出来，于是出现了混乱而矛盾的症状。

(3) 异常的病程：诈病者一般突然发病，或病情突然加重；用药后，有的立即康复，有的病情却异常顽固，不仅无好转迹象，甚至有恶化趋势。

(4) 突然的恢复：诈病往往以突然恢复健康或病情突然好转而告终，尤以伪装慢性病者最为明显。究其原因，除少数诈病者在目的达到后没有必要再继续装病之外，更多的情况是伪装者估计欺骗目的难以达到，长期伪装确实辛苦，于是终止伪装。

(二) 诈病的鉴定

(1) 审查案卷：通过审查案卷中有关案情的调查记录、询问笔录、医院病历、化验报告、处方、诊断证明等，了解患者发病的时间，出现的症状、体征、化验结果以及治疗效果等情况，从中寻找患者的发病情况是否符合某种疾病的发生、发展及其转归的规律，或从中找出矛盾所在。审查病历时应注意：①有无冒名顶替现象；②是否用其本人曾经患过的某种疾病的诊断证明来冒充顶替；③是否伪造临床诊断证明书；④是否涂改了病历及疾病诊断证明书等。

(2) 询问病情：认真、耐心听取并详细记录患者的主诉，同时注意观察患者的面容、表情、态度、行动、对各种事物的反应等，做到听其言，观其色，以便识别真伪。

(3) 检查：进行活体检查及实验室检查，包括 X 线、CT、B 超、心电图、肾功能、肝功能等。

(4) 综合分析：将症状、体征及各项辅助检查结果汇总分析。

(5) 鉴定结论：在综合分析的基础上，科学地做出是否诈病，诈何种病的结论。

总之，诈病的鉴定是一个复杂的过程，鉴定人应尽可能掌握现代医学各个方面的基本知识及技能，以利于对有关问题的分析和研究。必要时，应聘请有关学科专家共同会诊，以利于做出正确的判断。判断诈病必须有科学依据，切忌先入为主，主观臆断。由于现代医学水平所限，有一些罕见疾病还未被认识，切勿将其误断为诈病。

二、造作病(伤)

Artificial Injuries or Diseases

运用物理、化学或生物学方法，自己（或授意他人）故意损害自己的身体，造成自身疾病或损伤者称为造作病或造作伤。

造作病（伤）者常有以下目的。

(1) 掩盖贪污或盗窃罪：为了掩盖贪污公款或盗窃公物而伪装被抢劫，声称在自卫搏斗中致伤。

(2) 骗取荣誉：为了骗取领导和群众的信任而取得荣誉，假装因公受伤。

(3) 逃避工作职责或义务：为避免值夜班或改换工种而伪报受伤。国外有报道为了逃避服兵役而于战壕里举起手，有意识地被敌方打伤。

(4) 骗取病假：为了骗取病假而自伤身体，伪称受伤。

(5) 诬陷他人：有时为了诬陷、企图勒索报复而声言遭侮辱或打伤。

(一) 造作病的常见表现及特点

1. 常见表现

(1) 造作心脏病：长期服用浓咖啡、烟草叶、金雀花等影响心脏功能的毒物，或有意识地过度疲劳、夜间不眠以引起心动过速、心律失常。

(2) 造作支气管炎：吸入有刺激性的二氧化硫、硝酸、盐酸、有毒气体等，引起支气管炎。由于出现的症状和体征与感染所致的支气管炎无明显区别，故应结合案情以及脱离有毒气体环境后的情况综合进行分析，以得出正确的鉴定结论。

(3) 造作糖尿病：内服一些制剂，阻断肾小管对葡萄糖的再吸收作用而产生糖尿；尿嘌呤破坏胰岛细胞而产生糖尿病。

(4) 造作结膜炎：利用灰沙、粉末、锯末等异物刺激结膜，或用酸、碱、胡椒、辣椒、肥皂水等化学物刺激结膜，或用双眼浸泡在高渗盐水内等方法造成结膜炎（红眼病），甚至角膜浑浊。

此外，造作慢性溃疡、造作下肢截瘫、通过服用催吐剂造作呕吐等情况也时有发生。

2. 特点 造作伤虽可授意他人造成，但是法医实践证明，绝大部分造作伤是自己亲手造成的伤害。因此，这类造作伤经常表现出某些特殊规律性，尤其是用锐器造成的造作伤，其规律性更加突出。

(1) 造作伤的部位：① 本人手可及处：右利手者，造作伤多偏于左侧或前面。实际案例中很少见伤及右侧，而背部的自己造作伤则更罕见。② 无生命危险的部位：造作伤的目的只是欺骗别人、满足个人的某些欲望，绝不想结束自己的生命，因此一般不会伤及脑、心、肺等重要器官。③ 不毁容的部位：自残者一般不想毁容，因此不会损伤面部，即使授意他人致伤，也不会毁容。④ 损伤与目的有关的部位：造作伤者经常在特殊的部位造成损伤，以证实是在特定情况下所受伤，故这些损伤经常与目的企图相符。例如为了诬陷他人强奸，常在大腿内侧造成抓伤及皮下出血，在性器官周围造成黏膜擦伤及黏膜下出血。

(2) 造作伤创口的特征：造作伤常局限在某一局部范围内，有数量多而密集的创伤，表现出多数性、密度大、间距小、各创整齐一致平行排列、创口短小浅表、伤形大小一致等特点，而且几乎每例造作伤都有试刀痕，表现为表皮划痕或浅表切创，这是造作伤的重要判断依据。

(3) 造作伤者的衣服特征：一般情况下，造作伤者的衣物无破损、无血污。因造作伤前，造作伤者多首先解开衣服，卷起衣袖，看准部位后，再划切皮肤，造成损伤，所以衣服多无造作伤形成过程中留下的痕迹。但有的自残者于伤口形成后，会反复仔细检查自己自伤过程中有无破绽。当发现创口处衣服未破，也无血污时，就会在衣服的相应部位上补做刺伤口、切破口或剪破口，并在各层衣服上染上血迹以蒙骗他人。鉴定时，应对此引起注意，细心检查衣服上的破损部位、数目、形状、大小、方向、边缘是否整齐等，再与身上的创口进行对比，看是否相符，从而找出破绽。

(4) 现场特点：自己造作伤的现场由于没有格斗，一切程序均按预先设计进行，故整齐不乱，维持原状。现场上的血迹常可提供判断的依据。例如血滴呈圆形，边缘光滑或呈短细的星芒状，表现血液由短距离的上方垂直滴下，前者相距仅 10～15cm，后者可能在 50cm 以内，一般不见喷射状血滴。

(二) 造作病（伤）的鉴定

1. 案情调查 造作病（伤）的鉴定要作详细的案情调查，向被检者反复询问受伤经过、"凶犯"的行凶方式，常能发现自残者对受伤过程的细节不能确切地加以说明，或叙述内容混乱，前后矛盾；或过分夸大，不能自圆其说。

2. 现场勘察 检查人员应及时赶赴现场，观察现场有无搏斗迹象，注意现场的血痕分布。自残案例血痕常聚集在一起，无散乱现象；而他杀现场，则由于被害者挣扎搏斗，常引起血液四溅，现场血痕分布散乱。还应注意观察现场足迹的分布及其特点，细心采取物证。

3. 损伤检查 检查损伤非常重要，必须全面、细致地检查、记录并照相。特别注意损伤在手可及的部位、多数性、密集、整齐、平行排列、方向一致、大小相近、较轻、程度一致，损伤随着体表弧度弯曲、延伸等自己造作伤的特征，必要时配合进行实验室（包括X线等）辅助检查或住院观察。

4. 衣服检查 应详细检查被检者的衣服，观察衣服的破损特征及衣服上血痕的分布和流注方向。

5. 事件重建 必要时，要求被检者在现场将受伤当时的情况重新表演一次，从表演中可分析、揭露其矛盾。

三、匿病（伤）

Dissimulation

匿病与诈病相反，匿病者确实患有某种疾病，但却故意假装健康无病，隐匿自己所患疾病，这种现象称匿病。

匿病者与诈病、造作病一样，均有其明确的目的与企图，主要是骗取人们对他健康的信任，从而达到获取入学、招工、结婚、更换工种、延续工期、获取优厚工资待遇等的目的。匿病常见的有肺结核、肝炎、近视、色盲、性病等。

也有匿伤者，即隐瞒自己有损伤，常见于他杀的凶手或他伤的加害人，其目的是掩盖犯罪，逃避法律的惩罚。常见的损伤是在加害他人时，因被害人抵抗、格斗所造成的擦伤、挫伤、咬伤甚至砍击伤等。

第4节 性功能状态的鉴定
Section 4 Identification of Sexual Function State

一、性交不能的鉴定
Identification of Apareunia

在审理强奸案时，被告有时声称自己有性功能障碍不能进行性交，从而否定犯罪，此时，需要对被告作性交不能的鉴定。此外，性交不能的鉴定还可见于夫妻不能进行正常性生活，要求离婚的案件；因工伤事故或被伤害而使生殖器受损并丧失性交能力，要求索赔的案件等。

（一）男性性交不能

男性性交不能指阴茎不能插入阴道。其常见原因有以下几种。

1. 大脑皮层功能紊乱　由于过度紧张、思虑、焦劳、抑郁、惊恐、羞耻等精神因素引起大脑皮层功能紊乱，导致勃起功能障碍。

2. 脊髓中枢功能紊乱　性交过频或频繁的手淫，都能造成脊髓中枢负担过重，从性兴奋增强转到性功能衰弱，使阴茎不能勃起。

3. 器质性病变

（1）生殖器官病变：阴茎畸形、阴茎肿瘤、阴茎炎症、阴茎损伤、阴茎溃疡、先天性尿道下裂、严重阴茎海绵体硬结造成的阴茎弯曲以及阴囊阴茎象皮病、巨大的阴囊疝或鞘膜积液等病变，均可因机械原因影响正常性交。

（2）神经系统病变：中枢神经系统肿瘤、损伤和其他疾病都会不同程度引起勃起中枢传导障碍，使阴茎不能勃起或勃起不坚。

（3）内分泌系统病变：双侧隐睾、睾丸发育不全、睾丸炎等均可造成勃起障碍；脑垂体、肾上腺、甲状腺病变也可通过间接影响睾丸功能而造成性交不能。

（4）药物及手术因素：大量镇静药可抑制性欲和性反应；抗雄激素药物因抑制雄激素的作用，影响性中枢的反应能力；抗胆碱药物因降低副交感神经作用，抗肾上腺素能药物因降低交感神经作用，而影响性功能。此外，酒精中毒、严重尿道损伤、会阴骨盆底部大范围手术以及腰交感神经手术等都可以影响勃起。

（二）女性性交不能

女性性交不能指阴道不能被勃起的阴茎插入，或阴道缺如。常见原因有以下两种。

1. 生殖器官病变　先天性畸形（如阴道缺如、阴道闭锁或狭窄、阴道横隔、处女膜孔闭锁或异常肥厚等）、阴道肿瘤或瘢痕等使阴茎不能插入；阴唇疝、象皮肿、子宫脱垂等疾病可妨碍性交；有些宫颈炎、子宫内膜炎、输卵管炎、卵巢炎以及局限性腹膜炎或直肠子宫凹陷有炎性包块等，可因性交时极度疼痛而恐惧性交。

2. 神经性阴道痉挛　某些神经质女性，生殖器没有任何病变，但在性交时因紧张、恐惧、羞耻等心理因素造成骨盆肌和阴道的反射性痉挛，以致阴茎不能插入，或插入后不能拔出。

二、生育不能的鉴定
Identification of Infertility

在审理请求孩子抚养费案件或强奸致孕的案件时,如果男子声称自己无生育能力而否定孩子是自己所生,或否定强奸行为时,需鉴定该男子的生育能力。此外,怀疑冒领他人婴儿时,有时也需要对领养者进行生育能力的鉴定。

(一)男性生育不能

男性生育不能通常有以下两种原因。

1. 精子产生障碍　睾丸先天畸形(如睾丸缺如、隐睾或睾丸发育不全)、睾丸疾病(如睾丸结核、睾丸肿瘤等)、慢性中毒(如酒精、尼古丁、生棉酚等)、睾丸损伤、放射线照射损坏睾丸等,均可影响精子产生,致精子缺乏或无精子。

2. 精子排出障碍　先天性畸形(如双侧输精管发育不全、附睾畸形、尿道上裂等)、输精管疾病(如肿瘤致输精管管腔狭窄、闭塞等)、附睾炎症(如淋病、结核等)、附睾或输精管外伤、手术、尿道炎、尿道狭窄、前列腺炎等均可导致精子排出障碍。

此外,精液过少或无精液、死精子、精子畸形等也可导致男性生育不能。

(二)女性生育不能

1. 排卵功能障碍　先天卵巢发育不全、卵巢病变、垂体发育不全、甲状腺功能亢进或低下、重度营养不良等,均可导致排卵功能障碍。

2. 受精功能障碍　输卵管异常致使卵子、精子通路障碍,宫颈炎致使腺体分泌过稠从而阻碍精子进入子宫腔,会阴严重撕裂导致精液不能潴留,严重阴道炎大量的脓性分泌物使阴道内酸度过高等,均可导致受精功能障碍。

3. 着床障碍　先天性子宫缺如、子宫发育不全、子宫内膜炎、子宫内膜结核、子宫黏膜下肌瘤、子宫内膜息肉等都影响受精卵着床。

4. 免疫反应　有少数妇女的血清中会产生对其丈夫精子的抗体,由于免疫反应使抗体和精子发生凝集而导致不孕。

三、两性畸形的鉴定
Identification of Hermaphroditism

两性畸形(hermaphroditism)又称两性人、阴阳人、雌雄人等,指一人的性器官有两性的表现。两性畸形在幼年时很少引起注意,大多数是性成熟后,才发现其与众不同。此种人决定结婚或离婚、涉及权利和义务或参加体育比赛时,需鉴定性别。

两性畸形分为以下几种。

(一)真两性畸形(真两性人)

真两性畸形指同一个身体上具有男女两性的性腺,既有男性的睾丸,又有女性的卵巢,外生殖器的形态模棱两可,有的像男性,有的像女性,偶有两性具备。约2/3的患者有乳房发育和月经。有的真两性人按男孩抚养,直至出现月经方引起怀疑,或将月经看作血尿,在"血尿"出现周期性特点时方感异常。真两性畸形极为少见,外形不易鉴别,必须经过性腺组织的切片检查,判定其为睾丸和卵巢两种组织,才能确定为真两性畸形。

(二)假两性畸形(假两性人)

假两性畸形指身体上只有一种性腺,即只有男性的睾丸或女性的卵巢,而外生殖器却类似异性。假两性畸形比真两性畸形多见,生殖腺发育不良,第二性征异常的较多,且常被作为异性抚养,因此举动、性格、精神状态也很像异性。假两性畸形有性交能力,而无生殖能力。

1. 男性假两性人(男性女性化) 男性假两性人,即实为男性,具有睾丸,但外生殖器缺少正常雄性的征象,却与女性相似;第二性征表现为女性化,乳房隆起,喉结不明显,声音音调较高,但无月经。此种人往往被误认为女性,并按女性生活和结婚而引起法律纠纷。

2. 女性假两性人(女性男性化) 女性假两性人,即实为女性,具有卵巢,但外生殖器酷似男性;第二性征表现为男性化,声音粗大、低沉,有胡须等。此种人身体发育迅速,早熟,伴骨骺过早愈合,故到成年时身材反而较矮。

(三) 性腺发育不全(gonadal agenesis)

性腺发育不全指男性或女性性腺先天发育不全,而外生殖器基本正常,包括先天性睾丸发育不全症和先天性卵巢发育不全症。

除两性畸形和性腺发育不全外,还有"无性腺人",即既无两性固有的第二性征,也无男女性腺之人。

四、强奸案的鉴定
Identification of Rape Case

(一) 案情调查

向被害人、家属或知情人询问被害人年龄、职业、婚姻状况、生活习惯(包括作息时间)、社交关系以及妊娠、月经等情况。详细了解被奸经过,包括时间、地点、次数、当时所处的位置、加害手段、当时神志是否清楚、防卫及抵抗情况、强奸时是否射精、衣裤是否被撕扯等。同时还需了解罪犯的特征,如身高、年龄、相貌、衣着、声音、步态,以及在搏斗过程中纽扣有无脱落、身上有无损伤等。

(二) 现场勘验

室内现场,要观察家具物品陈设情况,有无移动、翻倒,床上枕头、被褥、床单、席子是否零乱,有无撕裂破碎等现象。室外现场,要仔细观察草地、庄稼、地面有无新的压痕。现场上有无凶器、血痕、毛发、精斑、纽扣、衣服碎片等物证。

(三) 人身检查

《刑事诉讼法》第一百零五条规定,为了确定被害人、犯罪嫌疑人的某些特征、伤害情况或者生理状态,可以对人身进行检查。被告人如果拒绝检查,侦查人员认为必要的时候,可以强制检查。检查女性的身体,应当由女工作人员或者医师进行。人身检查包括男性及女性人身的任何部位,其中包括性器官。只要是为了确定被害人或被告人的某些特征、伤害情况、生理状态的需要,就可以对器官进行检查。

1. 对被害人的人身检查 对被害人人身检查的主要任务包括:明确有无性交的证据;是否存在违背妇女意志即暴力证据;被害人的年龄及精神状态等。

(1) 性交的证据(evidence of sexual intercourse)

1) 处女膜(hymen)检查:已婚或有过性生活史的女性被奸后的生殖器可无改变。处女被奸后如立即检查,可见外阴红肿,处女膜破裂,裂口部位于膜的下半部。但在个别情况下,由于处女膜肥厚、富于弹性,伸展性强,被奸后处女膜也可能不破。幼女阴道甚为狭小,成人阴茎难以插入,故被奸后处女膜多不发生破裂;但如用暴力强行插入,则不仅处女膜破裂,甚至发生阴道、会阴、肛门广泛性撕裂。

2) 精液(test of seminal stain)检验:在阴道内检出精液是曾经性交的可靠证据,强奸后12

小时内取材的检出率较高。同时可以在外阴部、大腿内侧、下腹部、短裤、床单、席子等处寻找精斑，对鉴定是否被强奸有较大的意义。如果阴道内未检出精液，也不能否定被强奸的可能性，因为罪犯强奸时精神紧张未能射精、罪犯做过输精管结扎术、强奸后经过时间较长精液已被破坏、采取检材不恰当、检验技术有差错、检验试剂失效等原因，均可使精液检验得到阴性结果。

3) 妊娠（pregnancy）：性成熟的女性被强奸后，可能导致妊娠。如妊娠期限与强奸时间吻合，可对胚胎或婴儿作血型和 DNA 分析，根据遗传规律可以肯定或否定犯罪嫌疑人。

4) 性病感染（STD infection）：有的女性被强奸后感染了性病，如能证明原无性病史，也无其他感染源，则可作强奸的证据。

（2）暴力强奸的证据（evidence of forcible rape）

1) 自卫抵抗伤：罪犯为达到强奸的目的，常对被害人施加暴力，因而在被害人身上会留下相应的损伤。较常见的是背部、臀部、肩部、肘部的擦伤，颈部的扼痕，口鼻部的捂压痕，大腿内侧、乳房、外阴的抓伤。有的身上和衣裤上沾有现场的异物，有的衣裤被撕破，纽扣脱落，裤带断裂，鞋袜滑脱。但是，用恐吓、威胁、麻醉等作案手段强奸者，被害人不敢或未加抵抗，则在被害人身上可无任何损伤。

2) 体内有毒物：罪犯用麻醉药、安眠药、致幻剂或用酒灌醉被害人，使被害人处于昏迷状态进行强奸的，可在呕吐物、胃内容物、血液、尿液等检材中检到毒物。

3) 精神障碍：有的被害人被奸后，由于身心受到严重摧残，可发生精神障碍，如恐惧症、忧郁症等。

2. 嫌疑人的检查

（1）个人特征检查：观察嫌疑人身高、年龄、相貌、毛发、痣、瘢痕、衣着、声音、步态、方言、语气等是否与被害人所述相同。

（2）损伤检查：由于被害人的挣扎和抵抗，在罪犯身上可造成相应的损伤。常见的损伤为抓伤和咬伤，部位多在颜面部、口唇、肩部、胸部和外阴部。这些损伤具有非常重要的证据价值。

（3）外阴检查：检查阴毛的颜色、粗细、长短及卷曲情况等，以便与强奸现场及被害人身上发现的阴毛进行比对。还要检查阴茎龟头有无损伤，必要时需检查阴茎上是否有女性阴道上皮细胞等。

（4）物证检验：提取口腔黏膜、精液、血液或毛发进行 DNA 分析，可以肯定或否定罪犯。

3. 对人身检查结果的评价

（1）被害人与犯罪嫌疑人近期有无性交的判定。

（2）被害人与犯罪嫌疑人全身有无损伤的判定。

（3）对于采集的精液、精斑、唾液及阴道分泌物等进行血型及细胞学检查和 DNA 分析，进行个人识别。

（4）检出性病，对传播途径作出判定；如有怀孕，作出亲子鉴定。

（5）必要时对被害人的年龄及精神状态作出法医学鉴定。

（四）性问题法医学鉴定时的注意事项

（1）对被害人的人身检查，应取得其同意后才能进行；

（2）对被害人应该关心、同情、尊重，不得羞辱和侮辱人格；

（3）检查女性的身体时，由女法医师担任，如无女法医师，应有女工作人员在场；

（4）如果需要照相固定，应与被害人商量，取得其书面同意；

（5）检查结果应写成笔录由参加检查的人和见证人签名；

（6）检查结果应注意保密。

第15章 法医人类学简介
Chapter 15 Forensic Anthropology

第1节 概述
Section 1 Introduction

一、法医人类学的概念、相关学科及意义
Concepts of Forensic Anthropology and Related Disciplines

人类学（anthropology）一词源于希腊文，由"anthropos"（人）和"logia"（科学）组合而成，意为研究人的科学。在美国，多数学者倾向于认为人类学应包括如下4个分支学科：体质人类学、考古人类学、社会文化人类学和语言人类学。在欧洲大陆的一些国家，人类学一词往往专指体质人类学。体质人类学是研究人类体质特征与类型在时间上和空间上的变化及其规律的科学。法医人类学在一定程度上可以说是体质人类学在法医学领域的应用。

法医人类学是体质人类学以及法医学的分支学科，它应用体质人类学及其他相关学科的理论和方法，研究、解决法律或司法实践中涉及的主要与骨骼有关的个人特征识别（人身的同一认定等）、鉴定（如种族、性别、年龄、身高、面貌特征等）等问题，为案件侦破及审判提供线索和证据。这门学科与解剖学、组织学、病理学、动物学、考古学、古人类学等学科密切相关。

法医人类学的工作对象主要为骨骼（或其残片）。工作中心主要是对骨骼进行个体识别，包括骨骼的种属鉴定，即鉴定是否为人类骨骼；现生人或古代人骨的区分；骨骼的种族鉴定，即鉴定骨骼属于白种人、黑种人还是黄种人；骨骼白骨化时间推断；骨骼的年龄、性别及身高的鉴定；骨骼容貌特征的识别，即容貌复原、颅相重合等。

法医人类学所涉及的案件主要有灾难遇害者的身源认定，如飞行事故、火灾、重大爆炸案等；无名尸案及白骨案受害者的身源认定；碎尸案尸块的身源认定；骨残渣、残片及毛发的鉴定；骨骼及X线片的年龄、性别、身高推断及个体识别等。

二、法医人类学研究方法
Research Methods of Forensic Anthropology

根据骨骼形态学特征，推定骨骼的种属、种族、年龄、性别、身高等，其原理主要是应用解剖学、组织学及人体测量学的方法对骨骼进行个体识别。若骨骼比较残破，必要时还要在鉴定前对其进行修复。鉴定时主要依据骨骼的典型形态特征进行推断，如根据骨盆特征进行性别鉴定、根据耻骨联合面的形态特征推断年龄等。也可以采用一些统计方法，如用回归分析的方法推算骨骼代表个体的身高等。

法医人类学也广泛采用现代科学技术，法医 DNA 技术在骨骼种属鉴定、性别鉴定、年龄鉴定等研究中取得了很多科研成果和进展；计算机图像技术也在颅像重合、颅貌复原等方面发挥了重要作用；扫描电镜技术可以更方便、精细地观察骨骼的组织学结构，为骨骼残片的鉴定提供信息。

第 2 节 骨骼测量学简介
Section 2　Introduction on Skeletal Measurements

法医人类学观察及测量的对象，主要为尸体和骨骼。实际鉴定工作中，最常遇到的是对骨骼的性别、年龄、身高的鉴定，本节主要介绍对骨骼的观察和测量。

一、常用测量工具及颅骨观测平面
Tools for Measurements and the Planes of Skull

传统的法医人类学研究采用体质人类学常用的测量工具，主要有直脚规、弯脚规、活动直脚规、附着式量角器、量角规、摩里逊定颅器、圆杆直角规、测骨盘、下颌骨测量器等（图 15-1）。观测头骨时（尤其是测量头骨的一些角度，以及寻找某些测点时），选用的平面主要为法兰克福平面，此外观测下颌骨时也可选用齿槽平面或基底平面。

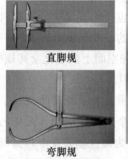

图 15-1　部分测量仪器

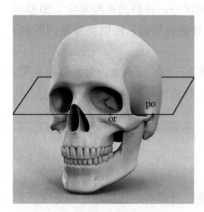

图 15-2　法兰克福平面示意图

1. 法兰克福平面（Frankfurt horizontal plane）　亦称耳眼平面，由左、右侧耳门上点（po）和左侧眶下点（or）所确定的平面。它是 1884 年在德国法兰克福召开测定方法协定会议时确定的。耳眼平面已广泛为各国人类学家所采用，故又称标准平面。

确定耳眼平面的方法：先将颅骨置于摩里逊定颅器的支架上，然后将定颅器的两条三角形支杆的支点向上对准两侧耳门上点，而将第 3 条三角形支杆的支点向下对准左侧眶下点，此时，颅骨即处于耳眼平面的位置（图 15-2，图 15-3）。若左侧眶下缘破损，可采用右侧眶下点。颅骨处在耳眼平面时与活体身体直立、眼向正前方平视时的头部位置大致相同。

2. 下颌骨标准平面的确定

(1) 在整体颅骨上，可以用法兰克福平面作为下颌骨的标准平面。

(2) 在仅有下颌骨的情况下，一般采用齿槽平面作为标准平面。齿槽平面（alveolar plane）是下颌骨的下齿槽点（id）和两侧第2、3下磨牙之间齿槽隔向上最突出点所构成的平面（图15-4）。

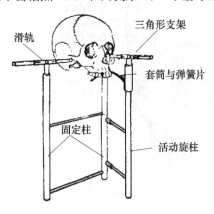

图15-3　摩里逊定颅器确定法兰克福平面

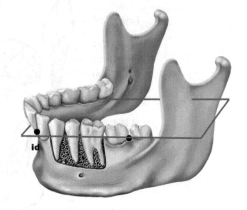

图15-4　齿槽平面示意图

(3) 基底平面（basilar plane，basal plane）是将下颌骨基底缘向下平放在桌面上时桌面所代表的平面。由于下颌骨基底缘常有变异，所以一般以使用齿槽平面较为适宜。

二、头骨主要测点

Measurement Points of Skull

头骨主要测点见图15-5～图15-10[①]。

1. 眉间点（glabella，g）　眉间点位于额骨左右两眉弓内侧端之间，在正中矢状面上向前最突出的一点，常位于额鼻缝的上方。

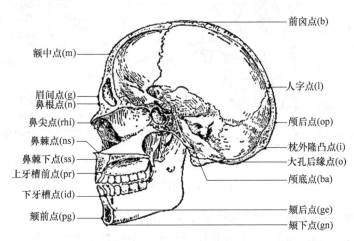

图15-5　颅骨正中矢状面

2. 前囟点（bregma，b）　颅骨顶面冠状缝和矢状缝的交点。

3. 颅顶点（vertex，v）　颅骨于法兰克福平面上，在正中矢状面上最高的一点，即为颅顶点。

---

① 图15-5～图15-22，引自：席焕久，陈昭. 2010. 人体测量方法［M］. 北京：科学出版社.

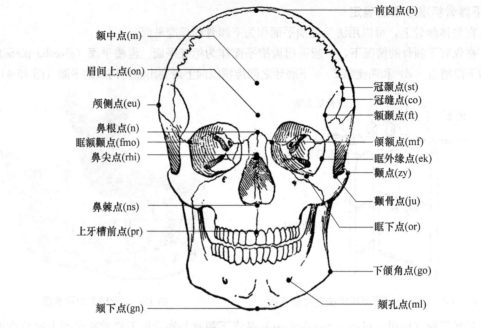

图 15-6 颅骨前面观

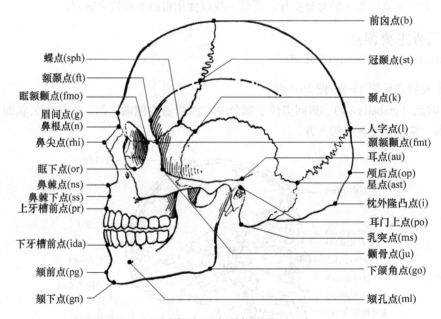

图 15-7 颅骨侧面观

4. 人字点（lambda，l/la） 颅骨矢状缝与人字缝之交点。

5. 颅后点（opisthion，op） 颅骨在正中矢状面上向后最突出的一点。此点离眉间点最远，通常在枕外隆凸的上方。可由眉间点测量颅骨最大长时求得。

6. 枕外隆凸点（inion，i） 在颅骨枕面上，为枕骨上项线与正中矢状面的交点。

7. 大孔后缘点（opisthion，o/os） 于颅底面上，枕骨大孔后缘下方与正中矢状面的交点。

8. 大孔前缘点（endobasion，enba） 于颅底面上，枕骨大孔前缘与正中矢状面相交的最向后之点。

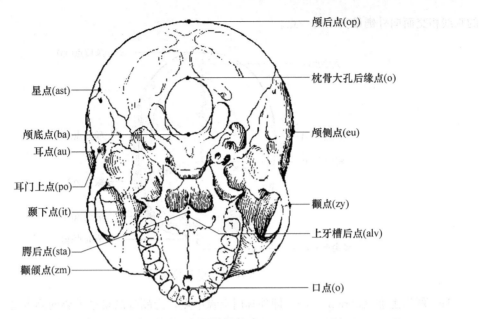

图 15-8 颅骨底面观

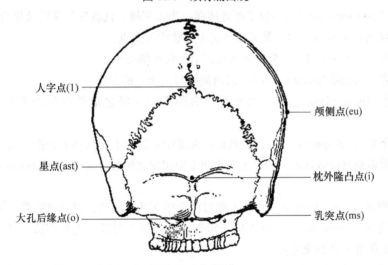

图 15-9 颅骨后面观

9. 颅底点（basion, ba） 于颅底面上，枕骨大孔前缘与正中矢状面相交的最向下之点，用于测量颅高。此点应与大孔前缘点区别。

10. 颞下点（infratemporale, it） 位于颅底外面，为蝶骨大翼颞下嵴的最向内侧之点。用于测量颅骨最小宽。

11. 冠颞点（stephanion, st） 颅骨冠状缝与颞线相交之点。

12. 冠缝点（coronale, co） 于颅骨侧面上，冠状缝上最向外侧的一点。用于测量额骨最大宽度。

13. 颅侧点（euryon, eu） 在颅侧面上向外最突出之点。在测量颅骨最大宽后才能定此测点。

14. 额颞点（frontotemporale, ft） 左右两侧额骨颞嵴相互间距离最近之点。

15. 耳点（auriculare, au） 位于颅骨侧面，为颞骨颧突根部（或其延长线）与通过耳门上点的垂线相交而向外侧最突出的一点。

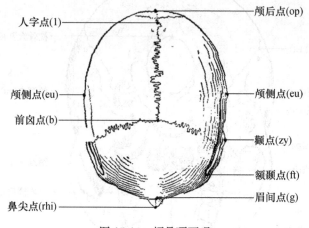

图 15-10　颅骨顶面观

16. 耳门上点（porion, po）　即外耳门上缘中点，为颅骨测量最重要的测点之一。此测点常位于耳点下内侧方，是目测平分外耳门为前后两半的直线与外耳门上缘的交点。

17. 星点（asterion, ast/as）　位于颅骨侧面，为人字缝、枕乳缝和顶乳缝相交之点。

18. 鼻根点（nasion, n/na）　鼻额缝与正中矢状面的交点。

19. 鼻尖点（rhinion, rhi）　鼻骨下缘与正中矢状面的交点。

20. 颌额点（maxillofrontale, mf）　眶内侧缘与上颌缝的交点。

21. 鼻棘点（nasospinale, ns）　梨状孔左右两半的下缘之最低点的切线与正中矢状面的交点。

22. 鼻棘下点（subspinale, ss）　鼻棘根部在正中矢状面上向齿槽突转折之点。

23. 上牙槽前点（prosthion, pr）　上颌骨两个中切牙之间的齿槽间隔（septa interalveolaria）上最前突的一点。

24. 上牙槽点（supradentale, sd）　上颌骨两个中切牙之间的齿槽间隔的最下前突之点。

25. 眶内缘点（dacryon, d）　此点位于额骨、泪骨和上颌骨额突相衔接之处，即为额泪缝、额上颌缝和泪上颌缝三者相交之点。

26. 眶外缘点（ektokonchion, ek）　与眶上缘平行且平分眼眶入口的直线与眶外侧缘相交之点。当眶外侧缘较圆钝，不易找出时，可用粗铅笔芯沿眶上、下缘向眶外侧缘轻轻擦出眶外侧缘的痕迹，然后确定此点。

27. 眶下点（orbitale, or）　眶下缘的最低点。一般位于眶下缘外侧的1/3，而不在眶下缘的正中部。

28. 颧颌点（zygomaxillare anterior, zm）　位于颅骨前面，为颧上颌缝的最低点。如颧上颌缝最低处不呈不规则的弧线而为一条直线，则颧颌点是该缝的最前点。

29. 颧点（zygion, zy）　颧弓上向外最突出的一点。

30. 颧骨点（jugale, ju）　颧骨额蝶突后面的垂直缘与颧骨颞突上面的水平缘交角之顶点。

31. 上牙槽外点（ectomalare, ecm）　上颌齿槽突向外侧最突出之点，通常在上颌第2磨牙齿槽缘之外侧。

32. 上牙槽内点（endomalare, enm）　上颌第2磨牙齿槽突内侧齿槽缘之中点。

33. 下牙槽前点（infradentale anterius，ida） 在下颌齿槽突、左右中切牙之间的齿槽间隔上，为此齿槽间隔向前最突出的一点。此点的位置相当于新生儿的下颌联合骨缝的上端。

34. 颏下点（gnathion，gn） 下颌骨下缘与正中矢状面的交点。

35. 颏前点（pogonion，pg） 下颌骨颏隆凸在正中矢状面上向前最突出的一点。

36. 喙突尖点（coronion，cr） 下颌喙突尖端之点。

37. 下颌角点（gonion，go） 下颌体下缘与下颌支后缘相交处最向下、最向后和最向外突出之点。

38. 颏孔点（mentale，ml） 下颌骨颏孔下缘的最低点。

39. 髁突外点（condyliom latarale，cdl） 下颌髁突向外最突出之点。

三、头骨主要测量项目
Measurements of Skull

（一）长度测量

1. 颅长（maximum cranial length，g-op）（图 5-11） 在正中矢状面上，从眉间点（g）至颅后点（op）的最大直线距离。用弯脚规测量。测量者位于颅骨的左侧，然后用左手将弯脚规的一端置于眉间点，用右手将弯脚规的另一端沿着颅骨正中矢状面的位置上下移动，以确定颅骨的最长径（图 15-11）。

2. 颅底长（basis length/basi-nasal length，enba-n） 鼻根点（n）至枕骨大孔前缘点（enba）之间的距离。用弯脚规测量。将颅骨底面朝上置于专供测量用的布枕上，测量者用左手将弯脚规的一端置于鼻根点，右手将弯脚规的另一端置于大孔前缘点。此时测得的长径即为颅底长。

3. 面底长（facial profile length/prosthion to endobasion length/basi-alveolar length，enba-pr） 大孔前缘点（enba）至上齿槽前点（pr）的直线距离。用直脚规或弯脚规测量。

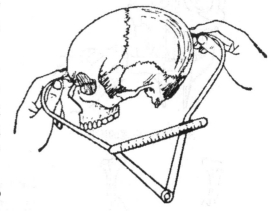

图 15-11 颅长的测量

4. 下面长或颏下点-颅底点长（untere gesichtslänge，gnathion-basionlength，gn-ba） 颏下点（gn）至颅底点（ba）的直线距离。

5. 下颌体长（length of mandible body） 由颏前点（pg）至两侧下颌角点（go）连线中点的矢状径。用直脚规测量。测量时，将直脚规固定脚的尖端置于颏前点，活动脚的尖端置于两侧下颌角点连线（go-go）的中点上（可用金属丝代表下颌角点间的连线）。注意直脚规的主尺必须与下颌骨正中矢状面相平行。

下颌体长也可用测下颌骨器测量。

（二）宽度测量（图 5-12～图 5-16）

1. 颅宽或颅骨最大宽（maximum cranial breadth，eu-eu） 两侧颅侧点（eu）之间的直线距离。用弯脚规测量。

2. 颅骨最小宽（minimum cranial breadth） 两侧颞下点（it）之间的直线距离。用直脚规测量。

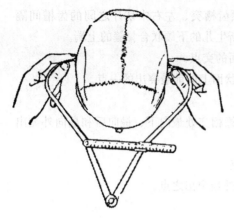
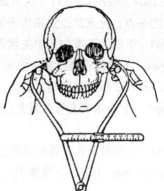
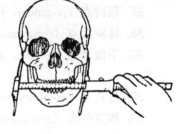

图 15-12　颅宽的测量　　　　　　图 15-13　面宽的测量

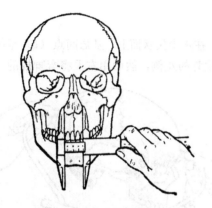
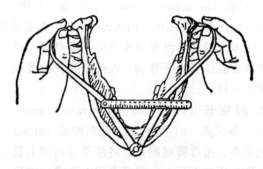

图 15-14　鼻宽的测量　　　　　　图 15-15　下颌髁突间宽的测量

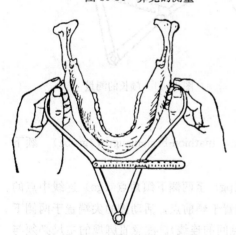

图 15-16　下颌角间宽的测量

3. 内侧两眶宽（两眶内宽）（internal biorbital breadth, fmo-fmo）　两侧额颧眶点（fmo）之间的距离。用直脚规或三脚平行规测量。

4. 面宽（bizygomatic breadth/facial breadth, zy-zy）　两侧颧点（zy）之间的距离，是跨越颧弓并垂直于正中矢状面的最大宽。

5. 鼻宽（nasal breadth）　即梨状孔的最大宽。测量此径时应与颅骨正中矢状面垂直。用游标卡尺的测内径卡脚测量。

6. 下颌髁突间宽（bicondylar breadth, cdl-cdl）　下颌骨两侧髁突外侧点（cdl）之间的直线距离。用直脚规测量或弯脚规测量。测量时注意直脚规的主尺应与下颌骨的正中矢状面相垂直。

7. 下颌角间宽（bigonial breadth, go-go）　下颌骨两侧下颌角点（go）之间的直线距离。用直脚规或弯脚规测量。测量的注意点与下颌髁突间宽同。

（三）高（深度）测量

1. 颅高（basi-bregmatic height, b-ba）　前囟点（b）至颅底点（ba）之间的距离。用弯脚规

测量（图 15-17）。

2. 全面高（形态面高）（mophological facial height，n-gn） 自鼻根点（n）至颏下点（gn）的直线距离。用直脚规测量（图 15-18）。

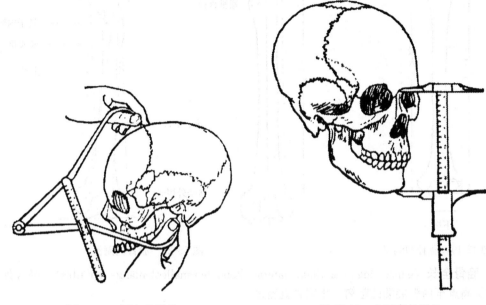

图 15-17　颅高的测量　　　　　图 15-18　全面高的测量

四、部分体骨测量项目
Measurements of Long Bones

法医人类学经常涉及身高推断，长骨测量值对身高推断是较为准确的，下面简要介绍一些身高推算中常用的长骨测量项目及方法。

（一）肱骨（humerus）**测量**（图 15-19）

1. 肱骨最大长（maximum length） 肱骨头最高点至肱骨滑车最低点之间的直线距离。用测骨盘测量。

2. 肱骨全长（ganze länge） 肱骨头最高点至肱骨小头最低点之间的直线距离。用测骨盘测量。肱骨长轴应与测骨盘的纵壁平行。

（二）股骨（femur）**测量**（图 15-20）

1. 股骨最大长（maximum length） 股骨头最高点与内侧髁最低点之间的直线距离。用测骨盘测量。将股骨前面朝上置测骨盘上，内侧髁与横壁相靠，然后用角板抵住股骨头最高点，将股骨上段左右上下移动，测其最大距离。

2. 股骨全长、股骨两髁长或股骨生理长（bicondylar length） 股骨头最高点与接触内外侧髁下面的平面之间的距离。用测骨盘测量。将股骨前面朝上置测骨盘上，内外侧髁相接触横壁，然后用角板抵住股骨头最高点，测量其间距离。

（三）胫骨（tibia）**测量**（图 15-21）

1. 胫骨最大长（两髁长）（maximum length/bicondylar length） 胫骨髁间隆起最高点至内踝尖端之间的直线距离。用测骨盘测量。

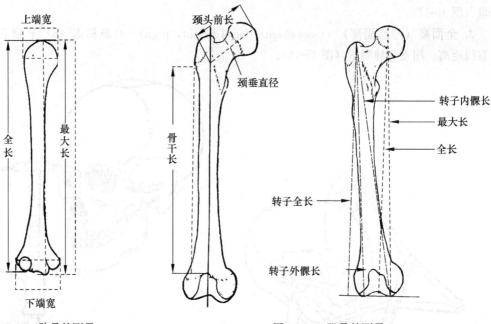

图 15-19 肱骨的测量　　　　　　图 15-20 股骨的测量

2. 胫骨全长（ganze länge der tibia, laterale kondylen-malleolenlänge der tibia）　胫骨外侧髁上面的最高点至内踝尖端的距离。用测骨盘测量。

3. 胫骨长（胫骨内侧髁踝长）（länge der tibia, mediale kondylen-malleolenlänge der tibia）　胫骨内侧髁上关节面的内侧缘中点至内侧踝尖端的距离。用圆杆直脚规测量。

4. 功能长（生理长）（physiological length）　胫骨上关节面最深点至下关节面最深点之间的距离。用弯脚规测量（图 15-21）。

（四）腓骨（fibula）**测量**（图 15-22）

最大长（maximum length），腓骨头最高点至外踝最低点之间的距离。用测骨盘测量。

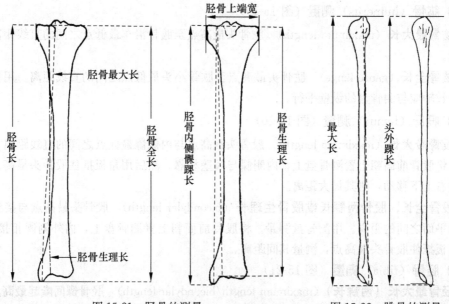

图 15-21 胫骨的测量　　　　　　图 15-22 腓骨的测量

第3节 骨骼性别、年龄推断
Section 3 Sex and Age Estimation

一、性别判定
Sex Estimation

应用完整的颅骨进行性别判定，其准确率80%左右。颅骨破损时，其性别判断的准确率会降低。完整颅骨再加上骨盆，则准确率可达95%以上。

1. 颅骨形态特征的性别差异　人类演化中，头骨形态性别差异是越来越小的，直立人阶段的性别差异都很大。现代人头骨性别差异较小，但还是可以根据头骨进行较准确的区分。男性颅骨粗大、厚重；女性颅骨光滑、纤细。男、女颅骨的形态特征的差异见表15-1（图15-23～图15-29）。

表15-1　男、女颅骨形态特征的比较

观察部位	男	女
整体观	大而重，粗壮，肌嵴明显	小而轻，表面光滑，肌嵴不明显
正面观	额部较倾斜，额结节不明显；眉间凸度大，突出于鼻根上；鼻根点凹陷较深；眶上缘较钝厚；眉弓明显；梨状孔高而窄，颧骨高而粗壮，颧弓发达	额部较陡直，额结节大而明显；眉间凸度较小，较平；鼻根凹陷较浅；眶上缘较锐薄；眉弓不明显；梨状孔低而圆；颧骨低而薄弱，颧弓较细
后面观	枕外隆突明显；乳突发达，枕鳞肌嵴明显	枕外隆突不明显；乳突不发达；枕鳞肌嵴不明显
底面观	枕骨大孔大，枕骨髁大，颅底肌嵴明显	枕骨大孔较小，枕骨髁小，颅底肌嵴不明显
顶面观	顶结节较小，眉弓突出	顶结节较大，眉弓不突出

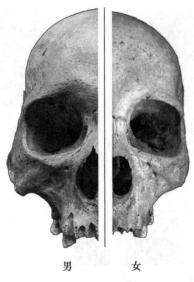

男　女

图15-23　男、女头骨性别差异示意图
引自：吴秀杰. 2006. 人类还在进化吗？[M]. 科学世界，12：58-62.

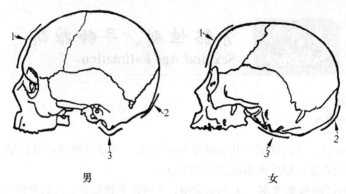

男　　　　　　　　　　女

图 15-24　颅骨的性别差异
1. 示眉弓、额骨、鼻根点凹陷的表现；2. 枕外隆凸；3. 乳突
引自：邵象清. 1985. 人体测量手册［M］. 上海：上海辞书出版社.

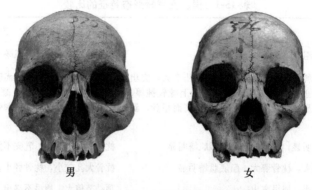

男　　　　　　　　　　女

图 15-25　男、女颅骨比较正面观

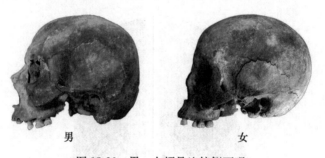

男　　　　　　　　　　女

图 15-26　男、女颅骨比较侧面观

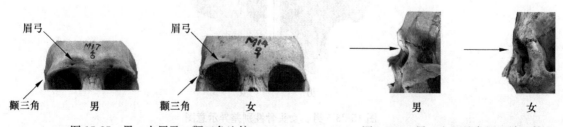

图 15-27　男、女眉弓、颧三角比较　　　　图 15-28　男、女颅骨鼻根区域比较

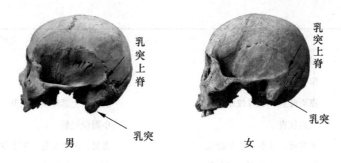

图 15-29　男、女颅骨乳突部比较

2. 下颌骨形态的性别差异　下颌骨亦有较明显的性别差异，详见表 15-2。

表 15-2　男女下颌骨形态特征的比较

项目	男性	女性
下颌骨整体	较大，较厚，较重	较小、较薄、较轻
下颌体高度	较高	较低
下颌支	较宽	较窄
下颌角区	较粗糙，外翻程度大	较细致而光滑，外翻程度小
下颌角角度	较小，一般小于 120°	较大，一般大于 120°
颏部	较方而粗糙	较圆
髁突	较大而粗壮	较小而纤弱
下缘隆起	显著	不显著

3. 骨盆的性别差异　骨盆的性别差异十分明显，这主要是由于男女两性骨盆所担负的生理功能有差异所致（女性的骨盆形态适应生育功能）。一般来说，男性的骨盆粗壮、高而窄、坐骨大切迹窄而深，耻骨联合部较高，耻骨下角小；女性的骨盆浅而宽，坐骨大切迹宽而浅，耻骨联合部较低，耻骨下角大，常有耳前沟（图 15-30、15-31）。详见表 15-3。

表 15-3　男女骨盆形态特征的比较

项目	男性	女性
骨盆整体	粗壮、肌嵴明显、较重	较细致，肌嵴不发达，较轻
骨盆入口（上口）	纵径大于横径，呈心形	横径大于纵径，呈椭圆形
骨盆出口（下口）	狭小、坐骨棘发达	宽阔，坐骨棘不发达
骨盆腔	高而窄，呈漏斗形	浅而宽，呈圆柱形
耻骨结节	钝圆靠近耻骨联合	锐利，距耻骨联合较远
耻骨弓	呈 V 字形，夹角较小，70°～75°，相当于示指与中指所形成的角	呈 U 字形，夹角较大，90°～110°，相当于拇指与示指所形成的角
坐骨耻骨支	外翻不明显	明显外翻
耻骨联合	高	低
闭孔	大，较近卵圆形，内角较钝，100°～110°	较小，近三角形，内角较锐，约 70°

续表

项目	男性	女性
髋臼	较大，略向外侧方	较小，略向前方
坐骨大切迹	窄而深	宽而浅
髂骨	高而陡直，髂翼较厚	较低，上部略向外张开，髂翼较薄而透光
耳状关节面	大而较直	小而较倾斜
耳前沟	不常有；如有，也窄而浅	常见，发育良好，宽而深
骶骨	长而窄，曲度明显而匀称	短而宽，上部曲度较小，较平直，下部明显向前弯曲
骶骨岬	显著	不甚显著
骶骨底部的第一骶椎上关节面	大，约占骶骨底部的 2/5～1/2	小，约占骶骨底部的 1/3

图 15-30、图 15-31 分别示：耻骨下角形态、骨盆腔、骨盆入口形态、骶骨顶部等的差异。

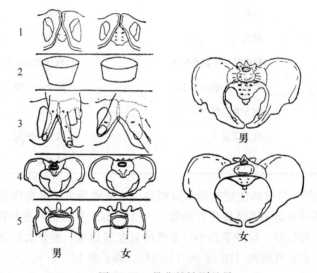

图 15-30　骨盆的性别差异

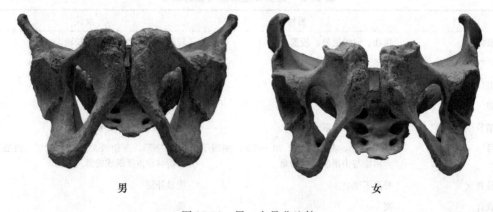

图 15-31　男、女骨盆比较

4. 其他骨骼的性别差异　除骨盆、颅骨和颌骨之外，人体中的许多其他部位的骨骼也能反映出一定的性别差异。例如,男性胸骨的各项测量值一般大于女性,男性胸骨体长占胸骨长度的比例大于女性。一般来讲,男性的长骨较为粗大、厚重,肌嵴较发达;而女性的长骨则较弱、轻巧,肌嵴不发达。这些都可以作为骨骼性别鉴定的参考。

二、年龄鉴定
Age Estimation

根据《中华人民共和国宪法》,不同年龄的未成年人承担的法律责任不同,相应的保护力度也不同。由于目前户籍管理制度的不完善,一些人户籍年龄与"实际年龄"不相符,所以骨骼的年龄鉴定也是法医学中的重要内容。

比较准确地鉴定骨骼的年龄,也是进行骨骼测量研究的重要前提,否则,难以按照年龄组对比分析测量数据,而不同年龄组之间,尤其是在未成年人和成年人之间同个测量项目的数值有较大差异。骨骼的发育受到健康状况、营养等因素的影响,所以骨骼的年龄鉴定难以绝对精确。

1. 根据牙齿的萌出时间推断年龄　牙齿的萌出指牙齿从齿冠露出齿龈直至上下颌牙齿咬合接触的全部过程。牙齿的萌出时间以出龈时间为准。牙齿按一定的时间、顺序、左右成对地逐渐萌出。一般来说,下颌牙齿的萌出时间略早于上颌的同名牙齿,女孩牙齿的萌出时间略早于男孩。

婴儿在出生后5～8个月时,下颌乳中门齿开始萌出;至20～30个月,全部乳齿萌出。儿童一般在6岁左右,于第二乳白齿的后方萌出第一颗恒齿,即第一臼齿(俗称六岁牙)。此后,在恒齿生长发育的压力下,乳齿根部逐渐被吸收以至松动、脱落,而恒齿则相继萌出,这种换齿现象,一般持续到14岁左右结束。除第3臼齿(智齿)外,恒齿全部萌出时间约需7年。第3臼齿则要在进入成年期的前后方始萌出,有人要迟至30岁,也有人终身不出(表15-4、表15-5)。

表15-4　我国儿童乳齿的萌出时间

	牙齿种类	萌出时间(月)
上颌	乳中门齿	7.5(6～9)
	乳侧门齿	9(6.5～10)
	乳犬齿	18(16～20)
	第1乳臼齿	14(12～18)
	第2乳臼齿	24(20～30)
下颌	乳中门齿	6(5～8)
	乳侧门齿	7(6～9)
	乳犬齿	16(14～18)
	第1乳臼齿	12(10～14)
	第2乳臼齿	20(18～24)

引自:邵象清. 1985. 人体测量手册[M]. 上海:上海辞书出版社.

表 15-5 我国男、女儿童恒齿的萌出时间表

牙齿种类		萌出时间（岁）	
		男性	女性
上颌	中门齿	6.5～8	6～9
	侧门齿	7.5～10	7～10
	犬齿	10～13	9.5～12
	第1前臼齿	9～12	9～12
	第2前臼齿	10～13	9.5～12
	第1臼齿	6～7.5	9.5～7.5
	第1臼齿	11.5～14	11～14
下颌	中门齿	6～7.5	5～8.5
	侧门齿	6.5～8.5	5.5～9
	犬齿	9.5～12	8.5～11.5
	第1前臼齿	9.5～12.5	9～12
	第2前臼齿	10～13	9.5～13
	第1臼齿	6～7	5～7
	第1臼齿	11～13.5	10.5～13

引自：邵象清. 1985. 人体测量手册 [M]. 上海：上海辞书出版社.

2. 牙齿的磨耗程度与年龄的关系 牙齿磨耗指由牙齿间直接接触或牙齿与食物等接触所造成的牙釉质、本质，甚至齿根骨质的磨损，图 15-32 示不同程度的第 1 臼齿磨耗。前者包括相邻的牙齿及上下颌对应的牙齿相互接触造成的磨耗，后者包括牙齿与食物、食物中的颗粒物质（也可能不属于食物）接触导致的牙齿磨耗。磨耗可发生于各个牙齿（图 15-33），影响人类牙齿磨耗的因素主要包括年龄、食物结构、饮食习惯、食物制作技术、牙齿及整个咀嚼器官的健康状态（如釉质发育程度等）、咀嚼方式、上下颌骨咬合关系、文化习俗（如将牙齿作为非咀嚼性的工具使用）等。其中年龄是影响牙齿磨耗的最主要因素，故一定程度上可以根据牙齿磨耗程度进行年龄的推断。目前这种方法主要用于考古遗址古代人群的年龄推断，推断时还要结合先民的食物结构进行校正（表 15-6）。

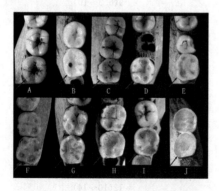

图 15-32 不同程度的第 1 臼齿磨耗
引自：李海军、戴成萍. 2011. 青铜铁器时代新疆、内蒙古人群下颌磨牙的磨耗 [J]. 解剖学报, 42 (4)：558-561.

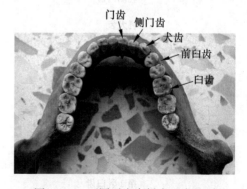

图 15-33 不同牙齿磨耗表现有差别

表 15-6 牙齿磨耗与年龄的对应关系（适用于古代人群）

	第 1、2 臼齿	
1 级		<21 岁齿尖顶和边缘部分略有磨耗
2 级		22～23 岁齿尖磨平或咬合面中央凹陷
3 级		26～29 岁齿尖大部分磨去，齿质点暴露
4 级		28～36 岁齿质点扩大，互相连成一片
5 级		39～43 岁齿冠部分磨去，齿质全部暴露
6 级		48～57 岁齿冠全部磨耗，齿髓腔暴露
7 级		>58 岁髓腔完全暴露

3. 根据骨骼推断年龄的其他方法 还可以根据颅骨骨缝的愈合部位和程度、骨化点的出现和骨骺的愈合程度、耻骨联合面的年龄变化等来对年龄进行推断。

第 4 节 骨骼种族推断
Section 4　Estimation of Race

骨骼的种族鉴定在法医人类学实践中较少，但随着国际交流及人口流动的增加，中国关于骨骼种族鉴定的案件也将会增加，因此有必要加强骨骼种族鉴定的研究。

一、头骨的种族间比较
Estimation of Race by Skulls

中国的体质人类学学者刘武、吴秀杰等做了大量不同种族头骨的对比分析工作，这些从体质人类学角度所做的分析在法医人类学中的应用价值也很大，可以为骨骼的种族推断提供信息。

刘武等（2011）通过对 21 项头骨非测量特征在近代和现代中国人群，以及现代非洲和欧洲人群共 330 例标本中的出现率和表现特点的观察和数据分析，发现绝大多数特征的出现率或表现特点在 3 个人群间都具有不同程度的差异，有些特征在人群间的差异甚至非常明显。与非洲及欧洲人群相比，现代中国人头骨总体显得纤细，眉弓、角圆枕、颧三角、颧结节等反映头骨粗壮程度的特征在现代中国人群的发育明显较非洲和欧洲人群为弱。此外，现代中国人群还具有一些明显不同于非洲和欧洲人群的头骨非测量特征，包括锐利眶外下缘、相对平坦的眉间鼻根点、较圆隆的颅侧壁、平坦的顶孔人字区、深弧形的上颌颧突下缘，梯形和左右不一的鼻额-额颌缝走向等。欧洲人群头骨特征较中国和非洲人群明显粗壮（图 15-34、15-35）。

根据观察及数据统计结果，刘武等将 21 项头骨非测量特征在 3 个人群的表现特点分为以下几种情况（表 15-7）。

（1）单一人群特异性：具有这种特点的特征在一个人群的出现率明显高于或低于另外两个人群，或其表现特点明显不同于另外两个人群，呈现出较独特的人群特点。属于这种类型的特征有颅侧壁形状、前囟隆起、鼻梁冠状隆起等。

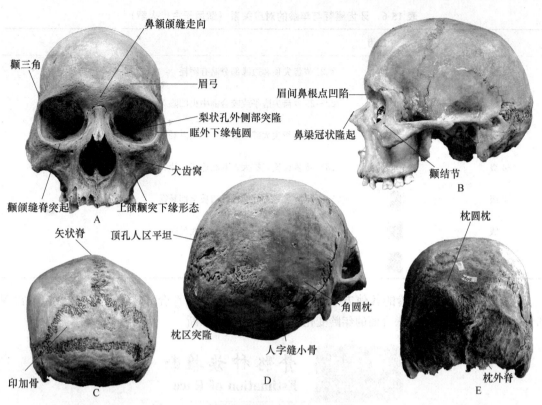

图 15-34 头骨非测量形态特征（刘武等，2011）

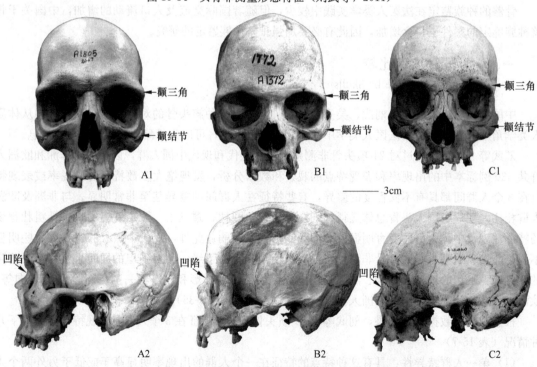

图 15-35 选自欧洲（A）、非洲（B）和中国人群（C）的头骨正面和侧面观

引自：刘武，吴秀杰，邢松，等. 2011. 现代中国人群形成与分化的形态证据——中国与非洲和欧洲人群头骨非测量特征分析 [J]. 人类学学报，30（3）：250-264.

表 15-7 头骨非测量特征在世界主要人群的出现率及差异情况

特征项目	中国人 出现率(%)	例数	非洲人 出现率(%)	例数	欧洲人 出现率(%)	例数	差异显著性检验（P 值）中国-非洲	中国-欧洲	非洲-欧洲
颅侧壁形状		105		61		31	0.193	0.008**	0.090*
平直	34.3	36	24.6	15	9.7	3			
圆隆	65.7	69	75.4	46	90.3	28			
前囟隆起		105		61		32	0.000**	0.857	0.014*
无隆起	96.2	101	77.1	47	96.9	31			
微弱隆起	3.8	4	21.3	13	3.1	1			
明显隆起	0.0	0	1.6	1	0.0	0			
眉弓		232		60		33	0.002**	0.045*	0.890
无	46.6	108	20.0	12	30.3	10			
微弱	31.5	73	53.3	32	33.3	11			
中等	21.1	49	21.7	13	36.4	12			
显著	0.9	2	5.0	3	0.0	0			
眶外下缘钝圆		132		60		33	0.000**	0.001**	0.978
锐利	16.7	22	10.0	6	9.1	3			
略圆钝	81.1	107	61.7	37	63.6	21			
非常圆钝	2.3	3	28.3	17	27.3	9			
矢状脊		225		61		31	0.648	0.077	0.068
不存在	52.4	118	55.7	34	35.5	11			
存在	47.6	107	44.3	27	64.5	20			
顶孔人字区平坦		212		61		31	0.001**	0.210	0.273
不存在	30.7	65	54.1	33	41.9	13			
存在	69.3	147	45.9	28	58.1	18			
枕区突隆		105		61		32	0.000**	0.429	0.040*
不存在	89.5	94	63.9	39	84.4	27			
存在	10.5	11	36.1	22	15.6	5			
角圆枕		105		61		33	0.000**	0.000**	0.120
不存在	78.1	82	37.7	23	30.3	10			
微显	21.9	23	52.5	32	42.4	14			
中等	0.0	0	9.8	6	24.2	8			
显著	0.0	0	0.0	0	3.0	1			
颧三角		135		61		33	0.009**	0.000**	0.047*
无	48.9	66	37.7	23	24.2	8			
微弱	39.3	53	27.9	17	30.3	10			
中等	11.1	15	29.5	18	15.2	5			
显著	0.7	1	4.9	3	30.3	10			
颧结节		130		61		33	0.020*	0.000**	0.000**
无	69.2	90	54.1	33	9.1	3			
微弱	20.8	27	24.6	15	15.2	5			
中等	9.2	12	13.1	8	21.2	7			
显著	0.8	1	8.2	5	54.5	18			
枕外脊		121		61		33	0.000**	0.467	0.000**
无或微弱	12.4	15	72.1	44	21.2	7			
中等	48.8	59	21.3	13	42.4	14			
显著	38.8	47	6.6	4	36.4	12			

续表

特征项目	中国人 出现率（%）	例数	非洲人 出现率（%）	例数	欧洲人 出现率（%）	例数	差异显著性检验（P值） 中国-非洲	中国-欧洲	非洲-欧洲
枕圆枕		213		61		33	0.000**	0.228	0.000**
不存在	40.4	86	91.8	56	51.5	17			
存在	59.6	127	8.2	5	48.5	16			
颧颌缝脊突起		95		61		33	0.252	0.332	0.977
不存在	72.6	69	63.9	39	63.6	21			
存在	27.4	26	36.1	22	36.4	12			
鼻额颌缝走向		197		61		33	0.022*	0.000**	0.016*
直线	4.1	8	6.6	4	15.2	5			
斜线	3.0	6	6.6	4	15.2	5			
弧形	33.0	65	41.0	25	45.5	15			
梯形	45.2	89	39.3	24	21.2	7			
左右不一	14.7	29	6.6	4	3.0	1			
眉间鼻根点凹陷		122		60		33	0.000**	0.000**	0.006**
平坦	72.1	88	20.0	12	9.1	3			
凹陷	23.8	29	55.0	33	36.4	12			
显著凹陷	4.1	5	25.0	15	54.5	18			
鼻梁冠状隆起		111		61		32	0.593	0.000**	0.000**
平滑	18.9	21	16.4	10	3.1	1			
略隆起	50.5	56	47.5	29	0.0	0			
明显隆起	23.4	26	32.8	20	15.6	5			
锐利隆起	7.2	8	3.3	2	81.3	26			
梨状孔外侧部突隆		58		61		33	0.422	0.678	0.271
不存在	50.0	29	42.6	26	54.5	18			
存在	50.0	29	57.4	35	45.5	15			
犬齿窝		98		61		32	0.000**	0.513	0.001**
不显	32.7	32	16.4	10	46.9	15			
中等	53.1	52	32.8	20	31.3	10			
显著	14.3	14	50.8	31	21.9	7			
上颌颧突下缘形态		98		61		33	0.095	0.017*	0.310
直线或浅弧	52.0	51	65.6	40	75.8	25			
深弧	48.0	47	34.4	21	24.2	8			
人字缝小骨		103		60		33	0.002**	0.084	0.470
不存在	70.9	73	46.7	28	54.5	18			
存在	29.1	30	53.3	32	45.5	15			
印加骨		104		60		33	0.528	0.160	0.090
不存在	94.2	98	91.7	55	100.0	33			
存在	5.8	6	8.3	5	0.0	0			

* $P<0.05$；** $P<0.01$。

引自：刘武，吴秀杰，邢松，等.2011.现代中国人群形成与分化的形态证据——中国与非洲和欧洲人群头骨非测量特征分析［J］.人类学学报，30（3）：250-264.

1) 颅侧壁形状：这一特征主要反映颅骨（主要是顶骨）向两侧隆起程度，颅侧壁形状大致可分为圆隆和平直两种情况。3个人群标本中，圆隆形颅侧壁的出现率都高于平直形。这两种表现特点在中国人群和非洲人群出现率接近，圆隆形在65.7%～75.4%，平直形在24.6%～34.3%。而在欧洲人群，圆隆形颅侧壁的出现率在90%以上，平直形出现率非常低，因而高出现率的圆隆形颅侧壁是欧洲人群的特征。

2) 前囟隆起：这个特征在中国人群和欧洲人群出现率极低（3.1%～3.8%），而在非洲人群前囟隆起出现率高达22.9%，因而相对高出现率的前囟隆起似乎是非洲人群的特征。

3) 鼻梁冠状隆起：这项特征反映由两侧鼻骨构成的曲度或角度，这个特征可分为平滑、略隆起、明显隆起、锐利隆起4个级别。中国人群和非洲人群各级别出现率大致接近，而欧洲人群平滑和略隆起出现率仅仅3.1%，明显隆起和锐利隆起出现率高达96.9%，明显高于中国人和非洲人。

4) 枕区突隆：这个特征在非洲人群较中国和欧洲人群的更为常见，表现程度也更显著。按照不存在和存在两个级别的观察标准，枕区突隆在非洲人群的出现率为36.1%，明显高于中国和欧洲标本的10.5%和15.6%。

5) 顶孔人字区平坦：将出现在顶孔到人字缝整个或局部区域的平坦或凹陷定义为顶孔人字区平坦，可划分为存在和不存在两种情况。顶孔人字区平坦出现率在中国人群（69.3%）高于非洲（45.9%）和欧洲人群（58.1%），其中与非洲人差别较大。

6) 眉弓：划分为4级，眉弓在中国和非洲人群表现都很弱，无和微弱两个级别在这两个人群的出现率都在70%以上。相比之下，欧洲人群眉弓发育程度略显著，达到中等程度的标本为36.4%。

7) 矢状脊：欧洲人群矢状脊出现率（64.5%）明显高于中国和非洲人群（47.6%和44.3%）。

8) 角圆枕：角圆枕可分为不存在、微弱、中等、显著4个级别。从观察数据统计结果看，角圆枕在欧洲人群表现最为显著，中等和显著级别的出现率达到27.3%，而这一特征在中国和非洲人群表现非常微弱。在观察的105例中国人标本中，没有观察到中等及显著级别的角圆枕，角圆枕缺失的标本高达78.1%。在非洲人群，微显和无两个级别的出现率分别为37.7%和52.5%。

(2) 在两个人群具有相似的表现：这类特征表现特点在3个人群中的两个人群接近，而与第3人群差别较大。

1) 眶外下缘钝圆：人类眼眶外下缘可呈现锐利到圆钝的不同表现，眼眶外下缘可分为锐利、略圆钝及非常圆钝3个级别。从表15-7数据可以看出，这个特征在观察的3组样本间的差别主要表现在非常圆钝级别。非洲人群和欧洲人群眼眶外下缘为非常圆钝形的标本分别占28.3%和27.3%，而中国人眼眶外下缘非常圆钝的标本仅为2.3%，因而高出现率的圆钝形眼眶外下缘是非洲和欧洲人群的特征。

2) 颧三角：这项出现在眶上缘外侧，额骨与颧骨相接区域的骨质隆起在非洲和欧洲人群明显较现代中国人群为强壮。按照4个观察等级，中等和显著表现的颧三角在非洲和欧洲人的出现率分别为34.4%和45.5%，而在中国人仅为11.8%。因而发育显著的颧三角似乎是代表着非洲和欧洲人群的特征。

3) 颧结节：出现在颧骨表面的骨质隆起，可划分为无、微弱、中等、显著4个级别。中等和显著这两个级别的出现率在非洲和欧洲人（21.3%和75.7%）明显高于中国人（10.0%）。颧结节在欧洲人表现尤其明显，显著程度的标本高达54.5%。

4) 枕外脊：枕外脊是出现在枕骨大孔后缘与上项线之间的纵行骨质隆起。枕外脊可分为无或微弱、中等、显著3种情况。枕外脊在中国人群及欧洲人群表现较明显，达到显著程度的标本数量分别占38.8%和36.4%；相比之下，达到显著程度的枕外脊在非洲人群的出现率仅为6.6%，即便是中等程度的枕外脊在非洲人群的出现率也只有21.3%，仍明显低于中国人（48.8%）和欧洲人（42.4%）的出现率。

5) 枕圆枕：这个特征的表现特点与枕外脊相似，即在中国人群和欧洲人群率很高，在非洲人群明显较低。可分为不存在和存在两个级别，枕圆枕在中国人群和欧洲人群的出现率分别达到59.6%和48.5%，而在非洲人群仅为8.2%。

6) 眉间鼻根点凹陷：这个反映鼻骨与额骨相交构成的曲度或角度的特征在非洲和欧洲人群表现非常显著，而在中国人群则相对微弱。可分为平坦、凹陷、显著凹陷3级，达到显著凹陷程度的标本在非洲和欧洲人群分别为25.5%和54.5%，而在中国人群仅为4.1%。如果将凹陷与显著凹陷一并统计，则非洲和欧洲人群高达80.0%和90.9%，中国人群仅为27.9%。

7) 犬齿窝：犬齿窝在3个人群的表现特点与眉间鼻根点凹陷相似。达到显著程度的标本在非洲和欧洲人群分别为50.8%和21.9%，在中国标本仅为14.3%，但中等程度的犬齿窝出现率在中国标本较高（53.1%）。

8) 人字缝小骨：缝间骨是常见于现代人类头骨的形态变异，以出现在人字缝的小骨多见。人字缝小骨在非洲人群和欧洲人群出现率（53.3%和45.5%）明显高于中国人群（29.1%）。

9) 印加骨：这个特征在3个现代人群出现率都很低，但在中国人群和非洲人群分别达到5.8%和8.3%，明显高于欧洲人群（0.0%）。

此外，前囟隆起在非洲人群具有较高的出现率，在中国人群和欧洲人群的出现率极低；角圆枕在中国和非洲人群总体表现较欧洲人群为弱。

(3) 3个人群各有特点：在观察的21项头骨非测量特征中，有2项特征的表现特点在3个人群各自之间都不一致。

1) 鼻额-额颌缝走向：鼻额-额颌缝走向可分为直线、斜线、弧形、梯形、左右不一致5种类型。尽管梯形和弧形两种类型的鼻额-额颌缝走向在3个人群的出现率都高于其他类型，但这两个类型以及其他类型的出现率在各人群之间的出现率都具有各自的表现特点。梯形和左右不一两种类型在中国人群出现率最高（分别为45.2%和14.7%）；非洲人群以弧形和梯形出现率高为特点（分别为41.0%和39.3%）；而直线型和斜线型在欧洲人群的出现率（分别为15.2%）明显高于中国和非洲人群（分别为4.1%～6.6%及3.0%～6.6%）。

2) 上颌颧突下缘形态：可分为直线（或浅弧形）以及深弧形两种类型，上颌颧突下缘形态在中国、非洲和欧洲3个人群的表现特点是：直线或浅弧形出现率在这3个人群依次增加，深弧形出现率顺序减少。深弧形在中国人群出现率最高，直线或浅弧形在欧洲人群出现率最高，两种类型在非洲人群的出现率都是居中。

(4) 人群间似乎差别不明显：在观察分析的头骨非测量特征中，个别特征的出现率或表现特点在人群间的差异似乎不明显，包括颧颌缝脊突起、梨状孔外侧部突隆两项特征。

多数头骨非测量特征都具有不同程度的人群分布特点，21项中有15项特征在人群间的差异显著性水平达到5%（$P<0.05$）。刘武等采用判别分析方法对头骨非测量特征在3个人群的观察数据进行了处理。

选取颧三角、颧结节、鼻额颌缝走向、眉间鼻根点凹陷（这4项在3个人群中都具有显著性差异），以及眉弓、眶外下缘钝圆、枕外脊、枕圆枕共8项特征进行判别分析（图15-36），结果显示对中国、非洲和欧洲3个人群标本的正确判别率分别为82.9%、75.9%和78.7%。

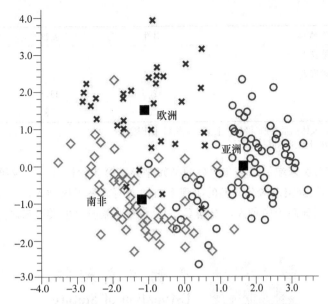

图 15-36 采用头骨非测量特征对中国、非洲和欧洲人群判别分析的各人群样本分布图

蓝圆形：亚洲（中国）；绿方形：非洲；红×形：欧洲；深黑色方形：各人群中心点（group centroid）。（采用颧三角、颧结节、鼻额颌缝走向、眉间鼻根点凹陷、眉弓、眶外下缘钝圆、枕外脊、枕圆枕8项特征）

引自：刘武，吴秀杰，邢松，等. 2011. 现代中国人群形成与分化的形态证据——中国与非洲和欧洲人群头骨非测量特征分析[J]. 人类学学报，30（3）：250-264.

二、其他骨骼的种族间差异
Estimation of Race by Other Bones

铲形门齿 上门齿（上中门齿和上侧门齿）的舌面，边缘嵴发达，舌窝明显，因而常呈铲形（图 15-37），称铲形切牙或铲形门齿（shoveling incisor）。若舌侧面无边缘嵴及舌窝，整个舌侧面光滑，称为片形切牙或片形门齿（spatulate lingual incisor）。上门齿铲形的出现率，在各人种之

图 15-37 铲形门齿

间有明显的差异，蒙古人种出现率最高，黑色人种次之，白色人种最低（表 15-8）。所以它是蒙古人种重要的种族特征之一。

表 15-8 上中切牙铲形的出现率（%）

种族和族群	男性	女性	男女合计
中国人	89.6	94.2	
蒙古人			91.5
因纽特人			84.0
东格陵兰因纽特人			95.3
皮马（Pima）印第安人	96.0	99.0	
普埃布洛（Pueblo）印第安人			100.0
佩科斯-普埃布洛人（Pecos Pueblos）			86.3/89.5*

种族和族群	男性	女性	男女合计
诺尔（Knoll）印第安人			100.0
苏城（Sioux）印第安人			98.0
美国黑色人种	12.5	11.6	
美国白色人种	9.0	7.8	

引自：邵象清. 1985. 人体测量手册 [M]. 上海：上海辞书出版社.
*两种不同统计方法统计结果不同.

有学者认为颈椎棘突末端形态存在明显的种族差异，第 3 颈椎（C_3）及第 4 颈椎（C_4）的种族差异最明显。C_3、C_4 棘突末端分叉型的出现率白种人明显高于黑种人，C_3 及 C_4 棘突末端不分叉型的出现率黑种人明显高于白种人，根据 C_3、C_4 棘突末端分叉的类型来区分白种人及黑种人总的准确率为 76.5%。

第 5 节　骨骼身高推断
Section 5　Estimation of Stature

对于全套完整的无名尸骨，可测量全套骨骼的总长度，再加上 5cm 软组织厚度（含椎间盘）即为死者身高。也可采用下列方法计算：先测得颅高、各椎骨椎体长的总和、股骨生理长、胫骨生理长、距骨高与跟骨高之和，用下列公式即可求得死者生前身高。

$$身高 = [0.98 \times 骨骼全长（即上述测量值总和）+ 14.63 \pm 2.05] \text{ cm}$$

一、下肢长骨推断身高
Estimation of Stature by Long Bones

1. 中国汉族成年男性推断身高的公式　根据江西等 9 省（区）公安机关联合研究小组收集的已知生前身高和死后身长的汉族成年男性 472 具骨骼标本研究，提出回归方程如下：

根据下肢骨推断身高（Y）的一元回归方程见表 15-9（$P<0.01$）。

表 15-9　下肢骨推断身高的回归方程

测量项目	侧别	年龄（岁）	例数	回归方程（mm）	r
股骨最大长（X）	左	21~30	131	$Y=643.62+2.30X\pm34.87$	0.793
		31~40	109	$Y=640.21+2.32X\pm33.32$	0.847
		41~50	63	$Y=617.48+2.36X\pm31.16$	0.845
		51~60	55	$Y=784.03+1.96X\pm34.30$	0.804
		61~80	82	$Y=712.09+2.11X\pm37.54$	0.752
	右	21~30	131	$Y=644.84+2.31X\pm34.86$	0.789
		31~40	114	$Y=635.64+2.33X\pm32.98$	0.846
		41~50	63	$Y=687.57+2.20X\pm32.35$	0.832
		51~60	57	$Y=780.19+1.98X\pm35.85$	0.783
		61~80	82	$Y=687.66+2.17X\pm36.60$	0.761

续表

测量项目	侧别	年龄（岁）	例数	回归方程（mm）	r
股骨两髁长（X）	左	21～30	131	Y＝690.15＋2.22X±36.70	0.772
		31～40	109	Y＝632.20＋2.36X±33.49	0.845
		41～50	63	Y＝615.61＋2.38X±31.83	0.838
		51～60	55	Y＝789.85＋1.96X±33.66	0.812
		61～80	83	Y＝702.69＋2.15X±37.54	0.752
	右	21～30	130	Y＝714.70＋2.17X±36.92	0.759
		31～40	114	Y＝631.18＋2.36X±33.26	0.843
		41～50	63	Y＝699.66＋2.19X±33.20	0.822
		51～60	57	Y＝794.10＋1.96X±35.69	0.786
		61～80	82	Y＝680.09＋2.21X±36.57	0.761
胫骨最大长（X）	左	21～30	136	Y＝853.39＋2.22X±38.74	0.743
		31～40	110	Y＝776.34＋2.44X±38.66	0.773
		41～50	60	Y＝742.77＋2.52X±36.51	0.775
		51～60	56	Y＝811.68＋2.33X±36.93	0.773
		61～80	82	Y＝811.95＋2.29X±42.89	0.657
	右	21～30	136	Y＝833.10＋2.28X±38.13	0.745
		31～40	112	Y＝759.27＋2.49X±38.02	0.787
		41～50	61	Y＝1033.92＋1.71X±47.31	0.598
		51～60	56	Y＝810.40＋2.34X±36.50	0.770
		61～80	82	Y＝749.08＋2.46X±40.88	0.694
胫骨全长（X）	左	21～30	136	Y＝867.53＋2.22X±38.69	0.744
		31～40	108	Y＝775.88＋2.47X±36.66	0.806
		41～50	59	Y＝746.61＋2.55X±36.59	0.767
		51～60	56	Y＝815.64＋2.36X±37.28	0.768
		61～80	82	Y＝848.38＋2.22X±44.07	0.635
	右	21～30	135	Y＝854.36＋2.26X±38.21	0.746
		31～40	112	Y＝803.15＋2.40X±38.82	0.777
		41～50	61	Y＝754.25＋2.53X±35.86	0.794
		51～60	56	Y＝797.80＋2.41X±35.94	0.779
		61～80	82	Y＝786.06＋2.39X±42.11	0.671
腓骨最大长（X）	左	21～30	113	Y＝761.45＋2.54X±38.05	0.760
		31～40	97	Y＝739.25＋2.59X±36.35	0.804
		41～50	53	Y＝1213.21＋1.23X±51.75	0.468
		51～60	49	Y＝807.31＋2.39X±37.47	0.773
		61～80	73	Y＝1081.79＋1.58X±49.19	0.526
	右	21～30	116	Y＝762.29＋2.54X±36.84	0.776
		31～40	102	Y＝703.31＋2.70X±34.25	0.828
		41～50	52	Y＝1158.70＋1.38X±50.99	0.537
		51～60	53	Y＝819.76＋2.35X±39.71	0.738
		61～80	73	Y＝1001.42＋1.81X±48.46	0.558

2. 中国汉族成年女性推断身高的公式　张继宗（2002）根据江西等9省（区）公安机关联合研究小组收集的已知生前身高和死后身长的汉族成年女性骨骼69套（年龄为19～66岁），提出推断身高的回归方程。

女性下肢长骨推断身高的回归方程见表15-10。

表15-10　女性下肢长骨推断身高的回归方程（单位：mm）

回归方程	r
$Y=483.913+2.671$ 左股骨最大长 ± 47.92	0.759
$Y=597.332+2.899$ 左胫骨最大长 ± 48.88	0.757
$Y=526.090+3.185$ 左腓骨最大长 ± 43.21	0.801
$Y=508.464+2.640$ 左股骨生理长 ± 48.63	0.751
$Y=612.644+2.890$ 左胫骨生理长 ± 50.36	0.739
$Y=493.785+3.308$ 左腓骨生理长 ± 42.25	0.811
$Y=459.290+2.752$ 右股骨最大长 ± 50.00	0.748
$Y=603.069+2.908$ 右胫骨最大长 ± 51.46	0.723
$Y=524.021+3.226$ 右腓骨最大长 ± 52.07	0.732
$Y=513.157+2.646$ 右股骨生理长 ± 51.70	0.727
$Y=638.501+2.837$ 右胫骨生理长 ± 52.48	0.710
$Y=540.056+3.200$ 右腓骨生理长 ± 53.00	0.720
$Y=489.499+1.683$ 左股骨最大长 $+1.175$ 左胫骨最大长 ± 47.49	0.781
$Y=481.774-3.058$ 左胫骨最大长 $+6.434$ 左腓骨最大长 ± 35.86	0.868
$Y=499.299+0.763$ 左股骨最大长 $+2.307$ 左腓骨最大长 ± 40.81	0.822
$Y=493.158+1.805$ 左股骨生理长 $+1.054$ 左胫骨生理长 ± 48.14	0.774
$Y=452.536-2.304$ 左胫骨生理长 $+5.765$ 左腓骨最大长 ± 35.90	0.868
$Y=486.803+0.570$ 左股骨生理长 $+2.613$ 左腓骨生理长 ± 40.41	0.862
$Y=456.189-1.372$ 右股骨最大长 $+1.691$ 右胫骨最大长 ± 48.80	0.770
$Y=507.768+2.069$ 右胫骨最大长 $+1.160$ 右腓骨最大长 ± 51.68	0.746
$Y=456.189+1.372$ 右股骨最大长 $+1.691$ 右腓骨最大长 ± 50.30	0.769
$Y=505.778+1.270$ 右股骨生理长 $+1.703$ 右胫骨生理长 ± 50.41	0.752
$Y=540.219+2.083$ 右胫骨生理长 $+1.078$ 右腓骨生理长 ± 52.66	0.735
$Y=399.047+1.310$ 右股骨生理长 $+2.025$ 右腓骨生理长 ± 50.30	0.769

二、骨骼身高推断其他方法
Estimation of Stature by Other Bones

还可以根据上肢长骨、头骨以及其他骨骼（如髋骨、髌骨、椎骨等）的测量值进行身高推断。

这些方法是学者们根据大量已知生前身高和死后身长的骨骼标本，经过多元统计分析而总结出来的。一般而言，根据长骨推算出来的身高值较其他骨骼准确，股骨推算出的身高值更接近真实值。因为不同民族、地区间人群体质有较大的变异及体质的个体差异较大，通过公式计算出来的身高值为估计值，允许一定的误差存在。

第6节　人骨体质特征简介
Section 6　Physical Characteristics of the Human Skeleton

完整的全身骨骼容易判断是否为人骨，若骨骼残缺不全，则需要认真加以推断。人与一般动物的骨骼差别较大，容易鉴别。灵长类是与人最接近的哺乳动物，其中又以大猿（猩猩、黑猩猩、大猩猩）中的黑猩猩与人最接近，灵长类的骨骼与人骨很相似，容易混淆（图 15-38，图 15-39）。法医人类学工作实践中，区分是否为人骨应该是鉴定的第一步。

图 15-38　灵长类动物与人骨骼比较

图 15-39　人与大猩猩骨骼对比

经过长期的演化与适应，人骨具有很多特有的形态，如头骨的枕骨大孔朝向正下方等（与直立行走，头骨在身体正上方相适应），上下肢也有很多特点（图 15-40、图 15-41）。

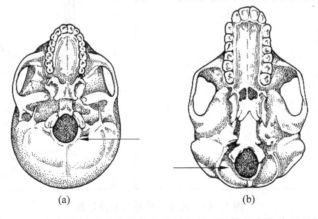

图 15-40　人与灵长类动物颅骨底部的比较（示枕骨大孔位置差异）

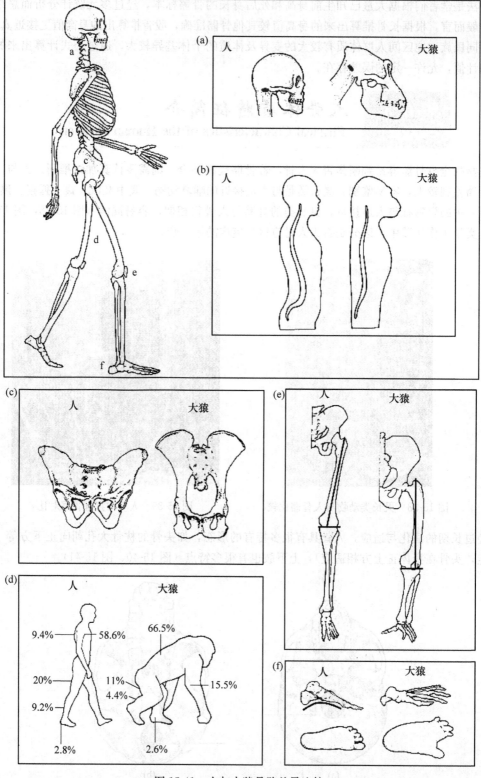

图 15-41　人与大猿骨骼差异比较

注：图 15-41，15-42，15-43 都引自：ROBERT JURMAIN, LYNN KILGORE, WENDA TREVATHAN, et al. 2008. Introduction to physical anthropology [J]. Thomson Wadsworth Publishing Co Inc.

（一）上肢

（1）人类手小，相对可减轻上肢的重量，使得上肢更加灵活。

（2）人手的拇指很长，拇指的对掌肌强大，形成突出的大鱼际。

（3）人类拇指可与其他4指的指尖相接触，所以人手有完善的抓握功能，利于劳动。

（二）下肢

（1）行走的整个过程中，人体的重心变化比较小，能量的消耗控制在最低标准上。

（2）猿类股骨干的长轴与垂直轴线是平行的，而人类股骨干的长轴则与垂直轴线以一定的角度相交。

（3）人类在站立和行走时的体态是两膝彼此靠拢，而猿类则是两腿向外侧分开。

（4）人类的跗骨是体重的主要支撑部位，故发育的比较粗大，约占足长的49%，而这一百分比在黑猩猩中仅为35%。

（5）人类的脚有很高的足弓，不同于猿类的平足，犹如一副弹簧，能够有效地缓冲在运动中来自上方体重的压力。

（6）直立行走时，人体的重力最终主要传递到脚大拇趾，所以脚大拇趾特别粗大。

（7）人类拇趾的活动性很小，而猿类的拇趾则是可以自由运动的。这是因为直立行走和手足分工的出现，人类的脚已丧失了抓握功能。

（8）直立行走使得人类骨盆的负重能力成倍增加（动物腹腔内的内脏垂压在腹壁上，而人则压在骨盆上），为了适合这一功能，人类骨盆的髂骨翼向两侧扩展，同时骨盆上口作了大约90°的扭转。

（9）下肢单独作为行动器官，承受着全部体重，因而下肢骨比上肢骨粗壮、坚实。

新石器时代之后的人骨与现代人差异不大，时代更早的人骨则或多或少保留有原始特征。比如周口店直立人（也叫北京猿人）就与现代人有很大差异：低的颅穹隆，颅最大宽位置低，连续的眶上圆枕及圆枕上沟，明显的矢状脊，明显的角圆枕，枕骨区呈角状过渡并形成圆枕上沟，颅骨壁厚，颅容量较小（725~1250ml），面最大宽位置靠上等（图15-42，图15-43）。

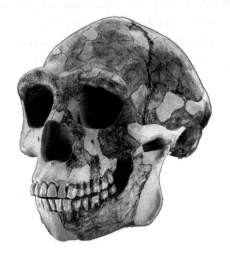
图15-42 北京猿人头骨

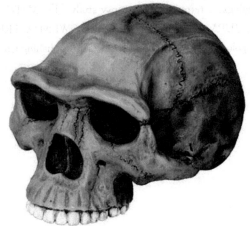
图15-43 "标准化"的直立人头骨

参 考 文 献

常林. 2008. 司法鉴定案例研究［M］. 北京：中国人民公安大学出版社.
杜志淳. 2009. 司法鉴定论丛［M］. 北京：北京大学出版社.
杜志淳. 2009. 司法鉴定实验教程［M］. 北京：北京大学出版社.
杜志淳. 2010. 司法鉴定概论［M］. 北京：法律出版社.
霍宪丹. 2009. 司法鉴定通论［M］. 北京：法律出版社.
霍宪丹. 2010. 司法鉴定学［M］. 北京：中国政法大学出版社.
姜志刚. 1999. 对司法鉴定现状的思考［J］. 湖南省政法管理干部学院学报，2：65-66.
金光正. 2001. 司法鉴定学［M］. 北京：中国政法大学出版社.
李海军，戴成萍. 2011. 青铜铁器时代新疆、内蒙古人群下颌磨牙的磨耗［J］. 解剖学报，42（4）：558-561.
刘红，纪宗宜，姚澜，等. 2012. 司法鉴定证据研究［M］. 北京：法律出版社.
刘武，吴秀杰，邢松，等. 2011. 现代中国人群形成与分化的形态证据——中国与非洲和欧洲人群头骨非测量特征分析［J］. 人类学学报，30（3）：250-264.
刘武. 2008.《法医人类学经典》评介［J］. 人类学学报，27（1）：91-93.
莫耀南. 2008. 实用法医学司法鉴定［M］. 北京：科学出版社.
乔世明，张惠芹. 2005. 法医学［M］. 北京：清华大学出版社.
邵象清. 1985. 人体测量手册［M］. 上海：上海辞书出版社.
吴秀杰. 2006. 人类还在进化吗？［J］. 科学世界，12，58-62.
席焕久，陈昭. 2010. 人体测量方法［M］. 北京：科学出版社.
张继宗. 2007. 法医人类学经典［M］. 北京：科学出版社.
张继宗. 2010. 法医人类学［M］. 北京：人民卫生出版社.
邹明理. 2005. 司法鉴定精要与依据指引［M］. 北京：人民出版社.
AYSE KURTULUS, GOKSIN NILUFER YONGUC, BORA BOZ, et al. 2013 Anatomopathological findings in hangings: a retrospective autopsy study［J］. Medicine, Science and the Law, 53（2）：80-84.
ROBERT JURMAIN, LYNN KILGORE, WENDA TREVATHAN, et al. 2008. Introduction to physical anthropology［J］. Thomson Wadsworth Publishing Co Inc.

人体损伤程度鉴定标准

为进一步加强人身损伤程度鉴定标准化、规范化工作，现将《人体损伤程度鉴定标准》发布，自2014年1月1日起施行。《人体重伤鉴定标准》（司发［1990］070号）、《人体轻伤鉴定标准（试行）》（法（司）发［1990］6号）和《人体轻微伤的鉴定》（GA/T 146—1996）同时废止。

最高人民法院　最高人民检察院　公安部

国家安全部　司法部

2013年8月30日

1　范围

本标准规定了人体损伤程度鉴定的原则、方法、内容和等级划分。

本标准适用于《中华人民共和国刑法》及其他法律、法规所涉及的人体损伤程度鉴定。

2　规范性引用文件

下列文件对于本文件的应用是必不可少的。本标准引用文件的最新版本适用于本标准。

GB 18667 道路交通事故受伤人员伤残评定

GB/T 16180 劳动能力鉴定——职工工伤与职业病致残等级

GB/T 26341—2010 残疾人残疾分类和分级

3　术语和定义

3.1　重伤

使人肢体残废、毁人容貌、丧失听觉、丧失视觉、丧失其他器官功能或者其他对于人身健康有重大伤害的损伤，包括重伤一级和重伤二级。

3.2　轻伤

使人肢体或者容貌损害，听觉、视觉或者其他器官功能部分障碍或者其他对于人身健康有中度伤害的损伤，包括轻伤一级和轻伤二级。

3.3　轻微伤

各种致伤因素所致的原发性损伤，造成组织器官结构轻微损害或者轻微功能障碍。

4　总则

4.1　鉴定原则

4.1.1　遵循实事求是的原则，坚持以致伤因素对人体直接造成的原发性损伤及由损伤引起的并发症或者后遗症为依据，全面分析，综合鉴定。

4.1.2　对于以原发性损伤及其并发症作为鉴定依据的，鉴定时应以损伤当时伤情为主，损伤的后果为辅，综合鉴定。

4.1.3 对于以容貌损害或者组织器官功能障碍作为鉴定依据的，鉴定时应以损伤的后果为主，损伤当时伤情为辅，综合鉴定。

4.2 鉴定时机

4.2.1 以原发性损伤为主要鉴定依据的，伤后即可进行鉴定；以损伤所致的并发症为主要鉴定依据的，在伤情稳定后进行鉴定。

4.2.2 以容貌损害或者组织器官功能障碍为主要鉴定依据的，在损伤90日后进行鉴定；在特殊情况下可以根据原发性损伤及其并发症出具鉴定意见，但须对有可能出现的后遗症加以说明，必要时应进行复检并予以补充鉴定。

4.2.3 疑难、复杂的损伤，在临床治疗终结或者伤情稳定后进行鉴定。

4.3 伤病关系处理原则

4.3.1 损伤为主要作用的，既往伤/病为次要或者轻微作用的，应依据本标准相应条款进行鉴定。

4.3.2 损伤与既往伤/病共同作用的，即二者作用相当的，应依据本标准相应条款适度降低损伤程度等级，即等级为重伤一级和重伤二级的，可视具体情况鉴定为轻伤一级或者轻伤二级，等级为轻伤一级和轻伤二级的，均鉴定为轻微伤。

4.3.3 既往伤/病为主要作用的，即损伤为次要或者轻微作用的，不宜进行损伤程度鉴定，只说明因果关系。

5 损伤程度分级

5.1 颅脑、脊髓损伤

5.1.1 重伤一级

a) 植物生存状态。
b) 四肢瘫（三肢以上肌力3级以下）。
c) 偏瘫、截瘫（肌力2级以下），伴大便、小便失禁。
d) 非肢体瘫的运动障碍（重度）。
e) 重度智能减退或者器质性精神障碍，生活完全不能自理。

5.1.2 重伤二级

a) 头皮缺损面积累计75.0 cm^2 以上。
b) 开放性颅骨骨折伴硬脑膜破裂。
c) 颅骨凹陷性或者粉碎性骨折，出现脑受压症状和体征，须手术治疗。
d) 颅底骨折，伴脑脊液漏持续4周以上。
e) 颅底骨折，伴面神经或者听神经损伤引起相应神经功能障碍。
f) 外伤性蛛网膜下腔出血，伴神经系统症状和体征。
g) 脑挫（裂）伤，伴神经系统症状和体征。
h) 颅内出血，伴脑受压症状和体征。
i) 外伤性脑梗死，伴神经系统症状和体征。
j) 外伤性脑脓肿。
k) 外伤性脑动脉瘤，须手术治疗。
l) 外伤性迟发性癫痫。

m) 外伤性脑积水，须手术治疗。

n) 外伤性颈动脉海绵窦瘘。

o) 外伤性下丘脑综合征。

p) 外伤性尿崩症。

q) 单肢瘫（肌力3级以下）。

r) 脊髓损伤致重度肛门失禁或者重度排尿障碍。

5.1.3 轻伤一级

a) 头皮创口或者瘢痕长度累计20.0cm以上。

b) 头皮撕脱伤面积累计50.0cm^{2}以上；头皮缺损面积累计24.0cm^{2}以上。

c) 颅骨凹陷性或者粉碎性骨折。

d) 颅底骨折伴脑脊液漏。

e) 脑挫（裂）伤；颅内出血；慢性颅内血肿；外伤性硬脑膜下积液。

f) 外伤性脑积水；外伤性颅内动脉瘤；外伤性脑梗死；外伤性颅内低压综合征。

g) 脊髓损伤致排便或者排尿功能障碍（轻度）。

h) 脊髓挫裂伤。

5.1.4 轻伤二级

a) 头皮创口或者瘢痕长度累计8.0cm以上。

b) 头皮撕脱伤面积累计20.0cm^{2}以上；头皮缺损面积累计10.0cm^{2}以上。

c) 帽状腱膜下血肿范围50.0cm^{2}以上。

d) 颅骨骨折。

e) 外伤性蛛网膜下腔出血。

f) 脑神经损伤引起相应神经功能障碍。

5.1.5 轻微伤

a) 头部外伤后伴有神经症状。

b) 头皮擦伤面积5.0cm^{2}以上；头皮挫伤；头皮下血肿。

c) 头皮创口或者瘢痕。

5.2 面部、耳廓损伤

5.2.1 重伤一级

容貌毁损（重度）。

5.2.2 重伤二级

a) 面部条状瘢痕（50%以上位于中心区），单条长度10.0cm以上，或者两条以上长度累计15.0cm以上。

b) 面部块状瘢痕（50%以上位于中心区），单块面积6.0cm^{2}以上，或者两块以上面积累计10.0cm^{2}以上。

c) 面部片状细小瘢痕或者显著色素异常，面积累计达面部30%。

d) 一侧眼球萎缩或者缺失。

e) 眼睑缺失相当于一侧上眼睑1/2以上。

f) 一侧眼睑重度外翻或者双侧眼睑中度外翻。

g) 一侧上睑下垂完全覆盖瞳孔。

h) 一侧眼眶骨折致眼球内陷0.5cm以上。

i) 一侧鼻泪管和内眦韧带断裂。
j) 鼻部离断或者缺损30%以上。
k) 耳廓离断、缺损或者挛缩畸形累计相当于一侧耳廓面积50%以上。
l) 口唇离断或者缺损致牙齿外露3枚以上。
m) 舌体离断或者缺损达舌系带。
n) 牙齿脱落或者牙折共7枚以上。
o) 损伤致张口困难Ⅲ度。
p) 面神经损伤致一侧面肌大部分瘫痪，遗留眼睑闭合不全和口角歪斜。
q) 容貌毁损（轻度）。

5.2.3 轻伤一级

a) 面部单个创口或者瘢痕长度6.0cm以上；多个创口或者瘢痕长度累计10.0cm以上。
b) 面部块状瘢痕，单块面积4.0cm²以上；多块面积累计7.0cm²以上。
c) 面部片状细小瘢痕或者明显色素异常，面积累计30.0cm²以上。
d) 眼睑缺失相当于一侧上眼睑1/4以上。
e) 一侧眼睑中度外翻；双侧眼睑轻度外翻。
f) 一侧上眼睑下垂覆盖瞳孔超过1/2。
g) 两处以上不同眶壁骨折；一侧眶壁骨折致眼球内陷0.2cm以上。
h) 双侧泪器损伤伴溢泪。
i) 一侧鼻泪管断裂；一侧内眦韧带断裂。
j) 耳廓离断、缺损或者挛缩畸形累计相当于一侧耳廓面积30%以上。
k) 鼻部离断或者缺损15%以上。
l) 口唇离断或者缺损致牙齿外露1枚以上。
m) 牙齿脱落或者牙折共4枚以上。
n) 损伤致张口困难Ⅱ度。
o) 腮腺总导管完全断裂。
p) 面神经损伤致一侧面肌部分瘫痪，遗留眼睑闭合不全或者口角歪斜。

5.2.4 轻伤二级

a) 面部单个创口或者瘢痕长度4.5cm以上；多个创口或者瘢痕长度累计6.0cm以上。
b) 面颊穿透创，皮肤创口或者瘢痕长度1.0cm以上。
c) 口唇全层裂创，皮肤创口或者瘢痕长度1.0cm以上。
d) 面部块状瘢痕，单块面积3.0cm²以上或多块面积累计5.0cm²以上。
e) 面部片状细小瘢痕或者色素异常，面积累计8.0cm²以上。
f) 眶壁骨折（单纯眶内壁骨折除外）。
g) 眼睑缺损。
h) 一侧眼睑轻度外翻。
i) 一侧上眼睑下垂覆盖瞳孔。
j) 一侧眼睑闭合不全。
k) 一侧泪器损伤伴溢泪。
l) 耳廓创口或者瘢痕长度累计6.0cm以上。
m) 耳廓离断、缺损或者挛缩畸形累计相当于一侧耳廓面积15%以上。

n) 鼻尖或者一侧鼻翼缺损。
o) 鼻骨粉碎性骨折；双侧鼻骨骨折；鼻骨骨折合并上颌骨额突骨折；鼻骨骨折合并鼻中隔骨折；双侧上颌骨额突骨折。
p) 舌缺损。
q) 牙齿脱落或者牙折 2 枚以上。
r) 腮腺、颌下腺或者舌下腺实质性损伤。
s) 损伤致张口困难Ⅰ度。
t) 颌骨骨折（牙槽突骨折及一侧上颌骨额突骨折除外）。
u) 颧骨骨折。

5.2.5 轻微伤
a) 面部软组织创。
b) 面部损伤留有瘢痕或者色素改变。
c) 面部皮肤擦伤，面积 2.0cm² 以上；面部软组织挫伤；面部划伤 4.0cm 以上。
d) 眶内壁骨折。
e) 眼部挫伤；眼部外伤后影响外观。
f) 耳廓创。
g) 鼻骨骨折；鼻出血。
h) 上颌骨额突骨折。
i) 口腔黏膜破损；舌损伤。
j) 牙齿脱落或者缺损；牙槽突骨折；牙齿松动 2 枚以上或者Ⅲ度松动 1 枚以上。

5.3 听器听力损伤

5.3.1 重伤一级
双耳听力障碍（≥91dB HL）。

5.3.2 重伤二级
a) 一耳听力障碍（≥91dB HL）。
b) 一耳听力障碍（≥81dB HL），另一耳听力障碍（≥41dB HL）。
c) 一耳听力障碍（≥81dB HL），伴同侧前庭平衡功能障碍。
d) 双耳听力障碍（≥61dB HL）。
e) 双侧前庭平衡功能丧失，睁眼行走困难，不能并足站立。

5.3.3 轻伤一级
a) 双耳听力障碍（≥41dB HL）。
b) 双耳外耳道闭锁。

5.3.4 轻伤二级
a) 外伤性鼓膜穿孔 6 周不能自行愈合。
b) 听骨骨折或者脱位；听骨链固定。
c) 一耳听力障碍（≥41dB HL）。
d) 一侧前庭平衡功能障碍，伴同侧听力减退。
e) 一耳外耳道横截面 1/2 以上狭窄。

5.3.5 轻微伤
a) 外伤性鼓膜穿孔。

b) 鼓室积血。
c) 外伤后听力减退。

5.4 视器视力损伤

5.4.1 重伤一级

a) 一眼眼球萎缩或者缺失，另一眼盲目 3 级。
b) 一眼视野完全缺损，另一眼视野半径 20°以下（视野有效值 32%以下）。
c) 双眼盲目 4 级。

5.4.2 重伤二级

a) 一眼盲目 3 级。
b) 一眼重度视力损害，另一眼中度视力损害。
c) 一眼视野半径 10°以下（视野有效值 16%以下）。
d) 双眼偏盲；双眼残留视野半径 30°以下（视野有效值 48%以下）。

5.4.3 轻伤一级

a) 外伤性青光眼，经治疗难以控制眼压。
b) 一眼虹膜完全缺损。
c) 一眼重度视力损害；双眼中度视力损害。
d) 一眼视野半径 30°以下（视野有效值 48%以下）；双眼视野半径 50°以下（视野有效值 80%以下）。

5.4.4 轻伤二级

a) 眼球穿通伤或者眼球破裂伤；前房出血须手术治疗；房角后退；虹膜根部离断或者虹膜缺损超过 1 个象限；睫状体脱离；晶状体脱位；玻璃体积血；外伤性视网膜脱离；外伤性视网膜出血；外伤性黄斑裂孔；外伤性脉络膜脱离。
b) 角膜斑翳或者血管翳；外伤性白内障；外伤性低眼压；外伤性青光眼。
c) 瞳孔括约肌损伤致瞳孔显著变形或者瞳孔散大（直径 0.6cm 以上）。
d) 斜视；复视。
e) 睑球粘连。
f) 一眼矫正视力减退至 0.5 以下（或者较伤前视力下降 0.3 以上）；双眼矫正视力减退至 0.7 以下（或者较伤前视力下降 0.2 以上）；原单眼中度以上视力损害者，伤后视力降低一个级别。
g) 一眼视野半径 50°以下（视野有效值 80%以下）。

5.4.5 轻微伤

眼球损伤影响视力。

5.5 颈部损伤

5.5.1 重伤一级

a) 颈部大血管破裂。
b) 咽喉部广泛毁损，呼吸完全依赖气管套管或者造口。
c) 咽或者食管广泛毁损，进食完全依赖胃管或者造口。

5.5.2 重伤二级

a) 甲状旁腺功能低下（重度）。
b) 甲状腺功能低下，药物依赖。
c) 咽部、咽后区、喉或者气管穿孔。

d) 咽喉或者颈部气管损伤，遗留呼吸困难（3 级）。
e) 咽或者食管损伤，遗留吞咽功能障碍（只能进流食）。
f) 喉损伤遗留发声障碍（重度）。
g) 颈内动脉血栓形成，血管腔狭窄（50％以上）。
h) 颈总动脉血栓形成，血管腔狭窄（25％以上）。
i) 颈前三角区增生瘢痕，面积累计 30.0cm² 以上。

5.5.3 轻伤一级
a) 颈前部单个创口或者瘢痕长度 10.0cm 以上；多个创口或者瘢痕长度累计 16.0cm 以上。
b) 颈前三角区瘢痕，单块面积 10.0cm² 以上；多块面积累计 12.0cm² 以上。
c) 咽喉部损伤遗留发声或者构音障碍。
d) 咽或者食管损伤，遗留吞咽功能障碍（只能进半流食）。
e) 颈总动脉血栓形成；颈内动脉血栓形成；颈外动脉血栓形成；椎动脉血栓形成。

5.5.4 轻伤二级
a) 颈前部单个创口或者瘢痕长度 5.0cm 以上；多个创口或者瘢痕长度累计 8.0cm 以上。
b) 颈前部瘢痕，单块面积 4.0cm² 以上，或者两块以上面积累计 6.0cm² 以上。
c) 甲状腺挫裂伤。
d) 咽喉软骨骨折。
e) 喉或者气管损伤。
f) 舌骨骨折。
g) 膈神经损伤。
h) 颈部损伤出现窒息征象。

5.5.5 轻微伤
a) 颈部创口或者瘢痕长度 1.0cm 以上。
b) 颈部擦伤面积 4.0cm² 以上。
c) 颈部挫伤面积 2.0cm² 以上。
d) 颈部划伤长度 5.0cm 以上。

5.6 胸部损伤

5.6.1 重伤一级
a) 心脏损伤，遗留心功能不全（心功能Ⅳ级）。
b) 肺损伤致一侧全肺切除或者双肺三肺叶切除。

5.6.2 重伤二级
a) 心脏损伤，遗留心功能不全（心功能Ⅲ级）。
b) 心脏破裂；心包破裂。
c) 女性双侧乳房损伤，完全丧失哺乳功能；女性一侧乳房大部分缺失。
d) 纵隔血肿或者气肿，须手术治疗。
e) 气管或者支气管破裂，须手术治疗。
f) 肺破裂，须手术治疗。
g) 血胸、气胸或者血气胸，伴一侧肺萎陷 70％以上，或者双侧肺萎陷均在 50％以上。
h) 食管穿孔或者全层破裂，须手术治疗。
i) 脓胸或者肺脓肿；乳糜胸；支气管胸膜瘘；食管胸膜瘘；食管支气管瘘。

j) 胸腔大血管破裂。
k) 膈肌破裂。

5.6.3 轻伤一级
a) 心脏挫伤致心包积血。
b) 女性一侧乳房损伤，丧失哺乳功能。
c) 肋骨骨折6处以上。
d) 纵隔血肿；纵隔气肿。
e) 血胸、气胸或者血气胸，伴一侧肺萎陷30%以上，或者双侧肺萎陷均在20%以上。
f) 食管挫裂伤。

5.6.4 轻伤二级
a) 女性一侧乳房部分缺失或者乳腺导管损伤。
b) 肋骨骨折2处以上。
c) 胸骨骨折；锁骨骨折；肩胛骨骨折。
d) 胸锁关节脱位；肩锁关节脱位。
e) 胸部损伤，致皮下气肿1周不能自行吸收。
f) 胸腔积血；胸腔积气。
g) 胸壁穿透创。
h) 胸部挤压出现窒息征象。

5.6.5 轻微伤
a) 肋骨骨折；肋软骨骨折。
b) 女性乳房擦挫伤。

5.7 腹部损伤

5.7.1 重伤一级
a) 肝功能损害（重度）。
b) 胃肠道损伤致消化、吸收功能严重障碍，依赖肠外营养。
c) 肾功能不全（尿毒症期）。

5.7.2 重伤二级
a) 腹腔大血管破裂。
b) 胃、肠、胆囊或者胆管全层破裂，须手术治疗。
c) 肝、脾、胰或者肾破裂，须手术治疗。
d) 输尿管损伤致尿外渗，须手术治疗。
e) 腹部损伤致肠瘘或者尿瘘。
f) 腹部损伤引起弥漫性腹膜炎或者感染性休克。
g) 肾周血肿或者肾包膜下血肿，须手术治疗。
h) 肾功能不全（失代偿期）。
i) 肾损伤致肾性高血压。
j) 外伤性肾积水；外伤性肾动脉瘤；外伤性肾动静脉瘘。
k) 腹腔积血或者腹膜后血肿，须手术治疗。

5.7.3 轻伤一级
a) 胃、肠、胆囊或者胆管非全层破裂。

b) 肝包膜破裂；肝脏实质内血肿直径2.0cm以上。
c) 脾包膜破裂；脾实质内血肿直径2.0cm以上。
d) 胰腺包膜破裂。
e) 肾功能不全（代偿期）。

5.7.4 轻伤二级

a) 胃、肠、胆囊或者胆管挫伤。
b) 肝包膜下或者实质内出血。
c) 脾包膜下或者实质内出血。
d) 胰腺挫伤。
e) 肾包膜下或者实质内出血。
f) 肝功能损害（轻度）。
g) 急性肾功能障碍（可恢复）。
h) 腹腔积血或者腹膜后血肿。
i) 腹壁穿透创。

5.7.5 轻微伤

外伤性血尿。

5.8 盆部及会阴损伤

5.8.1 重伤一级

a) 阴茎及睾丸全部缺失。
b) 子宫及卵巢全部缺失。

5.8.2 重伤二级

a) 骨盆骨折畸形愈合，致双下肢相对长度相差5.0cm以上。
b) 骨盆不稳定性骨折，须手术治疗。
c) 直肠破裂，须手术治疗。
d) 肛管损伤致大便失禁或者肛管重度狭窄，须手术治疗。
e) 膀胱破裂，须手术治疗。
f) 后尿道破裂，须手术治疗。
g) 尿道损伤致重度狭窄。
h) 损伤致早产或者死胎；损伤致胎盘早期剥离或者流产，合并轻度休克。
i) 子宫破裂，须手术治疗。
j) 卵巢或者输卵管破裂，须手术治疗。
k) 阴道重度狭窄。
l) 幼女阴道Ⅱ度撕裂伤。
m) 女性会阴或者阴道Ⅲ度撕裂伤。
n) 龟头缺失达冠状沟。
o) 阴囊皮肤撕脱伤面积占阴囊皮肤面积50％以上。
p) 双侧睾丸损伤，丧失生育能力。
q) 双侧附睾或者输精管损伤，丧失生育能力。
r) 直肠阴道瘘；膀胱阴道瘘；直肠膀胱瘘。
s) 重度排尿障碍。

5.8.3 轻伤一级

a) 骨盆2处以上骨折；骨盆骨折畸形愈合；髋臼骨折。
b) 前尿道破裂，须手术治疗。
c) 输尿管狭窄。
d) 一侧卵巢缺失或者萎缩。
e) 阴道轻度狭窄。
f) 龟头缺失1/2以上。
g) 阴囊皮肤撕脱伤面积占阴囊皮肤面积30%以上。
h) 一侧睾丸或者附睾缺失；一侧睾丸或者附睾萎缩。

5.8.4 轻伤二级

a) 骨盆骨折。
b) 直肠或者肛管挫裂伤。
c) 一侧输尿管挫裂伤；膀胱挫裂伤；尿道挫裂伤。
d) 子宫挫裂伤；一侧卵巢或者输卵管挫裂伤。
e) 阴道撕裂伤。
f) 女性外阴皮肤创口或者瘢痕长度累计4.0 cm以上。
g) 龟头部分缺损。
h) 阴茎撕脱伤；阴茎皮肤创口或者瘢痕长度2.0 cm以上；阴茎海绵体出血并形成硬结。
i) 阴囊壁贯通创；阴囊皮肤创口或者瘢痕长度累计4.0 cm以上；阴囊内积血，2周内未完全吸收。
j) 一侧睾丸破裂、血肿、脱位或者扭转。
k) 一侧输精管破裂。
l) 轻度肛门失禁或者轻度肛门狭窄。
m) 轻度排尿障碍。
n) 外伤性难免流产；外伤性胎盘早剥。

5.8.5 轻微伤

a) 会阴部软组织挫伤。
b) 会阴创；阴囊创；阴茎创。
c) 阴囊皮肤挫伤。
d) 睾丸或者阴茎挫伤。
e) 外伤性先兆流产。

5.9 脊柱四肢损伤

5.9.1 重伤一级

a) 二肢以上离断或者缺失（上肢腕关节以上、下肢踝关节以上）。
b) 二肢六大关节功能完全丧失。

5.9.2 重伤二级

a) 四肢任一大关节强直畸形或者功能丧失50%以上。
b) 臂丛神经干性或者束性损伤，遗留肌瘫（肌力3级以下）。
c) 正中神经肘部以上损伤，遗留肌瘫（肌力3级以下）。
d) 桡神经肘部以上损伤，遗留肌瘫（肌力3级以下）。

e) 尺神经肘部以上损伤，遗留肌瘫（肌力3级以下）。
f) 骶丛神经或者坐骨神经损伤，遗留肌瘫（肌力3级以下）。
g) 股骨干骨折缩短5.0cm以上、成角畸形30°以上或者严重旋转畸形。
h) 胫腓骨骨折缩短5.0cm以上、成角畸形30°以上或者严重旋转畸形。
i) 膝关节挛缩畸形屈曲30°以上。
j) 一侧膝关节交叉韧带完全断裂遗留旋转不稳。
k) 股骨颈骨折或者髋关节脱位，致股骨头坏死。
l) 四肢长骨骨折不愈合或者假关节形成；四肢长骨骨折并发慢性骨髓炎。
m) 一足离断或者缺失50%以上；足跟离断或者缺失50%以上。
n) 一足的第一趾和其余任何二趾离断或者缺失；一足除第一趾外，离断或者缺失4趾。
o) 两足5个以上足趾离断或者缺失。
p) 一足第一趾及其相连的跖骨离断或者缺失。
q) 一足除第一趾外，任何三趾及其相连的跖骨离断或者缺失。

5.9.3 轻伤一级

a) 四肢任一大关节功能丧失25%以上。
b) 一节椎体压缩骨折超过1/3以上；二节以上椎体骨折；三处以上横突、棘突或者椎弓骨折。
c) 膝关节韧带断裂伴半月板破裂。
d) 四肢长骨骨折畸形愈合。
e) 四肢长骨粉碎性骨折或者两处以上骨折。
f) 四肢长骨骨折累及关节面。
g) 股骨颈骨折未见股骨头坏死，已行假体置换。
h) 髌板断裂。
i) 一足离断或者缺失10%以上；足跟离断或者缺失20%以上。
j) 一足的第一趾离断或者缺失；一足除第一趾外的任何二趾离断或者缺失。
k) 三个以上足趾离断或者缺失。
l) 除第一趾外任何一趾及其相连的跖骨离断或者缺失。
m) 肢体皮肤创口或者瘢痕长度累计45.0cm以上。

5.9.4 轻伤二级

a) 四肢任一大关节功能丧失10%以上。
b) 四肢重要神经损伤。
c) 四肢重要血管破裂。
d) 椎骨骨折或者脊椎脱位（尾椎脱位不影响功能的除外）；外伤性椎间盘突出。
e) 肢体大关节韧带断裂；半月板破裂。
f) 四肢长骨骨折；髌骨骨折。
g) 骨骺分离。
h) 损伤致肢体大关节脱位。
i) 第一趾缺失超过趾间关节；除第一趾外，任何二趾缺失超过趾间关节；一趾缺失。
j) 两节趾骨骨折；一节趾骨骨折合并一跖骨骨折。
k) 两跖骨骨折或者一跖骨完全骨折；距骨、跟骨、骰骨、楔骨或者足舟骨骨折；跖跗关节脱位。

l) 肢体皮肤一处创口或者瘢痕长度 10.0cm 以上；两处以上创口或者瘢痕长度累计 15.0cm 以上。

5.9.5 轻微伤

a) 肢体一处创口或者瘢痕长度 1.0cm 以上；两处以上创口或者瘢痕长度累计 1.5cm 以上；刺创深达肌层。

b) 肢体关节、肌腱或者韧带损伤。

c) 骨挫伤。

d) 足骨骨折。

e) 外伤致趾甲脱落，甲床暴露；甲床出血。

f) 尾椎脱位。

5.10 手损伤

5.10.1 重伤一级

双手离断、缺失或者功能完全丧失。

5.10.2 重伤二级

a) 手功能丧失累计达一手功能 36%。

b) 一手拇指挛缩畸形不能对指和握物。

c) 一手除拇指外，其余任何三指挛缩畸形，不能对指和握物。

d) 一手拇指离断或者缺失超过指间关节。

e) 一手示指和中指全部离断或者缺失。

f) 一手除拇指外的任何三指离断或者缺失均超过近侧指间关节。

5.10.3 轻伤一级

a) 手功能丧失累计达一手功能 16%。

b) 一手拇指离断或者缺失未超过指间关节。

c) 一手除拇指外的示指和中指离断或者缺失均超过远侧指间关节。

d) 一手除拇指外的环指和小指离断或者缺失均超过近侧指间关节。

5.10.4 轻伤二级

a) 手功能丧失累计达一手功能 4%。

b) 除拇指外的一个指节离断或者缺失。

c) 两节指骨线性骨折或者一节指骨粉碎性骨折（不含第 2～5 指末节）。

d) 舟骨骨折、月骨脱位或者掌骨完全性骨折。

5.10.5 轻微伤

a) 手擦伤面积 10.0cm² 以上或者挫伤面积 6.0cm² 以上。

b) 手一处创口或者瘢痕长度 1.0cm 以上；两处以上创口或者瘢痕长度累计 1.5cm 以上；刺伤深达肌层。

c) 手关节或者肌腱损伤。

d) 腕骨、掌骨或者指骨骨折。

e) 外伤致指甲脱落，甲床暴露；甲床出血。

5.11 体表损伤

5.11.1 重伤二级

a) 挫伤面积累计达体表面积 30%。

b) 创口或者瘢痕长度累计 200.0cm 以上。

5.11.2 轻伤一级

a) 挫伤面积累计达体表面积 10%。

b) 创口或者瘢痕长度累计 40.0cm 以上。

c) 撕脱伤面积 100.0cm² 以上。

d) 皮肤缺损 30.0cm² 以上。

5.11.3 轻伤二级

a) 挫伤面积达体表面积 6%。

b) 单个创口或者瘢痕长度 10.0cm 以上；多个创口或者瘢痕长度累计 15.0cm 以上。

c) 撕脱伤面积 50.0cm² 以上。

d) 皮肤缺损 6.0cm² 以上。

5.11.4 轻微伤

a) 擦伤面积 20.0cm² 以上或者挫伤面积 15.0cm² 以上。

b) 一处创口或者瘢痕长度 1.0cm 以上；两处以上创口或者瘢痕长度累计 1.5cm 以上；刺创深达肌层。

c) 咬伤致皮肤破损。

5.12 其他损伤

5.12.1 重伤一级

深Ⅱ度以上烧烫伤面积达体表面积 70%或者Ⅲ度面积达 30%。

5.12.2 重伤二级

a) Ⅱ度以上烧烫伤面积达体表面积 30%或者Ⅲ度面积达 10%；面积低于上述程度但合并吸入有毒气体中毒或者严重呼吸道烧烫伤。

b) 枪弹创，创道长度累计 180.0cm。

c) 各种损伤引起脑水肿（脑肿胀），脑疝形成。

d) 各种损伤引起休克（中度）。

e) 挤压综合征（Ⅱ级）。

f) 损伤引起脂肪栓塞综合征（完全型）。

g) 各种损伤致急性呼吸窘迫综合征（重度）。

h) 电击伤（Ⅱ度）。

i) 溺水（中度）。

j) 脑内异物存留；心脏异物存留。

k) 器质性阴茎勃起障碍（重度）。

5.12.3 轻伤一级

a) Ⅱ度以上烧烫伤面积达体表面积 20%或者Ⅲ度面积达 5%。

b) 损伤引起脂肪栓塞综合征（不完全型）。

c) 器质性阴茎勃起障碍（中度）。

5.12.4 轻伤二级

a) Ⅱ度以上烧烫伤面积达体表面积 5%或者Ⅲ度面积达 0.5%。

b) 呼吸道烧伤。

c) 挤压综合征（Ⅰ级）。

d) 电击伤（Ⅰ度）。
e) 溺水（轻度）。
f) 各种损伤引起休克（轻度）。
g) 呼吸功能障碍，出现窒息征象。
h) 面部异物存留；眶内异物存留；鼻窦异物存留。
i) 胸腔内异物存留；腹腔内异物存留；盆腔内异物存留。
j) 深部组织内异物存留。
k) 骨折内固定物损坏需要手术更换或者修复。
l) 各种置入式假体装置损坏需要手术更换或者修复。
m) 器质性阴茎勃起障碍（轻度）。

5.12.5 轻微伤

a) 身体各部位骨皮质的砍（刺）痕；轻微撕脱性骨折，无功能障碍。
b) 面部Ⅰ度烧烫伤面积 10.0cm² 以上；浅Ⅱ度烧烫伤。
c) 颈部Ⅰ度烧烫伤面积 15.0cm² 以上；浅Ⅱ度烧烫伤面积 2.0cm² 以上。
d) 体表Ⅰ度烧烫伤面积 20.0cm² 以上；浅Ⅱ度烧烫伤面积 4.0cm² 以上；深Ⅱ度烧烫伤。

6 附则

6.1 伤后因其他原因死亡的个体，其生前损伤比照本标准相关条款综合鉴定。

6.2 未列入本标准中的物理性、化学性和生物性等致伤因素造成的人体损伤，比照本标准中的相应条款综合鉴定。

6.3 本标准所称的损伤是指各种致伤因素所引起的人体组织器官结构破坏或者功能障碍。反应性精神病、癔症等，均为内源性疾病，不宜鉴定损伤程度。

6.4 本标准未作具体规定的损伤，可以遵循损伤程度等级划分原则，比照本标准相近条款进行损伤程度鉴定。

6.5 盲管创、贯通创，其创道长度可视为皮肤创口长度，并参照皮肤创口长度相应条款鉴定损伤程度。

6.6 牙折包括冠折、根折和根冠折，冠折须暴露髓腔。

6.7 骨皮质的砍（刺）痕或者轻微撕脱性骨折（无功能障碍）的，不构成本标准所指的轻伤。

6.8 本标准所称大血管是指胸主动脉、主动脉弓分支、肺动脉、肺静脉、上腔静脉和下腔静脉，腹主动脉、髂总动脉、髂外动脉、髂外静脉。

6.9 本标准四肢大关节是指肩、肘、腕、髋、膝、踝等六大关节。

6.10 本标准四肢重要神经是指臂丛及其分支神经（包括正中神经、尺神经、桡神经和肌皮神经等）和腰骶丛及其分支神经（包括坐骨神经、腓总神经、腓浅神经和胫神经等）。

6.11 本标准四肢重要血管是指与四肢重要神经伴行的同名动、静脉。

6.12 本标准幼女或者儿童是指年龄不满 14 周岁的个体。

6.13 本标准所称的假体是指植入体内替代组织器官功能的装置，如颅骨修补材料、人工晶体、义眼座、固定义齿（种植牙）、阴茎假体、人工关节、起搏器、支架等，但可摘式义眼、义齿等除外。

6.14 移植器官损伤参照相应条款综合鉴定。

6.15　本标准所称组织器官包括再植或者再造成活的。

6.16　组织器官缺失是指损伤当时完全离体或者仅有少量皮肤和皮下组织相连，或者因损伤经手术切除的。器官离断（包括牙齿脱落），经再植、再造手术成功的，按损伤当时情形鉴定损伤程度。

6.17　对于两个部位以上同类损伤可以累加，比照相关部位数值规定高的条款进行评定。

6.18　本标准所涉及的体表损伤数值，0～6岁按50%计算，7～10岁按60%计算，11～14岁按80%计算。

6.19　本标准中出现的数字均含本数。

附录A　损伤程度等级划分原则（规范性附录）

A.1　重伤一级

各种致伤因素所致的原发性损伤或者由原发性损伤引起的并发症，严重危及生命；遗留肢体严重残废或者重度容貌毁损；严重丧失听觉、视觉或者其他重要器官功能。

A.2　重伤二级

各种致伤因素所致的原发性损伤或者由原发性损伤引起的并发症，危及生命；遗留肢体残废或者轻度容貌毁损；丧失听觉、视觉或者其他重要器官功能。

A.3　轻伤一级

各种致伤因素所致的原发性损伤或者由原发性损伤引起的并发症，未危及生命；遗留组织器官结构、功能中度损害或者明显影响容貌。

A.4　轻伤二级

各种致伤因素所致的原发性损伤或者由原发性损伤引起的并发症，未危及生命；遗留组织器官结构、功能轻度损害或者影响容貌。

A.5　轻微伤

各种致伤因素所致的原发性损伤，造成组织器官结构轻微损害或者轻微功能障碍。

A.6　等级限度

重伤二级是重伤的下限，与重伤一级相衔接，重伤一级的上限是致人死亡；轻伤二级是轻伤的下限，与轻伤一级相衔接，轻伤一级的上限与重伤二级相衔接；轻微伤的上限与轻伤二级相衔接，未达轻微伤标准的，不鉴定为轻微伤。

附录B　功能损害判定基准和使用说明（规范性附录）

B.1　颅脑损伤

B.1.1　智能（IQ）减退

极重度智能减退：IQ低于25；语言功能丧失；生活完全不能自理。

重度智能减退：IQ 25～39之间；语言功能严重受损，不能进行有效的语言交流；生活大部分不能自理。

中度智能减退：IQ 40～54之间；能掌握日常生活用语，但词汇贫乏，对周围环境辨别能力差，只能以简单的方式与人交往；生活部分不能自理，能做简单劳动。

轻度智能减退：IQ 55～69 之间；无明显语言障碍，对周围环境有较好的辨别能力，能比较恰当地与人交往；生活能自理，能做一般非技术性工作。

边缘智能状态：IQ 70～84 之间；抽象思维能力或者思维广度、深度机敏性显示不良；不能完成高级复杂的脑力劳动。

B.1.2 器质性精神障碍

有明确的颅脑损伤伴不同程度的意识障碍病史，并且精神障碍发生和病程与颅脑损伤相关。症状表现为：意识障碍；遗忘综合征；痴呆；器质性人格改变；精神病性症状；神经症样症状；现实检验能力或者社会功能减退。

B.1.3 生活自理能力

生活自理能力主要包括以下五项：

(1) 进食。

(2) 翻身。

(3) 大、小便。

(4) 穿衣、洗漱。

(5) 自主行动。

生活完全不能自理：是指上述五项均需依赖护理者。

生活大部分不能自理：是指上述五项中三项以上需依赖护理者。

生活部分不能自理：是指上述五项中一项以上需依赖护理者。

B.1.4 肌瘫（肌力）

0 级：肌肉完全瘫痪，毫无收缩。

1 级：可看到或者触及肌肉轻微收缩，但不能产生动作。

2 级：肌肉在不受重力影响下，可进行运动，即肢体能在床面上移动，但不能抬高。

3 级：在和地心引力相反的方向中尚能完成其动作，但不能对抗外加的阻力。

4 级：能对抗一定的阻力，但较正常人为低。

5 级：正常肌力。

B.1.5 非肢体瘫的运动障碍

非肢体瘫的运动障碍包括肌张力增高，共济失调，不自主运动或者震颤等。根据其对生活自理影响的程度划分为轻、中、重三度。

重度：不能自行进食，大小便、洗漱、翻身和穿衣需要他人护理。

中度：上述动作困难，但在他人帮助下可以完成。

轻度：完成上述动作虽有一些困难，但基本可以自理。

B.1.6 外伤性迟发性癫痫应具备的条件

(1) 确证的头部外伤史。

(2) 头部外伤 90 日后仍被证实有癫痫的临床表现。

(3) 脑电图检查（包括常规清醒脑电图检查、睡眠脑电图检查或者较长时间连续同步录像脑电图检查等）显示异常脑电图。

(4) 影像学检查确证颅脑器质性损伤。

B.1.7 肛门失禁

重度：大便不能控制；肛门括约肌收缩力很弱或者丧失；肛门括约肌收缩反射很弱或者消失；直肠内压测定，肛门注水法＜20cmH$_2$O。

轻度：稀便不能控制；肛门括约肌收缩力较弱；肛门括约肌收缩反射较弱；直肠内压测定，肛门注水法 20～30cmH$_2$O。

B.1.8 排尿障碍

重度：出现真性重度尿失禁或者尿潴留残余尿≥50ml。

轻度：出现真性轻度尿失禁或者尿潴留残余尿＜50ml。

B.2 头面部损伤

B.2.1 眼睑外翻

重度外翻：睑结膜严重外翻，穹隆部消失。

中度外翻：睑结膜和睑板结膜外翻。

轻度外翻：睑结膜与眼球分离，泪点脱离泪阜。

B.2.2 容貌毁损

重度：面部瘢痕畸形，并有以下六项中四项者。①眉毛缺失；②双睑外翻或者缺失；③外耳缺失；④鼻缺失；⑤上、下唇外翻或者小口畸形；⑥颈颏粘连。

中度：具有以下六项中三项者。（1）眉毛部分缺失；（2）眼睑外翻或者部分缺失；（3）耳廓部分缺失；（4）鼻翼部分缺失；（5）唇外翻或者小口畸形；（6）颈部瘢痕畸形。

轻度：含中度畸形六项中二项者。

B.2.3 面部及中心区

面部的范围是指前额发际下，两耳屏前与下颌下缘之间的区域，包括额部、眶部、鼻部、口唇部、颏部、颧部、颊部、腮腺咬肌部。

面部中心区：以眉弓水平线为上横线，以下唇唇红缘中点处作水平线为下横线，以双侧外眦处作两条垂直线，上述四条线围绕的中央部分为中心区。

B.2.4 面瘫（面神经麻痹）

本标准涉及的面瘫主要是指外周性（核下性）面神经损伤所致。

完全性面瘫：是指面神经5个分支（颞支、颧支、颊支、下颌缘支和颈支）支配的全部颜面肌肉瘫痪，表现为：额纹消失，不能皱眉；眼睑不能充分闭合，鼻唇沟变浅；口角下垂，不能示齿，鼓腮，吹口哨，饮食时汤水流逸。

不完全性面瘫：是指面神经颧支、下颌支或者颞支和颊支损伤出现部分上述症状和体征。

B.2.5 张口困难分级

张口困难Ⅰ度：大张口时，只能垂直置入示指和中指。

张口困难Ⅱ度：大张口时，只能垂直置入示指。

张口困难Ⅲ度：大张口时，上、下切牙间距小于示指之横径。

B.3 听器听力损伤

听力损伤计算应按照世界卫生组织推荐的听力减退分级的频率范围，取 0.5、1、2、4kHz 四个频率气导听阈级的平均值。如所得均值不是整数，则小数点后之尾数采用 4 舍 5 入法进为整数。

纯音听阈级测试时，如某一频率纯音气导最大声输出仍无反应时，以最大声输出值作为该频率听阈级。

听觉诱发电位测试时，若最大输出声强仍引不出反应波形的，以最大输出声强为反应阈值。在听阈评估时，听力学单位一律使用听力级（dB HL）。一般情况下，受试者听觉诱发电位反应阈要比其行为听阈高 10～20dB（该差值又称"校正值"），即受试者的行为听阈等于其听觉诱发电位反应阈减去"校正值"。听觉诱发电位检测实验室应建立自己的"校正值"，如果没有自己的"校正值"，则取平均值（15dB）作为"较正值"。

纯音气导听阈级应考虑年龄因素，按照《纯音气导阈的年龄修正值》（GB 7582—87）听阈级偏差的中值（50%）进行修正，其中 4000Hz 的修正值参考 2000Hz 的数值。

表 B.1　纯音气导阈值的年龄修正值（GB 7582—87）

年龄	男			女		
	500Hz	1000Hz	2000Hz	500Hz	1000Hz	2000Hz
30	1	1	1	1	1	1
40	2	2	3	2	2	3
50	4	4	7	4	4	6
60	6	7	12	6	7	11
70	10	11	19	10	11	16

B.4　视觉器官损伤

B.4.1　盲及视力损害分级

表 B.2　盲及视力损害分级标准（2003 年，WHO）

分类	远视力低于	远视力等于或优于
轻度或无视力损害		0.3
中度视力损害（视力损害 1 级）	0.3	0.1
重度视力损害（视力损害 2 级）	0.1	0.05
盲（盲目 3 级）	0.05	0.02
盲（盲目 4 级）	0.02	光感
盲（盲目 5 级）		无光感

B.4.2　视野缺损

视野有效值计算公式：

$$\text{实测视野有效值（\%）} = \frac{8\text{条子午线实测视野值}}{500}$$

表 B.3　视野有效值与视野半径的换算

视野有效值（%）	视野度数（半径）
8	5°
16	10°
24	15°
32	20°
40	25°
48	30°
56	35°
64	40°

视野有效值（%）	视野度数（半径）
72	45°
80	50°
88	55°
96	60°

B.5 颈部损伤

B.5.1 甲状腺功能低下

重度：临床症状严重；T3、T4 或者 FT3、FT4 低于正常值，TSH>50μU/L。

中度：临床症状较重；T3、T4 或者 FT3、FT4 正常，TSH>50μU/L。

轻度：临床症状较轻；T3、T4 或者 FT3、FT4 正常，TSH，轻度增高但<50μU/L。

B.5.2 甲状旁腺功能低下（以下分级需结合临床症状分析）

重度：空腹血钙<6mg/dL。

中度：空腹血钙 6～7mg/dL。

轻度：空腹血钙 7.1～8mg/dL。

B.5.3 发声功能障碍

重度：声哑、不能出声。

轻度：发音过弱、声嘶、低调、粗糙、带鼻音。

B.5.4 构音障碍

严重构音障碍：表现为发音不分明，语不成句，难以听懂，甚至完全不能说话。

轻度构音障碍：表现为发音不准，吐字不清，语调速度、节律等异常，鼻音过重。

B.6 胸部损伤

B.6.1 心功能分级

Ⅰ级：体力活动不受限，日常活动不引起过度的乏力、呼吸困难或者心悸。即心功能代偿期。

Ⅱ级：体力活动轻度受限，休息时无症状，日常活动即可引起乏力、心悸、呼吸困难或者心绞痛。亦称Ⅰ度或者轻度心衰。

Ⅲ级：体力活动明显受限，休息时无症状，轻于日常的活动即可引起上述症状。亦称Ⅱ度或者中度心衰。

Ⅳ级：不能从事任何体力活动，休息时亦有充血性心衰或心绞痛症状，任何体力活动后加重。亦称Ⅲ度或者重度心衰。

B.6.2 呼吸困难

1级：与同年龄健康者在平地一同步行无气短，但登山或者上楼时呈气短。

2级：平路步行 1000m 无气短，但不能与同龄健康者保持同样速度，平路快步行走呈现气短，登山或者上楼时气短明显。

3级：平路步行 100m 即有气短。

4级：稍活动（如穿衣、谈话）即气短。

B.6.3 窒息征象

临床表现为面、颈、上胸部皮肤出现针尖大小的出血点，以面部与眼眶部为明显；球睑结膜下出现出血斑点。

B.7 腹部损伤
B.7.1 肝功能损害

表 B.4 肝功能损害分度

程度	血清清蛋白	血清总胆红素	腹水	脑症	凝血酶原时间
重度	<2.5g/dl	>3.0mg/dl	顽固性	明显	明显延长（较对照组>9秒）
中度	2.5~3.0g/dl	2.0~3.0mg/dl	无或者少量，治疗后消失	无或者轻度	延长（较对照组>6秒）
轻度	3.1~3.5g/dl	1.5~2.0mg/dl	无	无	稍延长（较对照组>3秒）

B.7.2 肾功能不全

表 B.5 肾功能不全分期

分期	内生肌酐清除率	血尿素氮浓度	血肌酐浓度	临床症状
代偿期	降至正常的50% 50~70ml/min	正常	正常	通常无明显临床症状
失代偿期	25~49ml/min		>177μmol/L（2mg/dl）但 <450μmol/L（5mg/dl）	无明显临床症状，可有轻度贫血；夜尿、多尿
尿毒症期	<25ml/min	>21.4mmol/L（60mg/dl）	450~707μmol/L（5~8mg/dl）	常伴有酸中毒和严重尿毒症临床症状

B.7.3 会阴及阴道撕裂
Ⅰ度：会阴部黏膜、阴唇系带、前庭黏膜、阴道黏膜等处有撕裂，但未累及肌层及筋膜。
Ⅱ度：撕裂伤累及盆底肌肉筋膜，但未累及肛门括约肌。
Ⅲ度：肛门括约肌全部或者部分撕裂，甚至直肠前壁亦被撕裂。

B.8 其他损伤
B.8.1 烧烫伤分度

表 B.6 烧伤深度分度

程度		损伤组织	烧伤部位特点	愈后情况
Ⅰ度		表皮	皮肤红肿，有热、痛感，无水疱，干燥，局部温度稍有增高	不留瘢痕
Ⅱ度	浅Ⅱ度	真皮浅层	剧痛，表皮有大而薄的水疱，疱底有组织充血和明显水肿；组织坏死仅限于皮肤的真皮层，局部温度明显增高	不留瘢痕
	深Ⅱ度	真皮深层	痛，损伤已达真皮深层，水疱较小，表皮和真皮层大部分凝固和坏死。将已分离的表皮揭去，可见基底微湿，色泽苍白且有红出血点，局部温度较低	可留下瘢痕
Ⅲ度		全层皮肤或者皮下组织、肌肉、骨骼	不痛，皮肤全层坏死，干燥如皮革样，不起水疱，蜡白或者焦黄，炭化，知觉丧失，脂肪层的大静脉全部坏死，局部温度低、发凉	需自体皮肤移植，有瘢痕或者畸形

B.8.2 电击伤

Ⅰ度：全身症状轻微，只有轻度心悸。触电肢体麻木，全身无力，如极短时间内脱离电源，稍休息可恢复正常。

Ⅱ度：触电肢体麻木，面色苍白，心跳、呼吸增快，甚至昏厥、意识丧失，但瞳孔不散大。对光反射存在。

Ⅲ度：呼吸浅而弱、不规则，甚至呼吸骤停。心律不齐，有室颤或者心搏骤停。

B.8.3 溺水

重度：落水后3~4分钟，神志昏迷，呼吸不规则，上腹部膨胀，心音减弱或者心跳、呼吸停止。淹溺到死亡的时间一般为5~6分钟。

中度：落水后1~2分钟，神志模糊，呼吸不规则或者表浅，血压下降，心跳减慢，反射减弱。

轻度：刚落水片刻，神志清，血压升高，心率、呼吸增快。

B.8.4 挤压综合征

系人体肌肉丰富的四肢与躯干部位因长时间受压（例如暴力挤压）或者其他原因造成局部循环障碍，结果引起肌肉缺血性坏死，出现肢体明显肿胀、肌红蛋白尿及高血钾等为特征的急性肾功能衰竭。

Ⅰ级：肌红蛋白尿试验阳性，肌酸磷酸激酶（CPK）增高，而无肾衰等周身反应者。

Ⅱ级：肌红蛋白尿试验阳性，肌酸磷酸激酶（CPK）明显升高，血肌酐和尿素氮增高，少尿，有明显血浆渗入组织间隙，致有效血容量丢失，出现低血压者。

Ⅲ级：肌红蛋白尿试验阳性，肌酸磷酸激酶（CPK）显著升高，少尿或者尿闭，休克，代谢性酸中毒以及高血钾者。

B.8.5 急性呼吸窘迫综合征

急性呼吸窘迫综合征（ARDS）须具备以下条件：

（1）有发病的高危因素。

（2）急性起病，呼吸频率数和（或）呼吸窘迫。

（3）低氧血症，$PaO_2/FiO_2 \leqslant 200mmHg$。

（4）胸部X线检查两肺浸润影。

（5）肺毛细血管楔压（PCWP）$\leqslant 18mmHg$，或者临床上除外心源性肺水肿。

凡符合以上5项可诊断为ARDS。

表B.7 急性呼吸窘迫综合征分度

程度	临床分级			血气分析分级	
	呼吸频率	临床表现	X线示	吸空气	吸纯氧15分钟后
轻度	>35次/分	无发绀	无异常或者纹理增多，边缘模糊	氧分压<8.0kPa 二氧化碳分压<4.7kPa	氧分压<46.7kPa Qs/Qt>10%
中度	>40次/分	发绀，肺部有异常体征	斑片状阴影或者呈磨玻璃样改变，可见支气管气相	氧分压<6.7kPa 二氧化碳分压<5.3kPa	氧分压<20.0kPa Qs/Qt>20%
重度	呼吸极度窘迫	发绀进行性加重，肺广泛湿啰音或者实变	双肺大部分密度普遍增高，支气管气相明显	氧分压<5.3kPa（40mmHg） 二氧化碳分压>6.0kPa	氧分压<13.3kPa Qs/Qt>30%

B.8.6 脂肪栓塞综合征

不完全型（或者称部分症候群型）：伤者骨折后出现胸部疼痛，咳呛震痛，胸闷气急，痰中带血，神疲身软，面色无华，皮肤出现瘀血点，上肢无力伸举，脉多细涩。实验室检查有明显低氧血症，预后一般良好。

完全型（或者称典型症候群型）：伤者创伤骨折后出现神志恍惚，严重呼吸困难，口唇紫绀，胸闷欲绝，脉细涩。本型初起表现为呼吸和心动过速、高热等非特异症状。此后出现呼吸窘迫、神志不清以至昏迷等神经系统症状，在眼结膜及肩、胸皮下可见散在瘀血点，实验室检查可见血色素降低，血小板减少，血沉增快以及出现低氧血症。肺部X线检查可见多变的进行性的肺部斑片状阴影改变和右心扩大。

B.8.7 休克分度

表 B.8 休克分度

程度	血压（收缩压）(kPa)	脉搏（次/分）	全身状况
轻度	12～13.3（90～100mmHg）	90～100	尚好
中度	10～12（75～90mmHg）	110～130	抑制、苍白、皮肤冷
重度	<10（<75mmHg）	120～160	明显抑制
垂危	0		呼吸障碍、意识模糊

B.8.8 器质性阴茎勃起障碍

重度：阴茎无勃起反应，阴茎硬度及周径均无改变。

中度：阴茎勃起时最大硬度>0，<40%，每次勃起持续时间<10分钟。

轻度：阴茎勃起时最大硬度≥40%，<60%，每次勃起持续时间<10分钟。

附录C 人体损伤程度鉴定常用技术（规范性附录）

C.1 视力障碍检查

视力记录可采用小数记录或者5分记录两种方式。视力（指远距视力）经用镜片（包括接触镜，针孔镜等），纠正达到正常视力范围（0.8以上）或者接近正常视力范围（0.4～0.8）的都不属视力障碍范围。

中心视力好而视野缩小，以注视点为中心，视野半径小于10度而大于5度者为盲目3级，如半径小于5度者为盲目4级。

周边视野检查：视野缩小系指因损伤致眼球注视前方而不转动所能看到的空间范围缩窄，以致难以从事正常工作、学习或者其他活动。

对视野检查要求，视标颜色：白色，视标大小：5mm，检查距离330mm，视野背景亮度：31.5asb。

周边视野缩小，鉴定以实测得八条子午线视野值的总和计算平均值，即有效视野值。

视力障碍检查具体方法参考《视觉功能障碍法医鉴定指南》（SF/Z JD0103004）。

C.2 听力障碍检查

听力障碍检查应符合《听力障碍的法医学评定》（GA/T 914）。

C.3 前庭平衡功能检查

本标准所指的前庭平衡功能丧失及前庭平衡功能减退，是指外力作用颅脑或者耳部，造成前庭系统的损伤。伤后出现前庭平衡功能障碍的临床表现，自发性前庭体征检查法和诱发性前庭功能检查法等有阳性发现（如眼震电图/眼震视图、静、动态平衡仪、前庭诱发电位等检查），结合听力检查和神经系统检查，以及影像学检查综合判定，确定前庭平衡功能是丧失，或者减退。

C.4 阴茎勃起功能检测

阴茎勃起功能检测应满足阴茎勃起障碍法医学鉴定的基本要求，具体方法参考《男子性功能障碍法医学鉴定规范》（SF/Z JD0103002）。

C.5 体表面积计算

九分估算法：成人体表面积视为100%，将总体表面积划分为11个9%等面积区域，即头（面）颈部占一个9%，双上肢占二个9%，躯干前后及会阴部占三个9%，臀部及双下肢占五个（9%+1%）（见表 C.1）。

表 C.1 体表面积的九分估算法

部位	面积（%）	按九分法面积（%）
头	6	(1×9)＝9
颈	3	
前躯	13	(3×9)＝27
后躯	13	
会阴	1	
双上臂	7	(2×9)＝18
双前臂	6	
双手	5	
臀	5	(5×9+1)＝46
双大腿	21	
双小腿	13	
双足	7	
全身合计	100	(11×9+1)＝100

注：12岁以下儿童体表面积：头颈部＝9+(12−年龄)，双下肢＝46−(12−年龄)。
手掌法：受检者五指并拢，一掌面相当其自身体表面积的1%。
公式计算法：$S(m^2)=0.0061×$身长$(cm)+0.0128×$体重$(kg)−0.1529$。

C.6 肢体关节功能丧失程度评价

肢体关节功能评价使用说明（适用于四肢大关节功能评定）：

1. 各关节功能丧失程度等于相应关节所有轴位（如腕关节有两个轴位）和所有方位（如腕关节有四个方位）功能丧失值的之和再除以相应关节活动的方位数之和。例如：腕关节掌屈40°，背屈30°，桡屈15°，尺屈20°。查表得相应功能丧失值分别为30%、40%、60%和60%，求得腕关节功能丧失程度为47.5%。如果掌屈伴肌力下降（肌力3级），查表得相应功能丧失值分别为65%、40%、60%和60%。求得腕关节功能丧失程度为56.25%。

2. 当关节活动受限于某一方位时，其同一轴位的另一方位功能丧失值以100%计。如腕关节掌屈和背屈轴位上的活动限制在掌屈10°～40°之间，则背屈功能丧失值以100%计，而掌屈以40°计，查表得功能丧失值为30%，背屈功能以100%计，则腕关节功能丧失程度为65%。

3. 对疑有关节病变（如退行性变）并影响关节功能时，伤侧关节功能丧失值应与对侧进行比较，即同时用查表法分别求出伤侧和对侧关节功能丧失值，并用伤侧关节功能丧失值减去对侧关节功能丧失值即为伤侧关节功能实际丧失值。

4. 由于本标准对于关节功能的评定已经考虑到肌力减退对于关节功能的影响，故在测量关节运动活动度时，应以关节被动活动度为准。

C.6.1 肩关节功能丧失程度评定

表 C.2 肩关节功能丧失程度

	关节运动活动度（°）	肌力（%）				
		≤M1	M2	M3	M4	M5
前屈	≥171	100	75	50	25	0
	151～170	100	77	55	32	10
	131～150	100	80	60	40	20
	111～130	100	82	65	47	30
	91～110	100	85	70	55	40
	71～90	100	87	75	62	50
	51～70	100	90	80	70	60
	31～50	100	92	85	77	70
	≤30	100	95	90	85	80
后伸	≥41	100	75	50	25	0
	31～40	100	80	60	40	20
	21～30	100	85	70	55	40
	11～20	100	90	80	70	60
	≤10	100	95	90	85	80
外展	≥171	100	75	50	25	0
	151～170	100	77	55	32	10
	131～150	100	80	60	40	20
	111～130	100	82	65	47	30
	91～110	100	85	70	55	40
	71～90	100	87	75	62	50
	51～70	100	90	80	70	60
	31～50	100	92	85	77	70
	≤30	100	95	90	85	80
内收	≥41	100	75	50	25	0
	31～40	100	80	60	40	20
	21～30	100	85	70	55	40
	11～20	100	90	80	70	60
	≤10	100	95	90	85	80

续表

	关节运动活动度(°)	肌力(%)				
		≤M1	M2	M3	M4	M5
内旋	≥81	100	75	50	25	0
	71~80	100	77	55	32	10
	61~70	100	80	60	40	20
	51~60	100	82	65	47	30
	41~50	100	85	70	55	40
	31~40	100	87	75	62	50
	21~30	100	90	80	70	60
	11~20	100	92	85	77	70
	≤10	100	95	90	85	80
外旋	≥81	100	75	50	25	0
	71~80	100	77	55	32	10
	61~70	100	80	60	40	20
	51~60	100	82	65	47	30
	41~50	100	85	70	55	40
	31~40	100	87	75	62	50
	21~30	100	90	80	70	60
	11~20	100	92	85	77	70
	≤10	100	95	90	85	80

C.6.2 肘关节功能丧失程度评定

表 C.3 肘关节功能丧失程度

	关节运动活动度(°)	肌力(%)				
		≤M1	M2	M3	M4	M5
屈曲	≥41	100	75	50	25	0
	36~40	100	77	55	32	10
	31~35	100	80	60	40	20
	26~30	100	82	65	47	30
	21~25	100	85	70	55	40
	16~20	100	87	75	62	50
	11~15	100	90	80	70	60
	6~10	100	92	85	77	70
	≤5	100	95	90	85	80

续表

	关节运动活动度（°）	肌力（%）				
		≤M1	M2	M3	M4	M5
伸展	81～90	100	75	50	25	0
	71～80	100	77	55	32	10
	61～70	100	80	60	40	20
	51～60	100	82	65	47	30
	41～50	100	85	70	55	40
	31～40	100	87	75	62	50
	21～30	100	90	80	70	60
	11～20	100	92	85	77	70
	≤10	100	95	90	85	80

注：为方便肘关节功能计算，此处规定肘关节以屈曲90°为中立位0°。

C.6.3 腕关节功能丧失程度评定

表C.4 腕关节功能丧失程度

	关节运动活动度（°）	肌力（%）				
		≤M1	M2	M3	M4	M5
掌曲	≥61	100	75	50	25	0
	51～60	100	77	55	32	10
	41～50	100	80	60	40	20
	31～40	100	82	65	47	30
	26～30	100	85	70	55	40
	21～25	100	87	75	62	50
	16～20	100	90	80	70	60
	11～15	100	92	85	77	70
	≤10	100	95	90	85	80
背屈	≥61	100	75	50	25	0
	51～60	100	77	55	32	10
	41～50	100	80	60	40	20
	31～40	100	82	65	47	30
	26～30	100	85	70	55	40
	21～25	100	87	75	62	50
	16～20	100	90	80	70	60
	11～15	100	92	85	77	70
	≤10	100	95	90	85	80

续表

	关节运动活动度 (°)	肌力（%）				
		≤M1	M2	M3	M4	M5
桡曲	≥21	100	75	50	25	0
	16～20	100	80	60	40	20
	11～15	100	85	70	55	40
	6～10	100	90	80	70	60
	≤5	100	95	90	85	80
尺曲	≥41	100	75	50	25	0
	31～40	100	80	60	40	20
	21～30	100	85	70	55	40
	11～20	100	90	80	70	60
	≤10	100	95	90	85	80

C.6.4 髋关节功能丧失程度评定

表 C.5 髋关节功能丧失程度

	关节运动活动度 (°)	肌力（%）				
		≤M1	M2	M3	M4	M5
前屈	≥121	100	75	50	25	0
	106～120	100	77	55	32	10
	91～105	100	80	60	40	20
	76～90	100	82	65	47	30
	61～75	100	85	70	55	40
	46～60	100	87	75	62	50
	31～45	100	90	80	70	60
	16～30	100	92	85	77	70
	≤15	100	95	90	85	80
后伸	≥11	100	75	50	25	0
	6～10	100	85	70	55	20
	1～5	100	90	80	70	50
	0	100	95	90	85	80
外展	≥41	100	75	50	25	0
	31～40	100	80	60	40	20
	21～30	100	85	70	55	40
	11～20	100	90	80	70	60
	≤10	100	95	90	85	80

续表

	关节运动活动度（°）	肌力（%）				
		≤M1	M2	M3	M4	M5
内收	≥16	100	75	50	25	0
	11~15	100	80	60	40	20
	6~10	100	85	70	55	40
	1~5	100	90	80	70	60
	0	100	95	90	85	80
外旋	≥41	100	75	50	25	0
	31~40	100	80	60	40	20
	21~30	100	85	70	55	40
	11~20	100	90	80	70	60
	≤10	100	95	90	85	80
内旋	≥41	100	75	50	25	0
	31~40	100	80	60	40	20
	21~30	100	85	70	55	40
	11~20	100	90	80	70	60
	≤10	100	95	90	85	80

注：表中前屈指屈膝位前屈。

C.6.5 膝关节功能丧失程度评定

表 C.6 膝关节功能丧失程度

	关节运动活动度（°）	肌力（%）				
		≤M1	M2	M3	M4	M5
屈曲	≥130	100	75	50	25	0
	116~129	100	77	55	32	10
	101~115	100	80	60	40	20
	86~100	100	82	65	47	30
	71~85	100	85	70	55	40
	61~70	100	87	75	62	50
	46~60	100	90	80	70	60
	31~45	100	92	85	77	70
	≤30	100	95	90	85	80

续表

	关节运动活动度（°）	肌力（%）				
		≤M1	M2	M3	M4	M5
伸展	≤−5	100	75	50	25	0
	−6～−10	100	77	55	32	10
	−11～−20	100	80	60	40	20
	−21～−25	100	82	65	47	30
	−26～−30	100	85	70	55	40
	−31～−35	100	87	75	62	50
	−36～−40	100	90	80	70	60
	−41～−45	100	92	85	77	70
	≥46	100	95	90	85	80

注：表中负值表示膝关节伸展时到达功能位（直立位）所差的度数。

使用说明：考虑到膝关节同一轴位屈伸活动相互重叠，膝关节功能丧失程度的计算方法与其他关节略有不同，即根据关节屈曲与伸展运动活动度查表得出相应功能丧失程度，再求和即为膝关节功能丧失程度。当两者之和大于100%时，以100%计算。

C.6.6 踝关节功能丧失程度评定

表 C.7 踝关节功能丧失程度

	关节运动活动度（°）	肌力（%）				
		≤M1	M2	M3	M4	M5
背屈	≥16	100	75	50	25	0
	11～15	100	80	60	40	20
	6～10	100	85	70	55	40
	1～5	100	90	80	70	60
	0	100	95	90	85	80
跖屈	≥41	100	75	50	25	0
	31～40	100	80	60	40	20
	21～30	100	85	70	55	40
	11～20	100	90	80	70	60
	≤10	100	95	90	85	80

C.7 手功能计算

C.7.1 手缺失和丧失功能的计算

一手拇指占一手功能的36%，其中末节和近节指节各占18%；食指、中指各占一手功能的18%，其中末节指节占8%，中节指节占7%，近节指节占3%；无名指和小指各占一手功能的9%，其中末节指节占4%，中节指节占3%，近节指节占2%。一手掌占一手功能的10%，其中第一掌骨占4%，第二、第三掌骨各占2%，第四、第五掌骨各占1%。本标准中，双手缺失或丧失功能的程度是按前面方法累加计算的结果。

C.7.2 手感觉丧失功能的计算

手感觉丧失功能是指因事故损伤所致手的掌侧感觉功能的丧失。手感觉丧失功能的计算按相应手功能丧失程度的50%计算。